i Robinson / Letture

© 2007, 2008, Gius. Laterza & Figli

Prima edizione 2007
Nuova edizione, con l'aggiunta
di una Introduzione, 2008

Salvo Palazzolo
Michele Prestipino

Il codice Provenzano

Editori Laterza

Proprietà letteraria riservata
Gius. Laterza & Figli Spa, Roma-Bari

Finito di stampare nell'aprile 2008
SEDIT - Bari (Italy)
per conto della
Gius. Laterza & Figli Spa
ISBN 978-88-420-8667-3

a Vincenzo
a mio padre

Introduzione

«1012234151512 14819647415218». «512151522 191212154». Quattro sequenze di numeri aveva scritto Angelo Provenzano al padre Bernardo, il capo di Cosa Nostra. Voleva nascondere dei nomi, nel caso in cui i pizzini fossero finiti in mani sbagliate. Ma servì a poco. Il 30 gennaio 2001, i poliziotti della squadra mobile di Palermo trovarono la corrispondenza nelle tasche di un fidato postino, Cola La Barbera, che si occupava anche del latitante Benedetto Spera. Non fu difficile individuare la chiave per decifrare quelle sequenze: i numeri celavano un codice elementare, simile a quello che Svetonio racconta essere stato architettato da Giulio Cesare per le sue comunicazioni riservate. Più tempo ci volle per iniziare a cercare una risposta a un altro interrogativo, ben più complesso: chi, e per quali fini, aveva insegnato quel codice dal nobile riferimento storico a Provenzano, corleonese classe 1933, che non ha completato la seconda elementare? Dove, e in virtù di quali contatti, il capo di Cosa Nostra aveva imparato il sistema della crittografia e la tecnica dei codici numerici per dissimulare i nomi dei suoi interlocutori? L'11 aprile 2006, gli stessi poliziotti che avevano sequestrato quelle lettere arrivarono a Corleone, lì dove Bernardo Provenzano si nascondeva, ormai da oltre un anno. Sulla scrivania del padrino trovarono molti altri pizzini segnati con riferimenti criptati.

Eppure, il «codice Provenzano» non è soltanto una sequenza di numeri, molti dei quali sono stati decifrati dopo l'arresto del capomafia. Il codice resta una sequenza di domande senza risposte. Ecco perché abbiamo scritto questo libro: per segnare quelle domande, come fosse un promemoria civico, a futura memoria, quando forse una risposta definitiva potrà essere trovata. Un percorso di domande può rappresentare anche una riflessione per aggiornare le conoscenze sul fenomeno mafioso, che oggi è a una svolta. Anche la lotta alla mafia lo è. Ma gli esiti di questa partita non sono ancora certi né irreversibili.

Le domande restano nei pizzini ritrovati nel covo di Provenzano: spesso rievocano linguaggi che non appartengono ai mafiosi, ma ad altri gruppi segreti, a partire da quelli massonici. Sono linguaggi ridondanti e dal tono rituale. I collaboratori di giustizia hanno sempre saputo dire poco sulla zona grigia delle complicità in cui Provenzano si è mosso con disinvoltura. La rivelazione più enigmatica resta quella di Rosario Spatola, ex uomo d'onore della famiglia di Campobello di Mazara, provincia di Trapani: ha spiegato che all'inizio della guerra di mafia dei primi anni Ottanta spettò proprio a Provenzano sciogliere la loggia segreta dei «Normanni», detta anche «loggia dei Trecento»: avvenne all'indomani dell'omicidio di Stefano Bontade, che in quella obbedienza massonica aveva creduto per stringere a sé i potenti della città. Che autorità aveva Provenzano per intervenire su una delle stanze più riservate della massoneria?

Non sono ancora arrivate molte risposte dalle indagini. L'autore dei pizzini è stato sempre attento a condividere con pochissimi fidati le sue relazioni, e nessuno di questi fidati si è finora aperto con la giustizia. Però, anche altri collaboratori hanno confermato l'esistenza a Palermo della misteriosa «loggia dei Trecento». Una spiegazione tecnica l'ha offerta Angelo Siino, che fu momento di collegamento fra l'organizzazione criminale, l'imprenditoria degli appalti, il mondo della massoneria e la politica. In Cosa Nostra c'era una regola: che un uomo d'onore non potesse aderire ad altre organizzazioni. «Ma questa apparteneva al novero delle regole elastiche – ha spiegato Siino – come quella per cui i mafiosi non possono avere relazioni extraconiugali, e c'era gente che aveva quattro, cinque amanti». E ancora: «Non sempre adesioni di questo genere sono ufficiali, ci sono delle logge cosiddette coperte e riservate. E allora le adesioni sono all'orecchio, ovvero bisbigliate all'orecchio del gran maestro. All'epoca, c'erano parecchi personaggi combinati nelle logge riservate, del mondo della politica, della magistratura, delle forze dell'ordine». C'erano anche i mafiosi. Siino riferisce, per averlo saputo da Giacomo Vitale, massone e cognato di Stefano Bontade, che alla «loggia dei Trecento» sarebbero appartenuti lo stesso Bontade, poi i cugini Nino e Ignazio Salvo, i potenti esattori di Salemi che tanti rapporti avevano all'interno di Cosa Nostra, e altri due personaggi influenti dell'organizzazione mafiosa, del rango di Salvatore Greco detto «il senatore», e dell'omonimo detto «l'ingegnere». «Assieme a loro, anche diversi personaggi delle istituzioni», spiega Siino: «Tale loggia non era ufficiale e non aderiva a nessuna delle due confessioni, né a quella di Piazza del Gesù né a quella di Palazzo Giustiniani».

Ma le relazioni di una loggia segreta non si possono sciogliere di punto in bianco. Gli uomini d'onore avversari si uccidevano, le relazioni avrebbero dovuto invece essere conservate, assorbite, modificate e reindirizzate. Gli eventi successivi dicono che tutto ciò avvenne, dunque lo scioglimento della «loggia dei Trecento» sarebbe stato solo un momento di passaggio. Ma verso cosa?

La possibile influenza dei «codici» di altre entità sul codice del padrino resta una chiave interessantissima per tentare di leggere le parole di un uomo che è diventato presto un modello per l'intera organizzazione mafiosa dopo le stragi Falcone e Borsellino. Lo è, purtroppo, ancora oggi che si trova in carcere. Non sono solo le parole e i suoi modi di dire che i nuovi mafiosi, soprattutto quelli più giovani, imitano. È uno stile di vita criminale, quello delle relazioni, ad essere emulato. Se così sarà per davvero, le armi di Cosa Nostra taceranno ancora per molto, perché è proprio dentro lo Stato che l'organizzazione vuole tenacemente restare. E per farlo non servono solo eserciti di picciotti, armati di tutto punto, ma soprattutto poche fidate persone, collocate nei posti chiave, anzitutto della pubblica amministrazione e del mondo dell'impresa.

Lo stile di Provenzano e della sua Cosa Nostra è nelle parole di Matteo Messina Denaro: «Io ho sempre una via che è la vostra, sono nato in questo modo e morirò in questo modo, è una certezza ciò», così scriveva il boss latitante di Trapani in un pizzino diretto a Corleone. «Ora mi affido completamente nelle sue mani e nelle sue decisioni, tutto ciò che lei deciderà io l'accetterò senza problemi e senza creare problemi, questa per me è l'onestà.» L'onestà del mafioso, che rivendica una sua «causa».

Il giovane Sandro Lo Piccolo, trentenne rampollo della famiglia di Tommaso Natale, aveva addirittura estrapolato alcune frasi dalle lettere ricevute da Provenzano. Assieme ad altre citazioni, aveva costruito un suo personale dizionario del perfetto mafioso. «Nella vita c'è un valore umano che vale più della libertà, l'onore e la dignità.» E ancora: «C'è una parabola che dice che ad un albero puoi togliere le foglie, puoi tagliare i rami, ma quando le radici sono forti e grandi, stai pur tranquillo che sia i rami che le foglie ricresceranno». I mafiosi si trasmettevano questo auspicio. C'è da sperare che non sia una drammatica profezia. Questa: «Le foglie della mafia ricresceranno».

La domanda che ormai periodicamente, sempre più spesso, qualcuno torna a porre è una sola: «La mafia è in crisi dopo l'arresto del suo capo riconosciuto, Bernardo Provenzano, l'ultimo padrino corleonese?». Spesso, non è neanche un interrogativo. È una affermazione, che magari sottende una certa voglia di liquidare in tutta fretta l'argomento, non prima di aver stilato una nuova graduatoria di importanza fra le mafie che occupano il nostro paese. Non è di graduatorie ma di analisi aggiornate che ha bisogno la lotta alla criminalità organizzata.

L'arresto di Bernardo Provenzano ha segnato indubbiamente un momento cruciale nel percorso di contrasto alla mafia corleonese, quella che ha scandito una lunghissima stagione di sangue in Sicilia, e non solo, a partire dal 1978. Anche l'ultimo dei grandi capi in latitanza è finito in manette. Così, dal punto di vista delle statistiche, un'epoca è stata chiusa. Ma nella lunga stagione dei corleonesi restano ancora troppi elenchi senza nomi. Quelli dei favoreggiatori a volto coperto, dei complici eccellenti e dei mandanti «altri» dei delitti politico-mafiosi. Per questa ragione, una stagione non può dirsi conclusa. E non può essere liquidata con un arresto, seppur importantissimo. Per questa ragione, lo stato di crisi di un'organizzazione mafiosa non può essere valutato esclusivamente sullo stato di salute del suo braccio militare, senza tener conto delle ramificazioni nel settore della cosiddetta zona grigia, degli affari e delle relazioni politiche.

L'organizzazione mafiosa, seppur in difficoltà per i colpi inferti, ha dimostrato in passato di saper sostituire con prontezza i propri quadri dirigenti. E sempre al massimo livello. Adesso, sarà certo più difficile con l'ultimo padrino corleonese in carcere. E le prove di successione potrebbero anche preludere a cambiamenti radicali. Lo stesso Provenzano ne aveva già innescati diversi, persino il più impensabile, il ritorno a Palermo dagli Stati Uniti dei mafiosi risultati perdenti dalla guerra di mafia dei primi anni Ottanta, quella che aveva sancito il potere assoluto dei corleonesi. Come sempre, Provenzano si era dimostrato il più laico dei padrini, preferendo la pragmaticità di nuovi affari e il vantaggio di ricchezze fresche al pregiudizio ideologico dei vecchi schieramenti di potere. Gestì la possibile transizione con la solita ambiguità che ormai scandiva i pizzini delle questioni importanti: non prendeva mai esplicitamente posizione, per evitare di creare altre fratture all'interno del complesso universo di Cosa Nostra. Scriveva e prendeva tempo. Guardava al futuro, per tutelare il passato. Così come aveva fatto dopo le stragi del 1992, riuscendo in poco tempo a ricollocare l'organizzazione. Quella volta, doveva riportarla dentro le istituzioni e la società, non più contro.

Provenzano si sentiva invincibile. E non aveva messo in conto che le indagini si stavano stringendo, nei confronti suoi e dei quadri dirigenti dell'organizzazione. Eppure, il blitz dell'11 aprile 2006 era stato preceduto, sin dal gennaio 2002, da una serie di indagini e di arresti che avevano fatto terra bruciata attorno al capo di Cosa Nostra: in galera erano finiti non solo centinaia di uomini d'onore e di favoreggiatori, ma anche professionisti e imprenditori, nonché alcuni dei più fidati consiglieri, come quelli che erano stati incaricati di «sondare il terreno» all'esterno di Cosa Nostra prima delle stragi. In manette era finito pure l'ingegnere Michele Aiello, capace di interloquire con politici e burocrati per costruire un impero nella sanità privata, capace soprattutto di ottenere informazioni su tutte le più delicate indagini antimafia, a cominciare da quelle per la cattura del padrino di Corleone: le notizie arrivavano da specialisti dei carabinieri, da investigatori di fiducia di alcuni magistrati della Direzione distrettuale antimafia, in grado di violare i sistemi informatici della Procura, e persino dal governatore della Sicilia.

Dopo l'11 aprile 2006, sono arrivati altri arresti eclatanti. Il 20 giugno è toccato ai capi della città di Palermo, tra i quali alcuni veterani della guerra di mafia e della stagione delle bombe, custodi di relazioni oscure e di segreti inconfessabili.

Gli arresti, basati anche sulla lettura dei pizzini di Provenzano, si sono susseguiti fino al 5 novembre 2007, quando in manette, con il figlio Sandro, è finito Salvatore Lo Piccolo, che tanto si era prodigato per il rientro in Sicilia dei superstiti della guerra di mafia. Ma pure quest'ultima strategia ha dovuto fare i conti con la reazione dello Stato.

Dunque, a osservare il susseguirsi delle indagini, le strutture di Cosa Nostra sul territorio sono davvero entrate in crisi. E anche gli avvicendamenti nei ruoli chiave sono diventati più difficili.

Ma cosa è accaduto, invece, nella dimensione mafiosa degli affari e delle relazioni eccellenti? Con i grandi capi in carcere, i referenti dal colletto bianco hanno da sempre due scelte: proseguire nella fedeltà alla bandiera del clan o del padrino, oppure mutarla, ma tutte e due le opzioni sono cariche di rischi.

La lezione degli anni Ottanta, quando fu una guerra di mafia a segnare il passaggio da una classe dirigente all'altra – dai Bontade e Inzerillo ai Riina e Provenzano –, dice che la zona grigia delle complicità è dinamica e flessibile più che mai. All'epoca, trasferì presto servizi e favori dallo schieramento perdente a quello dei vincenti. Oggi, questo trasferimento sembra più difficile e comunque non è ancora avvenuto.

Salvatore Lo Piccolo non aveva ereditato le relazioni di Provenzano, e il suo clan si sta sfaldando rapidamente sotto l'incalzare degli arresti e delle collaborazioni di nuovi pentiti.

Matteo Messina Denaro, capo della provincia di Trapani, conosce forse alcune di quelle relazioni: il suo territorio, in cui i rapporti tra uomini d'onore, logge massoniche coperte e altri poteri occulti sono da sempre molto stretti, sembra finora quasi impenetrabile alle indagini. Ma va considerata pure una variabile di non poco conto: da 60 anni ormai sono le famiglie palermitane a decidere gli equilibri di Cosa Nostra.

Comunque sia, in questi ultimi anni, la rete degli insospettabili ha acquisito ancor più dinamicità e soprattutto forza contrattuale, che è rimasta legata in primo luogo alla illecita gestione delle risorse pubbliche, oggi più del passato destinate in gran quantità al Mezzogiorno d'Italia. Quel potere è cresciuto parallelamente all'indebolimento del livello militare di Cosa Nostra. Anche i mafiosi se ne sono accorti. In più di un'occasione, sono stati sorpresi dalle microspie a lamentarsi dei propri complici dal colletto bianco, soprattutto politici, abili a creare «ombrelli di protezione» solo per sé e non anche per tutta l'organizzazione criminale, come in molti speravano (perché forse così era stato promesso). Oggi che i grandi padrini corleonesi sono stati arrestati, nella zona grigia restano i veri segreti di una lunga stagione di affari e di complicità. Potrebbero essere già diventati merce di scambio, di contrattazione con nuovi padrini che aspirano al potere. E allora le strade della mutazione mafiosa potrebbero passare tanto dalle dinamiche del livello militare di Cosa Nostra (oggi in evidente difficoltà) quanto dagli equilibri della zona grigia, diventata laboratorio di sempre nuove lobby. Ecco perché gli uomini del cambiamento mafioso potrebbero essere da cercare in alcune figure, apparentemente di secondo piano, che però continuano a svolgere un ruolo chiave nella gestione dei patrimoni e negli snodi delle relazioni. Lo fanno in maniera molto discreta.

La vera risposta all'interrogativo «La mafia è in crisi dopo l'arresto del suo capo riconosciuto?» è in un'altra domanda: i mafiosi più vicini a Provenzano, quelli che da sempre hanno evitato la ribalta dei gesti eclatanti, preferendo efficienti società e consolidati rapporti con la borghesia della città, hanno perso affari e complicità?

10 marzo 2008

S.P.　M.P.

Ringraziamenti

Questo libro racconta il lavoro e la passione di tante persone che hanno ostinatamente creduto in un progetto. La cattura di Bernardo Provenzano ha rappresentato uno dei risultati, importante ma non definitivo. Sotto la direzione di Piero Grasso e Giuseppe Pignatone, con il costante contributo di Marzia Sabella, è stato delineato un metodo, si è individuata una strada. Le indagini condotte da Maurizio de Lucia, Roberta Buzzolani, Nino Di Matteo e dagli altri magistrati della Direzione distrettuale antimafia di Palermo hanno arricchito il percorso di sempre nuovi spunti. Renato Cortese ha guidato fino a Montagna dei Cavalli una squadra di ragazzi coraggiosi e determinati. Gli sono stati compagni generosi tanti funzionari e poliziotti, in servizio allo Sco della Direzione centrale anticrimine e alla squadra mobile della questura di Palermo. Da Nicola Cavaliere e Gilberto Caldarozzi a Guido Marino, Francesco Cirillo, Giuseppe Gualtieri e Giuseppe Caruso. La presenza attenta di Gianni De Gennaro e Antonio Manganelli ha garantito un assiduo sostegno alla squadra. Un contributo fondamentale è arrivato dall'Arma dei carabinieri. Le indagini del Ros, animate dalla sensibilità di Antonio Damiano, Giovanni Sozzo e Stefano Russo, hanno consentito di ricostruire una parte essenziale della rete di protezione di Bernardo Provenzano. L'intelligenza e la pazienza investigativa di Giammarco Sottili, Michele Miulli e dei carabinieri del Nucleo Operativo di Palermo, sostenuti dai comandanti provinciali Riccardo Amato e Vittorio Tomasone, hanno smascherato alcune delle complicità di cui il capo di Cosa Nostra aveva beneficiato durante la sua lunga latitanza.

Questo libro è il frutto del lavoro di tante persone, fra magistrati, personale giudiziario, appartenenti alle forze dell'ordine. A loro deve andare il grazie di tutti.

A Giuseppe Pignatone va anche un ringraziamento particolare degli autori per aver seguito e sostenuto la stesura del libro, non facendo mai mancare i suoi consigli, puntuali come sempre.

Il codice Provenzano

1.
«Ti prego di essere calmo e retto, corretto e coerente». La comunicazione dei nuovi padrini

1. *Il mistero nei pizzini*

«Non sapete quello che state facendo», sussurrò Bernardo Provenzano ai poliziotti che l'ammanettavano dentro il suo covo di Corleone, a Montagna dei Cavalli, dopo 43 anni di latitanza. L'11 aprile 2006. Erano le 11.21 di una mattina che il capo di Cosa Nostra aveva dedicato interamente alla scrittura dei pizzini, l'unico strumento che utilizzava per comunicare con il mondo al di fuori della sua casa bunker in mezzo alle campagne della provincia palermitana. Bernardo Provenzano aveva comandato da sempre così, battendo i tasti delle sue macchine per scrivere. Dovunque si trovasse. Poi affidava quei messaggi, ripiegati sino all'inverosimile e avvolti dallo scotch trasparente, nelle mani di fidati mafiosi. Mai il capo di Cosa Nostra aveva utilizzato un telefono o un cellulare, mai aveva ceduto alle lusinghe e alle scorciatoie di quella tecnologia che pure fa della sicurezza nelle comunicazioni un baluardo imprescindibile. La centrale di comando su cui si era fondato il trono di Bernardo Provenzano stava per intero su un tavolino. Quella mattina dell'11 aprile apparve in tutta la sua chiarezza ai poliziotti che avevano indagato per otto lunghi anni.

«Non sapete quello che state facendo», il padrino accennò nuovamente qualche parola di stizza mentre provava a sfilare un foglio dalla macchina per scrivere. Ma stava già in manette. L'ultimo pizzino che aveva composto era per la compagna. E uno dei poliziotti ricordò che il 30 gennaio 2001 aveva sequestrato a un messaggero del boss, Cola La Barbera, altri biglietti scritti dai familiari del latitante. Il segreto si era già manifestato in quelle lettere, scandite da una lunga sequenza di numeri che nascondevano nomi e cognomi. Ma perché tante precauzioni – si erano domandati gli investigatori – se il figlio chiedeva al padre solo il nome di un medico per la madre ammalata o un suggerimento per un buon acquirente di un terreno? Nel covo di Corleone dove Provenzano aveva terminato la latitanza di una vita non ci fu tempo per rievocare ancora le lettere del 2001, perché altre – decine e decine, sembrarono subito – erano ordinatamente raccolte sulla scrivania del padrino. Tanti pizzini componevano la sala di comando di Bernardo Provenzano. Fra due macchine per scrivere, una elettrica, in quel momento poggiata sulla scrivania di legno povero, e una meccanica, sistemata per terra. Un vocabolario. E una Bibbia che portava i segni di una lunga meditazione: il funzionario di polizia che per primo la raccolse osservò che era un'edizione del febbraio 1978, «approvata dalla conferenza episcopale italiana», e notò subito lettere e numeri adesivi che erano sistemati in corrispondenza di alcuni versetti del Vecchio e del Nuovo Testamento. Chissà quale recondito significato avevano.

Non fosse stato per quel piccolo televisore portatile, sintonizzato sulla diretta elettorale che snocciolava i risultati delle elezioni politiche, il covo di Montagna dei Cavalli sarebbe potuto sembrare di un'altra epoca, quando il mestiere dei padrini era solo quello di mediare fra opposti interessi e visioni. Il padrino di Corleone aveva sistemato sullo scrittoio due cartelle, una per la posta in arrivo e l'altra per quella in partenza. Aveva catalogato ogni pizzino con cura, e secondo un metodo che apparve subito imperscrutabile. Quello dei destinatari, che venivano segnati con dei numeri sul margine sinistro di ogni biglietto, da 2 a 164. E il numero 1? C'era anche il numero 1 impresso su una busta della posta in entrata, conteneva parecchi soldi, probabile frutto di estorsioni o di qualche altro affare illecito, comunque un contributo per la cassa comune dell'organizzazione. Fu subito chiaro che il numero 1 era Bernardo Provenzano. E tutti gli altri? Nella cartella della posta in uscita erano rimasti pochi pizzini. Uno era indirizzato al «numero 5»:

Carissimo, con gioia ho ricevuto tue notizie. Mi compiaccio nel saperi a tutti in Ottima salute. Lo stesso grazie a Dio, al momento posso dire di me. Allora 1) ti dò conferma che ho ricevuto per me e P. 4 mila e.

L'incipit di sempre e qualche sgrammaticatura furono gli indizi più immediati che l'autore del biglietto era per certo Bernardo Provenzano.

2) Non so cosa ti abbia detto il 15 per il posto. E dovere mio spiegarti siccome sono stato impossibilitato per seguire la cura? Mi sollecitano di riprenderla al più presto mettendosi a disposizione il 60 per venirla affare. Lui sapendo dove venire. Nel corso di questi discorsi che ne abbiamo fatti più di uno? Io ti ho detto che volevo provare se lo trovavo io un posto? Ovviamente per tramite il 15. Grazie a Dio lo ha trovato. Ripeto non sò cosa il 15 Ti abbia potuto dire. Mà tutto è legato al 60. E come tutte le cose devono succedere a me il 60 non ha potuto venire perché è stato alletto con la febre. Hora ho ricevuto la sua predisposizione a venire, è lui volessi venire un Mercoledì sera per poi ritornare il Venerdì mattina fare tutto e si porta tutto lui.

Già una prima lettura del pizzino, composto con la macchina per scrivere elettrica, rivelò che il numero 60 era un sanitario che, oltre a curarsi di lui, faceva da tramite per la consegna dei pizzini e per la conclusione di affari. Il numero 5 avrebbe avuto l'incombenza di organizzare l'incontro, con la collaborazione del 15. La lettura del biglietto fornì ulteriori particolari.

Ora come tu puoi ben capire questo provvedimento ed organizzazione è per farlo al più presto ma come vedi c'è l'impedimento di poterlo fare il prossimo giovedì, vuoi per la distanza non c'è il tempo materiale? E c'è che il prossimo Vedidì è il Venerdì Santo che i labboratori non funzionano. Allora io do la risposta di farlo con il volere di Dio, il Giovedì 20 aprile e fare entrare la sera di giovedì fare tutto nella mattina di Venerdì e uscire la Mattina di venerdì presto (su questo Orario per entrare e per uscire? Ti devi mettere d'accordo sia con il 15? E sia con il 60. x il 15 vedi tu come rintracciarlo al più presto, per metterci d'accordo dove è il posto? Se c'è il garage per fare venire al 60 con la sua macchina? Stabilire lora di entrata ed uscita della mattina di venerdì. E possibilità permettendo non fare incontrare o vedersi il 60 con il 15. Per quando a tu avere il condatto con il 60 non ti manca come fare chiedi per il 60 dicelo a (n123.) che 123 può mettere in condatto con il 60. E poi vedi tu, se c'è qualcosaltro con il volere di Dio, abbiamo questi giorni che ci separano. Per agiungere o levare qualcosa. Io con il volere di Dio, volessi notizie per come vanno le cose di questa previsione mammano che vanno passando i giorni, spero di essere stato chiaro. Vi auguro di passare una Buona Felicissima Serena Santa Pasqua, Inviandovi i più cari Aff. Saluti. Vi benedica il Signora e vi protegga!

La cartella dei pizzini in partenza fu l'ultima cosa che Bernardo Provenzano fissò prima di abbandonare per sempre l'ultimo nascondiglio. L'espressione sbigottita dei primi momenti aveva già lasciato il posto a quell'enigmatico sorriso che avrebbe fatto presto il giro del mondo, immortalato dai fotografi e dalle telecamere davanti alla squadra mobile di Palermo. Solo per un momento, il padrino fu distratto dal servizio del telegiornale di Rai 2 che annunciava il suo arresto, poi rilanciò lo sguardo verso la macchina per scrivere dove aveva lasciato un segreto a metà. Per la prima volta, si separava dai pizzini, simbolo del suo comando. Che era terminato alle 11.21 di quel giorno di inizio aprile, ma non era stato ancora svelato.

Ecco perché fu l'archivio dei pizzini il mistero che si manifestò subito a chi aveva trovato la strada per Montagna dei Cavalli. Perché al capo di Cosa Nostra i poliziotti del gruppo ribattezzato «Duomo», dal nome del vecchio commissariato nel cuore della Palermo antica dove avevano sistemato il loro quartier generale, erano arrivati seguendo i fedeli messaggeri dei pizzini del capo. Partivano da casa della compagna e dei figli di Bernardo Provenzano, all'ingresso di Corleone, e si immergevano nella città dove il padrino era cresciuto settant'anni fa ed era diventato un killer spietato. Uno, due, tre postini fidati avevano il compito di proteggere i misteri che restavano dopo otto anni di indagini e arresti fra i manager, i *picciotti* e i favoreggiatori del capo di Cosa Nostra, finalmente costretto all'angolo dall'azione dello Stato.

I misteri che restavano apparvero presto in tutta la loro asfissiante presenza agli uomini che si aggiravano dentro il covo di

Montagna dei Cavalli. Senza la decifrazione del codice segreto, le parole dei pizzini, scritte a macchina o a penna, apparivano frasi senza senso e senza tempo. Appesantite dalle continue sgrammaticature di un capomafia che da bambino non aveva terminato la seconda elementare. Eppure, una ragione doveva esserci in quel codice. Un metodo criminale doveva legare ogni pedina del mistero grande che era l'organizzazione mafiosa Cosa Nostra dopo le stragi di Giovanni Falcone e Paolo Borsellino, così come Bernardo Provenzano l'aveva riformata per farla sopravvivere allo sconquasso dei pentimenti e della reazione dello Stato.

Ai poliziotti fu subito chiaro che dietro ogni numero che scandiva i pizzini c'erano misteriose strade, tanti altri postini ancora, luoghi discreti per ogni scambio, un destinatario o un autore che quasi sempre avevano una doppia vita. Perché nessuno fa il mafioso e basta. Ma cerca di rimodellare la società in cui vive secondo il proprio personale verbo. Il verbo di Provenzano, il mafioso per eccellenza.

Dietro quella sequenza di numeri c'erano i nomi dei favoreggiatori e dei capi, degli insospettabili di tutte le risme e dei nuovi adepti a Cosa Nostra. L'euforia del momento per un arresto tanto importante lasciò presto il posto alla riflessione. Perché per bloccare davvero Bernardo Provenzano e la sua organizzazione sarebbe stato necessario individuare subito il codice che nascondeva la sequenza dei suoi ordini, degli esecutori e dei gregari, dei consiglieri e degli insospettabili. Gli unici indizi per riuscirci erano altri misteri, quelli rappresentati dai pizzini già scoperti: fra il luglio 1994 e il dicembre 1995, Luigi Ilardo, vicerappresentante della famiglia di Caltanissetta e confidente dei carabinieri, ne aveva consegnati nove al colonnello dei carabinieri Michele Riccio; un pizzino era stato scoperto dalla squadra mobile di Palermo nel covo di Giovanni Brusca, a Cannatello, nell'Agrigentino, al momento del suo arresto, il 20 maggio 1996; un altro era nel casolare di San Giuseppe Jato dove nell'ottobre 1997 si nascondeva Giuseppe Maniscalco, anche lui autorevole interlocutore di Provenzano, che come Brusca è oggi collaboratore di giustizia. Nel marsupio di Antonino Giuffrè, componente della Cupola mafiosa arrestato dai carabinieri il 16 aprile 2002 in un casolare della provincia palermitana, c'erano cinque pizzini di Provenzano fra molti altri scritti da diversi capi e uomini d'onore. Altri 31 biglietti erano stati ritrovati qualche mese dopo grazie alle indicazioni di Giuffrè, ormai collaboratore di giustizia, nascosti dentro un barattolo di vetro custodito in un casolare fra le montagne di Vicari. Era l'archivio del capomafia Giuffrè, un tempo insegnante di educazione tecnica, che aveva accumulato grande esperienza all'interno dell'organizzazione: lui era il padrino a cui Provenzano aveva affidato la più delicata delle riforme mafiose, quella di mutare il linguaggio di Cosa Nostra e persino il nome. Perché ormai «picciotto», «famiglia», «capodecina», «capomandamento», «commissione provinciale» venivano ritenuti termini antiquati e soprattutto pericolosi, considerato il peso delle intercettazioni ambientali negli arresti degli ultimi anni. A Giuffrè il padrino aveva anche chiesto di studiare un nuovo cifrario alfanumerico da utilizzare per le comunicazioni riservate. Lui si era applicato, aveva fatto per iscritto la sua proposta, ritrovata anche questa. Ma fu bocciata da Provenzano, perché ritenuta «troppo semplice». Qualche anno dopo, da collaboratore di giustizia, Giuffrè ha contribuito a svelare molti segreti della Cosa Nostra voluta da Provenzano, però il capo dei capi aveva già provveduto a cambiare il codice. Così da rendere impossibile l'individuazione dei nuovi ordini e degli esecutori.

Ma c'era molto di più dietro il mistero. Che non era fatto solo di numeri. Persino Giuffrè, vicinissimo al capo e ai suoi segreti, non ha saputo spiegare il vero significato di alcune espressioni di Bernardo Provenzano. Più che concetti, erano altre enigmatiche presenze. Sintetizzate dal padrino nei «ringraziamenti» a «Nostro Signore Gesù Cristo». Lo ha fatto per ben due volte.

Inizialmente, erano sembrati i soliti riferimenti pseudo religiosi di cui sono pieni i pizzini. Ma presto quei brani avevano fatto ipotizzare la vera essenza del mistero Provenzano: le complicità inconfessabili di cui il padrino ha goduto e i nomi di chi gli ha consentito di regnare per 43 anni di delitti, affari e collusioni nei palazzi che decidono.

Era il marzo 2002, Provenzano scriveva a Giuffrè:

Discorso cr; se lo puoi fare, e ti ubidiscono? faccia guardare, se intorno all'azienta, ci avessero potuto mettere una o più telecamere, vicino ho distante, falli impegnare ad'Osservare bene. e con questo, dire che non parlano, né dentro, né vicino alle macchine, anche in casa, non parlano ad alta voce, non parlare nemmeno vici a case, ne buone né diroccate, istriscili, niente per me ribgraziamente. Ringrazia a Nostro Signore Gesù Cristo.

Difficile pensare che Bernardo Provenzano avesse avuto il privilegio di una visione divina che gli aveva rivelato l'esistenza di una telecamera dei carabinieri nel casolare di Vicari dove si svolgevano incontri e summit. Eppure, di certo, nel marzo 2002, una manina ben informata spostò la telecamera nascosta nel casolare verso il basso. E da quel momento, si videro solo piedi. E non si sentirono più voci. Provenzano, naturalmente, non tenne più udienza in quel covo.

Perché Giuffrè, destinatario del biglietto, avrebbe dovuto ringraziare non Provenzano che aveva tempestivamente offerto l'informazione ma «Nostro Signore Gesù Cristo»? Chi è «Nostro Signore Gesù Cristo?». Giuffrè non lo sa. Ha solo potuto ricordare che il 6 marzo dell'anno precedente Provenzano gli aveva inviato un altro misterioso biglietto, che al punto 4 così recitava:

Grazzie ancora x la tua disponibilità x una due settimani lato Cefalù, se era 25 20 giorni addietro sarebbe stata una Grazia, mà grazie al mio Adorato Gesù Cristo al momento ha provveduto lui.

Un'altra volta, dunque, il «Gesù Cristo» del padrino, questa volta «adorato», aveva provveduto nel momento di maggiore bisogno. Proprio quando le indagini erano arrivate vicinissime, come non mai. E però, ancora, nessuno lo sospettava. Solo dopo il ritrovamento del pizzino del 6 marzo 2001 e le spiegazioni del pentito Giuffrè è stato possibile ricostruire il senso di quegli ulteriori ringraziamenti all'Altissimo: il 30 gennaio di quell'anno la squadra mobile aveva bloccato Benedetto Spera, autorevole padrino di Belmonte Mezzagno e componente della Cupola. Seguendo un ex primario, Vincenzo Di Noto, gli investigatori erano arrivati in un casolare di Mezzojuso, nel cuore della provincia di Palermo. Quel giorno, Provenzano era a poca distanza, per incontrare alcuni capimafia. Fu spettatore del blitz. «L'Adorato Gesù Cristo» si curò della sua discreta fuga, verso un covo sicuro. E il pronto soccorso di Giuffrè, pur gradito, non era stato più necessario.

Già la mattina dell'11 aprile, quei riferimenti a Gesù Cristo nei pizzini indirizzati a Giuffrè apparvero l'indizio più significativo per leggere la Bibbia di Bernardo Provenzano così colma di incroci misteriosi, fra numeri e lettere sistemati con ordine fra i versetti della Sacra Scrittura. Anche perché, intanto, il vecchio boss continuava a chiedere che proprio quella Bibbia gli fosse restituita. Non ne voleva altre. Solo la sua Bibbia segnata con numeri e lettere.

2. *Lo statuto di Cosa Nostra*

Fu il 10 dicembre 1969, un pomeriggio piovoso a Palermo, che Bernardo Provenzano sperimentò quanto è necessario scrivere per un mafioso che voglia essere il più temuto di tutti. Ma poi bisogna saper amministrare con saggezza le parole consacrate su un foglio, nasconderle e svelarle al momento opportuno, perché altrimenti potrebbero trasformarsi in una condanna a morte.

Questo era accaduto a Michele Cavataio, uno dei capi della mafia palermitana che se ne andava in giro per la città soddisfatto dell'assoluzione della Corte d'Assise di Catanzaro: in un solo colpo, erano svanite le accuse per dieci omicidi. Cavataio aveva riacquistato il suo potere, ma ne voleva molto di più. E minacciava di rendere pubblici i nomi di tutti i mafiosi di Palermo, che aveva segnato dentro una mappa ben documentata della città. Ricattava e provava a tessere nuove alleanze.

Quel giorno di dicembre, Provenzano era fra i killer incaricati di uccidere Cavataio. «Ci fingemmo poliziotti ed entrammo di corsa», racconta il pentito Gaetano Grado, che era fra i componenti del commando: «Tutti avevano le divise, io no. Gli dissi a Bontade: se rischio la vita, non voglio morire con la divisa». Provenzano, invece, la indossò. Ironia della sorte, come fece all'inizio della sua carriera criminale così replicò anche alla fine: l'11 aprile 2006 indossava il giubbotto della polizia al momento di salire sull'elicottero che l'avrebbe portato al carcere di Terni.

Il 10 dicembre 1969, qualche minuto prima delle 19, due Giulia si fecero spazio nel traffico, sin davanti l'ufficio del costruttore Girolamo Moncada. Nel viale Lazio che segnava l'inizio della nuova città del sacco edilizio. I killer sapevano per certo che a quell'ora si sarebbe tenuta una riunione importante, probabilmente per concordare nuove partecipazioni ad affari. C'erano i figli di Moncada, Filippo e Angelo, di 25 e 19 anni, l'imprenditore Francesco Tumminello, il suo ragioniere Salvatore Bevilacqua e un altro dipendente, Giovanni Domè, che attendeva fuori. C'era soprattutto Michele Cavataio.

Quel giorno avrebbe segnato uno spartiacque nella storia della mafia. Perché la morte di Cavataio doveva sancire i nuovi equilibri del potere. Per questo, i killer erano stati scelti fra tutte le famiglie palermitane. Ne erano stati selezionati sei. Bernardo Provenzano, il sicario più valente di Corleone, avrebbe dovuto trovare la mappa. Sapeva che poteva trovarsi dentro un calzino, o dentro una tasca. Racconta Grado:

> Appena scesi dalla macchina urlai a Domè: siamo poliziotti, seguici negli uffici. Lo misi davanti a noi. Saremmo dovuti entrare tutti e poi sparare. Ma quel cosaccia sporco di Bino Provenzano che fa, spara subito a Domè. Allora ci buttiamo dentro l'ufficio. Io riesco a tirare le prime due fucilate a Cavataio, e lo piglio a una spalla. Ma intanto spara pure lui. E mi ferisce. I proiettili rompono un vetro e le schegge mi finiscono negli occhi. Non vedevo più niente. Mentre Cavataio spara ancora riesco a uscire fuori e urlo a Damiano Caruso e a Calogero Bagarella: entrate, entrate che io non ci vedo più. Entrano subito e cominciano a sparare. Ma Cavataio spara pure lui e ferisce Provenzano alla mano. Colpisce Bagarella, che cade per terra senza dare più segni di vita. Anche Damiano viene ferito. Ma noi riusciamo a colpire Cavataio e Tumminello.

Quando vide Cavataio per terra, dietro una scrivania, Provenzano lo tirò per i piedi. «Avvertì una strana resistenza – ha raccontato un altro collaboratore, Antonino Calderone, al giudice Falcone – e si accorse che era vivo».

La vita e la storia di Bernardo Provenzano sarebbero potute finire anche quel pomeriggio, per quei foglietti di carta che contenevano il segreto più grande di Cosa Nostra. Perché Cavataio tirò fuori la pistola e puntò dritto al volto del suo sicario. Ma l'arma era scarica. E fu la salvezza di Provenzano. «Allora, il killer premette il grilletto della mitraglietta – prosegue il racconto di Calderone, che aveva appreso tanti particolari dal fratello – ma la sua arma si inceppò». Sul pavimento dell'ufficio c'erano già Tumminello e Bevilacqua. Anche uno dei sicari, Calogero Bagarella, era in fin di vita. Sarebbe morto poco dopo. Ma Bernardo Provenzano aveva una missione da compiere e quella cercò di portare a termine: prima, provò a rimettere a posto la mitraglietta, ma non ci riuscì, perché la mano ferita continuava a sanguinare. Decise di colpire la sua vittima con il calcio dell'arma e con i piedi, per cercare di stordirlo. E intanto riuscì a estrarre la pistola che aveva alla cintola. Fece fuoco. Michele Cavataio morì. E Provenzano si conquistò sul campo il soprannome di *u tratturi*, il trattore: «È stato mio fratello a chiamarlo così – fece mettere a verbale Calderone – con riferimento alle sue capacità omicide, ma soprattutto alla strage di viale Lazio». E nacque la leggenda che Provenzano «tratturava» tutto e dove passava lui non cresceva più l'erba.

Ma quel pomeriggio, in viale Lazio, Provenzano riuscì a portare a termine la missione a metà. Trovò solo un foglietto, che Cavataio aveva spillato dentro la tasca della giacca prima di uscire da casa. L'altro rimase nel cestino dell'ufficio dei Moncada. Il capomafia aveva fatto in tempo a strapparlo e a nasconderlo dove nessuno l'avrebbe cercato. Lo trovò la polizia, qualche ora più tardi. C'era un elenco di mafiosi, ma all'epoca disse poco agli investigatori.

Dal giorno della strage Cosa Nostra aveva ormai nuovi capi, eppure in molti continuarono ad avere paura che la maledizione di Cavataio e della sua mappa potesse abbattersi inesorabile.

Aveva già falcidiato i sicari del commando: Bagarella morto, Provenzano ferito a una mano, Damiano Caruso a un braccio. Grado, accecato da alcune schegge di vetro, fu curato da un medico compiacente e poi trasferito d'urgenza in una clinica privata di Marsiglia, dove fu operato. Tanti anni dopo, nel 2003, proprio a Marsiglia tornò in gran segreto anche Provenzano, per un'operazione alla prostata.

L'archivio di Cavataio non portò ad altre conseguenze. E la segretezza di Cosa Nostra continuò a esser tale ancora per molti anni.

La scrittura è rimasta una necessità per Cosa Nostra. Non certo per i ricatti, che pure hanno costellato la vita della mafia siciliana, ma per fissare le regole stesse di sopravvivenza, nonostante il pericolo che ciò comportava. Si è scoperto grazie alla testimonianza di un mafioso che era sempre apparso nelle seconde file, Salvatore Facella, e proprio per questo era stato reclutato per incarichi delicati. Quando nel 2003 ha deciso di collaborare con la giustizia ha raccontato che l'associazione segreta Cosa Nostra ha un suo statuto. Uno statuto scritto. Sotterrato chissà dove. Sarebbe stato composto poco prima della seconda guerra mondiale da un tale «avvocato Panzeca di Caccamo», mafioso quando a Caccamo, estrema periferia della provincia di Palermo, regnava don Peppino Panzeca, l'autorevole padrino a cui tutta Cosa Nostra, e non solo, si rivolgeva per mediare contrasti di ogni tipo. Facella spiega che seppe dello statuto in carcere da Francesco Intile, capo del mandamento di Caccamo, depositario per discendenza di quel prezioso documento. Tanta confidenza nasceva dall'appartenenza di Facella alla cosca di Lercara, alle dirette dipendenze di Intile.

La storia tramandata dai padrini narra che nel 1981 Stefano Bontade voleva cambiare un articolo della Carta della mafia, quello secondo cui un uomo d'onore non avrebbe mai potuto rivolgersi a un tribunale per denunciare chi non onorava un assegno o una cambiale. Bontade, che era mafioso imprenditore, aveva già una visione moderna di Cosa Nostra all'interno della società. Era precursore dell'idea, che poi Provenzano avrebbe elaborato molti anni dopo, che la mafia, se necessario, deve anche sapersi infiltrare nell'antimafia e assumere un volto rispettabile per assicurarsi la sopravvivenza e l'impunità.

Per questo Stefano Bontade chiese a Intile la Carta fondante di Cosa Nostra. Lui, il principe di Villagrazia lo chiamavano, uno dei padrini più influenti dell'organizzazione, aveva autorità per farlo: voleva arrivare alla riunione della commissione provinciale con il documento già in mano, per perorare la modifica. Ma Intile sapeva dei *mali discursi* che si facevano su Bontade e i suoi mafiosi manager, che non avevano mai fatto simpatia ai corleonesi di Riina e Provenzano, i nuovi signori che comandavano Cosa Nostra. Dunque, si affrettò a riferirne proprio a Riina. Che non ebbe dubbi sul da farsi: «Dammi quel documento, quando Bontade te lo chiede mandalo da me. Saprò io cosa dirgli». Ma Bontade non chiese. Il vertice corleonese aveva già deciso la sua morte. Quell'omicidio fu un altro spartiacque fra la vecchia e la nuova mafia.

Per le conoscenze di Facella, lo statuto di Cosa Nostra sarebbe rimasto da allora nelle mani di Totò Riina. Intile è poi morto suicida in carcere, nel maggio 1995.

Sono passati tanti anni e Bernardo Provenzano non ha trovato altro modo per riformare l'organizzazione fra la prima e la seconda repubblica mafiosa che affidarsi alla scrittura. I suoi pizzini, seppur sgrammaticati, sono stati una nuova costituzione in divenire. Che si è già consolidata. Quel documento ormai del secolo scorso appartiene alla storia della mafia. E come tale doveva considerarlo anche il nuovo padre rifondatore di Cosa Nostra. Perché la mediazione mafiosa – così predica Provenzano – non teme di perdere efficacia impositiva se messa a confronto con le leggi dello Stato. Anzi, cerca di modellarle secondo lo spirito e la convenienza attuale del mafioso.

Nell'era delle investigazioni sul modello del Grande Fratello, la preoccupazione principale di Provenzano è stata quella di proteggere le nuove regole che aveva voluto, ma senza dimenticare quelle vecchie. Con maniacale precisione ha imposto precauzioni ai suoi uomini, ma non tutti le hanno rispettate. Forse, questa può essere una strada per forzare il codice. Ma prima di tentare, è ancora opportuno ritornare a come nacque, e perché, la comunicazione speciale di quel Provenzano che un tempo era una cosa sola, «la stessa cosa» dicevano in Cosa Nostra, con Totò Riina il sanguinario. Luciano Liggio, il vecchio padrino di Corleone, aveva voluto Provenzano e Riina insieme come suoi eredi per la conquista del potere su Palermo. Ma da sempre erano stati diversi. «Eppure – ha spiegato il pentito Giuffrè – quando erano in disaccordo non si alzavano dal tavolo se prima non avevano trovato una soluzione». Così avevano governato dalla fine degli anni Settanta. Con il terrore delle armi e la lungimiranza degli affari, nell'indistinto orizzonte delle complicità.

3. *Il linguaggio delle bombe*

Totò Riina, che con Bernardo Provenzano ha condiviso il potere dei corleonesi fino al 15 gennaio 1993, giorno del suo arresto, preferiva convocare grandi riunioni per comunicare ordini e strategie. E negli ultimi anni sbraitava se la sua grande poltrona – «grande come quella del papa», ha raccontato Giuffrè – non era pronta al momento giusto. Una delle ultime assise della commissione provinciale che Riina fissò aveva all'ordine del giorno la fine della prima repubblica mafiosa, da sancire con una lunga serie di omicidi eccellenti. I primi della lista erano i giudici Falcone e Borsellino, seguivano i politici che non avevano mantenuto le promesse d'impunità. Ma in realtà, Riina aveva già deliberato l'inizio della strategia stragista. E Provenzano non aveva opposto alcuna riserva. Era sempre Riina a presiedere quelle riunioni, ad aprire l'ordine del giorno, e poi a sancirlo all'unanimità. Perché ciò che aveva deciso il vertice della potenza corleonese era già sentenza o legge della commissione. Chi si opponeva, veniva prima isolato e poi ucciso.

Riina pretendeva la sedia da papa e il tavolo lungo per le sue riunioni. I pentiti lo descrivono come un despota che non si preoccupava affatto di apparire un sovrano illuminato. Per lui, la latitanza non ha mai rappresentato un problema: come ulteriore precauzione, negli ultimi tempi, convocava delle riunioni ristrette per comunicare le sue decisioni. Anche il giorno in cui i carabinieri del Ros lo bloccarono alla rotonda di via Leonardo da Vinci, poco distante dal centro città, Riina stava andando a presiedere una riunione della commissione, perché c'era da decidere come proseguire la strategia iniziata con gli omicidi dell'eurodeputato Dc Salvo Lima, le stragi di Capaci e via d'Amelio, il delitto dell'ex esattore Ignazio Salvo. Come per gli altri incontri dei mesi precedenti, in realtà Riina si sarebbe limitato a comunicare le sue scelte.

La mattina del 15 gennaio 1993, il boss era uscito dalla sua bella villa immersa nel verde come il manager di una qualsiasi azienda. Con tanto di autista. E arrivato a destinazione avrebbe di certo informato che prevedeva di colpire tanti altri obiettivi. Magari dopo aver rassicurato sulle garanzie ricevute da non meglio precisati «palazzi». Ogni altra discussione sarebbe stata inutile. Tutto era già deciso. E non ci sarebbe stato bisogno di nessun'altra comunicazione, orale o scritta. Ecco perché quella mattina di gennaio Riina aveva nel borsello in pelle di colore nero solo qualche appunto: «Conteggio case via Villagrazia», «Realizzati 16 appartamenti», «Franchigno per Cangiru», «Riporto il 5 gennaio '93 lire 400» e infine «Lire 46.000 per 3 per cento, uguale lire 1.380». Ben più in evidenza era rimasta la scatola di sigari Tiparillo e una calcolatrice Casio, che di certo avrebbe tirato fuori al momento opportuno durante la riunione del mattino. In tasca, conservava solo brevi promemoria per questioni che gli erano state sottoposte. A guardare lo stile di quei biglietti c'è da ritenere che fra gli autori ci fosse anche Bernardo Provenzano. «Piero vuole dieci milioni l'anno di Lombardo, mi interessa a me». «Altofonte vicino cava Buttitti strada interpoderale ing. Aiello». «Mio figlioccio mi fa sapere che per quella ditta che ha Brancaccio, si chiama Palermo-Diesel, paga la mesatina come stabilito e da quando si trova lì, ma ora mi dice che gli hanno fatto pagare un aumento e che dal 1993 deve aumentare ancora. Puoi dare un'occhiata e farmi sapere che cosa dovrà fare visto che si sono succeduti nei vari periodi diversi esattori?». Poi, ancora, «F. sco Ventura srl viale dei Giardini 19 Paola (Cosenza), Lavori a Licata (ferrovie)». Infine, l'immancabile appunto per una richiesta di aiuto dopo un furto: «Tp 319381, non mi hanno detto che tipo è la macchina. Vicino Gasparino c'è un certo Pirrone di Alcamo: si può sapere che persona è? Perché hanno rubato un trattore gommato ma poi lo hanno trovato... ora Gaspare sospetta di questo Pirrone».

Riina non aveva proprio un buon rapporto con la scrittura e i biglietti. Era un mezzo che riteneva troppo limitato per le sue aspirazioni di tiranno. Alla riunione preferiva portare i simboli del suo potere, ben sistemati nel borsello di pelle nera: una mazzetta di 43 banconote da 10.000 lire, un'altra mazzetta con 60 banconote da 50.000 lire e in mezzo l'immancabile promemoria, «Altofonte 3000». In tasca, Riina teneva sette banconote da centomila lire, un dollaro e mille lire. Un accendino di bronzo e una moneta antica, chissà a simboleggiare cosa. Il suo archivio, che i pentiti Giovanni Brusca e Antonino Giuffrè hanno detto conservava nella villa di via Bernini, non era strumento per comunicare. Al massimo, per ricattare. Ma quando fu il momento della resa dei conti, nel 1992, Riina preferì imporre le sue condizioni nel modo più eclatante, tramite le bombe. Probabilmente, non aveva ben chiaro neanche lui cosa sarebbe accaduto dopo, oppure aveva sopravvalutato fin troppo le sue forze e il suo potere di ricatto. Attraverso il tritolo cercava di intavolare una trattativa con il migliore offerente. Così hanno spiegato i giudici della Corte d'Assise di Caltanissetta nella sentenza del Borsellino ter:

> Secondo quanto racconta il collaboratore Giovanni Brusca, Riina aveva aperto una trattativa con personaggi, di cui non gli rivelò l'identità, presentando loro un papello contenente sostanzialmente alcune richieste (l'abolizione del regime carcerario duro, della legge sui collaboratori di giustizia, la riapertura dei processi). Di tale trattativa il collaborante era venuto a conoscenza intorno al giugno del 1992, a cavallo tra le due stragi, allorché Riina gli aveva confidato che quei personaggi «si erano fatti sotto» e dopo una decina di giorni gli aveva detto che le richieste del sodalizio mafioso erano state respinte perché ritenute «troppo esose». Era stata quindi eseguita la strage di via d'Amelio. Poi, Riina aveva aggiunto che «era necessario un altro colpetto» e gli aveva proposto l'attentato a Piero Grasso, giudice a latere del maxiprocesso, non realizzato per difficoltà tecniche.

La trattativa a suon di bombe voluta da Totò Riina aveva trovato un momento di sintesi nel cosiddetto «papello». Ma restano ancora misteriosi il reale contenuto del documento e i destinatari. Di certo, secondo la sentenza del terzo processo per la strage Borsellino, c'è solo questo:

> Nello stesso periodo in cui attuava la strategia stragista, Cosa Nostra mostrava una disponibilità a trattare con persone delle Istituzioni per ottenere quanto meno un'attenuazione dell'attività di contrasto alla mafia che in modo così efficace era stata avviata nel pur breve periodo in cui Giovanni Falcone aveva ricoperto l'incarico di direttore generale degli affari penali al Ministero.

Ma Riina restò schiavo delle sue bombe. Dopo l'arresto, i fedelissimi del tiranno proseguirono la strategia, ispirati allo stesso modo. Colpirono a Roma, Milano, Firenze. Poi, all'improvviso, la strategia della comunicazione attraverso le bombe si fermò. Non è ancora chiaro il perché. A quel tempo, Provenzano era ormai l'unico regista. Ma dov'era stato sino a quel momento?

4. *La strategia della sommersione*

Comunque sarebbe andata in quel 1992 delle stragi, meditò Bernardo Provenzano, la storia della mafia e dell'antimafia sarebbe cambiata per sempre. Così aveva deciso di avviare un'ampia consultazione fra i suoi fidati consiglieri, perché lui, a differenza di Riina, non aveva mai smesso di prestare attenzione alle complesse dinamiche che intrecciano la società illegale con quella legale. Racconta il pentito Antonino Giuffrè, nell'ultima tranche del processo per le stragi, celebrato a Catania, che Provenzano avviò addirittura un sondaggio prima della stagione delle bombe, «per interpellare – ha riferito – politici, massoni e imprenditori. Voleva sapere cosa ne pensassero delle stragi». Secondo la consueta rigida suddivisione dei compiti in famiglia, ha aggiunto Giuffrè, l'ex sindaco di Palermo Vito Ciancimino, da sempre pupillo di Provenzano, si sarebbe occupato dei contatti con il mondo politico. Pino Lipari, consigliere economico e ministro dei lavori pubblici della mafia, sondò gli imprenditori. Avrebbe offerto un contributo importante anche Tommaso Cannella, padrino vecchio stampo di Prizzi, che a Provenzano ha votato la sua vita, entrando e uscendo dal carcere. Si sarebbero mobilitati pure Gino Scianna ed Enzo Giammanco, gli imprenditori più in vista di Bagheria, la città alle porte di Palermo dove Provenzano aveva trasferito la sua Corleone sin dalla fine degli anni Settanta, per concessione di Luciano Liggio. «Con quel sondaggio, Provenzano voleva cogliere lo stato d'animo di quegli ambienti», ha spiegato Giuffrè, che non conosce l'esito delle consultazioni. Il pentito si è detto però sicuro che anche alcuni «ambienti imprenditoriali del Nord» erano interessati all'eliminazione di Falcone e Borsellino:

> I due giudici erano direttamente e intensamente interessati ad approfondire il tema mafia e appalti, e ciò avrebbe potuto avere effetti devastanti per gli interessi di Cosa Nostra e degli altri protagonisti dell'economia che ruotano attorno alle opere pubbliche. Avete presente quei documentari sugli animali? Mi piace vedere quelle bestie, le zebre o i cerbiatti, che sono osservati dalle belve feroci in agguato. Le belve studiano la tattica e poi attaccano, mirando a un solo obiettivo del branco, che sarà sbranato. Questo era diventato Falcone. E poi anche Borsellino ebbe la stessa sorte.

Qualunque sia stato l'esito delle consultazioni mafiose, di certo sappiamo cosa decise Provenzano venti giorni prima della strage di Capaci: fece rientrare a Corleone la compagna Saveria Benedetta Palazzolo e i figli Angelo e Francesco Paolo, di 16 e 9 anni. Era la domenica delle elezioni politiche che avrebbero segnato l'epilogo di un'epoca, presto ribattezzata «prima repubblica». La strategia del vertice corleonese era già iniziata il 12 marzo, con l'omicidio dell'eurodeputato Salvo Lima, il simbolo dei politici che avevano promesso a Cosa Nostra ed erano finiti sotto accusa «per non aver mantenuto gli impegni»: questo dicevano i mafiosi dopo la sentenza della Cassazione che aveva confermato tutte le condanne del primo maxiprocesso istruito dal pool di Falcone e Borsellino.

«Non ho conti aperti con la giustizia e voglio risiedere a Corleone», si limitò a dire la signora Saveria al capitano dei carabinieri, quando, dopo tanti anni, si materializzò dal nulla con i suoi figli. E non aggiunse altro, nonostante la curiosità degli investigatori sulla sorte del proprio compagno ancora latitante. Pochi minuti dopo, la famigliola era già diretta verso l'abitazione del fratello di Bernardo Provenzano, Salvatore, in via Colletti.

Per giorni, ci si interrogò sull'interpretazione di quel ritorno. Ma non restò molto tempo per approfondire il caso. Il 23 maggio l'autostrada di Capaci fu sventrata dal tritolo di Cosa Nostra. E la comunicazione di Totò Riina fu così rumorosa che niente più trapelò dei segreti di Bernardo Provenzano: aveva dato il suo assenso al progetto del compagno di sempre, ma già sapeva che sarebbe stato fallimentare, anzi foriero di una profonda trasformazione. E il ritorno a casa della famigliola del superlatitante si trasformò in uno straordinario effetto mediatico: il protagonista, Bernardo Provenzano, fu ritenuto morto, o comunque fuori gioco. E nessuno più lo citò. Sui giornali, ma anche negli atti giudiziari: a fine 1992, nell'elenco dei boss della Cupola accusati del delitto di Salvo Lima c'era Riina, ma non Provenzano. Persino Giuseppe Marchese e Gaspare Mutolo, pentiti sull'onda dello sconquasso causato in Cosa Nostra dalla strategia delle bombe, seppero aggiungere poco o nulla sul misterioso padrino Bernardo Provenzano.

Ma la frattura causata dalle stragi aveva ormai innescato un travaglio pesante persino nei mafiosi più incalliti. E le falle che si erano aperte sarebbero state un contributo importantissimo per la reazione dello Stato contro Cosa Nostra. Fra tutte, una in particolare prometteva di aprirsi verso quel boss di cui nessuno sapeva più nulla. Un capomafia siciliano detenuto nel carcere di Lecco aveva chiesto di parlare con un ufficiale dei carabinieri. «Un giorno arrivai a prendere il mondo con le mani», esordì Luigi Ilardo: «Fu quando mi fecero uomo d'onore. Ma di vero non c'era niente. Oggi, Cosa Nostra è diventata soltanto una macchina di morte, di tragedia e tante menzogne». Era il 1994, il colonnello Michele Riccio iniziò ad ascoltare con attenzione.

Quando Ilardo uscì dal carcere non ebbe più dubbi. Incontrava di nascosto l'ufficiale, e intanto rientrava nei ranghi della famiglia mafiosa a cui apparteneva, quella di Caltanissetta. Per i meriti ottenuti in cella, quello del silenzio soprattutto (almeno così era ufficialmente), Ilardo fu nominato vicerappresentante provinciale, e venne messo al corrente dei più recenti equilibri dopo la stagione delle stragi, che avevano avvicinato ancor più il clan retto da Giuseppe Madonia a Bernardo Provenzano.

Il mistero stava lentamente iniziando a svelarsi. Non solo quello di Provenzano, «lo scomparso», ma soprattutto quello della nuova Cosa Nostra, che ancora nessuno conosceva. Perché l'esercito di mafiosi che aveva deciso di abbandonare l'organizzazione per collaborare con la giustizia stava sì raccontando i segreti della Cosa Nostra che era stata prima delle stragi, di Riina e Provenzano dicevano, ma Provenzano compariva ancora troppo poco nelle decisioni e nelle riunioni della Cupola.

Ilardo iniziò a scambiarsi lettere con Provenzano. E informò il colonnello Riccio che quelli erano i «pizzini». Ovvero messaggi lunghi una pagina, o anche due, che il padrino di Corleone utilizzava per diramare gli ordini e discutere delle questioni che regolavano la vita dell'organizzazione. I pizzini erano soprattutto la nuova via sicura di comunicazione all'interno di Cosa Nostra, alimentata da una rete di fidati postini. Ecco come iniziava la prima lettera di Provenzano a Ilardo, che risulta scritta nel luglio 1994:

Mio carissimo G. Con gioia, ho ricevuto il tuo scritto, mi compiaccio tanto, nel sendire, che godeti tutti di Ottima Salute. Lo stesso posso dirti di me. Sapevo che vi avessivo dovuto vedere, con mm, e ora tu mi dai conferma che vi siete visti, per la vostra situazione in generale: Mi auguro una sengera, e corretta collaborazione. Anche sé, abbiamo molte avversità, sia fuori che dentro di noi stessi, cercati di recuperare, il massimo del recuperabile.

Concludeva con alcune formule di rito:

Allora G. per tutte quelle cose là dove io secondo il tuo parere possa io aiutarti, scusami se ti chiedo la massima chiarezza, ha scanzo di equivoci, e perdita di tempo: dimmi cosa io possa fare per voi tutti è se è nelle mie possibilità sono ha vostra compreta disposizione. Ora ti prego di volermi scusare dei miei errore, felicissimo del tuo condatto resto in attesa di tue notizie pregandoti di dare i miei Saluti a tutti e bacetti ai bambini che ora saranno fatti grandicelli bacetti per bambini e i suoi genitore augurandovi un mondo di bene inviandovi i più cari Aff. Saluti.

Il confidente Luigi Ilardo spiegò al colonnello Riccio che Provenzano aveva deciso una nuova strategia per il futuro di Cosa Nostra. Quella della sommersione, per «cinque o sei anni», svelò il confidente, fino a quando il terremoto delle stragi non fosse stato assorbito dallo Stato e dalla gente. Solo allora l'organizzazione criminale sarebbe potuta tornare alla sua funzione di sempre: la mediazione. Dentro la società e i palazzi delle istituzioni. Mai più fuori, mai più contro.

Dunque, due anni dopo le stragi Falcone e Borsellino c'era già un nuovo corso mafioso, che cercava di consolidarsi attraverso la rete segretissima dei pizzini di Provenzano. Anche perché, intanto, le inchieste scaturite dalle dichiarazioni dei collaboratori di giustizia marciavano al ritmo di blitz e arresti continui. Ma a quell'epoca i pizzini non avevano ancora sostituito le riunioni plenarie fra Provenzano e i suoi fidati consiglieri, tutt'altro stile rispetto alle assise presiedute da Riina seduto sulla sua poltrona da papa. Esigenze di sicurezza avevano solo consigliato a Provenzano di ridurre la frequenza degli incontri e valorizzare la comunicazione attraverso i fidati pizzini.

Così scriveva a Giuffrè, suo fiduciario per la zona delle Madonie: «Di questo ne parliamo quando ci vediamo». E passava a un altro argomento. Su quel periodo Giuffrè, ormai pentito, ha ricordato:

> Quando nel 1993 esco dal carcere trovo un Provenzano riciclato, da battagliero che era, mostrava ora sintomi di santità. Le stragi del 1992 erano state una pazzia, s'erano fatti molti danni e bisognava cercare rimedi.

Il laboratorio Provenzano trovò sede fra alcuni sperduti casolari della provincia di Palermo, attorno al paesino di Mezzojuso, a un'ora dal capoluogo, lungo la strada statale per Agrigento. Lì il tempo sembrava essersi fermato per davvero. Luigi Ilardo ci arrivò la mattina del 31 ottobre 1995, dopo avere atteso al bivio che lo venissero a prendere. La sera prima aveva avvertito il colonnello Riccio dell'appuntamento. E all'alba c'erano anche i carabinieri del Ros a fotografare i partecipanti al summit mentre attendevano di fare strada verso l'appuntamento. Quando furono tutti, proseguirono verso Agrigento, mentre alcune vedette controllavano la strada. E i carabinieri ritennero che fosse più prudente non seguire il corteo, così scrissero nella relazione di servizio.

La sala riunioni era in un antico casolare. Racconta Ilardo che attorno al tavolo, ad ascoltare il padrino, erano convenuti lui e Lorenzo Vaccaro, in rappresentanza della famiglia di Caltanissetta, Giovanni Napoli, funzionario dell'assessorato regionale Agricoltura e Foreste, originario di Mezzojuso, e un tale Salvatore Ferro, dalla provincia di Agrigento. Poi, fece la sua comparsa quel Cola La Barbera che nel 2001 sarebbe stato sorpreso dalla polizia in un casolare poco distante, in compagnia del padrino di Belmonte, il latitante Benedetto Spera e il primario Di Noto. La campagna di Mezzojuso è rimasta per cinque lunghi anni il luogo prediletto dal capo di Cosa Nostra per i suoi incontri. Nonostante le indicazioni di Ilardo al Ros.

L'incontro di Mezzojuso si trasformò presto in una piccola convention, con discorso iniziale e gruppi di studio al pomeriggio. Il tema all'ordine del giorno era uno solo: «Avviare la fase di inabissamento dell'organizzazione, periodo necessario dai 5 ai 7 anni, per recuperare una sufficiente tranquillità, condizione essenziale allo sviluppo di affari e complicità». Queste cose riferì il giorno dopo Ilardo a Riccio. Era la strategia di Provenzano per far dimenticare la stagione delle stragi e recuperare l'agognato ruolo sociale. Per ulteriori contributi al dibattito avviato, la base dell'organizzazione avrebbe potuto far capo a un numero telefonico, e verrebbe da dire un numero verde, perché era quello dell'ufficio di Giovanni Napoli all'assessorato regionale Agricoltura e Foreste, a Palermo.

Ma nessuno telefonò. Tutti ormai preferivano scrivere pizzini. E Provenzano limitava le riunioni al suo gruppo ristretto di consiglieri per i vari affari. Erano davvero pochi: Pino Lipari, ex geometra dell'Anas in pensione, ora imprenditore rampante; Tommaso Cannella, capomafia di Prizzi; Benedetto Spera, capomandamento di Belmonte Mezzagno. È stato Nino Giuffrè, un altro dei componenti del ristretto club dei consiglieri di Provenzano, a raccontare da pentito che gli incontri si tennero ancora a Mezzojuso fino al 30 gennaio 2001, quando poi Spera fu arrestato. E i temi da affrontare erano quelli di stringente attualità: il carcere duro, i processi, le confische e i pentiti, la spina nel fianco di Cosa Nostra in quegli anni. Poi, la ricerca di una difesa dalle microspie. E la selezione di persone insospettabili, che avrebbero potuto agire indisturbate per la protezione dei latitanti e dei loro affari. Su un solo tema c'era ben poco da dire, ha spiegato Giuffrè:

> Quello degli appalti, perché in tutta onestà riuscivamo sempre a controllarli abbastanza bene. E anche in questo settore, su consiglio di Pino Lipari, si cercava di non fare rumore. Se c'era qualche impresa diciamo tosta, ovvero che non voleva mettersi a posto, ci dovevamo muovere con la scarpe felpate.

Questa era la strategia della sommersione, dell'inabissamento. «Bisognava rendere invisibile Cosa Nostra – ha proseguito Giuffrè – per avere il tempo di riorganizzarsi con calma». L'obiettivo finale sarebbe stato, ancora una volta, di ridare slancio agli affari di Cosa Nostra. Fu Lipari a suggerire un percorso a Provenzano. E Giuffrè, che ne fu testimone e uno degli attori, così l'ha raccontato:

> Lipari e Cannella hanno aiutato Provenzano a rifarsi la verginità, perché dalle stragi era uscito con le ossa rotte. E giustamente lui doveva rifarsi un'immagine. Così questo gruppo è passato come quello di coloro che erano contro le stragi. Ma non è affatto così. Perché Provenzano nelle questioni politiche, negli omicidi politici, è il numero primo. Però adesso Lipari doveva rifargli l'immagine. Per non farlo arrestare, innanzitutto. E poi, per una questione economica.

Ma c'era qualcuno, nel club dei consiglieri, che sembrava non capire, facendo risuonare eccessivamente il rumore delle armi. Giuffrè ha ricordato di un pomeriggio in cui restarono in campagna lui, Lipari e Provenzano. E Lipari cominciò a fargli tante domande su Benedetto Spera e la sua strategia di omicidi all'interno del mandamento. Voleva capire da che parte stesse per davvero.

Non pensi che Benedetto stia esagerando un pochino in questa situazione? Gli dissi: «Pino, ma tu perché queste domande non gliele facevi a lui?». Mi rispose: «Non ti preoccupare. Lui deve capirlo, perché non possiamo fare *scruscio*». Era Lipari che aveva posto la questione Belmonte. E adesso voleva un po' sondare i discorsi fra me e Spera. Benedetto aveva esagerato nel portare avanti un certo discorso militare nel suo mandamento e questo modo di camminare con le scarpe chiodate cominciava a fare rumore e a disturbare certi ambienti della città. Di tutti i discorsi di Lipari e degli effetti su Provenzano me ne accorsi in una riunione successiva, quando Provenzano disse a Spera: «Vedi che io governo con la mia testa».

Erano le ultime riunioni del capo dei capi con i suoi consiglieri. Già allora tutti erano consapevoli dei rischi. Giuffrè sostiene che «Lipari e Cannella erano coscienti di essere sotto stretta osservazione da parte delle forze dell'ordine». Ed era vero. Ma Lipari «il consigliere» e Cannella «lo stratega» non avevano mai abbandonato Provenzano. Si vantavano di conoscerlo da una vita, di aver condiviso con lui tanti momenti, anche di aver pagato per causa sua diversi anni di carcere. Lipari era di certo il più attivo: non era un capomandamento, non aveva un territorio, ma deteneva il segreto dei rapporti con la politica. Lui immaginava già un futuro di nuovo normale per Cosa Nostra. E lo confidò liberamente all'amico mafioso Salvatore Miceli, il 2 agosto 2000, nella sua casa estiva di San Vito Lo Capo, senza sospettare che una microspia della polizia lo stava intercettando. Era il racconto fedelissimo di un'altra riunione convocata da Provenzano al massimo vertice, per discutere delle conseguenze delle stragi del 1992. Erano presenti Spera, Giuffrè e Salvatore Lo Piccolo, il latitante di Tommaso Natale, uno dei capi palermitani più in vista.

Gli dissi: «Senti Bino, qua non è che abbiamo più due anni... non ti seccare, io me la prendo questa libertà perché ci conosciamo. Figlio mio, né tutto si può proteggere né tutto si può avallare né tutto si può condividere di quello che è stato fatto. Perché del passato ci sono cose giuste fatte e cose sbagliate, bisogna avere un po' di pazienza». Pronunciai questa parola e Benedetto mi venne a baciare. Gli dissi: «Né tutto possiamo dire fu fatto giusto né tutto possiamo dire che è sbagliato». Cose *tinti* assai se ne fecero.

Le cose *tinti* erano quelle «sporche», frutto di scelte sbagliate per l'organizzazione. Una sola volta ci fu tempo per qualche momento di relax. Giuffrè sorprese Lipari mentre scherzava con l'amico Bernardo: «Ti ricordi quando siamo andati a vederci il film *Il padrino*?». E fu anche l'unica volta che una risata di Provenzano finì in un verbale. Proprio a quelle parole di Giuffrè dovettero ripensare i poliziotti del gruppo Duomo quando trovarono nel covo di Montagna dei Cavalli un'audiocassetta. Era la colonna sonora del *Padrino*.

5. *Le voci dal carcere*

Non c'era solo il popolo dei mafiosi a cui rendere conto, ma anche quello dietro le sbarre. Ai detenuti, Provenzano aveva assicurato una soluzione per tutti i problemi nati dal profluvio delle dichiarazioni dei pentiti. Il boss Luigi Ilardo raccontava al colonnello Riccio che il padrino di Corleone contava su un'amnistia o su un indulto per i suoi carcerati, e in questa direzione diceva di aver ricevuto alcune rassicurazioni politiche. Da parte di chi, non si è mai saputo. Di certo, il popolo della mafia rinchiuso in cella non poteva essere dimenticato né rimosso dalla riforma dell'organizzazione. Meno che mai dalla comunicazione dei nuovi cardini fondanti. Perché dentro c'erano capi autorevoli, come Totò Riina o tanti altri componenti della commissione provinciale, con cui era necessario dialogare per questioni piccole e grandi. Il popolo in cella non poteva essere rimosso dal codice Provenzano perché fuori stavano i familiari dei mafiosi o i loro insospettabili prestanome che custodivano il segreto dei patrimoni accumulati in tanti anni di affari illeciti.

Fu il 41 bis, il carcere duro, a esasperare gli animi. Fino a quando i padrini in carcere non decisero di rompere il tradizionale silenzio, con un appello senza precedenti. «Sono Bagarella Leoluca – si presentò nell'aula bunker della Corte d'Assise di Trapani, durante un'udienza come tante – presidente, se lei mi dà la possibilità vorrei leggere una petizione». Era il 12 luglio 2002. Quel giorno i mafiosi decisero di presentare il loro conto. «A nome di tutti i detenuti dell'Aquila – proseguì Bagarella, il cognato di Riina – stanchi di essere strumentalizzati, umiliati, vessati e usati come merce di scambio dalle varie forze politiche». La voce del killer corleonese non aveva tentennamenti. «Intendiamo informare questa eccellentissima corte che dal giorno 1° luglio abbiamo iniziato una protesta civile e pacifica che consiste nella riduzione del periodo dell'aria e del vitto. E poi battiamo le stoviglie sulle grate». I mafiosi in cella protestavano contro le restrizioni del carcere duro. E adesso si appellavano pure all'articolo tre della Costituzione. Dall'Aquila a Roma Rebibbia, Ascoli Piceno e Cuneo. Da Novara, trentuno detenuti spedirono una lettera al segretario del Partito radicale, per protestare contro i loro avvocati diventati parlamentari, accusati di non sufficiente impegno sul fronte dell'abrogazione del 41 bis. La protesta era già una realtà. I familiari e i complici erano stati avvertiti con largo anticipo, le comunicazioni dal carcere avrebbero dovuto essere più prudenti. E i messaggi affidati a nuovi stratagemmi. «Ora c'è un periodo in cui è bene essere molto abbottonati, in tutti i discorsi che si fanno, perché siccome c'è uno scontro per il 41 bis, non so se lei ha letto...»: così, l'avvocato Memi Salvo raccomandava a Nunzia Graviano, la sorella di Filippo e Giuseppe, i capimandamento di Brancaccio che avevano ordinato l'omicidio di don Pino Puglisi. La invitava alla massima attenzione, perché anche l'errore più insignificante avrebbe potuto essere sfruttato «dalle Procure», così diceva, per contrastare la forte azione di pressione che in quel momento – la primavera del 1999 – veniva esercitata dall'interno e dall'esterno delle carceri per ottenere modifiche alla legge sul carcere duro.

Uno solo non aveva protestato, Totò Riina. Tramite i suoi legali aveva fatto sapere all'esterno di non avere mai digiunato né di aver battuto alcuna stoviglia contro le sbarre. Sembrò il dovuto, rispettoso ossequio a chi adesso aveva la responsabilità di liberare i mafiosi in cella dalla morsa dei pentiti e delle condanne. E Provenzano non si tirò mai indietro.

I pizzini sono stati lo strumento perfetto per comunicare con chi restava in carcere. Pino Lipari, ad esempio, non si dimise mai dall'incarico di consigliere economico e gestì dalla sua cella tutta la delicata procedura per la dismissione del patrimonio indiviso di Riina e Provenzano. Tramite i biglietti che consegnava ai figli durante i colloqui. Provenzano, dal canto suo, ha aperto un capitolo nuovo nel bilancio di Cosa Nostra. Quello dell'assistenza alle famiglie dei carcerati. E non ammise mai tagli. Anche quando erano altri autorevoli mafiosi a consigliare una minore pressione del racket delle estorsioni. «Come sai, i bisogni sono tanti», rispose ad Antonino Rotolo, capo del mandamento di Pagliarelli che aveva scritto un pizzino per sollecitare uno sconto a beneficio del titolare del mangimificio Romeo, con un deposito nella zona di Corleone, destinatario di una cartella di pizzo da 30.000 euro. «Si potesse almeno arrivare a 25», chiedeva Rotolo. Ma la risposta del padrino fu tanto perentoria quanto stizzita:

> Sono stato io a dire 30, perché voi una cosa consimile, se non pure di meno di questa. La prima che mi aveti chiusa? Me laveti chiusa 30 e tra bene o buoni o meno buoni, ci sono qualcuno dei nostri. Allora ciò detto non meno di 30 per regolarmi, come vi sieti regolati voi. Nonè per i soldi. O farci un affronto. Vedo che sieti come uno scoglio in mezzo al mare che da dove viene viene il vento si sbatte almeno per me su di voi. Quindi vi prego mentre che siamo tra noi, evitiamo gli ostacoli chiudetemi pure questa.

Era ormai il 2005 quando Provenzano scriveva. E ribadiva a Rotolo quanto aveva scritto a Giuffrè cinque anni prima:

Carissimo, ci fosse bisogno, che ci dovessimo vedere di presenza per commentare alcune cose. Mà non potendolo fare di presenza, ci dobbiamo limitare ed accontentare della Divina provvidenza del mezzo che ci permette.

La conclusione del pizzino, diventato ormai strumento non solo di comunicazione ma di teorizzazione del nuovo verbo mafioso, è un capolavoro di «filosofia» provenzaniana. Il capo di Cosa Nostra spiegava a Rotolo che il pizzo non è un'imposizione, ma un'opportunità per chi paga la tassa mafiosa. Per questo sarebbe stato opportuno chiedere al titolare del mangimificio se aveva altre questioni aperte con Mario Grizzaffi, il nipote di Riina che Provenzano aveva incaricato di gestire l'esazione del pizzo a Corleone:

Chiedeteci a Rom. se lui ha altri impegni con Mario nipote e me lo fà sapere, come prego sempre possibilità permettendo vi fa sapere, e mi fate sapere tutto quello che hanno di bisogno, da noi non si aspettano che solo bene. Così con il volere di Dio ho risposto alla vostra cara. In attesa di vostri nuove e buoni riscontri smetto, augurandovi per tutti un mondo di bene inviandovi i più cari Aff. Saluti per tutti. Vi benedica il Signore e vi protegga!

6. *Il segno del comando*

Il pizzino era diventato lo strumento più adatto per eludere ogni indagine. Bernardo Provenzano limitava al massimo i contatti personali: dagli incontri nella sala riunioni di Mezzojuso era passato presto alle riunioni più ristrette. Fino ad arrivare al rapporto esclusivo con uno solo dei suoi consiglieri, eletto a vero e proprio alter ego nei rapporti con l'organizzazione. Comandava ormai esclusivamente tramite i messaggi cifrati. Era il riflesso diretto della strategia della sommersione. E quanto più complessa si faceva la vita dell'organizzazione tanto più articolata era la comunicazione. Perché diversi erano i circuiti degli interlocutori: latitanti, liberi e detenuti. Con tante possibili variabili di relazione. Fu così che di necessità fece un modello. La scrittura era ormai diventata il segno distintivo del potere che esercitava. Perché nella scrittura esprimeva il suo stile di comando. E dettava i tempi delle decisioni:

07-09-2001. Carissimo, con gioia, ho ricevuto, tuoi notizie,mi compiaccio tanto, nel sapervi, a tutti in ottima salute. Lo stesso grazie a Dio, al momento posso dire di me [...]
5) Pensi che al 99% ché quella di cui ti hanno fatto sapere, sì si può considerare apposto perché aspettano quello che ci dico io, mà io questa risposta non ce la voglio dare? perché me l'anno chiesto con urgenza, perché a loro dire, il lavoro è quasi ultimato, lo anno potuto fare, per avere la risposta presto, perché io chiedo sempre tempo a dare risposte: Quindi per me sta tutto bene, mà tu vedi se me la puoi dare al più presto la risposta certa,e sanza dubbi.

Attraverso la scrittura stabiliva le modalità con cui quelle decisioni andavano eseguite. Eppure, continuava a scrivere: «Io sono nato per servire».

Sendi con mm purtroppo per ragione conseguenziale, sò che la miei notizie non ci sono arrivati al tempo opportuno, se tu lo vedi, la dai i miei più cari, e singeri saluti, e ci fai le miei scusi, io con il volere di Dio voglio essere un servitore, comandatemi, e sé possibile con calma e riservatezza vediamo di andare avandi, e spero tando, per voi nella vostra collaborazione tra tu, e mm.

Era ormai il signore assoluto di Cosa Nostra, ma voleva dare l'impressione di governare alla maniera di chi decide con saggezza solo dopo essersi consigliato. E a Giuffrè ribadiva:

7-03-2001. [...] 2) Argomento cugino di B n. GV. Sento tutto quello che tu mi dici, sò, che a cercato a me, per tramite tuo? e x tramite altri. Come ora tu mi dici, di ciccio, io che cosa posso farci? Vogliono sapere da me, come si devono comportare? Io io chi sono, x poterci dire come si devono comportare? Io affin di bene, dicevo a B n. Come comportarsi, è in parte tu, ne sei testimone, e non mi dava ascolto, e io ci speravo nella sua comprenzione, mà purttroppo non l'ho avuta.

«B n.», ha spiegato Giuffrè, era Benedetto Spera. Sugli affari che lo riguardavano, Provenzano scriveva in un biglietto datato «7-05-2001»:

9) Nò non sono interessato, a sapere le cose di B n. voglio evitare confusione.

Era l'uomo della mediazione, che voleva ridurre la violenza a eccezione nella risoluzione dei conflitti interni ed esterni all'organizzazione. Così espresse tutta la sua soddisfazione quando gli comunicarono che la guerra di Gela, scatenata dagli oppositori della «Stidda», era ormai terminata. Con la vittoria dei difensori dell'ortodossia mafiosa, che ritenevano di essere non solo dalla parte del giusto, ma anche da quella del buon Dio.

26-07-2001. [...] 8) Sei condento di sentire, che sono rimasto condento, del discorso Gela sono condeto, grazie a voi, perché si tratta di Pace, che se ti ci sofferi umpò sopra, quando cosi mali si evitano, per tantissimi innocenti, tutti, e per primi quei poveri familiare. Di cuore ti ringrazio, se non lo trascuri, come tu mi dici, in questo presente, niente complimenti, mà preghiamo il Nostro buon Dio, che ci guidi, a fare opere Buone. E per Tutti.

Ma la mediazione è un'arte difficile, che non sempre è agevole esercitare. Provenzano cercava di spiegarla secondo un metodo particolare ai suoi quadri dirigenti:

05-01-2002. [...] Argomento G. Sento quando mi dici, è logico, che il nostro pensiero; quando c'è qualcosa che non và, facciamo nel pensiero, per trovare il perchè non ha funsionato? Al momento per quello che ha detto a me? è come tu pensavi, cioè che non aveva ricevuto il tuo. Ma non facciamone un dramma, sono cose, che succedono.

La mediazione era ormai l'essenza del comando di Provenzano quando arrivò il momento della questione più delicata per il padrino. Non immaginava che sarebbe stata una delle ultime che avrebbe trattato. Perché il momento dell'arresto già si avvicinava. Ma allora, a metà 2005, nessuno davvero lo poteva immaginare. Di certo c'era solo un caso di difficile soluzione, perché investiva i futuri equilibri dell'organizzazione. A motivo di una delibera della commissione provinciale: prevedeva che i superstiti della guerra di mafia dei primi anni Ottanta non sarebbero più dovuti tornare a Palermo se volevano salva la vita. E i padrini più influenti di Palermo, Antonino Rotolo e Antonino Cinà, da sempre avevano vigilato affinché la norma fosse rispettata. «Quelli che hanno deciso non ci sono – dicevano, e non sospettavano di essere intercettati dalla polizia – la norma non può essere cambiata». Se la commissione non può riunirsi, le regole non possono essere modificate. È l'ordinamento costituzionale di Cosa Nostra.

Ma qualcuno già tramava per il ritorno a Palermo degli «scappati», i parenti degli Inzerillo. Forse perché dall'America, dove si erano rifugiati, avrebbero portato nuovi e lucrosi affari di droga. In ogni caso, la loro presenza in Sicilia avrebbe pesato. A favorire il ritorno di quelli che un tempo erano stati «perdenti», c'era soprattutto Salvatore Lo Piccolo, da Tommaso Natale, aspirante nuovo signore di Palermo. Perché voleva definitivamente consolidare il potere sulla città. Ma anche altri erano dalla parte degli Inzerillo, mezzi parenti e amici di vecchia data. Fra i possibilisti, Vincenzo Marcianò, capo di Passo di Rigano-Boccadifalco, un tempo il regno dei perdenti.

La questione era parecchio delicata per gli opposti pareri in Cosa Nostra sul passato e sul futuro dell'organizzazione. E allora Provenzano, l'uomo della mediazione, fu vago come mai lo era stato. Non prese una decisione. Rinviò. Assecondò tutti. Prese tempo. Sostenne allo stesso modo le ragioni degli uni e degli altri. L'ambiguità divenne lo strumento per rendere più efficace la mediazione secondo il verbo Provenzano.

L'aveva ben capito Marcianò, che rivendicava una presa di posizione chiara a favore degli Inzerillo: «Ho ricevuto un pizzino dal Binnu – informava il collega Francesco Bonura, autorevole sottocapo della famiglia dell'Uditore – ambiguo come non mai: 'Se mi puoi perdonare, però se ci sono impegni, si devono rispettare... io non sono niente'». E anche Marcianò decise la stessa linea: «Gli ho risposto per come ha fatto lui. Vago lui e vago io». E commentava: «Questo è il periodo più brutto di Cosa Nostra... perché non ci fidiamo più l'uno dell'altro. Perché ad ogni *arricugghiuta* c'è un operaio». Voleva dire, a ogni retata c'è un pentito. Aggiungeva: «Gli ho scritto vago perché io non so i discorsi che ha fatto con Rotolo». Marcianò voleva sapere quali fossero gli impegni. Ma pure la seconda risposta di Provenzano fu parecchio vaga. La mediazione è anche attesa.

«C'è ancora il discorso aperto, il discorso degli Inzerillo – fu intercettato Marcianò, due mesi dopo la prima conversazione – perché mi scrive il Provenzano, ed è la seconda volta che scrive. Ed ha sempre un modo di fare che, per conto mio, è ambiguo. Mi dice e non mi dice». Il pizzino era arrivato tramite Lo Piccolo, il principale dei fautori del ritorno degli Inzerillo, che a Marcianò aveva scritto un altro pizzino: «Ti sta scrivendo, vedi se sei soddisfatto di quello che ti dice e casomai...». Anche Lo Piccolo, come Provenzano, non si esponeva ancora. Marcianò avrebbe dovuto fare da apripista, per saggiare le reazioni di Rotolo e dei vecchi legati all'ortodossia dei corleonesi. E non si rendeva conto di essere usato. Provenzano si limitava a ribadire a Marcianò: «Sì, hai questa responsabilità, capisco che... però non ti scordare che c'è un impegno, vero è che non c'è più nessuno, però questo impegno c'è stato e questo impegno è stato preso che dovevano stare dall'altra parte». Primo corollario del principio della mediazione mafiosa: mai abbracciare subito una tesi.

Intanto, dall'altra parte della città, le microspie della polizia piazzate nella bella villa di Rotolo, condannato all'ergastolo ma agli arresti domiciliari per presunti motivi di salute, chiarivano la tesi dell'ortodossia corleonese. E mostravano un Provenzano ancora più ambiguo. A Rotolo aveva inviato un pizzino, e allegata la corrispondenza con Marcianò. «Tu pensa cosa dovrà avere a casa – commentava Rotolo con Cinà – ha un archivio... pericolosissimo». Il pizzino del padrino era un vero capolavoro di ambiguità: «Vi confermo non sapevo niente sull'argomento, questo è sempre per gli Inzerillo – Rotolo iniziava la lettura – ora so in via informale che gli Inzerillo... vi ho scritto appunto perché me ne hanno fatto un cenno e vi chiedevo se voi eravate a

conoscenza. Non commento e prima di commentare debbo...».
Lo stile era quello di Bernardo Provenzano: «Ho ricevuto un foglietto di Marcianò – Rotolo leggeva ancora – spero di essere più concreto, quando mi dice il dialogo... ho aspettato conferma e il momento per chi è in galera, ma cerchiamo che non fossimo noi a farla degenerare. Affrontiamo, facciamoli ragionare... di cuore vi ringrazio per tutto quello che mi avete detto... non ci perdiamo in chiacchiere». Poi, Rotolo aveva dato lettura degli allegati: «Carissimo fratello – aveva esordito – spero che questa mia vi trovi molto in salute, come del resto vi posso dire di me e dei miei fratelli. Fratello, rispondo alla tua del dodici riguardo il discorso di Sarino, fratello di Totuccio... a parte di averne parlato a tutti quelli della famiglia, che siamo tutti d'accordo». Rotolo ribadì quest'ultima frase scritta da Marcianò: «Siamo tutti d'accordo». E poi sbottò: «Diciamo che è scemo? Gli dice: 'Noi, tutta la famiglia è d'accordo'? Ma tutta la famiglia quale? Quella di Boccadifalco? Che sono tutti gli Inzerillo? Quindi è d'accordo con tutti gli Inzerillo? Quella dell'Uditore?». Rotolo era andato su tutte le furie. «Dovrebbe dirmi qual è questa famiglia che è d'accordo, è la famiglia dell'Uditore o la famiglia di Boccadifalco?». A quel punto, se la prese anche lui con Bernardo Provenzano, come aveva fatto Marcianò qualche tempo prima: «Mi scrive... non so niente di più di quanto mi dite ognuno che me ne parla di questo argomento. Io sento, ma non posso dare un mio parere come il mio cuore desiderasse, per più ragioni. Il mio motto è: che Dio ci potesse dare la certezza... di avere sbagliato... di rimettirisi... e perdonare». La sentenza di Rotolo fu senza appello: «Lui è per il perdono... nelle case degli altri». E concluse: «A me ne ha scritto tre lettere, che se ne devono andare quelli, ma lui responsabilità non se ne prende».

Le intercettazioni e i pizzini letti in diretta hanno mostrato i tempi e i modi della mediazione di Provenzano. A tutti, il padrino chiedeva: «Facciamo rispettare gli impegni presi di allora». Ma poi aggiungeva: «Nel frattempo si vede come si può fare». E ognuno interpretava a modo suo l'espressione: «Facciamolo per il loro bene». Il bene degli Inzerillo. Nessuno sapeva quale fosse per davvero. Lui, il capo dei capi, ascoltava tutti e continuava a scrivere: «Io non sono niente, valgo poco».

Solo dopo molti pizzini, Provenzano informò Rotolo: «Siamo rimasti a potere decidere questa cosa, siamo solo tre, io tu e Lo Piccolo». Ma a Rotolo non stava bene: «Lui ha sbattuto la testa». E quei mesi di fine 2005 Palermo rischiò di finire sotto i colpi di un'altra guerra di mafia. Perché Rotolo tramava contro Lo Piccolo, fino a progettare di ucciderlo assieme al figlio Sandro. Lo Piccolo si guardava bene dal ricevere Antonino Cinà, autorevole mafioso del suo mandamento, ma di fatto schierato con Rotolo. Provenzano riuscì a mediare anche questa volta, riappacificando gli animi.

Così gli scriveva Salvatore Lo Piccolo dopo aver incontrato il numero 164, che le intercettazioni avevano già svelato essere Cinà:

> Ora caro zio, in merito all'incontro che abbiamo avuto con 164 c'è un particolare che ci fa dovere informarlo che riguarda il discorso dei fratelli Inzerillo. Mi ha aperto 164 (di punto in bianco) il discorso dicendomi di non insistere più per farli rimanere qua, perché all'epoca fu deciso che se ne dovevano restare in America e siccome fu stabilito dallo zio Totuccio R. ed inoltre anche se è arrestato è sempre lui il capo commissione di lasciare il discorso per come allora fu. Stabilito zio, di quello che ho potuto capire, questo discorso che mi fece 164 – veniva anche da 25 – però è solo una mia supposizione. Comunque, io, in merito mi sono limitato ad ascoltarlo.

Anche il dottore Cinà aveva scritto a Provenzano, confermando di avere incontrato Lo Piccolo. Gli Inzerillo restavano comunque a Palermo mentre tutti discutevano. E grazie ai frutti della mediazione, Provenzano poteva anche permettersi di scrivere a Rotolo per chiedere che uno degli Inzerillo potesse persino fare una vacanza in città:

> Il mio fine è pregarvi. Tempo addietro hanno scritto pure a me i Marcianò, ed io al momento le mandati da voi. Ora non sapendo se questo va e viene oppure è confinato. Giusto che i Marcianò si prendono tutte le resosponsabilità, io vi prego, se poteti farci sapere hai

Marcianò, che con la sua responsabilità, farci venire a passare le festività di Pasqua qua con i suoi familiari. Io penzo che lo poteti fare, senza di me ma se lo vedeti utile, e lo voleti fare ce lo poteti fare pure a nome mio. Il tempo di commentarle questo mio piacere c'è. Datemi prossimamente conferma di quello che fate in merito.

L'unico a pagare fu Marcianò: Rotolo lo rimosse dall'incarico per «manifesta inadeguatezza». Senza alcuna mediazione. Al suo entourage si limitò a dire: «Io mi ricordo della buon'anima di suo padre, era un galantuomo. Lui non è che posso dire che è cattivo o mi vuole fare una tragedia a me? Non è all'altezza signori miei. Qua si tratta che questo ha guidato sempre la cinquecento e gli si è messo un autotreno in mano... e non è cosa sua guidarlo e quando uno non sa guidare un autotreno di questo, Dio ce ne liberi, fa un incidente e schiaccia un bel po' di figli di madre, senza che se ne accorge». Alla fine, anche la mediazione ha un suo prezzo. Marcianò fu sostituito con un fratello. La strada migliore per la mediazione è quella che parte dal proprio intimo. Così Provenzano aveva spiegato a Ilardo:

Mio carissimo G. Con gioia, ho ricevuto il tuo scritto, mi compiaccio tanto, nel sendire, che godeti tutti di Ottima Salute. Lo stesso posso dirti di me. Sapevo che vi avessivo dovuto vedere, con mm, e ora tu mi dai conferma che vi siete visti, per la vostra situazione in generale: Mi auguro una sengera, e corretta collaborazione. Anche sé, abbiamo molte avversità, sia fuori che dentro di noi stessi, cercati di recuperare, il massimo del recuperabile.

E nell'apoteosi del mafioso vecchio stampo quasi insegnava massime di vita. Perché nell'esperienza dell'uomo d'onore, pubblico e privato sono ormai la stessa cosa.

Inquando a mm sono stati riferite cose che PP ha smendito, in modo convincende, e ora devi vederti con mm per chiarimenti sendi io conosco poco, sia atte, che a mm, amme mi sempra che mm è una brava persona, e forse molto semplice, e umpò inesperiende della malvagia vita di fra noi, e à bisogno che uno lo guida è bene, e può andare avande: di te mi perdonerai, ti ho visto solo una volta, e non posso dirti niente, solo di prego di essere calmo, e retto, corretto e coerente, sappia sfruttare l'esperienza delle sofferenze sofferti, non scredirare tutto quello che ti dicono, e nemmeno credere ha tutto quello che ti dicono, cerca sempre la verità prima di parlare, e rigordati che non basta mai avere una sola prova per affrontare un ragionamento per eserni certo in un ragionamento occorrono tre prove, e correttezza, e coerenza. Mi fà piacere sendire alcune tuoi parole, in pase alla saggezza che ci volessi, e che purttroppo non c'è. Ora sendo che ti anno presendato questo Antonio, che io fortuna, ho sfortuna, non conosco, mà mi sempra di capire che è bene stare molto attento con quello che dici, sé è coerente con quello che fà, inquando, è molto giovane: mà mi puoi perdonare se ti cito una massima? che dici (Che bene, sta attento, al nemico suo, e alle azione sue non ha bisogno di avviso altrui) è un buo proverbio. Mio caro continuere ancora, se non fosse impedito di altri impegni, e devo concludere, chiedendoti perdono, sia delle miei errore, e sia perchè non rispondesse ha tutto quello che ti agrada. comunque, sappia, che là dove ti posso essere utile, con il volere di Dio sono ha tua completa addisposizione, mà sappia pure che detesto le confusione, e quindi avendo le cose dette chiari in modo che io possa capirle, se è nelle miei possibilà sono felice di poter essere utile.

Questo pizzino è diventato il manifesto della Cosa Nostra di Bernardo Provenzano, che della mediazione aveva fatto la regola, pur non escludendo il ricorso alla violenza e al terrore, qualora si fosse reso necessario. «Ti prego di essere calmo e retto, corretto e coerente. Cerca sempre la verità prima di parlare, e ricordati che non basta mai avere una sola prova per affrontare un ragionamento, per esserne certo in un ragionamento occorrono tre prove». A quel punto, l'isolamento comunicativo che sembrava aver generato il pizzino era ormai il segno del padrino di Corleone. Che sceglieva i tempi della sua comunicazione, dunque dell'esercizio del potere. Che sceglieva gli interlocutori, attraverso la rete dei postini, innanzitutto rete fiduciaria. Pizzino dopo pizzino, è nata la nuova Cosa Nostra nascosta dietro il codice. E Provenzano era diventato il capo dei capi non perché fosse l'ultimo dei padrini, «l'ultimo dei sopravvissuti», per dirla con la teoria dello studioso dei fenomeni di massa, Elias Canetti, ma perché solo lui avrebbe potuto forgiare la nuova Cosa Nostra, adattandola alle esigenze del tempo.

Le notizie continuavano a viaggiare sicure. Provenzano scriveva a Giuffrè:

13-08-2001. [...] Io cerco di sapere, d'informare, ed esserne nello stesso tempo responsabile, di quello, che devo rispondere.

Il possesso e la gestione delle informazioni sono ritornati a essere la forza di Cosa Nostra e dei suoi capi, figli perfettamente in sintonia con la moderna società dell'informazione. Anche se i loro strumenti apparivano estremamente arcaici. Il codice non è fatto solo di numeri segreti. Il codice è uno stile di comunicazione. E questo è un altro indizio per cercare di decifrarlo. Perché ogni stile ha le sue regole, un ritmo interno e un contesto logico in cui si muove il mistero indefinito dell'enigma. Il codice Provenzano non è il primo della mafia. Il giudice Giovanni Falcone ne aveva subito individuato un altro fra i misteri che si era trovato a indagare all'inizio degli anni Ottanta, quando Riina e Provenzano erano agli albori del loro regno. Falcone ribattezzò quel codice con il nome del primo collaboratore di giustizia che gli aveva consegnato le chiavi per decifrarlo. Il codice Buscetta era la via: «Ci ha insegnato un metodo per capire Cosa Nostra», ha scritto il giudice nel suo testamento morale, *Cose di Cosa Nostra*, pubblicato assieme alla giornalista francese Marcelle Padovani, sei mesi prima di essere ucciso. «Dobbiamo rassegnarci a indagini molto ampie, a raccogliere il massimo di informazioni utili e meno utili; a impostare le indagini alla grande agli inizi per potere poi, quando si hanno davanti i pezzi del puzzle, costruire una strategia». Giovanni Falcone ha indicato una strada per comprendere. «La mafia non è né un organo di informazione né un'agenzia di stampa né un ente morale o religioso; vuole semplicemente fare arrivare il messaggio a chi di dovere, generalmente agli uomini d'onore». È nel messaggio l'essenza del potere e del ricatto. «I messaggi di Cosa Nostra diretti al di fuori dell'organizzazione – informazioni, intimidazioni, avvertimenti – mutano stile in funzione del risultato che si vuole ottenere. La mafia è razionale, vuole ridurre al minimo gli omicidi. Se la minaccia non raggiunge il segno, passa a un secondo livello, riuscendo a coinvolgere intellettuali, uomini politici, parlamentari, inducendoli a sollevare dubbi sull'attività di un poliziotto o di un magistrato ficcanaso, o esercitando pressioni dirette a ridurre il personaggio scomodo al silenzio. Alla fine ricorre all'attentato». Il codice svelato da Buscetta ha offerto un cifrario per comprendere molto. Non tutto. E qualche indicazione è risultata talvolta non precisa, perché la regola era una ma poi la sua applicazione o la consuetudine ne facevano spesso un'altra cosa. «In Cosa Nostra – aveva spiegato Buscetta – è obbligo di riferire la verità fra gli uomini d'onore». Ma troppo spesso le convenienze e i doppigiochi suggerivano altro. Il codice del linguaggio e del comportamento mafioso ha le sue regole, ma anche le sue varianti. Aggiungeva il giudice Falcone: «Non bisogna credere che tutto è prevedibile e stabilito per l'eternità. Cosa Nostra è fatta di esseri umani con i loro comportamenti che si evolvono nel tempo». Non erano parole di rassicurazione sull'ipotesi che la mafia sarebbe finita presto, come molti hanno voluto leggerle. Era l'accorato appello a cercare ancora nel codice della mafia. Quando Giovanni Falcone lasciò Palermo per il ministero di Grazia e Giustizia, perché voleva realizzare una strategia antimafia di più largo respiro, sapeva già che il codice indicato da Buscetta era mutato inesorabilmente.

2.
«Inviandovi i più cari Aff. Saluti».
Il pizzino, indagine su uno stile

1. *Il «ragioniere» scrive a macchina*

«Carissimo». Bernardo Provenzano iniziava così ogni lettera. Anche se aveva da lamentarsi o da comunicare notizie spiacevoli. «Carissimo, con l'augurio che la presente, vi trovi a tutti in ottima salute. Come grazie a Dio, al momento, posso dire di me». L'uso delle virgole era talvolta un po' incerto. Non solo quello. Spesso il padrino aggiungeva qualche «h» di troppo: «Con l'augurio che la presenti vi trovi ha tutti...». «In Ottima Salute» divenne presto maiuscolo, quando le preoccupazioni per il tumore alla prostata si fecero sempre più pressanti. Bernardo Provenzano non ha mai scritto un incipit diverso per i suoi pizzini. L'unica variazione fu questa: «Carissimo, con gioia, ho ricevuto, tue notizie». Ma presto chiosava sul tema a lui caro: «Mi compiaccio tanto, nel saperi a tutti, in ottima salute. Lo stesso grazie a Dio, al momento posso dire di me».

Come aveva un rituale d'inizio, così concludeva con uno stile sempre uguale: «Inviandovi i più cari Aff. Saluti per tutti. Vi benedica il Signore, e vi protegga!». Solo che nel finale si concedeva qualche licenza in più, pur senza mai tralasciare la invocata e sperata benedizione divina: «In attesa di un tuo riscontro smetto augurandovi un mondo di bene». Oppure, quando i toni del pizzino erano stati di comando perentorio, accennava: «Con l'augurio che non mi dimentico, niente, e se qualcosa, la dimendico, ti prego di farmene rigordare». Perché amava apparire un sovrano buono, mai un tiranno. Con l'affezionato Luigi Ilardo si concedeva anche qualche slancio in più: «Smetto con la macchina, mà non con il cuore».

I pizzini di Bernardo Provenzano hanno sempre avuto il tono solenne e affettuoso del padre che a tutto pensa per i suoi figli. Nonostante il passo incerto di chi non ha finito la seconda elementare. Eppure, lo chiamavano «il ragioniere», o anche «il professore». Per il carisma delle sue parole, che non lasciavano mai alcun dubbio agli interlocutori. Sovente, il tono si faceva severo. «Forse non mi sono saputo spiegare: se hai ancora il mio scritto rilegilo», diceva al fidato Antonino Giuffrè. E la risposta dell'interlocutore che sosteneva di non aver capito, poco importa che fosse un colonnello o un soldato dell'esercito mafioso, non sarebbe tardata ad arrivare. Talvolta, però, il padrino preferiva il carisma dei numeri a quello delle parole, perché il mistero del suo codice era il messaggio più efficace per indicare nei ranghi dell'organizzazione una certa persona, una strada più veloce per il pizzino di ritorno, o un conto da chiudere al più presto. Il carisma del padrino si esprimeva soprattutto in questo, nel codice che aveva architettato per tenere in fila la gerarchia dell'organizzazione riformata e gestire affari sempre nuovi.

Aveva il vezzo di suddividere i suoi pizzini in tanti punti che chiamava «argomenti» e introduceva con un numero o un nome da riprendere pedissequamente nella risposta. In realtà, «pizzino», come dicono i mafiosi, non rende a fondo l'idea. Perché i messaggi di Bernardo Provenzano sono vere e proprie lettere, talvolta anche di più pagine. Sempre redatte a macchina, la vecchia tradizionale meccanica o quella elettrica. Su un foglio bianco, qualche volta azzurrino, oppure giallo a quadretti, che il padrino tagliava e modellava secondo una sua misura prestabilita chissà da cosa, forse dalla praticità di chiudere i messaggi a soffietto fino a ridurli a un pizzino, appunto. Per questo, non scriveva mai su tutto il foglio, ma lasciava una larga striscia bianca al fondo, cosicché potesse fare da custodia, su cui scrivere il codice del destinatario. E poi sigillava tutto con lo scotch trasparente, in modo che al postino risultasse leggibile soltanto quel codice ma non il contenuto del messaggio. Sulla scrivania di Montagna dei Cavalli il boss teneva una trentina di rotoli di scotch, segno che aveva molti pizzini da confezionare, e molti ordini ancora da recapitare. Anche questo piccolo particolare dice molto sullo stato d'animo di Provenzano in quei giorni di inizio aprile. D'altro canto, le telecamere della polizia hanno ripreso i postini di Corleone in piena attività mentre consegnavano sempre nuovi pizzini e ne ritiravano altri, per recapitarli ai fermo posta che ben conoscevano.

Bernardo Provenzano non ha mai smesso di comporre i suoi messaggi a macchina. Anche quando era in fuga. Perché insieme a tutto il resto era la sua firma. La firma del codice. Tanto che numeri e parole si sono trasformati in feticci criminali che i mafiosi riconoscevano come segno distintivo degli ordini. A cominciare dalle date che scandivano ogni pizzino: erano sempre intervallate da trattini e da un punto finale. «5-4-2001.», «11-4-2001.», «25-4-2001.». Segnate al margine superiore destro.

Ha scritto il Ris dei carabinieri nella sua indagine tecnico-scientifica sui messaggi del capo di Cosa Nostra: «Un dattiloscritto, oltre ad esprimere una realtà oggettivamente riconducibile al mezzo tecnico originatore, disvela anche le abitudini e le deficienze (eventuali) del dattilografo che, pure essendo meno personali rispetto a quelli di un manoscritto, possono offrire utili indicazioni per risalire alla sua identità». In questo caso, la ricerca dovrà partire necessariamente dagli scritti di Provenzano, ma poi dovrà essere ampliata anche agli altri autori dei pizzini, i nuovi misteriosi mafiosi e i loro complici che avevano recapitato i messaggi a Montagna dei Cavalli. Anche loro avevano finito per scrivere secondo l'alfabeto del codice. Magari con qualche imperfezione: proprio quelle sono le indicazioni più importanti che potrebbero portare alla forzatura dell'enigma e dunque alla sua soluzione.

Gli esperti del Ris informano che gli indizi utili al disvelamento dei misteri attorno ai pizzini di Provenzano sono dissimulati lungo tutte le pagine che li compongono. Non bisogna trascurarne uno solo per ottenere un fedele identikit dell'autore. Innanzitutto, la collocazione dei margini: superiore, inferiore, destro e sinistro. Il padrino di Corleone li ha tenuti sempre identici, con maniacale precisione. Il secondo indizio è l'uso del capoverso, che i pizzini di mafia sconoscono. Quindi, l'interlinea, che non è mai variata nel tempo. Anche le spaziature sono rimaste costanti. Gli esperti hanno suggerito di guardare con cura pure all'uso delle maiuscole. Poi, all'uso corretto della punteggiatura, di virgolette, puntini sospensivi e punti in elenco.

«Ti chiedo perdono – scriveva il boss – nella precedente? mi sono dimenticato, a rispondere, al tuo secondo Argomento». Chissà perché utilizzava quel punto interrogativo fra le virgole sistemate a piacere. «In attesa di nuovi e buoni riscondri, e confermi? smetto augurandovi per tutti un mondo di bene».

Le macchine per scrivere del capo hanno completato il percorso di riconoscimento dell'identità. Casualmente, perché non erano mai in perfetto stato. E si è rivelata una fortuna. La sequenza di caratteri non allineati, le carenze d'inchiostro hanno svelato nove macchine, fra tradizionali ed elettriche. Gli esperti della sezione identità grafica della polizia scientifica hanno iniziato a studiare i pizzini consegnati da Ilardo: sono risultati composti da cinque macchine. L'indizio determinante è nascosto in ogni carattere, che rivela il tipo di testina o il martelletto montato su un determinato modello. La prima macchina che il padrino utilizzò per inviare i suoi ordini montava caratteri Pica Cubique, con passo 2,12, generalmente segno distintivo delle «Brother» elettriche. La seconda era una meccanica, con caratteri Pica passo 2,54, utilizzati da molte case. Dalla «Adler» alla «Olympia», dalla «Remington» alla «Hermes». Però quella del padrino mostrava delle anomalie nell'allineamento dei caratteri. Per questo era inconfondibile. Le lettere «g» e «u» risultavano sempre distaccate oltre il normale. La «o» tendeva verso l'alto. Tutto questo diceva la parola «augurio», tanto cara a Provenzano. La terza macchina montava caratteri Pica passo 2,60, segno delle «Olivetti» manuali elettriche a martelletto. È stata ancora la parola «augurio» a suggerire la soluzione. La «u» era sempre ruotata verso sinistra. Il gruppo «gu», accostato. La «o» tendente a destra. Solo un accento rivelò l'esistenza della quarta macchina, Pica passo 2,54. Gli stessi caratteri della quinta, che aveva però le sue caratteristiche uniche: la minuscola «a» spostata verso l'alto, la «e» verso destra.

L'indagine è proseguita sui 37 pizzini di Provenzano ritrovati nel marsupio di Giuffrè al momento del suo arresto e nel casolare di Vicari. Lo spostamento verso sinistra delle «c», il sollevamento della «a» e la «torsione assiale – così hanno scritto gli esperti – della lettera m» si sono rivelati gli indizi di una macchina elettrica a martelletto montante caratteri Pica passo 2,60. Segno distintivo delle «Olivetti». Ma la maggior parte dei messaggi erano stati composti con un'altra «Olivetti» elettrica, a testina rotante. Il carattere Eletto passo 2,12 è inconfondibile per gli esperti.

Dopo tante indagini sui caratteri e il loro autore, due macchine per scrivere si materializzarono nel covo di Montagna dei Cavalli. Una vecchia «Olivetti» e una più nuova, elettrica. Una «Brother Ax 10». Come la prima che aveva composto le lettere per Ilardo, all'inizio della stagione delle riforme mafiose.

2. L'arte della «sgrammaticatura»

Provenzano scriveva storpiando le parole, ma durante un misterioso dialogo intercettato in carcere emerse una verità del tutto inedita. Pino Lipari invitava il figlio Arturo a disseminare di errori il pizzino che stava preparando per il padrino:

> Io magari cerco di fare tutto il possibile per renderla... però tu che sei estraneo a quella situazione quando lo rivedi... è scritto mezzo sgramma... Io sgrammaticatizzo... è fatto apposta, hai capito? Sbagliare qualche verbo, qualche cosa... mi hai capito, Arturo?

Davvero curiosa l'indicazione di Lipari. Come se dietro quegli errori del padrino ci fosse la chiave per decifrare uno dei misteriosi codici di Provenzano consacrati nei pizzini. Di certo, Lipari li conosceva tutti i segreti dei corleonesi. Molti aveva lui stesso contribuito a crearli. E ha continuato a custodirli. Senza mai svelare nulla. Neanche al figlio Arturo, che pure aveva coinvolto nella catena di comunicazione riservata destinandolo a riscrivere i messaggi, sia in partenza che in arrivo. Lui non doveva far altro che copiare.

Quella volta, in carcere, l'accenno a mezze parole alle «sgrammaticature» proseguì con altre misteriose considerazioni:

Sbagliare qualche verbo, in modo che dice... certe espressioni tipiche di lui... perché se nn gli dicono è la, non lo trovano... e certo... e loro neanche hanno interesse Arturo, credi a me, perché non hanno interesse, non hanno interesse perché la mafia... non è successo più niente... dell'ala stragista, queste cose allentano le situazioni... non solo, non pagano... andare a mettere una bomba, in una chiesa, che cosa è?

Difficile comprendere a pieno il senso del discorso di Pino Lipari. Quale collegamento c'era fra le «sgrammaticature» finte, quasi un presunto codice nei pizzini di Provenzano, e la strategia della nuova Cosa Nostra dopo le stragi del 1992? Di mezzo, la teoria di Lipari che lo Stato non avrebbe avuto «interesse» ad arrestare il capo dei capi latitante dal 1963.

Da allora, si ebbe la certezza che gli errori di cui sono pieni i pizzini nascondevano l'abile tentativo di dissimulare la reale condizione di chi li scriveva, perché non venisse identificato. E maturò anche il sospetto che dietro la scelta delle sgrammaticature si celava una traccia per arrivare agli inconfessabili segreti di Cosa Nostra. Le intercettazioni dei discorsi fra i Lipari, nella sala colloqui del carcere palermitano di Pagliarelli, hanno suggerito un altro indizio ancora. «Quella risposta è arrivata», comunicava Arturo al padre: «L'hai letta tu?». Ma il padre insisteva: «Però non era tutta completa, vero?». Arturo capì di aver ricopiato il pizzino in maniera non proprio precisa. E provò a giustificarsi: «C'erano un sacco di Ave Maria». Il padre lo rimproverò: «Un'altra volta, tutta, perché in mezzo all'Ave Maria io devo capire, capisco qualche cosa... hai capito? Hai capito?». Evidentemente, il codice passava anche dalle «Ave Maria» e dalle invocazioni al «Buon Dio». Secondo un ritmo che Provenzano aveva deciso con altrettanta precisione. Eppure all'inizio erano sembrate solo espressioni di fanatismo religioso, e niente altro. Ma non doveva essere così. Il giorno in cui la Bibbia del padrino fu ritrovata a Montagna dei Cavalli, quell'ipotesi acquistò improvvisamente consistenza. Anche se non aggiunse alcun elemento di chiarezza. Però, era una traccia. Fra le parole sottolineate del Vecchio e del Nuovo Testamento si potevano già scorgere non poche citazioni dei pizzini. Magari rilette e riscritte con le solite sgrammaticature d'autore.

Nel 1998, quando i primi pizzini consegnati dal boss confidente Luigi Ilardo erano ormai diventati pubblici, all'indomani dell'operazione «Grande Oriente», l'allora avvocato di Provenzano, Salvatore Traina, tagliò corto: «Non riconosco affatto la scrittura del mio cliente. Dunque, ho seri dubbi sull'autenticità delle lettere che gli vengono attribuite. Nelle nomine che Provenzano mi ha mandato nel corso degli anni – concludeva – non è mai comparso alcun errore».

Ma le analisi del Ris dei carabinieri recepite dalle sentenze hanno fugato qualsiasi possibile dubbio. Dietro ogni pizzino non risultavano soltanto alcune macchine per scrivere, sempre le stesse, ma un solo autore. Con le sue abitudini, le manie e gli errori che nessuno gli ha mai corretto. In realtà, nessuno avrebbe potuto farlo. Perché Provenzano era la fonte di tutto il crimine. E gli adepti non avrebbero dovuto far altro che emularlo. Anche negli errori, di vita e di grammatica.

Così, Provenzano ha inventato uno stile di comunicazione. Con i suoi errori e le parole storpiate. Senza alcun mistero evidente oltre ai soliti. «Rigordi?». «Io non rigordo». «Mi inderessa». «Mi dicono? che a Cm. non ci inderessa». «Questo è induibile». «I condatti li tengo io». «A scanzo d'equivoci». «Sei condento di sentire, che sono rimasto condento». «Mà io questa risposta non ce la voglio dare?». «Mà non è così». «Mà non ho la possibilità». «Tempo fà». «Io nonò più presente la tua risposta». «Sono a compreta disposizione». «In'attesa di tuoi nuovi e buoni riscondri». Ecco un chiaro esempio dello stile sgrammaticato di Provenzano:

22-08-2001. [...] Mà devo dire la pura verità che io nonò né ordinato? ne mandato, a nessuno spiegando i miei principi, con onestà e correttezza, tu per Giovanni fai quello che vuoi ma cerchiamo, di dire si la verità, ma non appesantiamo, a nessuno qua ci sono frammenti per avere delle orientamenti.

Faceva sempre gli stessi errori. Invertiva la «t» con la «d». Ma anche la «c» con la «g». Come spesso si ascolta in un certo dialetto siciliano. Utilizzava poi «mà». E «nonò», «nonè». Finiva le parole con una vocale sbagliata, preferibilmente la «e» e la «i». Un altro brano significativo è questo:

2-4-2001. [...] C'è il tempo che tu mi dai questa rispposta chiare, per io darla e come andare avanti. Perché se c'è il bisogno della persona, io non ho persone per questo lavoro. Attento al più presto questa tua risposta.

E invertiva «chi» con «cui»: «Ho ricevuto, 5.160 E. non mi dici, x cui sono, aspetto tuo chiarimento in merito». Oppure: «Vuoi il 2% perché se vuoi la partecipazione? mi devi dire con cui si devono mettere d'accordo e in condatto, si come io aspetto, notizie x darle?». Infine: «Sò che la verità, vieni sempre a galla, mà ci sono casi che nel tempo che vieni fuori la verità? c'è cui paga da innocente».

La prima volta che i magistrati di Palermo si trovarono a leggere queste lettere notarono subito una certa contraddizione con quanto andava rivelando in quei mesi il pentito Gioacchino Pennino, già medico, politico e uomo d'onore di Brancaccio: «Per la verità – precisò subito – il livello culturale dei miei coassociati per quel che ho potuto constatare era scadente, fatta eccezione per Provenzano Bernardo che mostrava di avere buone conoscenze e di seguire molto attentamente le vicende politiche, in ordine alle quali interloquiva con competenza e buon grado di profondità, tanto da darmi l'impressione di gestire la vita politica della provincia palermitana».

Fino a quel giorno, Provenzano era stato per tutti solo *u tratturi*, il sanguinario, lui il braccio e Totò Riina la mente. In realtà, appena un anno prima, nel novembre del 1993, un altro pentito, Salvatore Cancemi, aveva avvertito: «Provenzano è particolarmente interessato al settore degli appalti e a mantenere rapporti con uomini politici con i quali ha avuto legami anche più forti di quelli di Riina». Ma non aveva convinto fino in fondo perché rimaneva più di un dubbio sulla genuinità del suo pentimento. Pennino dischiudeva invece nuovi orizzonti di riflessione sul superlatitante che lo Stato scopriva finalmente importante e degno dunque di essere ricercato. Era il 1994, 31 anni dopo l'inizio della latitanza di Bernardo Provenzano.

A leggere i pizzini sembra di sentirlo parlare il capo di Cosa Nostra. Non ha mai smesso di usare alcune colorite espressioni siciliane, sgrammaticate e trasposte a modo suo. A Giuffrè scrisse:

5-4-2001. [...] Senti, mi parlano, di una cosa, che ve la veti giostrato, insieme: Cioè la situazione, di quel feudo, dove tramite te, c'è un tuo zio, che sà, e che, dovesse portare, avanti la situazione per riscuotere.

Il verbo «avere» in dialetto siciliano è *aviri*. Il participio passato di «giostrare» sarebbe dunque: *aviti giostrato*. Provenzano cerca l'espressione in italiano, come sempre fa nel suo procedere alla macchina per scrivere, ma finisce poi per creare un mix davvero singolare: «Ve la veti giostrato». Niente altro che la trasposizione della pronuncia. Eppure, anche gli errori sono diventati un suo punto di forza, un'occasione in più per costruire la sua nuova immagine dopo le stragi Falcone e Borsellino: «Ora ti prego di volermi scusare dei miei errore, felcissimo del tuo condatto resto in attesa di tue notizie», «Devo concludere, chiedendoti perdono, sia delle miei errore, e sia perché non rispondesse ha tutto quello che ti agrada». Giuffrè quasi si stupiva nel leggere parole così illuminate, ma ci fece presto l'abitudine. Ed è stata la prima cosa che ha raccontato quando ha deciso di collaborare con la giustizia: «Dopo le stragi, Provenzano era proprio una persona diversa, soprattutto nel modo in cui si esprimeva».

3. «*Ti allego e ti copio*»

Un tempo scriveva soltanto le sue parole, che erano tutto il messaggio. Ma venne il giorno in cui fu necessario districarsi fra i doppi giochi che in Cosa Nostra si chiamano «tragedie». E allora Provenzano cominciò a scandire: «Ti copio quando mi dici». «Ho ricevuto la risposta, che ti copio». «Ti copio risposta tuo figlioccio». Apriva virgolette e con grande pazienza ricopiava a macchina tutto il messaggio che voleva sottoporre al vaglio dei suoi consiglieri più fidati, Giuffrè innanzitutto. A scanso di equivoci e malintesi, imboscate e tragedie, scelse addirittura di utilizzare una formula ancora più efficace. «Ti allego». «Ti allego in diretta la risposta». Ma conservava sempre una copia per il suo archivio personale, che teneva aggiornato, con gli affari correnti, nelle due cartelle ritrovate a Montagna dei Cavalli. Contenevano molti allegati:

> Senti ricevo una lettera che ti allego alla tua presente, perché, di quello che mi dicono, di cui x quel poco, che posso capire, sei tu quello che li ai potuto mettere apposto, x raccomandazone di B n. Il resto, non mi prolungo, inquando lo leggerai tu x come l'ho letto io, Solo ti prego, entro limiti, e possibilità, cerca di darmi, x darla una risposta, al più presto.

Dunque, «ti allego» era anche un sistema per coinvolgere il gruppo ristretto dei consiglieri, Giuffrè in testa, che avrebbe dovuto offrire al più presto il proprio contributo. Giuffrè rispondeva a penna, ma scrivendo a stampatello. Non aveva grande dimestichezza con le macchine per scrivere né con i computer.

«Ti allego» e «Ti copio» perché il pizzino è specchio della vita quotidiana di Cosa Nostra al tempo di Provenzano. Le incertezze e gli equilibri precari fra le famiglie sono in ogni messaggio: gli anni del dopo stragi sono stati travagliati, anche per iniziativa di qualche giovane rampante mafioso che non si rassegnava alla leadership e alle riforme. «Ti allego» fu l'introduzione per la delicata questione del ritorno degli «scappati» della guerra di mafia, gli Inzerillo. Provenzano voleva prendere tempo per una decisione definitiva. Intanto, predicava l'applicazione «pragmatica» dell'antica delibera della commissione: un pò di spazio per tutti, se possibile anche per gli Inzerillo, magari solo per la Pasqua imminente. «Tempo addietro hanno scritto pure a me i Marcianò. Io al momento le mandati da voi», scrisse a Nino Rotolo, allegandogli la corrispondenza con Marcianò. Era il modo per fargli sapere che uno dei suoi uomini aveva già assunto una posizione autonoma su una questione parecchio delicata, il ritorno degli Inzerillo appunto. «Io non so nulla», continuava a ripetere Provenzano, senza esporsi più di tanto sull'argomento. «Io non sono niente». La mediazione è il vero ritmo del padrino:

> Pensi che al 99% ché quella di cui ti hanno fatto sapere, sì si può considerare apposto perché aspettano quello che ci dico io, mà io questa risposta non ce le voglio dare? perché me l'anno chiesto con urgenza, perché a loro dire, il lavoro è quasi ultimato, lo anno potuto fare, per avere la risposta presto, perché io chiedo sempre tempo a dare risposte.

Per un uomo che è stato latitante da sempre, il tempo può avere anche un valore speciale. I pizzini sono diventati pure questo, il tempo di Bernardo Provenzano, che spesso era veloce, altre volte invece no, di proposito. Perché la mediazione del padrino ha i suoi tempi. Negli ultimi mesi, si erano fatti sempre più ristretti:

> Ecco io ho poco tempo a disposizione per scriverci, e che prima di rispondere, volesse un tuo riscondro, generale, e particolarmente su quando ti ha detto Giovanni, ed avere le idei chiare, cui non dici la verità, dovrò dire qualcosa, ma ho quattro cinque giorni, e sono certo che non posso rispondere, come giusto è rispondere, mà devo dire la pura verità che io nonò né ordinato? Ne mandato, a nessuno spiegando i miei principi, con onestà, e correttezza, tu per Giovanni fai quello che vuoi ma cerchiamo, di dire si la verità, ma non appesantiamo, a nessuno qua ci sono frammenti per avere delle orientamenti.

Talvolta, gli altri capimafia avevano poca pazienza. Lo stesso Giuffrè, che pure era così vicino alla riforma di Provenzano, sollecitava. Il pizzino successivo era sempre lo stesso:

> 7-05-2001. [...] 2) Impresa Prizzi devi pazientare per la risposta.

Oppure:

20-09-2001. [...] 5) Argomento, ti dicevo che mi chiedono di continuo, e le ho detto in atesa di una decisiva rispota, di pazientare. È in data 25-8.

A volte, il ritardo nelle risposte e dunque nell'organizzazione quotidiana degli affari non dipendeva neanche dal capo. Lui stesso non lo nascondeva a Giuffrè:

20-3-2001. [...] 8) Argomento mm io non ho la possibilità di avvisarlo, e non vedo la ragione, aspettiamo il tempo che ci posso scrivere, e al momento si vede.

A volte, altro tempo era necessario perché il contesto maturasse. Questo diceva la filosofia del mafioso di Corleone:

20-09-2001. [...] 7) Argomento Serafino Pitarrese: è un truffaldino ect. None rispondono? Vogliono umpò di tempo, per fare un tentativo, per andarsene, se non se ne và diventano fatti vostri, tempo? Uno due mesi, se è possibile, altrimenti accorciati i tempi.

Infine, il tempo era necessario perché l'arte della mediazione potesse trovare tutti i suoi spazi. E spesso non era semplice:

03-11-2001. [...] 3) Argomento Castronovo, e per tutti i discorsi che ti dicono quelli delle Madonie, dobbiamo pazientare, per sentire l'altra campana, e dopo di ciò si vede il da fare.

Il pizzino scandiva comunque il tempo di Provenzano e dell'intera Cosa Nostra. Perché i tempi non erano solo per organizzare al meglio la latitanza e la vita quotidiana del mafioso. Era la riforma stessa che aveva avuto necessità di alcuni anni di silenzio dopo le stragi volute dai corleonesi.

01-09-2001. [...] Comunque sono in'attesa, ancora se mi daranno notizie, mà come si dà la prima occasuine, le comunicherò a tutti quelli, che mi anno comunicato, è chiesto, se io ho dato questo ordine, le dirò la verità, che io non ho né dato? ne posso darni di questi ordine, e poi in seguito si vedrà.

E alla fine non è detto che il pizzino fosse lo strumento adatto per raggiungere lo scopo. Il padrino ne era perfettamente consapevole:

13-01-2002. [...] 4) Argomento: ho ricevuto 13 ml e sento che sono come dici tu di chiusura, io x motivi che con il volere di Dio te né parlerò di presenza, glie li darò dopo che ci vediamo noi.

Per talune questioni, infatti, Provenzano non ha mai rinunciato a discutere «di presenza» con i suoi interlocutori. Anche quando gli incontri si facevano sempre più difficili, per la pressione delle indagini:

26-07-2001. [...] 7) Argomento, il messagio, che il nostro, comuni amico mi ha mandato, ed io ti ho mandato per tutto quello che ti riguarda, lo commentiamo di presenza con il volere di Dio.

Scriveva al fidato Nino Giuffrè, quando ancora era capo del mandamento di Caccamo, per chiedere incontri urgenti, perché non sarebbe stato prudente lasciare traccia scritta. Perché i mafiosi non hanno mai smesso di tenere in considerazione che anche qualche pizzino riservato sarebbe potuto finire nelle mani della Procura. Come in effetti era già accaduto.

Una volta Giuffrè scrisse a Provenzano di una particolare autorizzazione che un imprenditore appena uscito dal carcere chiedeva di ottenere al più presto, per occuparsi nuovamente dell'aggiustamento degli appalti per conto di Cosa Nostra. Anche in questo caso, Provenzano prese tempo:

27-04-2001. [...] Trattasi Di Quando tu mi dici, che cè Totò Geraci, quello della Milicia, si ho capito chi è, E ora vuole di nuovo interessarsi, per iniziare ha fare le stesse cose di prima, e vuole sapere, o lui, o chi x lui? se possono andare avanti ho nò, io al momento, per questa situazione, non ho niente da dire, se con il volere di Dio, ci potessimo vedere? ne parleremo di presenza.

Dieci giorni dopo, tornò a scrivere a Giuffrè:

8) Argomento Geraci: Ho bisogno di tempo per vederci come ricevo quello che ho chiesto ti comunico.

Poi, Provenzano e Giuffrè si incontrarono. La decisione del capo di Cosa Nostra fu lapidaria. «Ma con questi tempi così difficili chi ce lo porta a questo ad andarsi... E il discorso già, cioè è stato un sollevamento bello e buono». Con queste parole Giuffrè ha sintetizzato la decisione di Provenzano. Che aveva avuto necessità del tempo di due pizzini e questa volta anche di un incontro.

Generalmente, i toni dei messaggi erano concilianti. Almeno apparentemente:

Poi se ha sbagliato a campo felice in qualche cosa, sbagliare e umano basta dirlo e si chiarisce.

La violenza era un tema assente dai pizzini, restava nei fatti. Una volta sola Provenzano sottolineò con tono severo un argomento che gli stava particolarmente a cuore, quello sì avrebbe potuto scatenare una faida sanguinaria: riguardava la successione alla poltrona più importante ad Agrigento. «Altro argomento – scrisse semplicemente a Giuffrè, premettendo che era il punto 4 del pizzino – equivoco». E sottolineò la parola. «Equivoco e doloroso per me». Perché le elezioni non erano proprio andate secondo il suo volere di sovrano che voleva essere illuminato, ma non al punto da indire libere elezioni. Pretendeva che a vincere fosse il suo candidato.

4. *Il cifrario del destinatario*

Il segreto ha continuato a essere nei numeri e in brevi sigle. Fecero la loro comparsa sull'accurata confezione dei pizzini, «nell'angolo inferiore destro – hanno rilevato i carabinieri del Ris –

in posizione capovolta». Che sarebbe poi diventata la posizione normale di lettura una volta chiuso il messaggio.

All'inizio erano: «n.», «Gn.», «G.», «TTG.», «NN.». Poi divennero numeri, perché era necessario cambiare spesso i codici e aumentare il grado di sicurezza. Perché in caso di pentimenti o delazioni, nessuna confessione avrebbe potuto svelare il codice Provenzano.

«Questo che mi è arrivato... 'Non fai più NN'»: il capomandamento di San Lorenzo, Antonino Cinà, informava il collega Antonino Rotolo che Provenzano gli aveva cambiato sigla, inviandogli un pizzino apposito. E non sospettava di essere intercettato da una microspia della squadra mobile. «Uno, sei, quattro. Io sono centosessantaquattro – ribadiva Cinà – adesso lui mi ha messo un numero a me: 'Non fai più NN, tu mi comprendi'».

I numeri sono stati il primo mistero del covo di Montagna dei Cavalli. Analisi e intercettazioni hanno iniziato a svelare qualcosa. Cinà era il 164. Rotolo, capomandamento di Pagliarelli, era il 25. Scrivevano indifferentemente a macchina o a penna. Ma con qualche precauzione in più. Il giorno che la polizia li sorprese insieme nella bella villa di Rotolo, dicevano: «Lo scrivi a mano?», chiedeva Rotolo. «A stampatello, però io mi metto i guanti quando scrivo – spiegava il dottore Cinà, da buon medico – per non fare le impronte, hai capito? Per non mettere impronte». Ma l'essenza del codice era ben altra: «Io ci metto un segnale – proseguiva Cinà – ti doveva dare altri cinquanta milioni, che ancora erano... Lui lo capisce subito». Proprio nel covo di Montagna dei Cavalli c'era un pizzino con questa frase: «Io ti devo dare 50.000 E. Se ti dovessero servire me li procurerò per farteli avere fammi sapere». Non è stato difficile attribuirne la paternità.

Il nipote prediletto, Carmelo Gariffo, era fra quelli che preferiva scrivere a penna, in corsivo: si firmava 123 e faceva qualche riferimento alla sua vita familiare e ai comuni parenti, che gli è stato fatale per l'individuazione, dopo l'arresto di Provenzano. All'ufficio matricola del carcere Ucciardone non avevano mai buttato i fogli che Gariffo aveva firmato al suo ingresso in carcere con l'accusa di associazione mafiosa, a metà degli anni Novanta. In pochi giorni, una perizia calligrafica ha svelato il primo numero: il 123.

Il latitante di Palermo San Lorenzo, Salvatore Lo Piccolo, preferiva invece scrivere a stampatello, e si firmava 30. Suo figlio Sandro, ricercato anche lui, era invece 31. Unica eccezione, l'altra primula rossa che resta in Cosa Nostra, Matteo Messina Denaro, da Trapani, che si firmava semplicemente «Alessio». Il suo messaggero privilegiato era il 121, «mio cognato», che è stato individuato in Filippo Guttadauro.

Cosa condividono il 121 e il 123? Non certo la provincia – 121 Trapani e 123 Palermo – forse un'unica via di comunicazione. E allora, c'è ancora un 122 da scoprire. I numeri segreti li stabiliva Bernardo Provenzano. Unica motivazione logica sembrò essere individuata dietro i pizzini che giravano attorno al codice 916, l'identificativo fiscale di Villabate. Fra il 2002 e il 2005, il locale capomafia, Francesco Pastoia, era il 5: dopo la sua morte in carcere, Provenzano ha riassegnato il numero. E a leggere i pizzini ritrovati nel covo di Provenzano, non opera più nella zona 916, ma in quella del Corleonese. Accanto agli altrettanto misteriosi 13, 15, 60 e 7. Di loro si sa soltanto che sono a conoscenza degli ultimi segreti del padrino, quelli sulla sua latitanza a Montagna dei Cavalli, che forse avrebbe dovuto presto trasferirsi altrove. Sono ancora i pizzini a dire che per il 20 aprile, dunque la settimana successiva al blitz finale, il padrino avrebbe dovuto incontrare il numero 60, che lo assisteva dal punto di vista medico, per fare una visita e alcune analisi urgenti. Ma questo lo si è scoperto solo dopo l'operazione e la lettura del carteggio fra il sanitario e il mafioso. Unico indizio per scoprire il 60: qualche giorno prima del blitz, il 123 – ovvero Gariffo – l'aveva incontrato per prendere accordi. Un anno e mezzo più tardi, incrociando le indicazioni delle lettere e recuperando alcune vecchie intercettazioni, è stato possibile risalire all'identità dell'infermiere. Era un incensurato, addirittura un consigliere comunale, insomma un insospettabile dai molti importanti rapporti che ne facevano un vero protagonista del sistema Provenzano.

La cartella della posta in entrata a Montagna dei Cavalli è rimasta piena di numeri che indicano destinatari. Gariffo era stato così maldestro da indicare tanti di quei particolari sulla sua vita familiare da farsi scoprire anche senza la perizia calligrafica, che poi aveva comunque confermato l'identificazione. Generalmente, i misteriosi signori dei «numeri» erano prudenti al massimo. E il capo era il maestro che insegnava prudenza a tutti. Il massimo che concesse alla rigida cortina dell'indistinto furono i «bacetti per i bambini» nei saluti finali, in vista delle feste di Natale. E anche quello è diventato un indizio per cercare di dare un volto al giovane padre che era anche uno degli uomini più fidati di Provenzano.

Il codice dei numeri non è nato per intero lo stesso giorno: le esigenze contingenti del comando hanno creato sempre nuove modifiche e aggiustamenti. Solo la consultazione di un cifrario potrebbe svelare tutte le chiavi. Ma quel documento, se esiste, resta nascosto da qualche parte. C'era anche una ragione pratica per cui Provenzano custodiva parte dei suoi messaggi. L'ha spiegata il pentito Giuffrè:

Io i biglietti li conservavo per un arco di tempo di due anni per ricordarmi di tutte le raccomandazioni che avevo fatto, e poi per verificare che la consegna dei soldi era avvenuta. Anche Provenzano faceva così. Ogni anno facevamo la verifica.

Qualche volta, Giuffrè segnava a penna «R» o «P» sulla lettera. Scritto grande. «Risposto». «Passato». Era il suo modo per fare ordine nell'archivio. Ma nel covo di Montagna dei Cavalli c'erano pizzini anche più vecchi di due anni. Le responsabilità del capo non erano solo quelle delle raccomandazioni per appalti e lavori. Il suo archivio non era solo per la contabilità.

5. *L'emulazione del padrino*

I suoi adepti hanno finito per imitarlo nelle stesse parole, persino nelle sgrammaticature. Perché il codice era soprattutto identità e appartenenza. Rotolo ne andava fiero: «Cerco di scrivere come fa lui», diceva a Cinà. Tutti emulavano Provenzano nei saluti e negli auguri iniziali, fra le solite virgole che cadevano sempre al posto sbagliato. Il numero 31, Sandro Lo Piccolo, esordiva:

Zio mio carissimo, augurandomi sempre che lei, ed i suoi state bene, le scrivo questo breve biglietto, per augurarle di cuore, di trascorrere serenamente e nei migliori dei modi questa santa pasqua. Lo stesso augurio lo rivolgo sia ai suoi cari, che a tutti quelli che le stanno vicino, e che le vogliono bene.

Sono soprattutto i giovani mafiosi che cercano di emulare in tutti i modi lo stile del vecchio padrino. Utilizzando le sue stesse parole e l'immancabile invocazione finale a Dio misericordioso che aiuta. Proseguiva ancora Lo Piccolo junior, che a trent'anni è già latitante da sei e deve scontare una condanna all'ergastolo:

Carissimo zio, la prego di scusarmi, se non mi faccio sentire spesso, ma le assicuro che è costantemente nei miei pensieri!!! In qualsiasi momento sono a sua completa disposizione. Poi essendoci mio padre in comunicazione con lei, è come se lo fossi pure io. Alla fine, caro e affettuosissimo zio mio, insieme ai miei più sinceri auguri di buona pasqua, le invio dal mio più profondo cuore, un'infinità di abbracci e baci. Con tantissima stima, suo nipote 31. Le voglio un bene immenso!!! E che Dio, l'aiuti sempre!!! Auguri di buona pasqua a tutti. A presto.

Altrettanto accorato si mostrava l'altro leader in ascesa, Matteo Messina Denaro *alias* Alessio. Pure lui si sentiva parente di Provenzano, sangue del suo sangue:

È il mio cuore che parla e la prego di stare molto attento, le voglio tanto bene. Con immutata stima e l'affetto di sempre. Suo nipote Alessio

Il boss Luigi Ilardo era più laico nei saluti finali, ma riprendeva comunque le espressioni tipiche utilizzate dal padrino per i suoi messaggi:

Nell'augurarti tanto bene ricevi i miei più cordiali saluti ed un caloroso abbraccio.

Il capomandamento di Tommaso Natale, Salvatore Lo Piccolo, era altrettanto fedele al verbo Provenzano. Ne aveva ormai assunto la cadenza retorica:

Mio carissimo zio, inizio con dirle che rispondo a tutte le sue ultime arrivatemi. Per ordine. Ma prima di ogni cosa spero che questo mio scritto venga a trovare lei ed i suoi in ottima salute come al momento grazie a Dio lo stesso posso dire di noi.

Francesco Grizzaffi, addetto al comparto estorsioni a Corleone, faceva persino gli stessi errori del vecchio padrino, nonostante avesse frequentato qualche classe in più rispetto a lui. Ma l'emulazione del codice è anche questo. Una «h» e una virgola al posto sbagliato:

Carissimo zio come stai spero bene così ti posso dire di me, e che la qui presente lettera ginca a te trovandoti in buona salute. Per quanto riquarda Romeo per quello che dice io non so, se è vero ho no in questo momento non posso chiedere ha nessuno se he vero ho no per me facciamo come ai scritto tu se poi ce da ripestarlo lo facciamo, intanto vado avanti con la nostra proposta poi, quando avro la risposta te lo faccio avere anche perché ce pure il fatto della vendita dell'azienda.

Carmelo Gariffo, il nipote prediletto che scriveva a penna, aveva una bella grafia e lo stesso stile dello zio:

Carissimo, noi tutti bene, così spero che stia tu, anche se dall'ultima mi lasci in dubbio. Si la puntura la devi fare, e pensavo che tu questo lo capivi, capisco che magari non ti è facile, però si dovrebbe rispettare. 1) Si i 2000 sono da Fausto. 2) Per adesso, si ho letto quello che tu hai scritto, e penso che comunque lui abbia fatto la sua parte, quello è a disposizione per quello che ha, però Agrigento lo ha perso, ora si sta vedendo come poter rimediare con altro. Alessio ha fatto secondo me la sua parte, ma anche suo padrino. Per momento siamo fermi ad aspettare cosa fanno la Nestlè. Ti faccio sapere.

E anche se l'autore aveva un buon titolo di studio finiva per scrivere come il padrino del codice. Il «60», l'infermiere di Provenzano, emulava l'incipit e non solo quello. Comunicava anche lui con una macchina per scrivere. E si lanciava in un discorso senza troppa punteggiatura e qualche imperfezione, alla Provenzano maniera:

Carissimo con gioia ho ricevuto tue notizie e mi dispiace sentirti dire che stai non molto bene e la cosa mi fa stare male. capisco che i tuoi movimenti non sono normali come ognuno di noi ma bisogna che si prenda un provvedimento urgente magari solo per fare la puntura perché non farla può peggiorare la tua situazione in poche parole i valori che tu tieni sotto controllo possono variare in negativo. Quindi studiamo un qualcosa come fare per praticare questa puntura ti ricordo che io sono a tua completa disposizione valuta tu la cosa per poi parlarne con 123 dove potrei venire e nell'occasione se possibile potrei farti anche il prelievo che anche questo e importante per valutare i valori come sono dato che e da un bel po che non lo facciamo rinnovo a dirti di non perdere ancora tempo quello che puo succedere e che puoi peggiorare la tua salute. Concludo sperando che la presente possa venirti a trovare con più salute che e proprio quella che tu hai bisogno ti ricordo che quando tu vuoi mi troverai pronto a venire da te per quello che hai bisogno che Dio possa proteggerci a tutti noi ed in particolare a te ti mando un forte abbraccio. Arrisentirci al più presto.

Prima di addentrarci nei segreti del codice Provenzano, è bene considerare che il padrino si concedeva pure qualche licenza. Fino a coniare espressioni o parole alquanto singolari. Quelle no, non venivano emulate. La «spossatezza del caso», comunicata a Giuffrè, è un curioso esempio:

20-3-2001. [...] 6) Di quello che ti ho detto, che è successo, è nel caso di B n. e quello che anno trovato che mi riguarda, se non lo rigordi non fa niente, ormai mi sembra, è finita tutta spossatezza del caso.

Il padrino proseguiva nella ricerca del suo stile. Pizzino dopo pizzino, hanno fatto capolino «appaciarsi», per esprimere al meglio il concetto di mediazione fra opposti interessi; oppure «un accondino», cifra piccola ma significativa sull'intera tassa del pizzo alle imprese. Il «fiore» era invece un regalo che l'imprenditore non in regola avrebbe fatto all'estorsore per ribadire la sua buona fede e la lealtà all'ordinamento mafioso. Provenzano, dal canto suo, non si voleva mai smentire: «Ubiderò», diceva al fidato Giuffrè. Perché il suo stile di comando voleva che fosse questo.

Non fosse stato per il codice e i suoi misteri, avrebbe potuto essere catalogato esclusivamente come il linguaggio di una persona che ha una scarsa scolarizzazione. Ma per il crimine non necessitano lauree. E anche le parole sono diventate complesse perché oscure:

24-07-2001. [...] 1) Argomento puntamento: Ieri ho spedidito, lo sta bene, tutto per filo e per segno, tranne dire l'arburazzo, che credo, dovrebbe servire ad'atri.

Cos'è l'«arburazzo»? Forse il soprannome di un altro complice, l'indicazione di un luogo con un albero, oppure un ulteriore fermo posta? Neanche Giuffrè, a cui era destinato il pizzino, ha saputo fornire più particolari.

3.
«Seguiremo la nuova strada dell'infermiere». I messaggeri della riforma (1994-2002)

1. *Il manager rosso*

Rideva di cuore il primo postino. «Ne vedremo delle belle», ripeteva. E mostrava alcune buste. «Ne vedremo delle belle quando le avrò spedite». E non aggiunse altro. Quel pomeriggio del 12 aprile 1994, Simone Castello, imprenditore agrumicolo di Villabate, aveva fretta di ripartire da Caltanissetta e così non concesse molto di più agli autorevoli rappresentanti del mandamento mafioso di quella provincia, che pure dovevano affidargli dei biglietti importanti per Bernardo Provenzano. Castello risalì presto sulla sua Mercedes e si allontanò in velocità verso lo svincolo autostradale, in direzione Messina.

Anche il vicerappresentante di Caltanissetta, Luigi Ilardo, si congedò in fretta dalla riunione. Benché avesse molte notizie e consigli da far recapitare al padrino di Corleone, tramite il fidato imprenditore. Ma accampò una scusa e andò via. Appena entrato in auto, riaccese il cellulare e chiamò il colonnello dei carabinieri Michele Riccio. «Forse, lo zio starà pensando a un'opera di depistaggio», accennò a voce bassa, continuando a guardarsi attorno. «Sono certo che queste cose gliele scrivono altri, forse esponenti dei servizi segreti deviati in contatto con qualche politico». Ilardo si avviò verso casa e concluse: «Non ci resta che aspettare». Il colonnello concordò e aggiunse che non c'era fretta. «Bisogna evitare che ci scoprano».

Una settimana dopo, il giallo delle lettere inviate da Simone Castello fu svelato. Al palazzo di giustizia di Palermo arrivò una busta indirizzata al «Tribunale Misure di prevenzione». Portava il timbro «Reggio Calabria» e la data del 13 aprile. La lettera era firmata a penna da Bernardo Provenzano:

>Presidente delle misuri di prevenzione Scaduti presso il Tribunale di Palermo.
>Io sottoscritto Provenzano Bernardo nato il 31-1-1933. In Corleone Prov. di Palermo. Imputato dinnanzi al Tribunale di misuri di Prevenzione Nomino miei difenzori di fiducia gli Avvocati Traina Salvatore del foro di Palermo via Nicolò Turrisi n. 59 Palermo. E Aricò Giovanni del foro di Roma Piazzale Medaglie D'oro n. 20 Roma. Conferendo loro anche il potere di impugnare e proporre appello sia per decreto che per sendenza. Con Osservanza. Provenzano Bernardo.

Qualche incertezza grammaticale passò in second'ordine. Magistrati e investigatori raggiunsero la certezza che l'alter ego di Salvatore Riina era ancora vivo. Nonostante il tam tam mediatico e le indicazioni di qualche falso confidente che lo volevano ormai all'altro mondo già dalla primavera del 1992, prima delle stragi Falcone e Borsellino, quando la sua compagna e i due figli avevano fatto ritorno all'improvviso a Corleone.

In realtà, quella lettera di Provenzano non era diretta ai rappresentanti delle istituzioni. Ma al popolo di Cosa Nostra, così dilaniato dalle fazioni, dai pentimenti e dalle tragedie. «Provenzano cerca di rafforzare la sua leadership a scapito di quella di Leoluca Bagarella – fu l'analisi del capomafia Ilardo al colonnello Riccio –, Provenzano vuole ribadire la sua presenza».

In quei giorni, i carabinieri sapevano ancora ben poco del messaggero Simone Castello. Di certo sapevano ciò che la loro fonte segreta, il capomafia Luigi Ilardo, aveva spiegato. Che i messaggeri del capo sono di due ranghi: quelli autorevoli e privilegiati, come lo stesso Ilardo, attuano e diffondono le strategie di Provenzano a tutta l'organizzazione, o all'esterno, verso insospettabili complici nei palazzi e nella società civile, se necessario. Ognuno di loro può contare su un'efficiente rete di messaggeri di secondo livello, i postini, addetti allo smistamento dei pizzini. Simone Castello appariva già come un anello fondamentale di questa catena di trasmissione. A metà fra le ristrette file dei messaggeri e la truppa dei postini.

Per questa ragione, i carabinieri del Ros decisero presto di tenerlo sotto controllo. Anche perché, intanto, l'illustre confidente riferiva che l'insospettabile imprenditore era ritornato più volte a Caltanissetta per prendere in consegna altri biglietti. «Provenzano si nasconde a Bagheria – si disse certo Ilardo – perché a Bagheria opera Simone Castello».

Una prima verifica sulle banche dati del ministero delle Finanze e dell'Interno presentò ai carabinieri la sorpresa. Castello, quarantasettenne, non solo era incensurato – caratteristica alquanto usuale per un favoreggiatore di mafia che voglia dirsi insospettabile – ma faceva anche parte di quella schiera di imprenditori siciliani che per tradizione hanno fatto del loro impegno «a sinistra» una scelta di vita e di lavoro. Castello era un esponente di rilievo del mondo cooperativistico rosso. Forse, per questo, si sentiva al sicuro da qualsiasi indagine. Perché era un vero insospettabile. Completava il ritratto la moglie Marianna, stimato medico neurologo. Proprio nel cognome della dottoressa, un giovane maresciallo ritenne di aver trovato il punto debole della messinscena: Mineo, che a Bagheria rievoca dinastie di mafia. Ma era solo una omonimia. Dunque, Simone Castello era un vero insospettabile postino della mafia.

Chissà, però, se il padrino Provenzano ha mai saputo della passione del suo messaggero prediletto per i telefoni cellulari. La tecnologia diventò presto l'anello debole di quel segmento della catena di comunicazione mafiosa. Perché i carabinieri iniziarono a scoprire Castello partendo proprio dal suo cellulare. Il tabulato delle conversazioni diceva che il 13 aprile aveva chiamato per l'ultima volta da un ripetitore siciliano. Alle 16.10, il cellulare aveva già agganciato un ponte radio di Villa San Giovanni, in Calabria. Alle 18.10, il telefonino di Castello tornava a essere registrato nel Messinese. Per i giudici di Palermo che hanno condannato Castello a dieci anni di carcere è stato un eccezionale riscontro al racconto di Ilardo. Il postino era rimasto in Calabria appena il tempo di imbucare la lettera di Provenzano diretta al tribunale di Palermo.

La sera del 29 giugno 1994, Ilardo chiamò all'improvviso il colonnello Riccio. «Un'ora fa, Castello ha ritirato un biglietto della famiglia Madonia di Caltanissetta sull'autostrada Palermo-Catania». Erano già le 21. Troppo tardi per intervenire. Ma il mattino seguente, all'alba, i carabinieri erano già davanti all'abitazione dell'imprenditore, in corso Baldassare Scaduto 40, a Bagheria. La sua auto non era lì. Stava a casa dell'autista, che solerte si presentò alle 7 in punto. Così, Castello iniziò la sua giornata da imprenditore. E i carabinieri cercarono di scoprire il luogo e il destinatario del prezioso pizzino. Ma senza molto successo: al termine di un lungo pedinamento, durato sino al pomeriggio, i militari annotarono nella loro relazione di servizio che Simone Castello era andato in azienda e «presso alcune palazzine in pessimo stato – così scrissero – ubicate all'interno di un terreno non coltivato, nel Comune di Ficarazzi, poco distante da Bagheria». E fra quelle sterpaglie avrebbe potuto lasciare il suo messaggio.

Il 13 luglio, un altro pizzino entrò nuovamente nelle viscere della città in cui Provenzano aveva costruito la sua rete di protezione e una roccaforte, come fosse la Corleone degli anni Cinquanta. Dopo la soffiata di Ilardo, i carabinieri tornarono a pedinare Castello, e registrarono tutti i suoi incontri: «Alle 19.35, presso il bar Fantastico, sito in via Città di Palermo, dove si fermava per 15 minuti. Dall'esame delle targhe delle auto parcheggiate davanti al locale – annotò il sottufficiale del Ros – si evidenziava quella intestata alla figlia del mafioso Nicolò Eucaliptus». Alle 19.50, Castello entrò al bar Orient Express, nei pressi della stazione ferroviaria, per incontrare il cognato del patriarca mafioso di Bagheria, Leonardo Greco. Alle 20.30, l'imprenditore parcheggiava di fronte a una delle più grandi residenze nobiliari della città, sulla statale 113, al confine tra Santa Flavia e Casteldaccia. Comprò qualcosa al bar tabacchi lì davanti. Poi, suonò al citofono della villa, ed entrò velocemente nel grande parco. Pochi minuti prima delle 21, Castello era di nuovo al bar Orient Express: gli investigatori lo riconobbero mentre entrava nell'auto di un altro imprenditore mafioso, Giacinto Scianna. Dopo alcuni minuti tornò a casa.

A chi il postino Castello aveva consegnato il pizzino? Il rompicapo finì per moltiplicare l'indagine, che avrebbe dovuto seguire tutti i personaggi che erano comparsi sulla scena, la sera del 13 luglio. Nessun aiuto poté fornire Ilardo, che si limitò a precisare: «Ho consegnato il biglietto ripiegato, così Castello avrebbe potuto distruggerlo immediatamente in caso di controlli da parte delle forze dell'ordine. Ma al momento della consegna alla persona che custodisce Provenzano, Castello chiuderà il pizzino con un nastro adesivo, per non farne leggere il contenuto». Forse, il postino imprenditore aveva comprato dello scotch al bar tabacchi accanto alla grande villa?

Ilardo aveva iniziato a consegnare a Riccio la corrispondenza che la famiglia di Caltanissetta si scambiava con Provenzano. Aggiunse: «Ho compreso che Castello non è solo un semplice postino, ma è uno dei prestanome più fidati di Provenzano, che gli gestisce il suo immenso patrimonio». A quel punto, gli investigatori avevano già iniziato a osservare l'imprenditore con una luce diversa. Perché non era solo il fidato messaggero di biglietti cifrati fra il capo e l'organizzazione, ma il detentore di molti segreti. Forse, per questa ragione, poteva anche contare sulla complicità di alcuni esponenti delle forze dell'ordine. Così Ilardo seppe dallo stesso Castello, e ne riferì preoccupato al colonnello: «Un suo amico carabiniere lo ha informato che la magistratura indaga su di lui». Per qualche tempo, i viaggi di Castello si fecero più rari. E Provenzano scrisse a Ilardo:

> Carissimo, con l'augurio che hai passato buone feste e con l'augurio che la presente ti trovi in Ottima Salute. Come posso assicurarti di me. Vengo con la presente: nel mentre abbiamo queste trattative, con il presente mezzo si perde tempo...

Ma non c'era altra strada. Perché, intanto, i mafiosi di Bagheria avevano scoperto le telecamere piazzate dai carabinieri davanti ad alcune ville dove Provenzano avrebbe potuto trovare rifugio. Anni dopo, il pentito Angelo Siino, il ministro dei lavori pubblici di Cosa Nostra, ha svelato che Castello «era tenuto in grande considerazione, perché prestanome del padrino. E anche se non formalmente inserito nell'organizzazione partecipava alle riunioni che contavano».

Così, il messaggero di tanti pizzini era salito di rango. Fu chiamato Castello quando Giuseppe Madonia dovette risolvere un problema che gli stava particolarmente a cuore, perché sollecitato da un esponente delle cooperative rosse. Un imprenditore si era lamentato con la mafia siciliana del pizzo eccessivo che gli Iamonte della 'Ndrangheta calabrese pretendevano di incassare sugli appalti nella zona di Melito Porto Salvo. Madonia affidò a Castello un pizzino da portare a Natale Iamonte, assieme a un'ambasciata: «Arriverà presto Siino per sistemare tutto». E la tangente fu ridotta dall'8 al 4 per cento. Naturalmente, ancora una volta, era stato Provenzano a investire direttamente Simone Castello della questione.

Le intercettazioni nell'auto dell'imprenditore hanno infine tratteggiato il ritratto del primo messaggero del padrino. Che presto era diventato autorevole colletto bianco della mafia, corteggiato da chi aspirava ai favori dei boss. Ad esempio, Antonino Mandalà, impegnato nella costituzione di uno dei primi club di Forza Italia a Villabate, centro a poca distanza da Bagheria, che fu sorpreso dalle microspie del Ros mentre chiedeva delucidazioni a Castello. Sulle candidature più opportune.

Il postino era diventato anche un consigliere. Che non risparmiava critiche alla politica: «Meschini, meschini e meschini, ma non solo in Forza Italia, negli altri partiti sono pure gli stessi. È che appena vengono investiti di questa carica di onorevole, di senatore, chi cazzo si credono di essere, dei superuomini». Castello aveva una visione molto disincantata della politica nazionale: «Vanno là e vanno a fare quello che dice l'uomo più rappresentativo del movimento. Di qualsiasi movimento». Era la filosofia che guidava la Cosa Nostra di Provenzano nell'approccio con la politica. Favori da chi è al potere. Senza distinzione di colore.

Nei giorni in cui Provenzano veniva arrestato, Simone Castello e gli altri mafiosi di Bagheria condannati nel processo «Grande Oriente» sono tornati in libertà dopo aver scontato le loro condanne. In appello, qualcuno ha anche beneficiato dello sconto di pena che il legislatore ha previsto per velocizzare lo svolgimento dei processi. Era iniziata la grande corsa al rito abbreviato. I mafiosi non ritengono più disonorevole accettare lo sconto di pena di un terzo. E se va bene, ne ottengono anche un altro, previsto dal concordato di pena in appello. Così, molti mafiosi arrestati e condannati hanno ripreso presto il loro posto.

2. *Il titolare dell'autoscuola*

Il secondo messaggero di Bernardo Provenzano era un altro insospettabile imprenditore che alle sue dipendenze aveva una rete altrettanto fidata di postini. Senza le indicazioni di Giovanni Brusca, il killer della strage di Capaci che decise di collaborare subito dopo il suo arresto, nel 1996, difficilmente sarebbe emersa la doppia vita del signor Carmelo Amato. A Palermo lo conoscono come il gestore della rinomata autoscuola Primavera, in via Daita, a due passi dall'elegante via Libertà e dal teatro Politeama. Brusca quasi si stupì che i poliziotti non lo conoscessero: «Lo zio Carmelo mi faceva avere i bigliettini di Provenzano. Non li consegnava personalmente a me, ma li dava a Giovanni Caffrì, uomo d'onore della famiglia di Altofonte che poi è stato ucciso». Chiesero al pentito quanti viaggi avessero fatto i pizzini attraverso il canale Caffrì-Amato. Brusca si concesse una breve pausa e precisò: «Fra il 1994 e il 1995, tantissime volte. Anche Leoluca Bagarella o Pino Lipari ne usufruivano. Amato, che è vicino ai mafiosi di Belmonte Mezzagno, aveva messo in piedi un vero e proprio centro di smistamento utilizzato da Provenzano per Palermo». Poi, il pentito scandì un'altra pausa e aggiunse: «Intendiamoci, Amato è solo uno dei mille postini di Provenzano». Non voleva essere frainteso, Giovanni Brusca. E di nomi utili per arrivare a Provenzano ne fece anche altri.

L'autoscuola Primavera è al piano terra di un'elegante palazzina liberty, circondata dai negozi del centro città. Non fu facile per i carabinieri del Ros, a cui venne affidata l'indagine, circondarla con telecamere e microspie. Ma dall'ottobre 1998, anche Carmelo Amato cominciò a essere pedinato. I filmati ritraevano un tranquillo pensionato di sessantaquattro anni che appendeva alle pareti della sua autoscuola un poster appena acquistato alla libreria delle suore Paoline: «Il valore di un sorriso». Poi, però, quando le lezioni di scuola guida erano terminate, entravano altri ospiti. «Mi sono comprato l'apparecchio, lo teniamo un po' tu e un po' io», Amato fu sorpreso a bisbigliare con Giuseppe Vaglica, cognato del capomafia di Belmonte Mezzagno, Francesco Pastoia, uno dei capisaldi del sistema Provenzano. «Ogni tre, quattro giorni controllo la scuola – aggiunse Amato – pure nelle macchine... ti fai l'ufficio... ti controlli tutte cose, poi me lo porti di nuovo. Non te lo devi dimenticare, che serve sempre a me». Il tranquillo gestore dell'autoscuola Primavera si era procurato un rivelatore di microspie. Vaglica gradì l'iniziativa: «Ah, buono è... minchia, la salute mi dai così a me». Avevano il timore di essere scoperti: «Secondo me, c'è qualcuno che ha detto che ci sono state riunioni qua», diceva Vittorio Amato, il fratello di Carmelo. Il principale interessato era comunque fiducioso: «Se c'è qualcuno che dice questo, mi avrebbero già chiamato e arrestato. No?».

Amato fu pedinato per settimane, ma dei pizzini nessuna traccia. In compenso, la solerte microspia illustrò la filosofia dell'imprenditore che per qualche ragione, non si sa quale di preciso, aveva aderito alla causa mafiosa, assumendo l'incarico di messaggero del padrino. «Lo Stato non si tocca – esordì Carmelo Amato durante l'ennesima conversazione con Vaglica – prenditela con chiunque, ma lo Stato non si tocca». Discutevano della strategia delle stragi. «Sono degli errori», aggiungeva Amato, che quasi pretendeva più democraticità all'interno dell'organizzazione: «Purtroppo, non si può parlare. Perché se tu vai a fare un discorso da qualche parte, poi ti dicono: 'Minchia, questo...'. Capisci?». Vaglica annuiva: «È vero. Dico, gli sbagli si fanno nella vita, ma non era meglio se all'epoca un Falcone non finiva così?». Amato si sentiva sicuro di potere parlare con un amico fidato: «Pino, gli errori ci sono stati. Ma purtroppo, cosa possiamo fare?». Amato si manifestò come un nostalgico della vecchia mafia. «La cosa era sacra un tempo. Prima bisognava vedere chi era sua mamma e per un motivo, per una fesseria non poteva essere fatto». Questa volta la discussione verteva sui criteri di reclutamento in Cosa Nostra. «Per una minchiata, *picciotti* che si bevevano in un bicchiere d'acqua non potevano essere fatti perché c'era quel motivo. Ora, invece, basta che portano i soldi. Business, gli dico... come gli americani. Ma che facciamo, scherziamo». Ecco perché il messaggero del capo è un mafioso più autorevole degli altri. Perché è sempre specchio del padrino.

Intanto, i postini dei pizzini continuavano a correre da un capo all'altro della città. Con le precauzioni del caso. «C'è guerra compare. Mi hanno detto di stare attento, perché è pieno di sbirri». Un bisbiglio fece finalmente sperare che la catena delle consegne potesse portare da qualche parte: «Ti devo dare un biglietto», disse Amato a uno di loro. Che rispose: «Vuole che ripasso?». Il silenzio al posto di una risposta fece sospettare ai carabinieri che la consegna del pizzino era avvenuta proprio in quel momento.

Ma non ci fu tempo per nessun'altra indagine. Il 16 dicembre 1998, il genero di Carmelo Amato entrò senza perdere tempo nello studio e si diresse verso il televisore. Lo girò con attenzione. E trovò la microspia. Al capitano Ultimo, che all'epoca conduceva l'indagine per il Ros, non restò che scrivere una preoccupata lettera alla Procura. «Protocollo 119/56-2 del 31 dicembre 1998. Si documenta che alle ore 18.31 del 16 dicembre scorso, il soggetto in questione accedeva all'interno del locale». Solo nel 2002, l'ultimo pentito di Cosa Nostra, Antonino Giuffrè, ha svelato il retroscena: qualcuno aveva informato che le forze dell'ordine tenevano sotto controllo l'autoscuola. «Mi chiamò Nino Gargano di Bagheria – ha rivelato il pentito – mi diede comunicazione che il covo era stato scoperto dalle forze dell'ordine, e forse dai Ros, se ricordo bene. Dopo di ciò abbiamo cambiato posto per gli incontri». E Provenzano non riceveva più all'autoscuola Primavera.

3. *La galassia Lipari*

In quei giorni di fine 1998, l'imprenditore Arturo Lipari non perdeva mai un colloquio in carcere con il padre Giuseppe, l'ex geometra dell'Anas che nei primi anni Ottanta il pool di Falcone e Borsellino aveva individuato come uno dei principali consiglieri economici del clan corleonese. All'epoca impazzava la guerra di mafia, eppure Lipari aveva inventato il più proficuo e tranquillo degli affari in Sicilia, con la creazione di società per le forniture alla sanità pubblica.

«Tu hai risposta da dargli?», chiedeva il figlio. E una microspia piazzata dalla squadra mobile su ordine della Procura registrava nella sala colloqui del carcere di Pagliarelli. «Io devo prepararla», ribadiva Pino Lipari. E Arturo lo interrompeva: «Perché siccome l'infermiere...». Pino Lipari riprendeva: «Ma lui ha detto di seguire questa strada?». Il giovane informava: «Perché lui passa lunedì, si sposa e parte in viaggio di nozze. Torna giorno 14. Se questo viene lunedì, gli scrivo: 'la ringrazio per il regalo', e poi gli dico che seguirà risposta. Intanto gli scrivo...». Lipari consegnò la biancheria da lavare all'agente della penitenziaria, perché la passasse ai familiari. Dentro, c'era un messaggio ben sistemato. Anzi, non era un messaggio. Era la metà di un messaggio. Cucito all'interno del risvolto di un paio di pantaloni. L'altra metà sarebbe stata consegnata in occasione del successivo cambio di biancheria. Era questa la cautela per rendere incomprensibile il messaggio, se fosse stato scoperto. Ma in quel momento, nessuno lo sospettava.

Le intercettazioni avevano però messo in allerta. Chi era il misterioso infermiere a cui doveva essere recapitata una risposta? Qualche giorno dopo, i Lipari erano nuovamente nella sala colloqui del carcere. Ormai era certo che le sbarre del penitenziario non avevano fermato i messaggi dei padrini. A quel punto delle indagini, la rete di comunicazione assumeva già una sua complessa dislocazione. Da Bagheria a Palermo, dal centro città al carcere. C'era sempre un sistema – «una strada», la chiamavano i mafiosi – per far tornare a funzionare l'organizzazione.

Quel giorno, nella sala colloqui di Pagliarelli, Pino Lipari esordì preoccupato: «Come dobbiamo fare per questo infermiere? Per evitare di andarci tu o di venire lui là? Trovate qualche soluzione». Arturo spiegava: «L'ultima volta mi è venuto a trovare lui in ufficio perché era di passaggio, stava in ferie». La preoccupazione di Pino Lipari era quella di sempre: «Perché quello di là, Brusca, al processo nostro dice, 'mi risulta che i contatti tuttora li tengono'. Hai capito? Siccome lui non conosce a nessuno, gli può mettere in testa che quello che è fuori, il perno di quello che di fuori sono io con il mio entourage». Lipari aveva visto giusto. Fra i primi nomi che Brusca aveva indicato da pentito nel sistema di smistamento dei messaggi di Provenzano c'era proprio quello di Pino Lipari. E lo stesso nome, un anno dopo, aveva fatto Angelo Siino. Adesso, il boss ribadiva al figlio: «Ecco perché ti dico... vediamo un poco l'infermiere... di fargli usare un'altra strada. Perché quello non è che ha 50 postini, ne ha sempre uno... cioè tutti, magari, arrivano qua». Arturo si lasciò sfuggire: «Ma quello là è parente suo... quello che c'ha il terreno accanto a Damiano?».

Il rompicapo sull'infermiere aveva adesso qualche altro elemento per la soluzione. Damiano era il nome del titolare dell'immobile dove hanno sede le società dei Lipari: sua moglie risultò intestataria di un terreno a Carini, confinante con le proprietà di Francesco Alfano, il cognato di Provenzano, per avere sposato la sorella della compagna Saveria. Il figlio di Alfano e Nicoletta è Vito, infermiere presso il reparto di Pneumologia dell'ospedale Villa Sofia di via Ingegneros, a Palermo. Un veloce accertamento confermò pure che l'infermiere si era di recente sposato.

Le prime lettere di Pino Lipari a Provenzano avevano già attraversato le mura del carcere. Arturo aveva preso in consegna le parole del padre. Prestando la dovuta attenzione, era riuscito a mettere insieme le due metà del foglietto che erano state nascoste dentro il risvolto dei pantaloni. Il messaggio da mandare a Provenzano si era così materializzato. E Arturo lo aveva subito trascritto:

Non ho scritto prima, perché ho dovuto aspettare le risposte di papà, attraverso un canale che ci mette al sicuro da orecchie curiose, ed anche per il fatto che suo nipote doveva tornare dal giro di nozze.
Per noi la vecchia strada per mandare qualche biglietto ci sembrava più tranquilla poiché il contatto con il nipote è più delicato e può

dare qualche sospetto in quanto «nipote» e poi un tempo inquilino di quella casa (dichiarazioni di Ganci!!).

Ma se dobbiamo scegliere questa strada cercheremo di usare più cautele, cercando un filtro fra noi, ormai troppo in vista, e lui che è nipote. Di questo programma desideriamo un suo consiglio.

Anche per papà le cose non sono messe al meglio. Non c'é niente di niente nel processo se non le dichiarazioni di Sii e G.B. sempre per appalti e senza riscontri. In particolare, però, GB ha dichiarato che il nostro contatto sussiste tuttora e non solo con lei ma anche con la famiglia di suo fratello il grande.

La lettera di Lipari a Provenzano, del 22 dicembre, dovette impiegare pochi giorni per giungere a destinazione, perché già una settimana dopo Lipari tornava a scrivere un'altra missiva, evidentemente in risposta. E la consegnava fra la biancheria sporca alla moglie Marianna. Ma prima del passaggio verso l'esterno, la polizia ebbe tempo di fotocopiarla. Diceva così:

Carissimo, ricevuto il messaggio, mi sono raccordato con il nostro caro assente che le manda tanti saluti affettuosi... Noi continuiamo la nostra specchiata vita come sempre..., certo tastando il terreno prima di mettere il piede. Infatti seguiremo la nuova strada dell'infermiere, guidandoci a vicenda, con la massima cautela, mettendo un filtro sicuro fra noi.

Pino Lipari aveva scritto come se l'autore della lettera fosse stato il figlio Arturo. Una cautela in più. Ma adesso il vero problema era trovare il «filtro» adatto a preservare la sicurezza nella catena di trasmissione dei pizzini. Una discussione con le donne di casa, che erano venute a fare visita in carcere, sembrò individuare la soluzione giusta. «Peppe», sussurrò Rossana, una delle figlie di Pino Lipari. Che subito lodò l'idea: «Va negli ospedali, gli lasciano depliant, cose...». Non fu difficile identificare Peppe in Giuseppe Lampiasi, marito di Rossana Lipari, di professione rappresentante di apparecchiature elettromedicali e forniture ospedaliere.

«Praticamente, Arturo, quella strada è finita, quella di prima – informò il padrino all'ennesimo colloquio con il figlio – ora c'è questa, però uno messo nel mezzo, fra te e lui, o Peppe o il fratello di Lorenzo, perché ci stanno sul collo, hai capito?». I Lipari sospettavano di essere intercettati, adottavano qualche precauzione in più, ma continuavano a parlare in libertà. Arturo sembrava d'accordo con la nuova strategia della comunicazione: «Forse Peppe è meglio, per il fatto che lui gira gli ospedali». Non restava che l'investitura ufficiale del nuovo postino. «Peppe te lo porti un giorno – Lipari padre dava tutte le spiegazioni necessarie – calmo, tranquillo, glielo presenti, gli dici... guardalo bene in faccia, questo è mio cognato». L'appuntamento per la presentazione fu fissato il 21 gennaio. Arturo informò anche di questo il padre in carcere: «Ora giovedì, dopodomani devo andare dall'infermiere e gli porto pure a Peppe». I poliziotti ringraziarono per tanta chiarezza. Il giorno convenuto, Arturo telefonò al cognato: «Muoviti, abbiamo appuntamento con il meccanico». Ma in realtà, l'appuntamento era con l'infermiere. Alle 12 in punto, il terzetto fu spiato mentre scambiava qualche parola al reparto di Pneumologia e poi si spostava con circospezione al piano di sotto, a Cardiologia. Per non dare nell'occhio. I poliziotti speravano in qualche indicazione utile per individuare l'anello successivo della catena dei pizzini. Per questo, avevano anche sistemato una cimice nella Seat di Arturo Lipari. «Tu ogni tanto qua ci vieni», fu la prima cosa che Arturo disse al cognato: «Una volta ogni 15 giorni e questo ti dà». E così, anche Giuseppe Lampiasi, il genero, entrò a far parte della schiera dei postini. Per volontà di sua moglie Rossana, che non voleva essere da meno degli altri componenti della famiglia.

Pino Lipari continuava a scrivere lettere per Provenzano. Cominciò a diradare le visite con Arturo. Chiese alla moglie e all'altro cognato, Lorenzo Agosta, di venire ai colloqui in carcere. E ogni volta consegnava il pacco della biancheria sporca. Che conteneva sempre un pizzino.

Bisogna usare la massima cautela nel non lasciare in giro tracce di biglietti, che come avrà visto in Tv, qualcuno ultimamente – ma non nostro ma di MTT – è finito nelle mani loro. Questi biglietti devono essere usati come usa e getta.

Pino Lipari non risparmiava raccomandazioni persino allo stesso Provenzano, ricordando le ultime disavventure di «MTT», ovvero il latitante Matteo Messina Denaro, il capo della famiglia di Trapani. Lui, invece, si sentiva al sicuro. Sapeva di poter contare su un familiare davvero speciale, la figlia Cinzia, che di professione faceva l'avvocato. Aveva assunto la difesa del genitore, così poteva incontrarlo più liberamente nelle salette riservate ai colloqui con i legali.

Ma tanta sicurezza finì presto. Il 29 maggio, Arturo Lipari e Lorenzo Agosta trovarono per caso la cimice piazzata negli uffici dell'impresa di famiglia. E le precauzioni dei postini si fecero ancora più severe. Un pizzino finì per essere scambiato nell'ascensore dell'ospedale dove lavorava Alfano: l'infermiere e il «filtro», Giuseppe Lampiasi, fecero finta di non conoscersi, attesero l'arrivo dell'ascensore e vi entrarono come due estranei solo quando furono sicuri di rimanere soli. Quando le porte si chiusero, si scambiarono il saluto con un bacio e i soliti pizzini. Le telecamere della polizia, sistemate nell'ascensore, ripresero la scena. Non una ma tante volte, sempre allo stesso modo.

Arrivò il giorno che l'ennesimo pizzino sembrò vicinissimo a svelare il suo segreto, perché per la prima volta portò all'anello successivo all'infermiere. Era Paolo Palazzolo, cognato di Provenzano. Ma la catena aveva già fatto scattare nuove misure di protezione per i messaggi. Una sola volta, Lampiasi arrivò all'autoscuola Primavera. E fu filmato mentre conversava con Carmelo Amato e Giuseppe Vaglica. La rete di comunicazione di Provenzano era in piena attività.

4. *Il falso pentito*

Pino Lipari non smise mai di essere messaggero del padrino. Anche quando fu arrestato, nel gennaio 2002, al culmine dell'attività di smistamento di tutti quei pizzini che erano usciti dal carcere e da casa sua. Inventò la regola secondo cui il mafioso in manette non ha più un solo codice di comportamento davanti a un tribunale: tacere. Se utile, può anche essere «disponibile».

L'attento consigliere del padrino si era già trasformato nel teorico della nuova comunicazione mafiosa. Messaggero non di semplici pizzini ma di un'intera filosofia del depistaggio. E ottenendo anche il debito ritorno, la chimera della scarcerazione e di uno sconto di pena.

Niente di nuovo, verrebbe da dire, questo è il modello di Cosa Nostra americana, abituata a difendersi con le conferenze stampa e i siti Internet. John Gotti ha fatto scuola. Ma il modello Lipari risultò molto più articolato.

«Disponibilità» è ammettere quello che non si può più negare. Ma è soprattutto comunicazione che tenta di inquinare le inchieste e i processi. E con essi, anche l'informazione e l'opinione pubblica. «Disponibilità» è il tentativo di andare oltre qualsiasi ottimistica ipotesi di riforma della legge sui pentiti: con effetto retroattivo, per rimettere in discussione sentenze ed ergastoli. Così, nelle intenzioni del vertice di Cosa Nostra, la «disponibilità» dei mafiosi doveva diventare uno dei nuovi laboratori criminali. Di pentiti inutili, che ottengono molto senza dare in cambio nulla. Di pentiti falsi, che confondono le acque screditando i veri collaboratori.

Nel primo interrogatorio, alla fine di gennaio 2002, Lipari propose subito un'operazione verità. E ne aveva tutte le ragioni (presunte): insieme a lui, erano finiti in carcere la moglie, il figlio e la figlia, nonché due generi. «Me ne vorrei uscire anche morto – fece mettere a verbale dal giudice delle indagini preliminari – io dalla famiglia merito la forca». Ma già allora, non aveva convinto molto. Gli fu chiesto: «Erano sua moglie e sua figlia a far entrare i pizzini in carcere? E quando parlavate dell'Ave Maria a chi vi riferivate?».

Inutile negare di fronte all'evidenza, questo spiega la filosofia Lipari. Inutile far finta che le intercettazioni, elemento principale dell'atto d'accusa, non esistano: ci sono le voci, le proprie voci che accusano. Inutile farne una questione di principio, c'è ben altro da salvaguardare, un immenso patrimonio di beni.

Così, per la prima volta, un mafioso non pentito fece il nome del padrino più importante durante un interrogatorio. Pino Lipari rispose deciso: «È stato Provenzano ad autorizzare la vendita di cui si parla nell'intercettazione e nel pizzino». Meno risoluto fu al momento della domanda sui prestanome di Cosa Nostra, gli insospettabili che la filosofia sul depistaggio annoverava come i primi da salvare.

Se poi le domande incalzano, buona regola mafiosa è sminuire. Anche a costo di concedere qualcosa all'avversario, in un sottile gioco psicologico di apparenti cedimenti. «Sarò un affarista ma non uomo d'onore», diceva Lipari ammettendo strane alchimie imprenditoriali con alcuni immobili, naturalmente solo quelli già individuati dalle indagini.

La verità del mafioso, insegna Lipari, non può essere solo una pura falsità. Deve contenere piccoli brandelli di realtà, giusto quelli che servono per dare credibilità alle proprie tesi. «Alcuni miei parenti sono proprietari di cliniche – accennò distrattamente – uno è stato ammiraglio, un altro, capo di Stato Maggiore». E ancora: «Dottore, lei lo capisce, io di cose lecite non ne posso fare più. Ogni mia cosa si presta a mille interpretazioni».

Il laboratorio per la costruzione di un falso pentito fu in realtà un vero e proprio cantiere per Lipari. Le sue ammissioni sembrarono progressivamente aumentare, in parallelo a un certo ostentato travaglio morale. Fino a quando, nel novembre del 2002, l'ex geometra diventato padrino manifestò l'intenzione di collaborare ufficialmente con la giustizia. Nel frattempo, aveva appreso le dichiarazioni di Giuffrè sul suo conto. Pino Lipari era solo all'inizio di tante inutili ammissioni, di molti silenzi e di alcuni significativi tentativi di depistaggio.

Ben altro il travaglio interiore della figlia di Lipari, Cinzia. «Fino al 25 gennaio del 2002 – raccontò in un sofferto interrogatorio al processo – ero una donna incensurata, avvocato da 12 anni, nonché madre di due bambine, di cui una in tenerissima età, morbosamente legata a me». Erano già passati sei mesi dal suo arresto, fino a quel momento la sua unica strategia era stata il silenzio. «In carcere sono caduta in un grave stato di depressione – accennò – ma oggi mi rendo conto che una terribile valanga si è abbattuta sulla mia famiglia». Ammise: «Mio padre non aveva altre scelte ed io capivo il perché. Ma sono cresciuta in ambienti molto cattolici, e mi hanno insegnato: onora il padre e la madre. Questo ho sempre fatto. Ho aiutato mio padre a togliersi un fardello molto pesante». Così, per un malinteso senso dell'ubbidienza, e per amore di figlia, una donna al di sopra di ogni sospetto era stata coinvolta in vicende criminali che certo, altrimenti, non le sarebbero mai appartenute. «Ma adesso – si sfogò come mai aveva fatto – vi dico che quest'uomo maledetto – il riferimento era chiaro a Bernardo Provenzano – ha distrutto la nostra famiglia. Se io oggi sapessi dove si nasconde ve lo consegnerei in 24 ore».

Aveva 21 anni Cinzia Lipari quando suo padre venne arrestato per la prima volta:

> Era il 27 novembre 1983. Fu proprio con Provenzano la prima ordinanza di custodia cautelare. Lui è stato coinvolto in scelte sbagliate, ma non mi ha mai detto per quale motivo. Quindi molte cose noi familiari le dovevamo solo intuire. E all'epoca del primo arresto, mio fratello era troppo piccolo, toccò a me seguire i lavori di mio padre, due cantieri, uno a Tommaso Natale, l'altro a San Vito Lo Capo. Fu allora che mi fece dal carcere una procura generale a mio nome, che non è stata mai revocata.

Sono parole di grande impatto emotivo quelle pronunciate da Cinzia Lipari. Ma vent'anni della vita mafiosa di un'intera famiglia all'apice del potere non si cancellano con un verbale. Il carcere ha comunque fatto emergere il lato intimo di quella casa, i drammi e le paure che non abbandonano mai la vita del mafioso e dei suoi congiunti. «Maledetto chi ci ha portato queste persone», ripeteva in carcere la signora Marianna Impastato, la moglie di Pino Lipari. E la solita cimice intercettava. Cinzia ammise: «Ne avevamo anche parlato, con mia madre, mio fratello, di liberarci di questo fardello». Sono parole che dicono della voglia di libertà, ma soprattutto della difficoltà di raggiungerla. Sono la giustificazione per quella complicità: «Dovevamo aiutare papà a togliere quelle cose di mezzo». Costi quel che costi: «Preferivo non chiedere, non essere cosciente, che voleva dire fare compromessi».

Non è facile uscire da vent'anni di segreti di Cosa Nostra. Chi li svela rischia la morte. Fu così – ha ritenuto il giudice nella prima sentenza – che anche Cinzia Lipari rimase prigioniera di quell'ingegnoso laboratorio della «disponibilità» e dei falsi pentiti che suo padre stava realizzando con certosina pazienza. Ammise solo ciò di cui non poteva fare a meno, perché ormai reso evidente dai dialoghi intercettati attraverso le microspie. Ma non fece un passo più avanti del padre. Ancora una volta per amore e rispetto. È lecito prenderne le distanze – l'avvocato Cinzia Lipari lo ha fatto addirittura in pubblica udienza, all'inizio del suo processo – non è lecito svelare i segreti. Segreti di altri. Anche perché, intanto, Lipari rassicurava i suoi familiari: «Io con Provenzano ho un rapporto troppo bello. Non temete per la vostra vita. Ve lo dice vostro padre, non temete. Ho anche pensato di fargli una lettera aperta sul giornale». E mentre lo diceva, le microspie della Procura, piazzate nella sala colloqui del carcere milanese di Opera, rivelavano la strategia del falso pentito: «Io parlo di morti, di processi già fatti, di persone che hanno preso l'ergastolo. Io per i magistrati sono il numero uno. Tutti gli altri sono ignoranti, sono villani. Vedrete la figura di vostro padre quando avremo finito e le dichiarazioni usciranno sui giornali. Le cose che ho detto le ho anche scritte a macchina, li potrete lasciare ai nipoti. E dire: questo è stato nostro padre». Non era delirio di onnipotenza. Solo lucida strategia.

5. *Lo sportello ricorsi*

Nell'elegante passeggiata di via Daita, di fronte all'autoscuola Primavera, è sempre un po' complicato posteggiare la «balena». Ma il solerte carabiniere riuscì a piazzarla proprio nel posto giusto per riprendere i soliti ospiti che sarebbero di sicuro arrivati nell'ufficio di Carmelo Amato. Comunicò via radio che la «balena» – l'auto con la sua telecamera nascosta – era ben sistemata e attese con pazienza. In quel tranquillo pomeriggio di metà giugno 1998, la prima visita non tardò ad arrivare. E fu la sola di tutto il pomeriggio. Il distinto signore di mezza età che aveva varcato la soglia dell'autoscuola non era davvero uno sconosciuto. Tommaso Cannella, già condannato nel 1991 a 5 anni e

6 mesi perché ritenuto uno dei principali collaboratori di Bernardo Provenzano nel settore dei lavori pubblici. Scontata la sua condanna era ritornato all'improvviso nell'obiettivo di quella telecamera nascosta che cercava di fissare i nuovi equilibri della mafia palermitana.

Un tempo, il potere di Cannella era tutto in una società che aveva il monopolio del calcestruzzo nei lavori più importanti della Sicilia: la Sicilconcrete, gestita da un amministratore giudiziario dopo il sequestro di alcune quote. Ma il provvedimento non aveva estromesso del tutto il boss dalla stanza dei bottoni. Così, la prima cosa che fece appena riacquistata la libertà fu quella di tornare negli uffici della sua vecchia società. Cannella di fatto riprese a guidarla, procacciando nuovi affari e meditando di aumentare il fatturato. Aveva una sua strategia. Riprendersi quella società simbolo dell'intimidazione mafiosa e della presenza di Cosa Nostra.

Una cimice piazzata negli uffici della Sicilconcrete confermò presto i sospetti. «L'altro giorno... minchia, Ciccio ha detto: 'ma com'è che ancora Masino ha le cose sequestrate?'», chiedeva Giuseppe Vaglica, il cognato di Pastoia già ripreso all'autoscuola Primavera. «Ancora se la tirano», rispondeva Cannella con il solito tono sornione. «Dobbiamo dimostrare – spiegava la sua strategia – che da quando c'è l'amministratore giudiziario la società ha fatturato quattordici miliardi. E mediamente ha fatturato ogni anno di più di quando c'ero io. Quindi, dico: questi sono traffici?». Cannella voleva dimostrare che la Sicilconcrete non aveva operato in una situazione di monopolio nel mercato perché sostenuta dalla mafia, ma era davvero la migliore nel campo del calcestruzzo.

Le cimici continuarono a registrare i messaggi di Cannella: voleva ribadire che la Cosa Nostra secondo la riforma Provenzano è soprattutto impresa, radicata nel territorio, che vaglia con cura ogni notizia sui lavori pubblici già al momento della progettazione, e poi ne condiziona ogni singolo passaggio, sino alla conclusione. Cannella aveva a disposizione una rete di imprenditori per l'attuazione del suo programma d'intenti. «È lui il personaggio che fa da tramite fra i desiderata di Provenzano e ciò che sono lavori pubblici, pubblica amministrazione e compagnia bella», affermò il pentito Angelo Siino che diede informazioni utili qualche anno dopo per l'indagine del Ros: «Nella sede della Sicilconcrete, a Villabate, avvenivano incontri fra mafiosi e scambi di pizzini destinati a Provenzano». L'inchiesta aveva visto giusto. Giovanni Brusca ha confermato: «Cannella si interessava delle messe a posto delle imprese». Più di recente, Giuffrè ha aggiunto:

> Proprio il giorno in cui l'hanno arrestato, Cannella aveva un appuntamento con Provenzano, in un posto che avevo preparato appositamente per loro. Masino è tutt'uno con Provenzano. Assieme a Lipari è partito a braccetto con Provenzano, e assieme sono arrivati. D'altro canto, Provenzano deve molto a Cannella, perché gli ha fatto da battistrada, gli ha spianato il terreno quando sua moglie è ritornata a Corleone.

Tommaso Cannella, codice «Tm», era stato di nuovo arrestato nella notte fra il 24 e il 25 gennaio 2002, proprio il giorno in cui avrebbe dovuto incontrare il padrino. Il giorno 13 Provenzano aveva scritto a Giuffrè:

> 1) Argomento sento tutto quello che mi dici di G. e che ci hai mando, x il 22 Martedì, e aspetti conferma, va bene, Io posso confermarti Tm Venerdi 25 corrente mese. x Il 22, aspetto, tua conferma... Con il volere di Dio ho risposto al tuo.

Il vero ufficio di Cannella restava la Sicilconcrete, in un'anonima palazzina del quartiere di Settecannoli, all'ingresso della città. Era lì che il messaggero di Provenzano, oltre allo smistamento dei pizzini, presiedeva un singolare sportello ricorsi per il pizzo. Così dicono le telecamere del Ros, che hanno ripreso una lunga fila di commercianti e imprenditori, ognuno con un'istanza. Oggetto: forniture di materiale, protezione, sconti sulla «messa a posto», ovvero la «messa in regola» con il pagamento del pizzo. Tutti facevano la stessa premessa: «Io sono stato sempre a disposizione».

6. *L'impiegato del macello*

Le intercettazioni vanno ascoltate cento volte. Un nome importante può manifestarsi all'improvviso, come quel particolare che è sempre stato sulla scena del delitto, ma che nessuno ha colto in tutta la sua dirompenza.

«Senti, ma questo Giuseppe ti ha cercato spesso in questo telefonino?», chiedeva Pino Lipari al suo «figlioccio», l'imprenditore Santo Schimmenti. «Due, tre, quattro volte», fu la risposta, dal tono parecchio distratto. E forse fu proprio il tono della conversazione a mascherare inizialmente quel particolare importante. «E che ha detto?», insisteva Lipari. «Che voleva il fatto dell'escavatore, gliel'ho dato». Ma poi il discorso si fece criptico: «Le visite vanno fatte con i due primari». Schimmenti precisò: «Ma di più sempre con l'infermiere. Lui insiste sempre con l'infermiere».

I due primari, l'infermiere. Che attinenza avevano con i lavori di Santo Schimmenti? Se lo chiedevano i poliziotti della Catturandi che da circa due anni avevano iniziato a forzare i segreti della galassia Lipari.

La parola «infermiere» li riportò subito sulla strada di Vito Alfano, che si era accertato essere un postino di Provenzano. E l'esame del tabulato di Schimmenti fece emergere presto l'identità di «Giuseppe». Erano tre o quattro i Giuseppe con cui l'imprenditore aveva parlato in quei giorni. Ma quello giusto era solo uno. Giuseppe Riggi, nato a Palermo il 17 ottobre 1965, dipendente della Ovinagricola Siciliana di Mezzojuso, nel cuore della provincia palermitana. Le verifiche all'anagrafe offrirono un elemento di svolta alla polizia: Riggi risultava genero di Nicolò La Barbera, detto Cola, l'uomo che il boss confidente Luigi Ilardo aveva indicato al colonnello Riccio come presente a uno dei summit con Provenzano, nell'ottobre 1995, proprio nelle campagne di Mezzojuso. All'improvviso, Cola La Barbera, l'uomo che in quel summit preparava la carne al sangue a Provenzano, tornava a essere l'anello più avanzato dentro il quale cercare i pizzini del capo di Cosa Nostra. La sua masseria di contrada Giannino, nelle campagne di Mezzojuso, assomigliava molto a quella che Ilardo aveva descritto nel 1995 ai carabinieri del colonnello Riccio. Prudenti sopralluoghi della polizia accertarono che la masseria di Cola era a poche centinaia di metri da quella che Ilardo aveva indicato cinque anni prima.

Era possibile che dal 1995 uno degli anelli più importanti del sistema di comunicazione di Provenzano fosse rimasto sempre attorno agli stessi casolari di campagna, nonostante le indicazioni del confidente Ilardo? La risposta non tardò ad arrivare. Le microspie della polizia, installate nel casolare di La Barbera, iniziarono a funzionare l'8 dicembre 2000. Quel giorno, un medico di Palermo, l'ex primario Vincenzo Di Noto, visitò una persona anziana che aveva problemi alla prostata. Gli prescrisse una cura e lo rinviò per un nuovo controllo da lì a qualche settimana dopo. Il 30 gennaio 2001, durante la nuova visita, la polizia fece irruzione nel casolare. C'era il latitante Benedetto Spera con il dottore Di Noto. Provenzano era a duecento metri. Doveva presiedere una riunione. Ancora una volta la fece franca.

Le indagini sui postini e il loro capo avevano già cambiato scenario. La campagna invece che la città. Provenzano aveva dei fedeli corrispondenti in altre insospettabili realtà siciliane. Non solo perché la città era diventata meno sicura e Provenzano era ormai effettivamente ricercato dalla giustizia. Ma anche perché nella provincia c'erano lucrosi affari e un'efficiente rete di comunicazione riservata.

7. *A cavallo tra le sponde del San Leonardo*

Il nodo più importante era a Caccamo, la «Svizzera di Cosa Nostra» l'aveva ribattezzata Giovanni Falcone all'inizio degli anni Ottanta. I sospetti sul ruolo di quel mandamento di mafia non erano mai venuti meno. Il capo rimasto latitante, insediato da Totò Riina in persona nel 1987, era per davvero uno dei più fidati di Bernardo Provenzano: Antonino Giuffrè. Ancora le indagini non lo avevano rivelato, ma era stato uno dei protagonisti della riforma dopo le stragi.

Nel mese di marzo del 2002, Giuffrè aveva ricevuto un pizzino. Tralasciati i preamboli di rito, era subito passato al primo punto:

1) Argomento messaggio incomprensibili, agiamo in buona fede, sono cose, che involontariamente possono succedere? e poi passando da più mane,è incontrollabile, accui ha potuto succedere.

Si era soffermato un po' su quelle parole, poi aveva ricollegato i fatti, aveva preso carta e penna e facendo uso di un buon stampatello, così da evitare gli equivoci dovuti all'ortografia, aveva risposto a Provenzano:

Carissimo zio spero tanto che la presente la venga a trovare in buona salute, noi ringraziando Dio stiamo bene. *Per il discorso fatto da me sul messaggio bagnato era e resta una battuta ed era indirizzata alle persone di qui (Cr e C.).

Ma al carissimo zio la risposta non arrivò mai, perché prima che fosse inoltrata, Giuffrè, latitante da otto anni, venne arrestato dai carabinieri. La lettera, sigillata con lo scotch, era assieme ad altri biglietti, dentro il marsupio da cui il capomafia non si separava mai.
Quella mattina del 16 aprile 2002 Giuffrè si era alzato presto. Per un'altra giornata di appuntamenti occorreva muoversi prima che le luci dell'alba rendessero pericoloso il trasferimento dalla casa dove abitava fino all'ufficio, lì dove smistava la posta e incontrava chi doveva organizzare gli affari e le attività dei due mandamenti delle Madonie, Caccamo e San Mauro Castelverde. Ormai da un anno e mezzo, l'abitazione del latitante Giuffrè era una villetta, appena fuori il paese di Vicari, una distesa di case, masserie e stalle tra Palermo e Agrigento. C'era un fiume, il San Leonardo, a segnare il confine fra il territorio pianeggiante di Vicari, che tutti chiamano la Pianotta, e quello di Ciminna, incuneato tra le montagne. A quel tempo, gli abitanti delle due sponde che non si dedicavano all'agricoltura o alla zootecnia erano tutti impiegati nello stabilimento industriale della Iposas di Borgo Manganaro, impresa dell'indotto Fiat. Lì lavorava anche il capomafia del paese, Salvatore Umina, che da

semplice operaio, ma con un robusto stipendio da dirigente, la faceva da padrone pure dentro la catena di montaggio. Suo nipote Carmelo si occupava invece dell'azienda zootecnica del padre Gioacchino, condannato anche lui per mafia. E della latitanza di Antonino Giuffrè. Quando non stava al lavoro, nei capannoni in riva al fiume, Carmelo era al bar del paese. Oppure scorrazzava per le strade della Pianotta con la sua grossa jeep, nonostante i malumori dello zio Turi, mafioso vecchio stampo, sempre attento alle apparenze. Quando non era sulla jeep, Carmelo andava a cavallo. E così lo avevano fotografato i carabinieri, assieme a Gaetano Pravatà, il figlio di Michelangelo, l'altro padrino della zona.

La mattina del 16 aprile 2002, il giovane Umina si era presentato di buonora davanti alla villetta. Giuffrè era subito salito sulla jeep. Insieme, avevano percorso poche centinaia di metri sulla strada, poi avevano deviato attraverso i campi e in pochi minuti erano arrivati nel piazzale di fronte a un vecchio fabbricato, in una località chiamata Massariazza, tra Vicari e Roccapalumba. Tra quelle campagne, Francesco e Placido Pravatà, fratelli di Michelangelo, allevavano le loro pecore. Non era ancora l'alba quando Giuffrè sistemava già le sue cose nella masseria e Umina si allontanava con la jeep. I carabinieri erano già appostati nei dintorni. E Francesco Pravatà arrivava con la sua utilitaria. Ebbe appena il tempo di entrare nella masseria, di salutare l'illustre ospite e tornare fuori per dedicarsi ai suoi mestieri. «Terremoto totale, black out. Non se n'è capito niente, arrivarono i carabinieri, arrivederci e...»: così ha descritto quel momento Antonino Giuffrè quando si è trovato, qualche mese dopo, davanti ai magistrati, nella sua nuova veste di collaboratore di giustizia.

I carabinieri erano stati messi sull'avviso da qualche giorno. Per ben due volte un anonimo telefonista aveva chiamato la Compagnia di Termini Imerese, per segnalare che Antonino Giuffrè, sì proprio lui, il ricercato numero uno della zona, si sarebbe recato in quella vecchia masseria. Due volte aveva chiamato: dopo le prime indicazioni, comprensive di data e orario, per il giorno 24, l'anonimo telefonista aveva richiamato per correggere la data. Adesso diceva che il 16, all'alba, Giuffrè si sarebbe recato in località Massariazza, tra le pecore di Franco e Placido Pravatà. Ne era sicuro il telefonista e aveva pure insistito per essere certo che il suo interlocutore avesse capito bene. Chi aveva chiamato, tutte e due le volte la stessa persona, l'aveva fatto da una cabina telefonica nella zona di Campofelice di Roccella: lì dove, in mezzo alle Madonie, l'autostrada A 20 si biforca e da un lato corre verso Messina, dall'altro prosegue in direzione Catania. L'anonimo telefonista aveva utilizzato una scheda prepagata, mai più da allora entrata in funzione. Prima e dopo le due chiamate non aveva effettuato altre telefonate dalla cabina. Queste erano le uniche tracce. Dopo, il nulla.

«Lei quel giorno con chi aveva appuntamento?». La domanda, forse, poteva apparire fin troppo scontata, ma si sa nelle indagini la curiosità aiuta. Giuffrè consultò la fotocopia della sua agenda. Al giorno 16 risultavano diverse sigle. «Dottore, non è che ora mi viene così facile: avevo alcuni appuntamenti. Con Domenico Virga, ad esempio, ma era slittato. Avevo appuntamento con Termini, con Salvatore Lo Bello. Dopo pranzo, in linea di massima, avevo i due Giuseppe Rizzo con cui mi intrattenevo un po' più del normale, dato che erano un pochino *nuvidduna*, cioè giovani: me li coltivavo, ci dedicavo più tempo nei discorsi». Alla fine, Giuffrè aveva ricostruito la sua giornata. «L'orario di Domenico Virga era dalle 10.30, perché prima avrebbe dovuto badare a sistemare le pecore. Ma io già alle 6.30 iniziavo gli appuntamenti». Ognuno aveva il suo orario. Era una questione di organizzazione, ma anche di sicurezza, così nessuno degli interlocutori avrebbe incontrato l'altro.

Durante l'interrogatorio, Giuffrè riconobbe tra i tanti pizzini che gli venivano mostrati anche un piccolo appunto con la richiesta, accordata, di spostare un appuntamento.

Caro zio per il 10 non può essere che ci incontriamo poi le spiego se può essere per il 16. Un abbraccio affettuoso.

«Questo, se ricordo sempre bene, ma dalla calligrafia si dovrebbe vedere, è Domenico Virga», spiegò subito Giuffrè, puntualizzando: «Ma questo è stato 15, 20 giorni prima del mio arresto: lui doveva venire e non è venuto. Poi mi ha mandato un biglietto dove non è potuto venire, veniva il 16, che è il giorno in cui mi hanno arrestato. Quindi mi sembra che il discorso è abbastanza perfetto». La curiosa circostanza non era sfuggita a Giuffrè: il giorno in cui Domenico Virga, il capo del mandamento di San Mauro Castelverde, aveva spostato il suo appuntamento coincideva proprio con il giorno dell'arresto, il 16 aprile 2002. Giuffrè non poteva sapere che l'anonimo telefonista aveva chiamato per ben due volte. In caso contrario, avrebbe tratto le sue conclusioni. Ad Antonino Giuffrè, capo mafioso, questa coincidenza sarebbe stata più che sufficiente per arrivare a una considerazione certa, con tutte le conseguenze che il caso richiedeva. Ma Giuffrè ormai ex capo mafioso aveva subito compreso le regole di ogni buona collaborazione, preferendo la crudezza dei fatti al fascino delle suggestioni. «Si può dire tutto ed il contrario di tutto, perciò preferisco non dire niente. Mi secca perdermi in chiacchiere», aveva chiosato. Sin dai primi interrogatori, terminava i discorsi più complicati dicendo: «E questi sono fatti, scienza, non fantascienza». Che fossero fatti lo avrebbero dimostrato gli sviluppi che avevano preso le innumerevoli indagini che si erano avvalse del suo contributo e gli esiti dei processi che ne erano seguiti.

Ma cos'erano quei riferimenti a «messaggio incomprensibili», «messaggio bagnato», «le persone di qui Cr. e C.»? Fu chiesto anche questo a Giuffrè: lui rigirò fra le mani il pizzino, poi abbozzò un sorriso.

La questione – come spesso accade – era molto più semplice di quanto si potesse immaginare. «Non è un discorso importante: avevo consegnato un biglietto per Provenzano, ma a causa della pioggia o di un altro motivo si era bagnato. Con l'acqua si era macchiato, l'inchiostro si era sbiadito. E dato che era successo anche un'altra volta, ho cominciato a pensare: non facciamo che sia un discorso... e successivamente l'ho mandato a dire a Provenzano». La risposta fu molto apprezzata da Giuffrè. «Con la sua saggezza di sempre e con la sua diplomazia Provenzano disse: 'prima di parlare, vediamo di accertarci dei fatti, sono cose che possono succedere passando da tante mani'».

Certo, l'acqua, il fiume San Leonardo che i postini attraversavano a cavallo. Da un lato Vicari, il mondo di Giuffrè. Dall'altro Ciminna, uno dei centri operativi di Provenzano, snodo cruciale del suo complesso sistema di comunicazione. Fra le due sponde c'erano i quartier generali: Giuffrè poteva contare sulla villetta rurale che gli era stata messa a disposizione da Gioacchino Umina e da suo figlio Carmelo, ma anche sull'ufficio di contrada Massariazza, e su altre villette e masserie della zona. Un capannone, in particolare, dove gli Umina allevavano i propri animali, aveva ospitato incontri al vertice con Benedetto Spera, da Belmonte Mezzagno, e Giulio Gambino, autorevole esponente di Santa Maria di Gesù. Di tanto in tanto, aveva fatto la sua comparsa anche Provenzano, con il quale Giuffrè si allontanava per andare a parlare riservatamente in una villetta vicina. Spera preferiva invece una grande quercia: lì sotto convocava gli esponenti del suo mandamento, dal cugino Giovanni a Totino Sciarabba, all'epoca ancora capo della famiglia di Misilmeri. Riteneva che il vecchio albero avrebbe protetto ogni segreto dalle microspie.

La prima rivelazione di Giuffrè fu su «Cr.» e «C.». Carmelo Umina e Ciccio Episcopo, anche lui allevatore di mucche, ma dall'altra parte del fiume, a Ciminna. Vicino alla masseria di Episcopo, in una *casuzza* di una sola stanza senza tetto, si erano spesso incontrati Provenzano e Giuffrè. I postini delle due sponde, Cr. e C., avevano vigilato anche su quegli incontri. Loro erano i responsabili del «messaggio bagnato». Nonostante qualche inconveniente, le comunicazioni correvano veloci. Ogni volta che era necessario, e comunque almeno una volta ogni dieci giorni.

8. «*Il cuore come mi batte sempre*»

Ciccio Episcopo non agiva da solo, poteva contare sul fratello Antonino, Nino, codice NN., a sua volta legato a filo doppio con Angelo Tolentino, Angelino, codice A.

Giuffrè era stato subito chiaro sul loro conto, sin dal primo interrogatorio: «Si occupano degli appuntamenti di Provenzano». Erano Nino o Angelino ad accompagnare e riprendere il padrino quando incontrava Giuffrè. Fino all'ultima volta, una quindicina di giorni prima del 16 aprile. La conferma era nei pizzini ritrovati dai carabinieri della sezione anticrimine di Palermo all'interno di un barattolo nascosto tra alcuni vecchi coppi in disuso, all'interno del magazzino adiacente la villetta di Vicari. «A me mi farebbe piacere vederci noi due prima, e poi tutti e tre assiemi, io tu e Giulio, e in tutti e due casi, spostarti tu e venire da questa parte, dove ti porta NN». Queste parole aveva scritto Provenzano a Giuffrè quando gli aveva dato le disposizioni per organizzare un appuntamento.

Che gran traffico tra una sponda e l'altra del fiume San Leonardo, tra Vicari e Ciminna. Un traffico che durava da anni. Almeno da quando, nel 1995, il latitante Onofrio Catalano, condannato quale capomafia di Ciminna, aveva pensato bene di andarsi a costituire. Forse occorreva rendere meno pressante la presenza delle forze di polizia. Perché in zona c'erano altri due latitanti di maggior rango, Spera e Provenzano. Ma il gran traffico non era comunque passato inosservato.

Nel giugno 1997, Angelo Siino, agli arresti domiciliari per motivi di salute, incontrava di frequente i mafiosi ma anche un colonnello dei carabinieri. E con lui discorreva delle piste utili per poter arrivare ad alcuni latitanti. Quando il discorso cadde su Provenzano, l'ex ministro dei lavori pubblici di Cosa Nostra ebbe pochi dubbi. Fece due nomi, che rimasero incisi sul nastro su cui il colonnello registrava ogni parola: «Nino Episcopo a Ciminna è andato a prenderlo... dovrebbe essere insieme con un certo Angelino, pure lui di Ciminna». Era il 24 di un caldo mese di giugno.

Non trascorse molto tempo e ai carabinieri, di Vicari e di Palermo, arrivarono altri sussurri, questa volta anonimi, sul grande traffico fra le due sponde del San Leonardo. Sussurri precisi. I carabinieri iniziarono un buon lavoro, che avrebbe anche portato a dei risultati importanti. Perché la pista era giusta, ma in quel momento restavano soltanto anonimi sussurri.

Intanto, anche i poliziotti erano arrivati in zona, seguendo Cola La Barbera. Il 25 novembre 2000, l'avevano visto salire sulla sua Fiat Panda, posteggiata come sempre davanti alla masseria di contrada Giannino di Mezzojuso: aveva fatto un po' di giri, poi aveva imboccato la strada per Ciminna. Si era fermato prima in contrada Gasena, poi in contrada Annunziata, davanti la casa estiva con annessa masseria di Angelo Tolentino. Il movimento non si era più ripetuto, ma non passò inosservato.

E così anche Ciminna e i ciminnesi facevano ufficialmente ingresso nelle attività investigative della sezione Catturandi della squadra mobile di Palermo, sulle tracce di Bernardo Provenzano. Abitazioni, masserie, macchine, strade e *trazzere* cominciavano a essere studiate con attenzione. Assieme alle abitudini di chi le frequentava. Microspie e telecamere scandagliavano ancora più a fondo. Innanzitutto, nelle masserie di Angelo Tolentino e degli Episcopo.

Per arrivarci si percorre una *trazzera* fuori mano che corre sotto le montagne, le Serre di Ciminna, dalla periferia del paese fino al fiume San Leonardo. Una di quelle strade sulle quali qualsiasi estraneo non passa davvero inosservato. Per questo, i ragazzi della Catturandi avevano fatto più attenzione del solito, ma erano comunque riusciti a sistemare diverse microspie. L'impresa più difficile si presentò nella masseria di Tolentino, quasi al limite dell'impossibile. In un locale senza troppi arredi, dove la notte venivano ricoverati gli animali e custodito qualche attrezzo: i poliziotti utilizzarono lo spazio concesso da un piccolo stipo, attaccato al muro. L'impianto di alimentazione necessario per il funzionamento delle microspie sarebbe stato occultato ad arte, così tanto che neanche gli inquilini del posto avrebbero potuto scoprirlo, se non ci avesse pensato il caso.

Una mattina, Nino si era recato da Angelino. Per le solite occupazioni. Uno dettava, l'altro scriveva. Nino si mostrava nervoso, aveva in mano un piccolo attrezzo e mentre Angelino era ancora impegnato con carta e penna, aveva preso ad armeggiare tra il muro e lo stipo. Così, senza un vero perché. «Ma che è questo coso? Usciva da qua». Angelino alzò subito lo sguardo: «Che c'è qua? Prendi una sedia, sali e vedi». Avevano scoperto i fili, e seguendo la traccia anche la microspia. Era l'11 gennaio 2003.

Nino Episcopo, allarmatissimo, tornò subito in paese. Per documentarsi, per cercare un vero professionista, «un professore» diceva lui, e farsi fare una bonifica a casa e nella masseria. Intanto, prendeva pure le sue precauzioni. Con fatica, ma alla fine ci riuscì. Memore delle modalità con le quali era stata installata la microspia nella masseria di Angelino, spostò un pesante armadio in balcone. E dell'esito del consulto con il «professore» informò poi la moglie. Ma le microspie continuavano a funzionare alla perfezione. Dice, «vengono a registrare qua. Poi di là passa verso un'altra parte e ci arriva alla questura il discorso. Non è che ti sembra che loro vengono a registrare quello che tu dici. È come un telefonino questa cosa: tu parli di qua e si sente come se ci fosse quello di là. Passa di là, lo capisci?».

Nel frattempo tutte quelle cimici avevano già rivelato molti particolari delle attività di Episcopo e Tolentino.

«Nel momento in cui Benedetto Spera si mette latitante, se ne va a Ciminna e si mette nelle mani di Nino e di Angelo», ha spiegato il collaboratore Giuffrè. Sette anni era stato Benedetto Spera a Ciminna, sull'altra sponda del fiume San Leonardo, sotto le cure dei due fedeli postini tuttofare. E non aveva lasciato proprio un buon ricordo. Dopo l'arresto, non gli avevano risparmiato critiche: «Io non mi potevo andare a coricare. Mi faceva partire, tutte le notti, tutte le notti all'una e mezzo, alle due», ricordava Angelino, la sera del 12 luglio 2001. Nino non era stato certo più tenero: «Sette anni ti abbiamo fatto gli schiavi. Se ci diceva di andarci a *sdirrubbari* da là sopra, ci andavamo a *sdirrubbari* ed eravamo felici. Lasciamo stare». La conclusione di Nino era lapidaria, e non priva di una certa ironia. «Il latitante sono io». Negli ultimi due anni, Spera si era spostato a casa della figlia di Nino, Rosa. E in segno di gratitudine aveva trovato un lavoro al marito, Domenico Sannasardo, alla Iposas di Borgo Manganaro. Ovviamente, dietro interessamento di Giuffrè e di Salvatore Umina. Ma a Nino Episcopo non bastava: «Povera figlia mia. Quello che ha passato». Solo una volta il boss di Belmonte fu apprezzato. Una sera, a casa di Mimmo e Rosa, era seduto davanti alla televisione. Il Tg aveva appena dato notizia di un nuovo collaboratore di giustizia, e il commento dello zio Benedetto era di quelli che non ammettevano replica: «Se facessi un passo simile, pigliate una pistola e mi sparate in testa». Episcopo commentò: «Lo vedi, tutti i difetti può avere...».

Bernardo Provenzano non era come Benedetto Spera. Per Nino e Angelino era un'altra cosa. Certo, anche lui impegnativo, ma si sapeva far volere bene, le cose le sapeva chiedere. «Che è lo stesso di quell'animale? Ora, questo scrive più affettuoso pure», commentava Angelino, leggendo un pizzino dello zio appena arrivato a Nino. Che confermava: «Che c'è paragone?». E quante erano le cose di Provenzano per le quali Nino e Angelino si erano impegnati senza riserve e con tanti rischi.

A un certo punto, avevano raggiunto la certezza dei movimenti dei poliziotti: «Ci sono due, tre macchine di sbirri che girano tutta la notte». La confidenza l'aveva ricevuta Giuseppe Giglia, cognato di Nino Episcopo. «La giostra», così Giglia ironicamente ribattezzava quei movimenti: ne parlò con Angelino, che non si mostrò affatto sorpreso. Anzi, raccontò quello che gli era accaduto qualche notte prima: «L'altro ieri per tanto non ho *attummuliato*, tanto che ho detto: questa volta è finita... il ragioniere... là... proprio all'inizio del paese... nella casuzza là sotto, lui passa, sono andato indietro... ho sceso a lui... io me ne sono andato al Parrinello, poi sono tornato... ho detto è finita, è finita ormai».

Prima o poi il «ragioniere», lo zio Bino, doveva *attummuliare*, sarebbe stato arrestato, ma quella non era ancora la volta buona. E Angelino se la cavò solo con un grosso spavento.

Era il 19 settembre 2002, il giorno dopo sarebbe diventata pubblica la notizia della collaborazione di Giuffrè, e qualcosa di strano si muoveva nell'aria. Angelino ne parlò con Giuseppe Giglia: «Ieri mi è arrivata una brutta notizia... sua moglie e i figli non ci sono più qua». Giglia, altrettanto preoccupato, si limitò a sussurrare: «Speriamo di no, auguriamoci di no».

Ma neanche la collaborazione di Giuffrè li fece indietreggiare. Anzi, gli impegni aumentarono. Come le preoccupazioni: «Frà, ma quanto malavita ho fatto, che tu lo sai – diceva Tolentino – quello là sopra non ne sa niente, il cuore come mi batte sempre». I due compari continuavano a ritenere la masseria di contrada Annunziata un ufficio sicuro per svolgere le loro mansioni. Solo lì aprivano i pizzini del capo, e li smistavano.

Erano quasi le quattro e mezzo del pomeriggio, quando nella sala ascolto della Catturandi la microspia installata in quella lontana masseria tornò a dare segnali di vita. L'agente di turno annotò nel brogliaccio: 10 novembre 2002. L'inconfondibile voce di Angelo Tolentino aveva rotto il solito sottofondo, il latrato dei cani, il suono dei campanacci attaccati al collo delle mucche, il rumore del vento.

E novecentosedici, se non l'avete fatto... avete avuto dei problemi, avessivo dovuto fare... passato... non so come vi vanno le cose... e se è possibile volessi sapere se da voi ha ricevuto una mia risposta.

Per un momento, i rumori di sottofondo coprirono Angelino. Poi, il timbro della sua voce si fece di nuovo chiaro.

Che hanno fatto il nome dei vostri paesi... se potete informatevi e mi date risposta... Sempre per il tuo paese ha ricevuto il sette, due e cinquanta... perché io ti mando le persone con il tuo presente e con il volere di Dio come le ricevi mi dai conferma che li hai ricevuti. Quindi assieme al tuo presente legati al tuo coso... ricevi il pacchetto più le tue legate assieme... in attesa di tuoi nuovi e buone risposte smetto augurandovi per tutti un mondo di bene. Chiedo perdono degli errori.

La mano che aveva composto queste parole era di Provenzano. «Vedi se gli devi mandare qualche biglietto tu, glielo scrivi e glielo mandi», diceva Angelino a Nino.

C'era un gran traffico intorno a Ciminna. Andò avanti così per parecchio tempo. Episcopo e Tolentino avevano solo cambiato ufficio. Si vedevano a casa di Nino. Nonostante Giuffrè, nonostante la presenza della polizia, continuavano a svolgere il loro compito, occupandosi della posta di Provenzano, che ogni quindici giorni diligentemente smistavano. Ciminna era un importante punto di raccolta tra diverse altre zone, certamente Belmonte Mezzagno, Corleone, Misilmeri, Mezzojuso, Vicari. Da lì i preziosi involucri proseguivano per un'altra strada, verso le mani degli amici di Villafrati. Ma Provenzano dov'era? A monte o a valle di quella lunga catena?

4.
«x5 x123 firmato n. 1».
Messaggi e messaggeri nell'ultima era (2002-2006)

1. *«Caro amico ti scrivo»*

Con pazienza, l'indagine cercava di scandire ogni passaggio dei pizzini. Generalmente, i ciminnesi scendevano verso Villafrati. Dove operava un'altra tipologia di insospettabili. Pasquale Badami era un dipendente del Comune, addetto al depuratore delle acque potabili. Ha due cugini: Salvatore, impiegato alla Provincia, e il fratello Ciro, Franco per gli amici, operaio delle Ferrovie.

Tutti e tre erano finiti nell'occhio degli uomini della Catturandi non solo per i periodici contatti con Episcopo e Tolentino, ma anche per gli incontri verso Villabate con Nicola Rizzo, uomo del gruppo di Nicola Mandalà. Quei contatti non avevano solo cadenza periodica, ma presentavano un'ulteriore particolarità. Agli uni seguivano immediatamente gli altri. Dopo ogni incontro con Tolentino o Episcopo, i Badami, lo stesso giorno o nei giorni immediatamente successivi, sentivano l'impellente necessità di recarsi a Villabate, per prendere un caffè al bar. Sempre lo stesso, il Santa Rosalia, con annesso laboratorio di pasticceria. Lì i Badami incontravano Nicola Rizzo. Continuarono a farlo sino alla primavera del 2004. Poi, all'improvviso, qualcosa cambiò. Da aprile, infatti, nessuno dei Badami fece più ingresso nel bar di Villabate. Però, le oscillazioni di quello strano pendolo tra Ciminna e Villafrati restavano inalterate.

I Badami conducevano vita di paese, tutta casa e circolo. Camicia bianca e ben stirata la domenica mattina. Fra i tre, Pasquale apparve presto agli investigatori il personaggio più interessante. Dopo mesi di osservazione dei movimenti e delle sue abitudini, era trapelata un'accesa fede milanista e un altrettanto grande attaccamento al lavoro. Pasquale si recava spesso in ufficio, un piccolo gabbiotto situato in una località isolata poco fuori il paese, anche in orari piuttosto insoliti. Ogni volta che poteva restare da solo. Le solite microspie, accompagnate da una telecamera piazzata all'interno dell'unico posto invisibile (l'interno di un condizionatore), rivelarono il vero motivo di tanto attaccamento. In quel gabbiotto, Pasquale Badami scriveva al computer. Copiava missive che aveva prima trascritto su foglietti di carta e che poi stampava, riducendole in pizzini confezionati con il nastro adesivo.

Così, Badami aveva scritto tante lettere, tutte affettuosamente indirizzate allo stesso destinatario, tutte ugualmente sottoscritte con la sigla P. seguita dal numero 33. Lo si è scoperto grazie alle magie della tecnica informatica applicata alle investigazioni, che ha consentito di copiare tutte le tracce lasciate sul computer dal solerte impiegato comunale.

«Caro amico...», iniziava sempre così Pasquale Badami i suoi messaggi. Anche quello del 16 settembre 2003, nel quale rispondeva alle lamentele di Provenzano per il ritardo nell'inoltro della sua posta. Badami, sentitosi in dovere di chiarire l'equivoco, riassumeva i termini della spinosa questione. Era presto detto: con Angelo Tolentino aveva fissato due incontri al mese, nei giorni 15 e 30. Ricevuti i pizzini, Badami li inoltrava senza alcun ritardo, di solito il giorno successivo, il 16 o il 31 di ogni mese. Così aveva sempre fatto. Lui non si sentiva responsabile dell'intoppo che, evidentemente, era stato causato da qualcun altro, incaricato della delicata consegna dopo di lui. Parole garbate, ma chiare quelle che scriveva al suo capo:

Caro Amico con piacere oggi 16/9/03 ho ricevuto sue notizie e mi compiaccio che grazie a Dio sta bene, come pure al momento lo siamo tutti noi. Leggo quanto mi scrive lei; e con ordine cosi come ha fatto lei riprenderò gli argomenti citati. (1) Mi dice che a distanza di pochi giorni uno dall'altro a ricevuto uno e poi nu altro mio biglietto di accompagnamento, anch'io non so come sia successo, forse nu'imprevisto ha ritardato la consegna del 1° da parte di chi doveva fargli arrivare a lei, faremo in modo che non succeda più. (2) In riferimento al discorso dei giorni fissati con (A) per come ha capito lei è giusto ed esattamente ci siamo organizzati in questo modo: il 15 ed il 30 di ogni mese mi vedo con (A) ed il 16 ed il 31 mi vedo con la persona cui consegno e ricevo il tutto.

Con parole ferme, nel rispetto di regole, ruoli e funzioni, ma con una punta di malcelato orgoglio, Pasquale Badami difendeva il suo operato. Ribadiva la funzionalità del sistema di trasmissione dei pizzini, del quale lui e i suoi due cugini erano ormai da «diversi anni» un fondamentale anello di congiunzione. E infine si permetteva di sconsigliare il «caro amico» dall'adottare quelle modifiche che un soggetto, indicato con la sigla «n5», gli aveva evidentemente prospettato, al fine di preservare il sistema da possibili intrusioni della polizia:

Augurandomi che non ci siano altri imprevisti e rispettando quanto mi dice lei, che fermi non si può stare, credo che con continuità il meccanismo funzionando bene si potrà anche migliorare. (3) Riprendendo l'argomento del (n5) cui lei adesso mi fa una precisazione, le chiedo scusa se le ripeto quanto le ho riferito la volta scorsa. Non mi sento e non voglio fare ulteriori precisazioni tantomeno con il (.5) che è una persona che gode di tuta la mia stima e fiducia, quando mi sono incontrato con lui parlando del fatto che eravamo in una situazione un pò spiacevole,dovuta agli (sbirri). Se non ho capito male, lui mi ha detto che considerando la situazione che si era creata ed evitare eventuali problemi ad altri avrebbe apportato un cambiamento nei passaggi dei biglietti, io gli dissi che noi ci tenevamo a continuare poichè lo facevamo ormai da diversi anni e volevamo provare a farlo fino a che fosse possibile. Lui mi disse che per il momento si continuava cosi come si era fatto poi vedremo. Se ho capito male chiedo scusa a tutti, poichè non era certo mia intenzione scriverle cose che avrebbero creato altra confusione e malintesi. Per me l'argomento è chiuso e si chiude qui con lei.

C'era voluto del tempo, ma dopo qualche mese «confusione e malintesi» erano stati chiariti. Direttamente dall'alto. Con uno stile forse un po' pedante, ma certo non privo di efficacia, sotto la forma di una «puntigliosa spiegazione», vi aveva provveduto direttamente il «caro amico». E Pasquale Badami non solo ne aveva preso atto, dispiaciuto per l'accaduto, ma nel prodigarsi in ringraziamenti e convenevoli non si era lasciata sfuggire l'occasione per dimostrare di possedere un'altra delle doti essenziali di ogni buon postino. Quella della riservatezza, senza se e senza ma.

Caro Amico, ho ricevuto sue notizie e leggo con piacere che grazie a Dio sta bene, come pure io al momento lo siamo tutti noi. Le do conferma di aver ricevuto quanto da lei mandato il (gg.24) e precisamente (n.2 pacchetti) e di averli consegnati (x n.13) il gg.25 e (x A) il gg.29. Per quanto riguarda il discorso dei biglietti erroneamente andati ad altra destinazione è tutto chiarissimo, anzi la ringrazio per la sua puntigliosa spiegazione. Mi dispiace per il disguido, ma per come erano stati sistemati io non li ho visti ed è successo quanto detto. È colpa mia e le chiedo scusa ma per delicatezza non li ho spacchettati tutti, cosa che avrei dovuto fare, spero che non succeda più. Per il resto del suo scritto accetto sempre volentieri i suoi buoni consigli e ne prendo grande considerazione, è sempre cosa buona sostenerci l'un l'altro. Al momento non ho altro da dirgli, resto in attesa di sue buone nuove, concludo salutandola affettuosamente, come pure gli amici, con l'augurio di poter avere sempre sue notizie. Che il Signore possa sempre aiutarla. Distinti Saluti P......................n° 33

«Per delicatezza non li ho spacchettati tutti». Il solito problema: all'interno di ogni piccolo involucro Provenzano inviava, per «l'ulteriore corso», più di un pizzino, talora destinato a persone diverse. Se il postino che riceveva l'involucro da smistare non se ne accorgeva, ecco che almeno uno dei pizzini prendeva la via sbagliata, con inesorabile ritardo nella consegna al destinatario. Le lungaggini delle operazioni di rintraccio e di successivo reinvio avrebbero pregiudicato l'attualità delle notizie in circolazione e alterato le ritmiche cadenze del circuito informativo. Ma la riservatezza ha i suoi prezzi. La mattina dell'11 aprile 2006, non era stato forse rinvenuto sulla scrivania del casolare di Montagna dei Cavalli un involucro sigillato con lo scotch, pronto per essere spedito? All'interno c'erano ben tre pizzini, confezionati separatamente, indirizzati a persone diverse, fra cui «n. 123» e «n. 5».

Comunque, Pasquale Badami l'aveva spuntata. Dopo aver

pazientemente ascoltato le sue orgogliose resistenze, «n. 5» aveva deciso che con i pizzini «per il momento si continuava così».

Ma dopo pochi mesi, si verificarono altri inconvenienti e ritardi nello smistamento della speciale posta del «caro amico». Questa volta, Pasquale Badami si assunse le sue responsabilità. Informò prima «n. 5», quindi scrisse anche al «caro amico», con una nuova lettera, priva di data, ma ripescata dalla memoria del solito computer il 22 aprile 2004. A entrambi disse delle difficoltà che lui e i suoi cugini incontravano nel cercare di eludere gli occhi indiscreti che – ormai ne erano certi – stavano puntati proprio su di loro. Nel frattempo, sempre con «n. 5» e «916» Badami concordava il numero da attribuire a uno dei destinatari dei pizzini e le modalità con le quali farglieli pervenire. Quel «916» era la parte finale dell'identificativo del codice fiscale dei residenti di Villabate. Un indizio che forse aveva un significato importante:

> Caro Amico, ho ricevuto il suo biglietto e leggo con piacere che sta bene, come pure grazie a Dio lo siamo tutti noi. Leggo quanto mi dice in riferimento al (biglietto n.9) di cui lei non conosceva la destinazione. Come pure il 916 dice di non sapere il destinatario. Se come credo il 916 è la stessa persona di cui parliamo vorrà dire che l'ha dimenticato, perché quando abbiamo concordato tutto sia sul numero da mettere che come avrebbero provveduto a smistarli, eravamo (Io il 916 ed il n.5). Comunque vorrà dire che ci sono state delle incomprensioni, speriamo come dice lei di poter migliorare tutto nel proseguo. Io da ora in poi per essere più chiaro nella destinazione metterò sul biglietto in questo modo (n.9) x n.5). L'ultimo biglietto che ho mandato recava soltanto il n.9 – la persona cui consegno tutto mi ha detto che era tutto chiarito e che andava bene così. Se le ho chiesto se aveva la possibilità di chiarire per il biglietto n.9 era semplicemente perché io ero stato richiamato dal n.5 a dare una risposta, che purtroppo io avevo già mandato e non volevo mettermi in difetto nei suoi confronti. Capisco quanto mi dice lei che è impossibilitato a chiarirlo di presenza o in altro modo, la ringrazio ugualmente. Ma cambiamo argomento, riferimento pacchetto del Dott. lei non ha motivo di scusarsi, la mia precisazione è stata soltanto per la certezza di averlo ricevuto, mi scuso se forse non ho capito lei me lo aveva già detto. Ora per come lo comunicato già al n.5 lo dico anche a lei: purtroppo sia io che gli amici ab-

biamo ormai la certezza di essere controllati e spiati dagli sbirri poiché sia sulle macchine che in altri posti abbiamo trovato (Microspie e Rilevatori satellitari) e se succedono ritardi per la consegna dei biglietti è perché ho ed abbiamo difficoltà a muoverci facilmente, speriamo bene che con la persona cui ho il contatto riusciamo a trovare il modo di sviarli e a continuare, usando la massima accortezza speriamo bene e che il Signore ci aiuti.

Nelle chiare parole che il dipendente comunale Badami scriveva al padrino latitante si coglie l'essenza dell'essere e dell'agire del capomafia. Un capo al servizio di Bernardo Provenzano. Rispetto delle regole dell'organizzazione insito nell'adempiuto dovere di comunicare a «n. 5», responsabile del sistema di circolazione dei pizzini, che la sicurezza di tale sistema poteva essere in pericolo. Preminenza degli interessi dell'organizzazione, anche a scapito della propria sicurezza personale, garantita dalla continuità del sistema, per il cui funzionamento è basilare il passaggio dei pizzini in mani non ancora individuate e perciò sicure, anche se il reiterarsi del contatto compromette la persona che provvede alla consegna. Devozione per il capo, come atteggiamento di chi, per servirlo, è disposto a sacrificare il proprio *particulare*, compreso il bene supremo, la libertà personale.

Ormai era chiaro, dopo Ciminna i pizzini di Provenzano prendevano la via di Villafrati. E Pasquale Badami, aiutato dai suoi cugini, era uno dei fidati messaggeri. La conferma arrivò prima di Pasqua. Dal computer del gabbiotto era stata estratta un'altra lettera indirizzata al «caro amico»:

Le do conferma di aver ricevuto un pacchetto ed altro per (A)... Nell'occasione che le sto scrivendo mi corre l'obbligo di informarla che il nostro paese è molto controllato con telecamere... la nostra situazione nel poterci muovere o incontrare persone e diventata molto critica... Abbiamo ormai notato che andando verso (A.) non si vede nessuno, dall'altro lato invece sì. Non so perchè, spero comunque di trovare un modo che non interrompa questo percorso.

La situazione era diventata critica, ma i Badami non erano venuti meno ai loro doveri. Certo, avevano adottato le opportune precauzioni. E poco dopo, con l'inizio dell'estate, Pasquale Badami aveva ricevuto altri pizzini che Provenzano – nel frattempo «distante dalla macchina», ovvero lontano dal suo covo e dalla solita macchina per scrivere – gli aveva inviato perché fossero smistati per «18», «29» e «n. 13».

Andò avanti così fino a Natale 2004. In uno degli ultimi biglietti, Pasquale Badami, rivendicando le prerogative del proprio ruolo di rappresentante della famiglia di Villafrati, non faceva mistero di quali sentimenti nutriva verso il capo dei capi. La scuola di Provenzano era ancora una volta evidente. L'applicazione delle regole si coniuga con il senso di «giustizia». Ma soprattutto era il profilo identitario a fare la differenza:

> Se mi trovo in questa posizione di rappresentante è perché credo di essermi comportato nel rispetto delle regole e in modo giusto, mi affido totalmente a tutto quello che abbia modo di consigliarmi lei e insegnarmi. non ha nulla da ringraziarmi per questo poco che facciamo, se negli anni si è fatto è per noi motivo di orgoglio.

Pasquale Badami si confermava davvero un fidato messaggero, al servizio della Cosa Nostra di Bernardo Provenzano.

2. *Pizzini e ricotta, ricotta e pizzini*

La primavera si faceva avanti timidamente, ma a Contrada Forche, appena sopra Ciminna, l'erba era già alta. Il vento la piegava disegnando fantasiose figure dalle mille sfumature. Piegava tutti i fili di quell'erba, tranne uno. Era il filo di un'antenna. Serviva per trasmettere fino a Palermo, sala ascolto della sezione Catturandi, il segnale captato dalle microspie nascoste vicino al punto della strada dove, da un po' di tempo, si incontravano Tolentino, Episcopo e i Badami. Chi arrivava prima aspettava. Qualche chiacchiera, il solito scambio di notizie e pizzini, poi ognuno faceva ritorno al suo paese. Tutto all'aria aperta, in un posto sicuro, almeno così lo ritenevano.

Il 30 aprile 2004, Tolentino raggiunse Pasquale Badami a

Contrada Forche. Quel pomeriggio, c'erano «cose urgenti da consegnare». La posta in partenza per Provenzano includeva pure un pacco. Angelino passò a Pasquale i soliti pizzini, poi un bottiglione. Non era la prima volta. Ma per la prima volta, Pasquale Badami ragguagliava Angelo Tolentino sui correttivi che erano stati introdotti per rendere più sicuro il successivo percorso della preziosa corrispondenza. «Lui ormai lo sa, gli ho detto questo: 'Vedi che l'appuntamento con A. è lo stesso giorno', quindi, non ti dico lo stesso giorno ma l'indomani lui ci va, sicuramente, io ora questi glieli vado a lasciare là. Se poi passa un giorno e lui ancora non è venuto mi chiama, mi dà le cose e glieli mando io». Così chiariva Badami. «Là, fanno la ricotta, mungono, ci va la mattina, loro tanto fino alle sette stanno là. Sono a disposizione. Gli ho detto: 'La cosa resta tra di noi, non la deve sapere nessuno, gli ho detto, nessuno, nessuno completamente'. Gli ho detto: 'Stai attento'».

Dunque, i pizzini andavano a finire «là», dove «fanno la ricotta» e «lui», dopo un giorno, li andava a prendere. Ricotta e pizzini. No, non era folclore, nessun cedimento ai suggestivi richiami di quel mondo rurale così caro alla falsa e ipocrita iconografia della vecchia mafia contadina, la mafia buona, quella con le regole di un codice d'onore mai esistito nella realtà. Pizzini e ricotta, perché? Semplice. Chi andava a ritirare, il «giorno dopo», «lui», era qualcuno che doveva poter giustificare la sua presenza in quel posto, dove «fanno la ricotta». E cosa c'era di più ordinario del gestore di un bar-pasticceria come Nicola Rizzo che periodicamente si andava a rifornire di ricotta nella masseria di Roberto D'Ippolito, in contrada Chiarastella di Bolognetta, famosa per i suoi formaggi?

D'Ippolito si mise subito a disposizione. Il «filtro» voluto da Provenzano divenne presto operativo. E i Badami non andarono più a prendere il caffè al bar Santa Rosalia. La masseria di Roberto D'Ippolito era diventata un altro dei fermo posta per i pizzini. E Pasquale Badami lo aveva comunicato al diretto interessato, Bernardo Provenzano, il 20 settembre 2004:

Al riguardo del discorso dei biglietti e del loro ritardo (...) è dovuto al loro ritiro nella masseria di cui non posso... sapere... la ragione. Chi effettua il ritiro si è messo d'accordo con quello della masseria che quando io consegnavo quello della masseria glielo faceva sapere che c'erano cose da ritirare.

«Ma lui mi vuole parlare, Pasquale? Ora ieri gli ho dato appuntamento, mi deve dare il biglietto a me?», disse un giorno Nicola Rizzo a Roberto D'Ippolito mentre facevano i conti della ricotta. Perché con i pizzini Nicola Rizzo continuava a ritirare anche la ricotta per il laboratorio di pasticceria del bar Santa Rosalia. Ricotta e pizzini, appunto.

Da Bolognetta, ormai, la pianura e il mare erano in vista. Villabate e Bagheria, praticamente a due passi. Per evitare di percorrerli con i soliti pericolosi pedinamenti, si studiò il sistema per sostituire quel bottiglione destinato a Provenzano con un altro, che nella base doveva nascondere un minuscolo segnalatore di posizione. Ma non ci fu tempo, il giorno dopo il bottiglione aveva già lasciato il casolare per la via del mare.

3. *Un aereo per il Venezuela*

Quando si era lasciato alle spalle le porte del carcere, Nicola Mandalà aveva istintivamente pensato che non ci sarebbe più rientrato. Aveva ragione, ma anche torto. Il 15 aprile 1995 gli andò bene. Non era trascorso neanche un mese da quel venerdì 17 marzo, «il venerdì nero», così avevano ribattezzato il blitz contro i *picciotti* di Villabate. E tra loro, anche Nicola Mandalà. Tutti accusati da un ex della famiglia, il ragioniere Salvatore Barbagallo: l'avevano arrestato appena due giorni prima, e subito aveva iniziato a parlare. Ai carabinieri e alla Procura aveva fornito molte indicazioni, ma al processo non tutte erano state ritenute sufficientemente riscontrate. Nicola Mandalà, accusato di associazione mafiosa e di un omicidio, fu assolto. In carcere non rientrò. Aveva avuto ragione lui.

Quasi dieci anni erano trascorsi da quella brutta vicenda. Ogni tanto Nicola Mandalà la ricordava ancora: «Quanti pentiti ci sono stati. Anzi, ultimamente un po' meno, la maggior parte ci fu in un periodo nel '95-'96, fu una cosa vergognosa. Ora mi hanno fatto sapere che ce n'è un altro. Ancora non è ufficiale, però me l'hanno fatto sapere». Una sera di novembre 2004, conversava con un'amica, in un elegante appartamento del centro di Palermo. Certo, i pentiti. Ma poi Nicola le ricordava anche la cerimonia della sua affiliazione a Cosa Nostra. «Prendi la santina, ti faccio vedere come si fa». La donna non ricordava più tutti i particolari di quello che Mandalà evidentemente le aveva già confidato: «Si punge il dito, esce il sangue e si passa nella santina... forse il sangue?». Nicola le rinfrescava la memoria: «Poi si gira, si prende, ci si dà fuoco, si passa da una mano all'altra e devi ripetere tre volte: 'Se tradisco Cosa Nostra, le mie carni diventeranno cenere come questa cosa', tre volte la stessa frase».

Erano successe tante cose a Villabate. Anche il papà di Nicola, Antonino, «l'avvocato» lo chiamavano, aveva avuto le sue disavventure giudiziarie. Arrestato, scarcerato per decorrenza dei termini, imputato di associazione mafiosa, a fianco dell'onorevole Gaspare Giudice, deputato di Forza Italia, per il quale invece l'arresto non era stato autorizzato dal Parlamento. Nicola Mandalà poteva già considerarsi il personaggio più in vista del paese. Alla sua amica, quella sera, aveva confidato anche questo: «Perché io per ora anche se non... all'esterno, però Villabate... quello che dico io fanno, capito?».

Il paese, Villabate. Un popoloso centro alle porte di Palermo in una zona a spiccata vocazione agrumicola, fra un importante mercato ortofrutticolo e l'immancabile impianto di calcestruzzi, quello di Masino Cannella. L'edilizia, il commercio, molta assistenza e altrettante aspirazioni di sviluppo. Villabate ne aveva viste tante e tante ne aveva dovute sopportare. Il paese era stato da sempre teatro delle lotte di potere mafioso, che avevano visto contrapporsi i Di Peri e i Montalto, famiglie che da sole costituivano già un pezzo di Cosa Nostra. I caduti erano stati da una parte e dall'altra. I benefici effetti della strategia della sommersione scelta da Provenzano a Villabate si erano sentiti poco. La primavera del 1995 era stata funestata da una serie di omicidi, commessi con modalità tanto spettacolari da suscitare impressione persino in chi era ormai abituato al crepitio delle armi e al sangue sulle strade. Erano stati colpiti i Di Peri, in risposta a un omicidio altrettanto spettacolare, quello di uno dei rampolli dei Montalto, Francesco, ucciso nel novembre 1994 all'interno di un'antica villa di Palermo, trasformata in una specie di fortino, vigilato da uomini armati. Poi, nell'autunno del 2002, il braccio destro dei Montalto, Andrea Cottone, era sparito senza lasciare tracce, vittima della «lupara bianca». Dopo alcuni mesi, anche uno dei suoi *picciotti* era stato eliminato con un'eclatante esecuzione sotto casa, all'ora di pranzo. A quel punto, ormai, era chiaro a tutti chi comandava a Villabate. I Montalto e i Di Peri si erano affrontati senza esclusione di colpi, anche in Consiglio comunale. Ognuno con i propri referenti politici. Così, per ben due volte era stata sciolta l'amministrazione cittadina, sempre per infiltrazioni mafiose. L'ultima, dopo l'*affaire* del centro commerciale, un imponente complesso che sarebbe dovuto sorgere alle porte del paese, un'operazione da 200 milioni di euro, con il coinvolgimento di un'importante società nazionale. Attorno, si era già coagulato un grumo di interessi nel quale appariva pervasiva e inestricabile la commistione tra la mafia, una certa imprenditoria modernista e spregiudicata, tanto ipocrita quanto corrotta, con il solito ben conosciuto malaffare politico-amministrativo.

Negli uffici dell'anagrafe di Villabate fu prelevato il documento, opportunamente falsificato, con il quale Bernardo Provenzano si recò a Marsiglia, sotto le mentite spoglie di *monsieur* Gaspare Troia. A tutto pensò Francesco Campanella, scortato dal sindaco, di cui era consulente per lo sviluppo locale, dopo una parentesi da presidente del Consiglio comunale. A quel tempo i suoi padrini erano proprio Antonino e Nicola Mandalà: così spiegò lo stesso Campanella una sera di settembre 2005, quando decise di collaborare con la Procura di Palermo.

Villabate è stato uno dei tanti laboratori di Cosa Nostra, dove la mafia, se necessario, studia da antimafia, dissimulando la propria presenza dietro i buoni sentimenti e le migliori intenzioni di chi la mafia vuole combatterla sul serio. Ecco, la faccia più sfuggente e trasformista di Cosa Nostra, ma anche la più pericolosa. Quando ormai il secondo scioglimento dell'amministrazione comunale era più di una probabilità, il colpo di genio non tardò ad arrivare. L'idea, nella sua originalità, non era affatto banale. Una bella mano di antimafia, certo di maniera, ma con i fuochi di artificio, e il gioco sarebbe stato fatto. Salvare il salvabile, a ogni costo, questa la parola d'ordine. Arrivò perfino l'autorizzazione di Provenzano. E sul filo di lana si tenne una bella giornata antimafia, organizzata dall'amministrazione comunale, con l'impegno personale di Francesco Campanella. Quel giorno fu consegnato anche un premio, all'attore Raul Bova, per l'interpretazione dell'ufficiale del Ros che il 15 gennaio 1993 aveva ammanettato Totò Riina. Ovviamente, sia l'attore che l'ufficiale erano all'oscuro di ogni retroscena. Tutto quasi perfetto, eppure il risultato sperato non venne raggiunto. Il prefetto di Palermo, Giosuè Marino, aveva perfettamente intuito la strumentalità dell'iniziativa e presto avrebbe avviato le procedure per lo scioglimento dell'amministrazione di Villabate.

«Cosa dico io fanno», ripeteva Nicola Mandalà alla sua amica, quella sera di novembre 2004. In effetti, era da un bel pezzo che il giovane Mandalà comandava. Almeno da quando erano usciti di scena i Di Peri, con i quali vantava ottimi rapporti, e da quando il padre era finito sotto processo per mafia. Per farlo, il giovane Mandalà aveva organizzato attorno a sé un gruppo ben assortito. Si distingueva Ignazio Fontana, Ezio, che portava un cognome illustre, quello dello zio Nino, il manager delle cooperative rosse finito al centro di diverse indagini antimafia, in stretti rapporti con Simone Castello. Poi c'erano Michele Rubino, i fratelli Nicola e Damiano Rizzo, Mario Cusimano, Salvatore Troia e Francesco Campanella. Era quel gruppo che gli forniva un aiuto determinante per la gestione dei molteplici interessi della famiglia. Dalle scommesse nei punti Snai e nelle sale Bingo alla conclusione delle operazioni preliminari finalizzate alla realizzazione del nuovo centro commerciale. Dagli stupefacenti alle messe a posto degli imprenditori. I soldi giravano. Ne giravano tanti e Nicola li distribuiva. Provvedeva a tutto e a tutti. «Ve li do a voi, mi devo levare il pensiero con i *picciotti*». E così, in una sola volta, Mandalà aveva distribuito 50.000 euro tra Damiano Rizzo e il fidato Ezio Fontana.

Con lo stesso gruppo, Nicola Mandalà aveva iniziato a occuparsi di Bernardo Provenzano, sin dalla primavera del 2001, sotto l'attenta regia di Francesco Pastoia, il boss di Belmonte. L'impegno si era accresciuto col tempo. Dalla fine del 2002, Mandalà e i suoi pensavano agli spostamenti del padrino latitante, allo smistamento dei suoi pizzini e al mantenimento dei canali di comunicazione con i capi mafiosi palermitani. «Padrino» e «figlioccio» si chiamavano tra di loro, Nicola Mandalà e Francesco Pastoia. È così che li conoscevano in Cosa Nostra. Proprio grazie a quella entratura, Mandalà era arrivato al cospetto del capo dei capi.

«Io me lo sono messo in macchina, mi sono preso la responsabilità», ricordava Mandalà a Pastoia, una mattina di settembre 2004, durante un delicato incontro nel quale si affrontarono tante di quelle questioni da far tremare le vene ai polsi anche a un mafioso navigato come Pastoia. Mandalà ovviamente si riferiva a Provenzano. Pastoia lo sapeva bene. Era martedì 14 e la domenica successiva, il 19, tutti e due avrebbero dovuto incontrare il padrino, che li aveva mandati a chiamare attraverso il solito pizzino. Mandalà non voleva fare brutta figura. «Dimmi una cosa, per domenica, se ci arriva la conferma, ci dovrebbe arrivare, penso che già ce l'ho, può essere pure che a questo punto già ce l'ho. Io gli volevo portare qualche cosa a questo cristiano, siccome ha assai che non gli si fa un pensierino»: Mandalà pensava a un regalo per Provenzano. Ma Pastoia aveva già deciso che non era necessario. «Lo zio sta bene».

Un gruppo affiatato, quello di Nicola Mandalà, nel segno di Bernardo Provenzano. Pizzini, appuntamenti e riunioni rappresentavano il pane quotidiano. E quando i malanni alla prostata avevano costretto lo zio a decidersi per un urgente intervento di carattere risolutivo, era stato ancora Mandalà a organizzare una trasferta straordinaria in terra francese. Fino a La Ciotat, ordinata cittadina a un passo da Marsiglia. Nel 2003, i boatos sui presunti ricoveri di Provenzano in strutture sanitarie siciliane erano quotidiani e non c'era reparto di ospedale e clinica privata che in quel periodo non venisse visitato, e nemmeno tanto segretamente, dalle forze dell'ordine. Troppi rischi per il padrino. La scelta di andare fino in Francia si era rivelata la più sicura. E il giovane Mandalà aveva organizzato l'impegnativa trasferta. Salvatore Troia, insieme alla moglie francese, Madeleine, avevano fatto gli onori di casa, tra giugno e ottobre 2003, quando Provenzano era stato prima visitato e poi operato. Ognuno aveva il suo compito. Così aveva stabilito Mandalà. L'autista sarebbe stato Michele Rubino. Lo stesso Mandalà ed Ezio Fontana si sarebbero occupati della sicurezza del capo di Cosa Nostra in terra francese.

Quando non c'era Nicola, pensava a tutto Ezio. I due compari inseparabili andavano fino a Bagheria, per portare o ritirare i pizzini di Provenzano, quelli sulla via di Ciminna e quelli di Palermo. Andavano ogni lunedì, mercoledì e venerdì. Se Mandalà o Fontana erano impegnati, si presentava Nicola Rizzo. «Dovevo farti vedere una cosa, così, caso mai qualche volta non ci posso andare io o magari non c'è neanche Ezio, io ti chiamo. Ormai, ogni lunedì, mercoledì e venerdì, appuntamento, già fissato a mezzogiorno, con quelli di Bagheria. Ora ti faccio vedere dov'è». Quella volta, Nicola Mandalà stava percorrendo la strada statale 113, in direzione Bagheria. E intanto, indicava a Nicola Rizzo un grande piazzale recintato e un ufficio all'interno. Era la sede della Con.Sud.Tir, una società che consorziava molti autotrasportatori della zona. Era il regno di Onofrio Morreale, uno dei più fidati uomini di Provenzano a Bagheria.

Dall'entroterra della Sicilia, di mano in mano, i pizzini arrivavano dunque a Bagheria, il luogo simbolo del potere di Provenzano. Che differenza però tra quelle mani. Poliziotti e carabinieri che per anni avevano faticosamente seguito quei tortuosi percorsi, attraverso paesi, masserie e *trazzere*, non credevano ai loro occhi. E soprattutto alle loro orecchie. Erano abituati al fruscio dei venti che tagliavano le montagne, alle antiche abitudini degli uomini di paese, alle camicie bianche ben stirate. Quando avevano iniziato a seguire Nicola Mandalà ed Ezio Fontana avevano stentato a credere di essere rimasti sulla pista giusta. I ritmi del loro lavoro si erano stravolti. A quante alzatacce erano stati costretti per non perdersi una mossa di Tolentino o di Episcopo. Ora tutto era diverso. Non si riusciva nemmeno a prevedere dove Nicola ed Ezio avrebbero trascorso la notte in arrivo. A loro piaceva la bella vita. Ristoranti, locali, viaggi all'estero, casinò. E costosi vestiti alla moda. Neppure quando erano stati a Marsiglia per vegliare il loro padrino appena operato si erano risparmiati. E più di una volta avevano tirato le ore piccole davanti ai tavoli verdi del casinò di Cassis, elegante porticciolo su quel tratto di costa francese. Se a Villafrati tifavano per il Milan, quelli di Villabate amavano invece la vecchia signora. Per vederla giocare, avevano preso l'aereo anche all'ultimo momento. Ed erano andati a sedersi nel catino del Delle Alpi. Da lì, i casinò della Vallée erano vicinissimi. E ogni divertimento si trasformava presto in occasione per nuovi affari. Non si erano fatti mancare nulla, nemmeno la polvere bianca. Finché Francesco Pastoia garantiva, Nicola Mandalà problemi non ne poteva avere.

Poi, sul finire del 2004, Nicola Mandalà aveva ricevuto «male notizie». A novembre c'erano stati arresti importanti, a Santa Maria di Gesù, nel cuore di uno dei mandamenti più influenti della città: in cella erano finiti personaggi con cui Mandalà aveva mantenuto stretti contatti. Giravano voci di nuovi arresti, di una grossa operazione di polizia in preparazione. Nicola Mandalà ed Ezio Fontana ci avevano pensato. Pastoia, nel frattempo, si era trasferito in Emilia. Certo, c'era sempre Provenzano con tutte le sue esigenze. Ma poi avevano deciso, per il meglio. Il Venezuela era sembrata la soluzione giusta per mettersi al riparo. Quelli di Villabate non erano come gli uomini delle masserie di paese. Provenzano forse lo sapeva, di certo aveva finito per capirlo, ma di loro non poteva fare a meno. Probabilmente, anche questo era un segno del suo crescente isolamento. Uno dei risultati della terra bruciata che gli era stata creata attorno dalle indagini e dagli arresti.

Nicola ed Ezio non hanno fatto in tempo a prendere quell'aereo per il Sudamerica. Sono stati arrestati prima. Alle 3.10 della notte del 25 gennaio 2005. Alla fine, Nicola Mandalà ha avuto torto. Per lui, le porte del carcere si sono riaperte.

4. Il cavaliere della repubblica mafiosa

I pizzini hanno attraversato tutta la Sicilia. E tutti i ceti mafiosi. Arrivò un momento che i padrini graduati e i *picciotti* detenevano in ugual misura i segreti sui canali di comunicazione, che erano ormai diventati l'essenza della nuova organizzazione mafiosa. Le famiglie che si erano adeguate all'ultimo stile Provenzano avevano guadagnato il privilegio di rinnovati affari e soprattutto un inedito peso nella geografia di Cosa Nostra. Chi era vicino a Provenzano attraverso i pizzini – il solo modo per essergli vicino – avrebbe conquistato di sicuro potere e prestigio. Così, non c'erano più periferie dell'organizzazione criminale. Ma tanti nodi di una rete, tutti ugualmente importanti per l'esito della comunicazione. In realtà, la Cosa Nostra di Bernardo Provenzano era stata da sempre così, anche quando non erano necessari i pizzini: mentre Riina si muoveva come il capo di una gerarchia militare, Provenzano aveva intessuto tante di quelle relazioni, a prescindere dai gradi e dai territori, che la sua rete di fidati era diventata quasi una Cosa Nostra parallela. Che aveva un solo potere decisivo, quello della conoscenza di segreti su affari, complicità e delitti. Oggi, la storia della mafia andrebbe riletta in questa chiave, per cercare di svelare quelle collusioni che ancora oggi restano nell'ombra. Tanti personaggi che sono stati scoperti attorno a Provenzano non avevano il potere della gerarchia, ma solo la forza della conoscenza. E costituivano una super cosca, che rispondeva solo a lui, il gran maestro dei segreti mafiosi.

Non aveva un grado in Cosa Nostra neanche il cavaliere Salvatore Martorana, e da Palermo mancava ormai dal 1971, quando si era improvvisamente trasferito a Vittoria, in provincia di Ragusa, e aveva investito nella terra enormi fortune. Nessuno si accorse mai della relazione di un maresciallo della stazione dei carabinieri di Casteldaccia, nei dintorni di Bagheria, che alla fine degli anni Sessanta aveva chiesto la diffida di pubblica sicurezza per il cavaliere: scriveva che «era vicino alla mafia locale» e pure che era «dedito, grazie alla generale condizione di assoggettamento e di omertà diffusa nella popolazione, ad operare soprusi nei confronti di probi cittadini». Concludeva che Salvatore Martorana era «dotato di particolare scaltrezza e quindi capace di eludere le investigazioni». È stato così per trent'anni. Nonostante le coraggiose denunce del giornale «I Siciliani», di Giuseppe Fava, che nel 1984 raccontava di interi feudi del Ragusano acquistati da insospettabili palermitani. E tra questi proprio il cavaliere Martorana.

I segreti di quel tesoro di mafia nella provincia che tutti continuavano a chiamare «babba» sono rimasti inesplorati fino a quando gli investigatori del Ros, coordinati dalla Procura di Caltanissetta, non sono arrivati nella sua azienda agricola di contrada Berdia, fra Vittoria e Acate. Seguivano il rampollo di una famiglia mafiosa che è stata sempre nel cuore di Provenzano, quella dei Ferro di Canicattì. Anche Giuseppe Ferro aveva una grande azienda agricola, in cui lavorava pure il fratello Gioacchino, spesso in viaggio. Il 10 novembre 2001, fu proprio Gioacchino a presentarsi nell'azienda del cavaliere Martorana. E le telecamere dei carabinieri registrarono un suo incontro con un palermitano di Casteldaccia, Andrea Panno, che mai si era interessato di agricoltura perché era solo il titolare di un autosalone. Una lunga stretta di mano incuriosì chi stava osservando a distanza. E poco dopo, ognuno ritornò da dove era arrivato. Il 10 novembre e il 15 dicembre, la stretta di mano si ripeté puntuale. E solo quella. Poi ancora il 19 gennaio 2002, il 16 febbraio, il 28 marzo, il 27 aprile, il 2 giugno, il 6 luglio, il 10 agosto. Gli incontri avevano una cadenza puntuale. A settembre, però, non si presentò Andrea Panno, ma Giuseppe Pinello, accompagnato da Giuseppe Virruso. Fu la conferma che i carabinieri attendevano. Nei soliti ben informati archivi, c'erano le dichiarazioni di due pentiti, Angelo Siino e Pasquale Di Filippo, che indicavano Panno come vicino a Pinello, capomafia di un altro paese del Palermitano, Baucina. E gli stessi pentiti davano Pinello come vicinissimo a Provenzano. Le intercettazioni telefoniche avevano poi sorpreso il boss di Baucina a colloquio con Panno su strani argomenti: Pinello chiedeva aiuto per sistemare l'albero di Natale, perché diceva di essere in difficoltà. Ma apparve subito una grande scusa. Pinello era uno dei nodi essenziali dei messaggi da e per Provenzano. Il suo collaboratore, Virruso, non era proprio uno sconosciuto. Ma era meglio così: tutti lo conoscevano per il suo impegno in politica, già dai primi anni Settanta, quando era stato consigliere comunale della Democrazia cristiana e poi segretario della locale sezione del partito.

Come sempre, le comunicazioni andavano veloci anche dalla lontana provincia di Ragusa. I viaggi verso l'azienda del cavaliere Martorana, ben 31, furono seguiti puntualmente fino al 18 gennaio 2005. Poi, una settimana dopo, scattò il blitz. Lo scambio dei pizzini era stato prudente, mai aveva portato al destinatario finale, Bernardo Provenzano. Una mattina, piuttosto, un imprevisto tecnologico rischiò pure di mandare tutto all'aria: un familiare di Giuseppe Ferro accese il televisore e vide sullo schermo il proprio cancello di casa. Tutta colpa di un'emittente televisiva locale che operava su una frequenza abusiva: riceveva il segnale inviato dalla telecamera dei carabinieri e lo immetteva sul circuito delle tv.

L'indagine aveva comunque chiuso il cerchio: in direzione Bagheria, dove Pinello e Virruso incontravano gli uomini di Provenzano. E nell'azienda del cavaliere Martorana era arrivato Simone Castello, l'imprenditore bagherese che un tempo era il postino prediletto del capo. Appena uscito dal carcere, non aveva mancato una visita di cortesia. Tanti pedinamenti e intercettazioni erano finiti tutti sulla strada di Bagheria. Lì venivano consegnati o ritirati i pizzini del padrino. Nella Bagheria che sembrava essere diventata, ormai dagli anni Ottanta, la Corleone di un tempo. La zona franca di Provenzano.

5. «Dieci anni di carcere non ce li leva nessuno»

Bagheria vuol dire terra di Sicilia. Vuol dire giardini profumati e aria di mare, dove una volta le famiglie più in vista di Palermo tenevano le loro preziose dimore di campagna, ognuna espressione di grande genio artistico e architettonico. Bagheria vuol dire l'orrore dei palazzoni scomposti che ormai hanno circondato le vestigia di quel tempo. Bagheria vuol dire un disordinato progresso senza anima e senza regole. Vuol dire anche mafia, Cosa Nostra e Bernardo Provenzano, per tanti anni il vero padrone della città, il regista che sempre più nascosto tra le quinte ha diretto i personaggi sulla scena. E a Bagheria, la città che ha sempre avuto nel cuore, forse più della natia Corleone, Bernardo Provenzano ha riservato il meglio di sé. Se Villabate era uno dei laboratori di Cosa Nostra, Bagheria è stata il laboratorio per eccellenza, dove l'atavica vocazione trasformistica di certi imprenditori, politici e amministratori ha potuto nutrirsi dell'incondizionata adesione e del concreto appoggio della Cosa Nostra di Provenzano. Per lunghi anni è stato così. Certo, l'immagine ora appare forse un po' logora, l'ordito mostra le prime crepe, ci sono giovani che non ci stanno e fanno sentire la loro voce, bella e pulita, ci sono imprenditori che cercano faticosamente di non piegare la testa. Ma la crisi dello stereotipo è appena agli albori. Questo è scritto in tante pagine che hanno già contribuito a fare la storia di Bagheria.

È dunque in questa realtà che arrivavano e ripartivano i pizzini di Provenzano. Dall'entroterra della Sicilia, dalle province di Agrigento e di Trapani, da Palermo. La famiglia mafiosa di Bagheria era il collo dell'imbuto, lo snodo cruciale e conclusivo di quel complicato traffico postale. A settembre 2004, il quadro aveva finito di comporsi.

Giorno 14, a contrada Mendola, Nicola Mandalà si espresse senza riserve con Francesco Pastoia. Provenzano aveva mandato un pizzino utilizzando un canale diverso da quello usuale. «Gli ha fatto avere un pizzino a Gino, non tramite noi». Era allarmato, e per la verità anche un po' seccato, Nicola Mandalà. Abbozzava una spiegazione: «Quello che penso io, anche se penso male, che lo zio gli ha voluto fare vedere a Gino che tramite Onofrio... capito? Io lo comincio a capire a questo *cristianu*». Mandalà non riuscì proprio a trattenersi: «Onofrio è una brutta bestia. Onofrio, te l'ho detto. Onofrio, io lo capisco, io in questo *cristianu* mi immedesimo perché pare un agnellino, purtroppo è andato a capitare in brutte mani. È capitato in mani troppo brutte».

Bagheria e Onofrio, le «brutte mani» in cui era «capitato» Bernardo Provenzano. Ne aveva fatta di strada Onofrio Morreale, classe 1965, genero di Nicolò Eucaliptus, uno dei mafiosi di antico rango a Bagheria. Se lo ricorda bene Giovanni Brusca. Correva l'anno 1993, forse il 1994, mattina presto, lui era appena arrivato nel piazzale davanti a un villino in aperta campagna, tra Santa Cristina Gela e Belmonte Mezzagno. Doveva incontrare Bernardo Provenzano. Che era già lì, ad aspettare. Lo aveva avvicinato subito, e si era incuriosito della presenza di due o tre giovanotti, che stavano in disparte. A Provenzano non era sfuggito quello sguardo interrogativo di Giovanni Brusca. In fondo, anche giustificato. Dopo le stragi, il figlio del vecchio don Bernardo era uno dei latitanti più ricercati, e tutti sapevano perché. Per una volta, Provenzano aveva soddisfatto l'altrui curiosità. Appena un cenno del volto, per indicare quei giovani come «le promesse» di Bagheria. E quando di uno aveva anche fatto il nome, Onofrio, il viso gli si era aperto in un sorriso. Onofrio Morreale stava già nel cuore del padrino.

In gran segreto, Onofrio Morreale era stato affiliato a Cosa Nostra, naturalmente nella famiglia di Bagheria. Uomo d'onore riservato. Diversi anni dopo, lo ha raccontato Antonino Giuffrè. Il 19 giugno 2002, primo interrogatorio. Tema: Bernardo Provenzano.

Il ragazzo ha circa 8 anni che è stato messo in famiglia però questo sì che è in forma riservata. Non lo sa nessuno. Lo so io, Pietro Aglieri, Pietro Lo Iacono, Provenzano, Carlo Greco e basta: questo era a capo di un gruppetto di rapinatori e i punti erano due. O si dovevano uccidere o si dovevano avvicinare. Sono stati avvicinati. Questo si è comportato bene, è stato messo in famiglia. Tutte le altre persone a loro vicine se li è tenuti e poi hanno fatto un bel gruppetto.

Anche quello di Onofrio Morreale era un gruppo davvero attivo, come quello di Nicola Mandalà. Magari con altri problemi, ma sempre un gruppo criminale di livello. Pure Onofrio Morreale aveva avuto le sue traversie con la giustizia. Era stato arrestato nel giugno 1999 per associazione mafiosa, rapina e traffico di stupefacenti, al ritorno da una gita a San Giovanni Rotondo, dove si era recato con la famiglia nel luogo simbolo del culto per Padre Pio. Anche Onofrio, come Mandalà, veniva accusato da un giovane *picciotto* di Bagheria. Ma, a differenza di Mandalà, aveva dovuto aspettare il giudizio di appello per ottenere l'assoluzione e la scarcerazione, il 31 ottobre 2001, nonostante la condanna di primo grado a otto anni. Quando era rientrato a Bagheria, Onofrio Morreale era già da cinque anni il marito di Ignazia, figlia prediletta di Nicolò Eucaliptus.

Ma in quel 2002, il padrino «suocero» non abitava a Bagheria, si era dovuto trasferire ad Acquedolci, ai limiti della provincia di Messina, dove però era riuscito ad ambientarsi bene. Nonostante i periodi di carcerazione e diversi problemi giudiziari, Nicolò Eucaliptus aveva mantenuto i modi del boss. Sin da subito si era fatto ben volere, era perfino riuscito a sistemare figlio e fidanzata di una signora del paese. Erano stati assunti a Bagheria dall'ingegnere Michele Aiello, il padrone di Villa Santa Teresa, centro di eccellenza nel settore della diagnostica per immagini. Anche Onofrio Morreale, come il suocero, non poteva muoversi liberamente. Non poteva uscire da Bagheria, ma riusciva ad andare ad Acquedolci grazie a un'autorizzazione speciale. Così, curava gli interessi di famiglia, sotto le direttive del titolato suocero. Il 9 giugno 2004, Eucaliptus tornò in carcere, nuovamente accusato di associazione mafiosa, ma questa volta anche con una condanna all'ergastolo in primo grado. Gli impegni e i pensieri per Onofrio Morreale cominciavano ad aumentare.

Tutti sapevano dove trovarlo. Anche se non aveva un'occupazione ufficiale, il suo ufficio era il Consorzio artigiano Sud-Tir, dove si recava ogni giorno per impartire direttive, prendere accordi, risolvere problemi, come un qualsiasi manager d'azienda. Onofrio Morreale per la Con.Sud.Tir era tutto e nessuno. Non c'era decisione sulla quale non interloquisse, anche se non risultava amministratore né socio né dipendente.

Ma più di ogni altra cosa, la circolazione della preziosa posta di Provenzano impegnava e preoccupava Onofrio Morreale. Poliziotti e carabinieri se n'erano accorti un po' alla volta. La conferma l'avevano avuta nel 2004, quando ormai tutti erano arrivati nel piazzale della Con.Sud.Tir. I poliziotti, seguendo la pista dei messaggeri che attraversava Villabate. I carabinieri, quella che veniva da Casteldaccia.

Nel frattempo, Morreale continuava a lasciare le sue tracce lungo i percorsi che da mezza Sicilia seguivano i pizzini per giungere fino a Bagheria. Contatti con gli altri messaggeri e presenze discrete in occasione di speciali appuntamenti. Il 28 settembre 2002, Morreale arrivò fino a Misilmeri, per un incontro con Tolentino ed Episcopo da Ciminna. Al termine, fu visto allontanarsi a bordo di una grossa motocicletta, mentre faceva da apripista a una Renault Clio con a bordo un anziano passeggero. Erano passati appena sette giorni dalla notizia della collaborazione di Antonino Giuffrè. Il 2 ottobre, poi, Morreale fu raggiunto dal cognato Salvatore Eucaliptus, che si era appena recato, per la seconda volta in pochissimi giorni, a Casteldaccia, proprio in coincidenza con l'arrivo dei pizzini da Vittoria.

Per oltre due anni Onofrio Morreale fu pedinato. In un continuo ripetersi di viaggi, appuntamenti, riunioni con modalità ormai ben collaudate. Fino a Pollina era arrivato una volta, per andare a parlare con Pino Pinello. E più volte si era dovuto recare a Casteldaccia. Attraverso strade secondarie, per non essere sorpreso dalle forze dell'ordine. Quelli di Villabate, invece, venivano loro. Nicola Mandalà, Ezio Fontana, qualche volta Nicola Rizzo. Il rituale era sempre lo stesso. Come l'8 gennaio 2004. Le telecamere piazzate in lontananza sulla montagna ripresero tutto. Ezio che posteggiava la Smart su un lato del piazzale della Con.Sud.Tir. Raggiungeva Nicola, sceso dal lato passeggero, al quale rapidamente passava un involucro di ridottissime dimensioni. Il pizzino finì presto nelle mani di Onofrio Morreale, lì in mezzo al piazzale.

E proprio a quel piazzale Nicolò Eucaliptus faceva riferimento durante uno dei primi colloqui in carcere. Aveva letto il provvedimento di fermo che lo riguardava e vi aveva trovato puntualmente elencati gli incontri tra il genero Onofrio e diversi personaggi di Bagheria. Subito si era reso conto del pericolo e lo aveva mandato a dire al genero: «Nel piazzale, là sotto, dov'è che c'è... a nessuno ci dovete fare andare. Tutti ci sono scritti.

Tutti, tutti, tutti». Ma la circolazione della posta non poteva essere interrotta. Correttivi sì, ma interruzioni non erano concesse, se non in casi eccezionali. E con le modifiche del caso, quella circolazione era proseguita. Fino a Ficarazzi, dove operavano Giuseppe Comparetto e Stefano Lo Verso, gli ultimi anelli di quella lunga catena che portava direttamente alle mani di Provenzano. Con tutti i rischi connessi. «Dieci anni di carcere non ce li leva nessuno», confidava a uno dei suoi, in una calda giornata di agosto 2004, Onofrio Morreale.

6. *Ciccio e Binnu, la stessa cosa*

«Io sempre così sono stato, anche perché tutti e due abbiamo una affettuosità relegata dentro il cuore, una cosa, una cosa dentro l'anima mia e dentro l'anima di lui. Per cui lui qualsiasi cosa nella vita, nessuno ci può dividere». Francesco Pastoia, originario di Belmonte Mezzagno, 61 anni appena compiuti, per tutti lo zio Ciccio, una condanna per associazione mafiosa già archiviata, non poteva sospettare che i poliziotti della Catturandi avevano appena ascoltato e registrato quelle parole. Così aveva efficacemente sintetizzato il particolare rapporto che da una vita lo legava al suo capo, Bernardo Provenzano.

Era il 10 settembre 2004, Francesco Pastoia si trovava all'interno di una masseria, in contrada Mendola di Misilmeri, dove in quei giorni di fine estate riuniva i suoi uomini e incontrava mafiosi di tutta Palermo. Quella mattina parlava con Michele Rubino, uno dei più fidati uomini di suo «figlioccio», Nicola Mandalà.

Dopo quattro giorni, era ancora all'interno della stessa masseria, questa volta a colloquio con Mandalà. Pastoia appariva forse meno ispirato, ma non per questo meno chiaro. «Perché io, io allo zio lo conosco bene», diceva, e affrontava un problema di smistamento di alcuni pizzini, inviati dal capo latitante per una via diversa da quella usuale: «Lo zio quando gli conviene a lui, quando non gli conviene. Lo zio, io che *m'annacavu* per trent'anni, lui è meglio che con me non parla di certe cose perché io lo conosco, meglio delle tasche sue a lui lo conosco, io ci ho dormito una vita».

Binnu e Ciccio erano davvero «la stessa cosa». Per ragioni di anagrafe mafiosa e temperamento, per modo di ragionare e di affrontare i problemi: tutti e due, una vita all'interno di Cosa Nostra, erano stati capaci di tessere rapporti e relazioni importanti, restando a lungo all'ombra di boss più titolati e almeno in apparenza più potenti. Avevano lasciato che altri, all'interno dell'organizzazione, rivestissero cariche formali ed esercitassero anche le relative prerogative, mentre loro si erano appassionati alla gestione di lucrose attività, ogni volta una nuova occasione per stringere rapporti decisivi per il loro futuro criminale. Con pazienza e cautela, ma con uguale, inarrestabile determinazione, Provenzano e Pastoia avevano costruito la rete che nell'ultimo decennio avrebbe fatto dell'uno l'autorevole capo di Cosa Nostra e dell'altro uno dei suoi principali consiglieri, impegnato a tempo pieno nell'elaborazione e nell'esecuzione delle strategie che avevano orientato la direzione dell'organizzazione mafiosa e la gestione degli affari.

Se si può parlare di un sistema Provenzano all'interno di Cosa Nostra, Francesco Pastoia ne è stato uno dei principali interpreti. Anzi, uno dei veri e propri protagonisti, riassumendo in sé, sia dal punto di vista mafioso che personale, tutte le caratteristiche fondamentali che deve possedere chi di tale sistema è stato chiamato a far parte. Rapporto fiduciario con il capo, affidabilità personale, autorevolezza mafiosa. Doti che non si inventano. Diceva Antonino Giuffrè che per fare un vero uomo d'onore a volte non bastano trent'anni. Cosa Nostra si è dovuta spesso accontentare e ha fatto di necessità virtù, «combinando» uomini d'onore prima che fosse ultimato il tempo di una così lunga gavetta. Bernardo Provenzano, no: ha costruito il proprio sistema di potere, coagulando intorno a sé tutti quegli uomini che nel tempo avevano dimostrato di possedere quelle doti per lui così importanti. E senza dubbio Francesco Pastoia era uno di questi.

Aveva cominciato come autista del padrino. Poi, all'inizio degli anni Novanta, gli organizzava riunioni e incontri. All'epoca, si occupava di una società, la Si.La. srl, con sede a Palermo, in via Mariano Stabile numero 10, a due passi dal tribunale, in un anonimo palazzone del centro, con tanti appartamenti sede di uffici e studi professionali. C'era un andirivieni continuo, con accesso e uscita da diversi ingressi. Il luogo ideale per organizzare gli appuntamenti di Bernardo Provenzano. Poi, trascorso del tempo, l'ufficio delle relazioni sociali del capo di Cosa Nostra era stato trasferito. Ma ancora per un po' Ciccio Pastoia si occupò della logistica, questa volta tra le montagne di Belmonte e Santa Cristina Gela. Fino a quando i problemi con la giustizia gli impedirono qualsiasi altra attività. Anche dagli arresti domiciliari Ciccio riusciva a restare in contatto con Binnu. Tramite il cognato, Giuseppe Vaglica, fratello di sua moglie: ogni volta che vi era bisogno, lui si mobilitava. Che si trattasse di accompagnare lo zio Binnu, di incontrarlo per prospettargli i problemi del mandamento o di fare un giro discreto a Palermo per scambiare pizzini con Carmelo Amato e Tommaso Cannella. Correvano gli anni 1997-1998, si iniziava a capire che occorreva orientare le attività di ricerca del boss latitante su alcuni degli obiettivi individuati come strategici, per fargli terra bruciata attorno. Pastoia e Vaglica rappresentavano uno di questi obiettivi. E lo sapevano bene anche loro. Intercettazioni e pedinamenti non impedivano però a Vaglica di allontanarsi tra i meandri di strade e *trazzere* che da Belmonte conducevano a Mezzojuso, in località Giannino, per giungere in quella piccola casa, vicino alla masseria di Cola La Barbera, dove Provenzano incontrava i suoi uomini più fidati. Quando Giuffrè lo rivide, dopo tanti anni, capì subito l'astio che contrapponeva Pastoia a Spera: «Vaglica era una persona che Benedetto non poteva vedere per riflesso a suo cognato». Ma Giuseppe Vaglica, faccia da bravo ragazzo, era ormai nel cuore di Provenzano, così come Pastoia. Che presto sarebbe tornato protagonista.

Il 30 gennaio 2001 erano finiti in manette Benedetto Spera e Cola La Barbera. Poi, il 24 gennaio 2002, era toccato a Pino Lipari, Tommaso Cannella e Giuseppe Vaglica. Il 16 aprile 2002, a Nino Giuffrè: i segni di quella strategia della terra bruciata voluta dalla Procura diretta da Piero Grasso, che aveva iniziato a cambiare per davvero il mondo di Bernardo Provenzano. A quel punto, non restavano più alternative, tutte le risorse a disposizione dovevano essere utilizzate. E Pastoia era una delle risorse più preziose. Non si tirò indietro, anzi. Col sostegno dei suoi più fidati uomini, Ignazio Spera e Guglielmo Musso, iniziò ad appoggiarsi al gruppo che a Villabate faceva capo al suo «figlioccio» Nicola Mandalà. A Bagheria, strinse rapporti con Onofrio Morreale. Non trascurò gli altri paesi del mandamento, da Ciminna a Villafrati, da Misilmeri a Bolognetta. E prese i contatti con gli esponenti mafiosi che vi operavano: Angelo Tolentino, Nino Episcopo, Pasquale Badami e i suoi cugini. Era diventato il regista della catena riservata dei pizzini. Pastoia faceva da cerniera tra l'organizzazione e il vertice: lui si riuniva con i diversi referenti delle zone, per assumere e dare notizia delle decisioni del capo. Era diventato l'alter ego di Provenzano, in grado di comunicare in suo luogo e per suo conto con i mafiosi di mezza Sicilia, quella che contava.

7. *Il giallo del numero 5*

Il 10 novembre 2002, Angelo Tolentino e Nino Episcopo si erano dati appuntamento all'interno della masseria di contrada Annunziata, a Ciminna, per spacchettare alcuni pizzini appena arrivati. Avevano iniziato a leggere a voce alta i codici dei diversi destinatari, commentando: «Novecentosedici, il cinque? Eh, Ciccio, Ciccio».

Dunque, «n. 5» si identificava in Ciccio. Ma chi era esattamente? Passato qualche mese, la polizia aveva iniziato il prelievo di tutto il prezioso contenuto del computer utilizzato da Pasquale Badami all'interno del gabbiotto del depuratore di Villafrati. «Caro amico», scriveva Badami e lo zio Binnu veniva puntualmente informato. Da quelle lettere arrivava la conferma che «n. 5» aveva l'ultima parola sulle modalità di smistamento dei pizzini e che dunque rivestiva un ruolo davvero importante: dopo aver incontrato Pasquale Badami e averne ascoltato le ragioni, aveva deciso che con i messaggi «per il momento si continuava così». Di «n. 5» era chiaro il ruolo, ma non ancora l'identità.

La chiave di volta per scoprirla era probabilmente in quell'informazione che il 16 settembre 2003 Badami aveva diligentemente comunicato al «caro amico»:

Non mi sento e non voglio fare ulteriori precisazioni tantomeno con il (.5) che è una persona che gode di tuta la mia stima e fiducia, quando mi sono incontrato con lui parlando del fatto che eravamo in una situazione un pò spiacevole, dovuta agli (sbirri).

Ecco un primo dato importante: prima del 16 settembre 2003, Badami aveva incontrato «n. 5». Ma il giallo si sarebbe chiarito solo qualche mese dopo.

L'11 maggio 2003, i poliziotti iniziarono presto il loro lavoro. Alle 9.25, Pasquale Badami aveva messo in moto la sua autovettura, un'anonima Fiat Tipo, che all'interno nascondeva microspie e rivelatori satellitari. I segnali arrivavano ben distinti al computer piazzato in una delle stanze della squadra mobile. Sul monitor scorreva la traccia luminosa della vettura in movimento. Da Villafrati in direzione di Marineo, un altro dei paesi arroccati sotto le montagne attorno a Palermo, sullo scorrimento veloce per Agrigento. Nelle cuffie dei poliziotti arrivava il suono appena percepibile di poche, pochissime parole. Quelle di Pasquale Badami e del cugino Salvatore.

L'auto si fermò davanti a un villino appena fuori dal centro abitato di Marineo. Il computer informò delle nuove coordinate. E dalla sala d'ascolto comunicarono con la squadra che era già in zona, a debita distanza. I poliziotti si appostarono su una collinetta di fronte al villino. Ci restarono per quasi due ore. Poi, intorno alle 11.20, un fuoristrada fece la sua comparsa sulla *trazzera*, seguito dalla Tipo dei cugini Badami. A poca distanza, una Renault Clio, dove aveva preso posto Francesco Pastoia. Tra quelle montagne, i poliziotti avevano individuato una masseria. Luogo di incontri e riunioni. All'inizio dell'estate era arrivato pure il latitante Totino Sciarabba. E di ritorno da una di quelle trasferte sulle montagne di Marineo era stato arrestato, il 6 ottobre 2003.

Alla fine, fu Francesco Pastoia, il diretto interessato, a confermare gli indizi e a svelare il mistero di «n. 5». «Cavaliere, giovedì alle 11 ci vediamo lì? Va bene, in campagna, va bene». Quel pomeriggio del 17 agosto 2004, la conversazione tra Ignazio Spera ed Ezio Fontana era stata breve, come al solito. Il giorno e il luogo convenuto, Spera fu puntuale. Ma una telefonata gli portò il contrordine. «La porta», che doveva arrivare da Belmonte, «non era pronta». Ignazio Spera, con evidente disappunto, accese il motore e tornò verso il paese. Aveva capito subito che Ciccio Pastoia, indicato con il termine nemmeno tanto criptico della «porta», quella mattina non si era potuto allontanare dal paese. E la riunione era saltata. Spera aveva perso la mattinata, di certo non l'avevano persa i poliziotti che seguivano quelle attività investigative. Mappe, tracciati, dati scaricati dal sistema di rilevamento satellitare installato sulla macchina di Ignazio Spera anche questa volta si erano rivelati molto preziosi. Perché il luogo dell'appuntamento saltato sarebbe diventato presto importante.

I poliziotti scelsero una notte senza luna per tornarci, come i pescatori quando sull'imbrunire muovono le proprie barche verso il largo. Si fecero lasciare senza fare troppo chiasso sul ciglio della strada che da Misilmeri sale verso Belmonte, poi si inerpicarono su per una collina. La chiamano contrada Mendola, agro del Comune di Misilmeri. In mezzo alla vegetazione, tra quel misto di odori che di notte solo la terra di Sicilia sa sprigionare così intensamente, i poliziotti si trovarono davanti una vecchia masseria, male in arnese. Era disabitata, anzi sembrava proprio abbandonata. Quel casolare apparteneva a Ignazio Spera. Gli specialisti in microspie si misero subito al lavoro, il solito lavoro. Per sistemare le cimici e assicurare con le batterie ricaricabili l'alimentazione dell'impianto. Avevano già studiato il posto, l'interno del casolare e l'esterno. Il contesto delle operazioni era quello di sempre: nessun mobile particolare, niente prese elettriche né lampadari. In questi casi serve solo molta esperienza, buona fantasia e magari anche un po' di fortuna. E quella notte, la buona sorte non mancò. A qualcuno non era sfuggito che a poca distanza dal casolare vi era una piccola radura, con qualche approssimativo sedile, acconciato con pezzi di alberi tagliati. La presenza di qualche cicca per terra completò il quadro d'assieme. Non c'erano dubbi: lì qualcuno si riuniva per discutere. E lì fu sistemata una delle microspie.

La mattina del 10 settembre – era un venerdì – la sala d'ascolto della Catturandi fu improvvisamente attraversata da un certo stato di agitazione. Prima i rumori di persone in avvicinamento, poi voci sempre più distinte. Fino alla completa identificazione dei diversi interlocutori e alla comprensione dei loro discorsi. Era Ciccio Pastoia, che riceveva alcuni esponenti delle famiglie del mandamento, da Ignazio Spera a Guglielmo Musso, da Giovanni Spera a Michele Rubino. Da ognuno riceveva notizie e informazioni, dettagliate spiegazioni sugli affari in corso. A ognuno impartiva direttive, senza mai far mancare il proprio consiglio. Come solo un vero capo sa fare.

«Ti dico, proprio ho i pizzini conservati. E che va, me li sono dimenticati stamattina a portarli per farteli leggere, allora lui mi ha scritto, dice va bè, io gli faccio sapere dove deve venire assieme al mio paesano, aspettiamo ora una sua... sicuramente ora ti scrive a te e te lo fa sapere a te». Così esordì Pastoia con Giovanni Spera. Poi fu il turno di Michele Rubino. «Che si dice?», l'accolse Pastoia. «Ma che si deve dire, tutto a posto *zù* Ciccio, non ci possiamo lamentare». «Prima che me lo scordo, ma il numero 28 chi è questo numero?», chiese ancora Rubino: «Perché me l'ha detto ora Nicola, dice mi sono arrivati i come si chiama... il numero 28 chi è?». La risposta dello zio Ciccio fu pronta ed esauriente: «Il numero 28 è un *picciotto* di Agrigento, è quello di Agrigento». Michele replicò: «E a chi si ci deve dare?». La risposta dello zio Ciccio fu precisa: «Al numero 25».

Lo stesso copione andò in scena anche il 14 settembre, martedì. Questa volta a parlare con lo zio Ciccio era salito direttamente suo «figlioccio», Nicola Mandalà, accompagnato da Salvatore Troia. L'incontro risultò lungo, confidenziale e per dirla con un termine molto di tendenza, davvero progettuale. Certo, i progetti riguardavano la gestione di attività illecite, scommesse clandestine, estorsioni, la risoluzione di questioni interne all'organizzazione. Questo era il loro mondo e quello del capo, Bernardo Provenzano, al quale facevano riferimento con parole di vero affetto e sincera devozione. Quel giorno, non mancò neanche l'accenno alla questione dei biglietti per «n. 28», che dovevano transitare per «n. 25». Così Pastoia confermava a Mandalà. Ed entrambi restavano in attesa di posta da parte di Provenzano. «Io il mio gliel'ho mandato subito, prima di partire, però non lo so se lui ha mandato qualcosa», sussurrava Nicola. «Io la domenica, la domenica scrivo», rispondeva lo zio Ciccio: «Sicuramente lui ce li ha mandati assieme». Il discorso andò a finire sui soliti problemi di sicurezza e riservatezza nelle comunicazioni. Ancora una volta, Pastoia trovava le parole giuste per chiudere la questione: «Comunque lo sai quante volte lo zio mi ha messo in difficoltà, così è. Le cose le dice degli altri, però poi le fa lui. E io siccome ne conservo una copia, al momento opportuno la prendo».

L'11 aprile 2006, nel casolare di Montagna dei Cavalli, c'erano anche le lettere a firma «n. 25», Antonino Rotolo, e «n. 28», Giuseppe Falsone, «quello di Agrigento», l'uomo di fiducia dello zio in quella provincia. C'erano anche delle lettere firmate «n. 5». Ma non erano di Pastoia. Perché il 25 gennaio 2005, il blitz disposto dalle Direzioni distrettuali antimafia di Palermo e di Caltanissetta aveva fatto entrare in carcere anche il boss di Belmonte che aveva retto i fili della comunicazione di Bernardo Provenzano. Quel giorno, i poliziotti lo trovarono a casa di uno dei figli, a Montecchio Emilia. Lì si era trasferito poco prima di Natale 2005, per sottoporsi alla libertà vigilata. Dopo l'interrogatorio dal gip, Francesco Pastoia, chiuso da solo in una cella del carcere di Modena, iniziò a leggere il lunghissimo atto di accusa, le mille pagine del provvedimento di fermo. Il documento era ancora lì aperto sul tavolo della cella, la mattina di venerdì 28 gennaio, quando l'agente di polizia penitenziaria appena montato in servizio vide il corpo esanime di Francesco Pastoia pendere dal nodo di un lenzuolo stretto intorno alle sbarre della finestra. Pastoia si era tolto la vita, senza lasciare nulla di scritto. Non ce n'era bisogno.

Una vita al servizio della Cosa Nostra di Bernardo Provenzano, quella di Ciccio Pastoia. Anche nel decidere di togliersela, la vita.

8. *Nel covo di Corleone*

Morto il numero 5 se ne fa un altro, dovette meditare Provenzano mentre si riorganizzava nel suo nuovo covo, che aveva occupato in concomitanza con gli arresti del 25 gennaio 2005. Poco prima, poco dopo, difficile dirlo. Di sicuro, ancora una volta era riuscito a far perdere le sue tracce. Forse, era stato di nuovo un regalo di «Nostro Signore Gesù Cristo». Ma questa era l'ultima volta, presto non ci sarebbero stati più regali né ringraziamenti. Gli arresti avevano falcidiato le file dei messaggeri e colpito gli uomini di fiducia del capo. Era già successo, ma questa volta il bilancio poteva dirsi catastrofico. Non solo per il numero degli arrestati, ma soprattutto per il ruolo strategico che ognuno di loro svolgeva. Uno, però, Provenzano lo aveva perso per sempre, «n. 5», Ciccio Pastoia, il regista dei numeri segreti, l'amico di una vita, quello che più di tutti gli assomigliava. Una ragione in più per ricostituire al più presto il circuito delle comunicazioni. Perché senza comunicazioni si è più sicuri, ma non si può dirigere un'organizzazione come Cosa Nostra. Questo Provenzano lo sapeva bene. E aveva preso le sue precauzioni. Le solite, quelle adottate dopo ogni arresto importante che lo riguardava da vicino. Spera, Lipari e Cannella, Giuffrè. Due o tre mesi di inabissamento, poi piano piano i contatti sarebbero stati riallacciati, i pizzini avrebbero ripreso il cammino.

Questo lo avevano capito tutti, mafiosi e poliziotti.

Il 6 febbraio 2005 Matteo Messina Denaro scriveva una lettera a Provenzano:

> Carissimo mio, spero tanto di trovarla bene in salute così come le dico di me. Le comunico che ho ricevuto tutti i suoi compresi gli auguri per le festività e la ringrazio tanto. Mi spiace tanto per tutto quello che è successo e spero che lei sia al sicuro e in buone mani. Dopo tutto ciò credo che i nostri contatti si siano interrotti.

Le voci dei mafiosi di Palermo, registrate in città dalle solite microspie, esprimevano analoghi timori e una sola consapevolezza. Che mai Cosa Nostra aveva attraversato un periodo così difficile.

Anche la Procura e i poliziotti l'avevano capito. Era stata costituita un'unità speciale, il «Gruppo Duomo», formata da elementi del Servizio centrale operativo e della squadra mobile di Palermo. Il livello di blindatura delle indagini doveva essere ulteriormente elevato. Per snidare Provenzano si ripartiva da Corleone, dalla sua famiglia. Del resto, chi poteva soccorrere il capo dei capi dopo un colpo simile?

Il lavoro era diventato ancora più complicato. Non è facile avere a che fare con persone abituate da sempre a convivere con il terremoto della latitanza, a far diventare normale ciò che normale non è e non potrà mai essere per nessuno, nemmeno per un mafioso. Erano abituati a parlare sottovoce anche dentro casa, a scambiarsi bigliettini in sala da pranzo per comunicarsi le notizie più segrete. Questi erano, da sempre, i familiari di Bernardo Provenzano.

C'era voluta pazienza. Presto, però, il filo dell'imbrogliata matassa emerse. E i poliziotti lo seguirono tutto, fino alla fine. Fino all'11 aprile 2006.

Quello che si dava da fare più di tutti era Carmelo Gariffo, uno dei nipoti di Provenzano. Viveva a Corleone, sottoposto agli obblighi della sorveglianza speciale. Casa, campagna, qualche contatto con gli zii Simone, Salvatore e Rosa. E con la zia Saveria, certo, la compagna di sempre di Bernardo Provenzano. Un giorno di giugno 2005 era stato proprio Gariffo a riferire a Simone e Salvatore il pensiero del fratello Bernardo. Una complicata questione di beni di famiglia da dividere. Carmelo Gariffo aveva incontrato Provenzano, a questo punto era certo. Ma dove, se non era mai uscito da Corleone?

Anche Gariffo come gli altri è stato un archetipo che si è perpetuato nel tempo. A dispetto di tutto, senza alcuna mutazione. Quando il 10 aprile 1984 i carabinieri avevano depositato nelle mani di Giovanni Falcone uno dei primi rapporti giudiziari sul sistema Provenzano, il primo dei denunciati era proprio lui, Carmelo Gariffo. Seguivano altri 29 nomi, la maggior parte dei quali sarebbe più volte tornata di attualità. A ondate cicliche.

Quel rapporto si era rivelato una preziosa e inesauribile fonte di notizie e informazioni, ancora utili dopo tanti anni. Ma ne dovevano passare ancora più di dieci perché Gariffo venisse arrestato e condannato per associazione mafiosa. Espiata la pena, era tornato in libertà e aveva ripreso il suo posto in famiglia. Anche quella mafiosa.

Corleone si riempì presto di telecamere. Finirono per riprendere altri soliti noti. Lo Bue è un cognome molto diffuso in paese. Ma i Lo Bue a Corleone sono soprattutto i fratelli Rosario e Calogero. Il primo era già stato condannato come uno dei più stretti favoreggiatori di Provenzano sin dalla metà degli anni Novanta. A lui occorreva rivolgersi per prendere appuntamento con il padrino.

Provenzano non aveva cambiato famiglia, solo il fratello. A Calogero aveva affidato la nuova casacca del numero 5. Di lui, uomo d'onore doc, si fidava senza riserve. L'aveva scelto anche perché uno dei suoi rampolli, Giuseppe, era collega di lavoro del figlio Angelo. I ragazzi, rappresentanti di aspirapolvere, si vedevano quotidianamente. E i loro contatti non avrebbero destato alcun sospetto. Ma poi, i due avevano iniziato a scambiarsi alcuni strani pacchi che, più o meno una volta alla settimana, entravano e uscivano da casa Provenzano. Sembrava spazzatura, ma Giuseppe non guardava neanche il cassonetto piazzato davanti a quella casa. Né quando entrava né quando usciva. La stranezza di quella circostanza non era sfuggita ai poliziotti pazientemente inchiodati alle immagini che le telecamere trasmettevano sui monitor della sala operativa del Gruppo Duomo.

Il pacco in uscita prendeva sempre la via di casa Lo Bue, ma non quella di Giuseppe che abitava con la moglie, una Gariffo, piuttosto quella del padre Calogero. La sera stessa o la mattina successiva, Calogero usciva con il pacco in mano, trattenuto tra due bidoni di plastica. Saliva sulla sua macchina e si avviava verso la periferia del paese, sulla strada che va verso Prizzi, contrada Piano Scala. I bidoni li riempiva di acqua a una fontana, poco dopo il bivio Quaglino, dove spesso polizia e carabinieri si alternavano per gli ordinari posti di blocco. Poi tornava a casa, ma sempre senza il pacco. Che invece finiva nelle mani di Bernardo

Riina, anche lui una vecchia conoscenza degli archivi di polizia per i suoi rapporti con Provenzano. Anche lui una risorsa tornata di nuovo utile. Con i pacchi, a casa Riina finivano pure i pizzini, ben confezionati come sempre, occultati tra il cambio della biancheria e i contenitori della pasta al forno e dell'immancabile cicoria. Destinatario: Bernardo Provenzano. I pizzini che prima confluivano a Bagheria, adesso arrivavano a Corleone, da tutta la Sicilia: Calogero Lo Bue li raccoglieva e poi li inoltrava, passando proprio per Bernardo Riina. Pacchi e pizzini avevano finito per portare i poliziotti a Montagna dei Cavalli, cinquanta case sotto un picco di montagna, tra pascoli e orti. Era in una di quelle case che si nascondeva l'ultimo dei padrini corleonesi. Verso quella zona si dirigeva con frequenza Bernardo Riina, a bordo del suo fuoristrada di colore bianco. Il 5 aprile 2006, fu osservato mentre si fermava davanti al casolare di Giovanni Marino, pastore incensurato e produttore di ricotte e formaggi. Davvero uno strano pastore, lui. Arrivava la mattina, nemmeno tanto presto, andava a casa in paese per pranzare, poi tornava con calma. Al calare della sera chiudeva tutto e se ne andava di nuovo. Ecco perché quel casolare era diventato interessante per i poliziotti, che avevano iniziato a osservarlo dalla montagna di fronte, a un chilometro e ottocento metri di distanza.

La mattina dell'11 aprile, Marino arrivò come sempre alla solita ora. Ma questa volta la porta del casolare si aprì stranamente dall'interno. Qualcuno tra i poliziotti appostati sulla montagna intravide una mano porgere a Marino un sacchetto. In quel momento, fu chiaro. Là dentro si nascondeva qualcuno. Dopo un po', arrivò anche Bernardo Riina con il suo fuoristrada. In mano portava un pacco identico a quello uscito qualche giorno prima da casa Provenzano e poi transitato per casa Lo Bue. Il pacco finì dentro il casolare.

Quella mattina, alle 11.21, per pochi istanti il tempo sembrò fermarsi. Tutto rimase sospeso nell'aria. E non solo in quel casolare sotto il picco della montagna. Dopo 43 anni, pochi attimi avevano consumato quella lunghissima latitanza. Bernardo Provenzano era seduto su una sedia. Intorno, solo i poliziotti. Sopra il tavolo del comando mafioso c'erano i pizzini. Sotto il letto, in buon ordine, una sopra all'altra, le mille pagine del provvedimento con cui la Direzione distrettuale antimafia di Palermo aveva fatto arrestare gli uomini del capo, appena un anno prima. Da quel momento, non ci sarebbero stati più messaggi e messaggeri. Almeno per Bernardo Provenzano.

5.
«Con il volere del Signore».
Il Dio del padrino

1. *Il libro delle preghiere*

«Sia fatta la volontà di Dio», scriveva in una delle lettere che sarebbero dovute partire presto da Montagna dei Cavalli se non fossero arrivati prima i poliziotti. Provenzano si rivolgeva al numero 123: «Carissimo con gioia ricevo tue notizie, mi compiaccio nel sapervi a tutti in ottima salute. Lo stesso grazie a Dio, al momento posso dire di mè». Non presagiva nulla. Evidentemente, nessuno dei suoi misteriosi protettori gli aveva soffiato la solita buona indicazione sulle indagini in corso. «Ora grazie a Dio sento che come salute, adesso è dalla zia Rosa e sta meglio ho un po' meglio questo lo dici lui e sia la zia Rosa. Che stà umpò meglio». La «zia Rosa» è la sorella di Bernardo Provenzano, e a casa sua risultava essere ospite l'altro fratello, Simone, tornato dalla Germania dopo trent'anni di lavoro in fabbrica.

La Pasqua si avvicinava: «Ora colgo l'occasione – scriveva ancora il padrino – per augurarvi di potere passare una Buona Felicissima Serena Santa Pasqua per tutti inviandovi augurandovi per tutti un mondo di bene, inviandovi i più cari aff. Saluti per tutti Buona Pasqua. In attesa di tuoi nuovi e buoni riscontri smetto augurandovi per tutti un mondo di bene. Vi benedica il Signore vi protegga!». Ma quella non era la solita conclusione del messaggio. C'era ancora da organizzare l'incontro con il numero 60, che si occupava della sua salute. «Ci sono questi giorni per poterci mettere d'accordo su tutto con il volere di Dio. E se c'è qualcosa estra da fare abbiamo il tempo in questi giorni con il volere di Dio».

Attorno allo scrittoio di Bernardo Provenzano c'erano solo

quadri con soggetti religiosi. Il più grande, con la cornice in legno marrone, raffigurava l'ultima cena. Ma il padrino doveva pure avere una qualche devozione per la Vergine, sebbene non fosse mai citata nei suoi pizzini, perché altri due quadretti erano sistemati in bella vista: «Madonna delle lacrime di Siracusa», era scritto in uno; «Maria Regina dei cuori, Maria Regina delle famiglie», nell'altro. Un calendario dell'anno 2000, sponsorizzato dalle Calzature Palazzolo di Corleone, non era stato mai rimosso, perché era sponsorizzato dall'immancabile effige di Padre Pio. Alcuni investigatori ricordarono che avevano trovato quelle stesse immagini nel luglio 1996 a Bagheria, nel covo di Pietro Aglieri, figlioccio di Provenzano. Quella volta, le microspie avevano svelato che addirittura alcuni preti erano arrivati nel nascondiglio del latitante, per confessarlo e celebrare messa all'interno di un'improvvisata cappella.

Anche il covo di Provenzano stava rivelando una maniacale attenzione per i simboli della religione cattolica. Persino in bagno c'era un rosario. Un altro era in soggiorno, sistemato accanto alla statuetta della Sacra famiglia dentro una capanna. Tra la Bibbia prediletta e un santino del Santuario della Madonna di Romitello di Borgetto, il padrino aveva sistemato un libricino delle edizioni Shalom che in copertina ha un volto di Maria: si intitola «Pregate, pregate, pregate». Fra le novene e le supliche aveva inserito un foglio con alcuni conteggi. Ancora altri numeri senza un'immediata spiegazione sollecitavano gli uomini giunti nel covo a cercare oltre. Per trovare una possibile soluzione. Ma ogni indizio sembrava confuso in quel magma di religiosità.

Alla fine della giornata, i poliziotti avevano contato ben 91 santini, di cui solo 73 di Cristo, con la scritta «Gesù io confido in Te». Chissà che Provenzano avesse l'abitudine di darli ai suoi visitatori. Non c'è altra ragione per spiegare quella mazzetta religiosa. Per sé teneva il santino del Sacro cuore di Gesù, della Madonna Addolorata, di Maria Santissima delle Grazie di Corleone. Qualcuno più addentro alle cose di Chiesa non poté non osservare anche una certa attenzione del padrino per la vita ecclesiale. Accanto ai fornelli, il libro *La salute in tavola*, edito da Imco Waterless, conservava infatti un segnalibro del Giubileo 2000.

Un santino più moderno degli altri raffigurava una giovane e la scritta: «Giornata missionaria mondiale». Qualche ricerca in più sul santino del cardinale Pietro Marcellino Corradini svelò che quel porporato era in odore di santità dal 1993, da quando l'allora cardinale di Palermo, Salvatore Pappalardo, aveva aperto il processo di canonizzazione, poi concluso dal suo successore, Salvatore De Giorgi. Per certo, era il santino più curioso di tutta la collezione, perché la devozione del cardinale Marcellino, nato a Sezze nel 1658 e morto a Roma nel 1743 dopo una lunga carriera diplomatica e tante opere di bene, non è poi così diffusa. Però, in Sicilia, l'ordine delle suore collegine, fondato proprio dal cardinale nel 1717, ha una presenza molto radicata con le sue 57 comunità, note come collegi di Maria.

Il padrino, di tanto in tanto, aveva sottolineato persino qualche parola dei santini. Ma è nella Bibbia che doveva aver trovato maggiore ispirazione, perché – ironia della sorte – la prima cosa che aveva messo in evidenza nella ormai famosa introduzione all'edizione delle Paoline è: «La perseveranza nella pratica del bene». Così, il commiato di ogni pizzino non era casuale: «Il Signore vi benedica e vi protegga». È il libro dei Numeri, capitolo 6, versetto 24. Che Provenzano aveva immancabilmente sottolineato. Ancora numeri, in una simbologia divenuta pratica di vita criminale, per proteggere l'organizzazione.

Eppure, non doveva essere solo finzione. Era una religiosità distorta che lo spingeva a inviare brani del Vangelo ai suoi interlocutori. Magari, come introduzione a delicate questioni da risolvere. Amava soprattutto Luca, capitolo 6, versetti 43-46:

> Non c'è albero buono che faccia frutti cattivi, né albero cattivo che faccia frutti buoni. Ogni albero infatti si riconosce dal suo frutto: non si raccolgono fichi dalle spine, né si vendemmia uva da un rovo. L'uomo buono trae fuori il bene dal buon tesoro del suo cuore; l'uomo cattivo dal suo cattivo tesoro trae fuori il male, perché la bocca parla dalla pienezza del cuore.

Pino Lipari gliene fu grato. Nella sua famiglia il nome di Provenzano non si doveva nominare, ma evocava già santità. Forse è per questo che la signora Marianna Impastato in Lipari lo chiamava «Santa Brigida». La volta che lo citò (il 3 novembre 1998, durante un colloquio in carcere con il marito) aveva già chiaro che per la sua famiglia Provenzano voleva dire ormai soltanto pensieri e guai. «Qua ci vorrebbe Santa Brigida, se fosse uomo con i coglioni a presentarsi, a dire, qua sono io... ormai che ha più da perdere, tanto sta morendo pure... e liberare i padri di famiglia». La signora Lipari sapeva bene che finché Provenzano fosse rimasto latitante, suo marito sarebbe stato sempre sotto pressione investigativa e giudiziaria, con le conseguenze anche economiche che ne derivavano. Ma lui, invece, non appena tornato in libertà, scrisse ancora al padrino con toni accorati:

Ti auguro serenità d'animo e ti abbraccio calorosamente. Dio ti protegga sempre. Carissimo, spero la presente ti trovi in buona salute così come tutti noi. Rispondo alla tua cara lettera cercando di soddisfare le tue richieste. Ti ringrazio sempre per la tua disponibilità nei miei riguardi e credo non puoi fare di più di quanto non abbia fatto sino ad ora: rileggo quei passi della Bibbia che tu mi hai inviato e mi ha colpito la massima «secondo cui l'albero si riconosce dal suo frutto».

Vedo che trovi tanto del tuo tempo per dedicarlo alla lettura ma la tua saggezza per non dire quella di tutti noi non si forma con la lettura che certamente aiuta molto ma bisogna che l'uomo nella sua struttura sia propenso alla riflessione, alla calma e altruista nell'aiutare il prossimo.

Tu hai tutte queste caratteristiche e quindi affronti la vita così per come si presenta come un dono di Dio. La tua fede è massima e ti aiuta moltissimo.

Dio ti ha molto illuminato e spero sempre con preghiera che ti protegga sempre per il bene tuo e di tutti quelli che ti vogliamo bene. Dopo questa dissertazione passo ai vari argomenti.

Era il 2001, Lipari aveva composto il messaggio sul suo nuovo computer Macintosh, poi aveva salvato in un floppy disk. Quindi, stampato e cancellato. Ma qualcosa era rimasto, le tracce di alcuni bit fra tanti geroglifici e caratteri incomprensibili che racchiudono la sequenza di un cosiddetto *spool* di stampa. Quei bit nel dischetto, rimessi in ordine dal consulente informatico della Procura, hanno restituito due lunghe lettere di Lipari a Provenzano, datate luglio 2001. Fra la contabilità di affari leciti e illeciti, le spese per l'Ici da pagare sulle case del capo di Cosa Nostra, c'era quella riflessione sul Vangelo di Luca.

2. La via della «dissociazione»

La religiosità è stata da sempre una delle sue ossessioni. Dopo le stragi Falcone e Borsellino, Provenzano aveva avvertito l'urgenza di arginare l'enorme falla creata dai nuovi collaboratori di giustizia che erano arrivati dopo l'inaspettata reazione dello Stato. Le rappresaglie e le vendette trasversali contro gli ex mafiosi traditori si erano rivelate inadeguate e addirittura controproducenti. Il padrino intendeva procedere più a fondo. Coglieva la gravità della crisi. Meditò di ricompattare l'organizzazione criminale attorno ad affari e nuovi crimini, attraverso l'utilizzo strumentale di un rinnovato impianto ideologico intriso di principi morali e religiosi, quelli della fede cattolica, a cui i mafiosi sono stati sempre legati in maniera parecchio distorta. Di quella particolare fase all'interno di Cosa Nostra abbiamo saputo dalle rivelazioni dei collaboratori di giustizia. E anche da un confidente che collaboratore avrebbe voluto diventare, ma non ci riuscì. Fu ucciso prima, il 10 maggio 1996. Luigi Ilardo aveva affidato le ragioni della sua scelta a una serie di lunghi colloqui con il colonnello dei carabinieri Michele Riccio:

> Ho deciso formalmente di collaborare con la giustizia dopo essermi reso conto di quello che effettivamente ho perduto durante questi anni passati lontano dai miei familiari e dai miei figli, nella speranza che il mio esempio possa essere di monito e d'aiuto a ragazzi che, come me, si sentono di raggiungere l'apice della loro vita entrando in determinate organizzazioni.
> Come fu allora per me, che sono arrivato a prendere il mondo nelle mani il giorno in cui fui fatto uomo d'onore, anche per alcuni ragazzi che credono in queste cose, spero che la mia collaborazione dia atto di quanto tutto ciò che fanno apparire è falso, e poi di vero non c'è niente se non tutte quelle scelleratezze di cui, purtroppo, alcune persone si

sono macchiate facendo cadere nel nulla tutto quello che di buono c'era in questa organizzazione. Cosa Nostra oggi è diventata una macchina solamente di morte, di tragedie e di tante menzogne.

Oggi, dopo tutto quello che abbiamo assistito, dati tutti i delitti così orrendi ed atroci di cui si sono macchiati certe persone che sono state ai vertici di questa organizzazione, facendo ricadere la colpa su tutti gli affiliati, perché ormai gli affiliati di Cosa Nostra portano dietro il marchio di essere tutti dei sanguinari e delle persone che non vedono nulla al di fuori del delitto, come me credo che ce ne sono già parecchi in Cosa Nostra, anche perché ho avuto modo di parlarne con queste persone, e, come me, non giustificano e non danno nessun credito a tutto quello che determinate persone hanno avallato con i loro ordini.

Perciò credo che ancora, togliendo di mezzo tutte, solamente quelle persone che ormai non hanno più nulla da perdere, e quindi continuano nella loro condotta sanguinaria si potrebbe arrivare a chiudere definitivamente questo conto con ciò che rimane di Cosa Nostra, perché oggi come oggi molti sono quelli che cercano di arrivare ad una normalizzazione perché credevano in Cosa Nostra, non in quella di oggi ma quella che c'era allora che non era così sanguinaria e cattiva.

Ho deciso di collaborare con la giustizia dando la mia disponibilità, anche perché voglio chiudere definitivamente con il mio passato ed avere la fortuna di passare ciò che mi rimane di vivere tranquillo vicino ai miei figli.

Ilardo disse anche altro. Secondo il progetto di Provenzano – così spiegò il mafioso confidente – sarebbe stato necessario fissare quanto più chiaramente i nuovi principi e attualizzarli dopo la sanguinaria gestione di Totò Riina. Forse è per questo che le lettere consegnate da Ilardo, le prime di cui sappiamo, sembrano scritte da un vero e proprio ideologo della nuova Cosa Nostra. E intanto Provenzano tesseva la sua rete di relazioni. Perché la riforma dell'organizzazione mafiosa doveva passare da un nuovo rapporto con la società e lo Stato. E anche con la Chiesa. Ecco perché, probabilmente, tra i suoi interlocutori vi furono pure alcuni preti. «Provenzano tratta i termini di una dissociazione, cerca di offrire una via d'uscita a chi vuole, e il progetto transita anche per via religiosa», così precisò la fonte: «Ma non è alcuna resa delle armi da parte dell'organizzazione, è solo un sistema per trasformare Cosa Nostra in una struttura occulta, composta da insospettabili». Attraverso questo progetto, Provenzano voleva evitare le pericolose falle create dai pentimenti, cercando di assicurare benefici e processi più miti per il popolo mafioso finito in carcere dopo le stragi, che iniziava a chiedere soluzioni veloci. Gli uomini d'onore avrebbero offerto confessioni parziali: si sarebbero autoaccusati dei loro crimini (magari non tutti, anzi solo quelli già noti), e non avrebbero chiamato in causa i propri complici.

«Strano ruolo della Chiesa con volontà di costituirsi. Volontà di creare nuovi ambienti mafiosi?», annotò Riccio nel suo diario. E per il progetto si mobilitò anche il figlioccio di Provenzano, il giovane Pietro Aglieri, capomandamento di Santa Maria di Gesù. Lo abbiamo appreso dalle rivelazioni di un sacerdote palermitano, don Giacomo Ribaudo, al mensile «Iesus»:

> Ci fu un momento, dopo le stragi Falcone e Borsellino, dopo l'omicidio del parroco di Brancaccio don Pino Puglisi, in cui una frangia dell'organizzazione Cosa Nostra cercava una via d'uscita. Era il '94, Pietro Aglieri, allora latitante, mi chiese di incontrarlo. Accettai. Ricordavo quel giovane che aveva frequentato il liceo del seminario di Monreale. Lui aveva letto il mio appello a Totò Riina: «Carissimo Salvatore, Dio ti ama e non si rassegna a perderti», scrivevo in una lettera aperta.

Il parroco della chiesa della Magione e Aglieri si incontrarono. Sembra che il boss di Santa Maria di Gesù fosse «amareggiato» per l'omicidio di don Pino Puglisi, almeno così riferisce Ribaudo. Aglieri disse che molti uomini d'onore stavano meditando sulle parole di papa Giovanni Paolo II, che nella Valle dei Templi di Agrigento aveva lanciato l'anatema contro la mafia e un appello alla conversione. E spiegò pure che un gruppo di mafiosi era pronto a consegnarsi. Chiedevano «di iniziare una nuova vita». Ma il concetto restò vago. Invece, era chiaro quello che i mafiosi volevano offrire: «Autoaccusarsi ma non essere obbligati a chiamare in causa i propri compagni».

Proprio in quei giorni accadeva qualcosa di simile anche in Campania: un gruppo di camorristi aveva contattato monsignor

Antonio Riboldi, vescovo di Acerra. Così, dalla Sicilia e dalla Campania partirono gli appelli dei presuli. Ma lo Stato non poteva accettare. Ribaudo, convocato in Procura, si guardò bene dal rivelare che aveva incontrato Aglieri. E qualche giorno dopo – ha raccontato solo di recente il parroco palermitano in un'intervista – fu ancora Aglieri a farsi vivo, attraverso una lettera. Che però, poi, rivolle indietro. Fra le rivelazioni fatte da Ribaudo, una ha riguardato anche Provenzano e l'esistenza di un misterioso confessore di cui gli avrebbero parlato due mafiosi. Perché l'iperattivo parroco palermitano avrebbe voluto incontrare pure il padrino di Corleone, ma gli fu detto che Provenzano aveva già un suo padre spirituale. Anche dopo queste dichiarazioni Ribaudo è stato convocato alla squadra mobile, su ordine della Procura. Ma non ha mai voluto rivelare i nomi di chi sapeva così tanti particolari sulla vita spirituale del capo di Cosa Nostra.

Di certo, dietro quel progetto di dissociazione c'era la ricerca di una «soluzione politica» a tutti i guai di Cosa Nostra dopo le stragi del 1992. E le intercettazioni hanno svelato presto il doppio gioco dei mafiosi. Ma Provenzano continuava a inviare pizzini dai toni mistici perché un travaglio latente attraversava comunque Cosa Nostra. Le strumentalizzazioni erano di chi, all'interno del vertice dell'organizzazione, cercava di canalizzare il nascente dissenso.

Analizzare oggi quel disagio vorrebbe dire comprendere su quali fondamenta è stata creata la Cosa Nostra del dopo stragi. Sarebbe singolare scoprire che la mafia siciliana ha recuperato in quegli anni l'identità religiosa che sembrava aver assunto un ruolo di secondo piano nell'apparato ideologico dell'ultima gestione di mafia corleonese, quella di Salvatore Riina. I pizzini dicono anche questo: è su una rinnovata identità religiosa costruita ad arte che Provenzano ha tentato di ripulire il volto della sua Cosa Nostra, così lontana – almeno in apparenza – dal metro della violenza, da far concludere persino a illuminati analisti che la mafia di inizio anni Duemila fosse in declino. Prima dell'arresto di Provenzano, no di certo. Aveva solo cambiato volto, neanche poi tanto nuovo.

3. I ripensamenti del killer

Il giorno dopo l'arresto del boss Pietro Aglieri – era il 7 giugno 1997 –, gli uomini del clan si sentivano smarriti. «Noi abbiamo dormito insieme, rischiato la vita insieme – diceva Ino Corso, e non sapeva di essere intercettato da una microspia della polizia – abbiamo preso le revolverate. Lui mi ripeteva: 'tu ti devi salvare'. Sono momenti della vita che pure che vivi cent'anni non li dimentichi». I *picciotti* di Aglieri continuavano comunque a svolgere gli affari di sempre. «Un giorno arrivò un biglietto – ricordava Corso – a tale punto, tale orario, il cugino del pentito Contorno». Era la scena di un omicidio: «Siamo andati con Pietro, lui girò la tenda e si trovò davanti a quello, con la bambina in braccio. Si bloccò. E tornammo in macchina. Abbiamo fatto duecento metri, mi ha detto: 'se io gli uccidevo la bambina diventavo onesto? Siccome non l'ho uccisa, adesso sono un cornuto di due lire, sono un debole'. E si mise a ridere». Intanto, in tv scorrevano le immagini dell'arresto di Aglieri, padrino della Cupola mafiosa. Ino Corso esclamò: «Ma lui il coraggio lo aveva trovato nel Signore. Mi disse: 'il Signore deve darmi la guida giusta, la prudenza di affrontare le cose, di tutto il resto non mi interessa. Mi dispiace per voi – disse anche questo – vi sono di danno, tanto vale che mi vado a presentare'». Ma Aglieri non si presentò mai. Il discorso di Ino Corso finì lì, la cosca fu poi smantellata qualche mese dopo da un blitz della polizia. Aglieri era ormai in carcere, al 41 bis. Aveva chiesto di iscriversi a Teologia, aveva avviato una corrispondenza con alcuni sacerdoti. Ma ha sempre rifiutato qualsiasi offerta di collaborazione con la magistratura. Ribadendo la sua idea che può esistere una conversione esclusiva davanti a Dio, ma non davanti agli uomini, attraverso la collaborazione con la giustizia. Chissà se ne aveva parlato con Provenzano. Non c'è traccia di pizzini fra i due. Però, il giorno dopo l'arresto di Aglieri, uno sconosciuto frate che a lungo era stato a Corleone, fra' Celestino, gli scrisse in carcere: «Carissimo Pietro, il Signore ti doni la pace. Chissà che ora abbia tempo per pregare e cominciare un vero e proprio cammino di fede». Fin qui, sembrava solo la lettera di un pastore che cerca di salvare la pecorella smarrita. Ma il riferimento successivo insospettì non poco: «Chissà come sta ora tuo padre... quando ero a Corleone... avevo sentito dire che era dispiaciuto della vita che conducevi». Ma il padre di Aglieri non è mai stato a Corleone né risulta che lì conosca nessuno. Chi era dunque il «padre di Aglieri» a cui faceva riferimento il frate? E perché era dispiaciuto «della vita che conduceva il giovane capomafia»? I sospetti sono caduti presto su Provenzano, che doveva essere particolarmente preoccupato se quel travaglio delle anime che gli dava tanto da fare riguardava proprio uno dei suoi prediletti.

Cosa stava accadendo per davvero nei mesi precedenti la cattura di Aglieri, lo avevano raccontato inconsapevolmente gli stessi suoi complici, grazie all'ennesima preziosa intercettazione.

«Pietro Aglieri è uscito pazzo – diceva nel dicembre 1996 Ino Corso a un'amica – si sta costruendo la croce, la chiesa». La donna lo riprendeva: «Non cerca di appoggiarsi al Signore, perché è il Signore che viene a bussare a lui». Gli investigatori della squadra mobile erano sbalorditi, ascoltavano attentamente, con la speranza di una indicazione utile per giungere al covo di Aglieri, allora uno dei padrini più temibili della Cupola.

«Siccome non crede più in questa situazione, ha bisogno di credere in un'altra situazione, che è quella vera, quella del Signore», ribadiva Corso. E anche lui iniziava a farsi delle domande: «Gli ho detto, tu per fare la strada del Signore devi uscire da questa situazione. Lui invece insiste che la può fare. Ma io credo di no: san Francesco, per seguire la strada del Signore, si è venduto tutte cose, le ha regalate ai poveri, se n'è andato a piedi scalzi. Noi la possiamo seguire a convenienza la strada del Signore, ci va di andare in chiesa e ci andiamo, non ci va di andare in chiesa, non ci andiamo. Questa non è maniera di seguire la strada del Signore. Prendiamo in giro noi stessi e il Signore». Così continuava: «Quando so che domani mattina mi arriva un ordine di fare una cosa male, e devo andarla a fare, ma che ci vado a fare in chiesa, fatemi capire che cosa devo andare a fare con la chiesa, che cosa ci devo andare a dire al Signore, non lo faccio più? Non lo posso mantenere, meglio che non ci vado». L'amica lo confortava: «Ma Dio muove le montagne. Andando in chiesa Dio ti può muovere il cervello». Ino Corso replicava: «Io non ci vado in chiesa quando sono nelle condizioni che domani arriva una cosa del genere e la vado a fare». L'amica gli dava speranza: «Ma tu andando in chiesa può essere che non la vai a fare».

Ino Corso restava affascinato anche da un altro padrino, che non citava mai nei dialoghi. Eppure, non è difficile riconoscerlo proprio in Provenzano. E così abbiamo saputo quanto fossero vicini Aglieri e Provenzano in quegli anni dopo le stragi. Condividevano la stessa strategia della sommersione e della riforma. Mentre Leoluca Bagarella, il cognato di Riina, proseguiva nella strada del piombo. Si era creata una frattura fra i due gruppi, almeno questa era la vulgata comune all'interno dell'organizzazione. Che era anche trapelata attraverso le dichiarazioni di alcuni pentiti e qualche intercettazione.

«Riina e Bagarella a Palermo in un lato – spiegava Corso allo zio, il giorno dell'arresto di Aglieri – dall'altro lato c'era lui e un'altra persona, capito? Di grande prestigio, di grandissimo prestigio». «Lui» era Aglieri. La persona di grandissimo prestigio, Bernardo Provenzano. «Allora lui gli diceva a quella persona – così proseguiva la spiegazione di Corso – 'vossia guardi che vogliono mettere mani per noi altri', e quello gli diceva 'lascia stare che da noi non ci arrivano, lo sanno che non hanno dove arrivare', perché quella persona aveva pure le sue cose». Ovvero, le alleanze con molte famiglie. «Resuttana, San Lorenzo, Uditore, Passo di Rigano, questi erano tutti con loro, mi sono spiegato. Quelli erano invece tutti Palermo centro». Nella ricostruzione di Corso, i vincitori erano senza dubbio Aglieri e Provenzano. «La gente comune cercava a lui – argomentava – non cercavano a quello, quello faceva gli interessi di quattro pazzi maniaci». Per questo Corso ribadiva orgoglioso: «Io a queste persone gli davo la vita. Ho l'onestà di dirlo io, Riina è un pazzo scatenato. Quello invece è un moderato, cominciamoci da qui. Io con il vecchio gli ho parlato, ci sono stato a mangiare. Un'altra pasta. Saggio».

Quando Aglieri si era rifiutato di portare a termine la condanna a morte di un parente del pentito Contorno, Riina aveva preso la sua decisione. «Cominciò ad allontanarlo, cominciò a non chiamarlo più», spiegava Corso. A rassicurare Aglieri era ancora Provenzano, il vecchio: «Gli disse, lascia stare quello che ti ha detto... continua così. Non ti preoccupare, fregatene. Non partecipi alla riunione? Non ti preoccupare, quando vuoi sapere le cose me lo domandi a me che te la dico». Provenzano aveva già iniziato a fronteggiare la crisi causata da tanta eclatante violenza di mafia. Perché solo così avrebbe salvato i suoi affari. È ancora Corso a indicare Provenzano come «il presidente del Consiglio, quello che ha sempre avuto i soldi nelle mani. Quello che aveva i contatti tutta la giornata». Riina era paragonato invece al «presidente della Repubblica»: «Quello rapporti non ne tiene», precisava Corso. E aggiungeva: «È lui il responsabile di tutta questa situazione qua da noi. Ci ha consumato questo indegno. È inutile che parliamo, sono tutti pentiti va bene... erano quelli i suoi fedelissimi, a cominciare da Giovanni Brusca. Prima la gente comune se gli succedeva qualche cosa non correva dagli sbirri, correva ad andare a domandare a... Oggi hanno distrutto questo legame tra il popolo e questa situazione». È proprio quello che Provenzano voleva ricostituire. L'essenza della mafia. Con la benedizione del Buon Dio. Il Dio di Provenzano.

4. *Le buone opere del padrino*

La grande operazione di propaganda lanciata da Provenzano si fondava su una frase simbolo nei pizzini: «Con il volere di Dio». E su un valore predominante, la giustizia, l'unico verbo che il capo dei capi diceva di predicare, in ciò rimarcando la contrapposizione con la violenza che il suo predecessore Totò Riina aveva fissato come principio di ogni azione. Provenzano non si stancava mai di scrivere: «Mà preghiamo il Nostro buon Dio, che ci guidi, a fare opere Buone. E per tutti». Le buone opere erano gli affari. E soprattutto, il tranquillo andamento della vita dell'organizzazione, che troppo spesso era attraversata da tensioni per la spartizione del denaro proveniente dai vari racket. Così Provenzano scriveva a Ilardo, a proposito di una questione piuttosto delicata che riguardava un'azienda di Catania. Neanche il padrino era ben informato. Allora, il «volere di Dio» era un buon viatico:

> Come vedi il caso lo possiamo chiarire mandando io atte, ha parlare con la persona che amme ha riferito quando io vi dico, mà io non sò, né accordi ne altro, sé anno pagato, né se non anno pagato, né acchi le anno dati, sé anno dato soldi, io sono uno solo che posso aiutarvi, con il volere di Dio che non ci faccia mancare pure questi ultimi persone, che possono prodigarsi per fare andare avanti questa cosa, sempre con il volere di Dio ti prego non ci confondiamo.

Concludeva ribadendo la sua filosofia del comando, secondo lo spirito del mafioso che è anche un buon cristiano. Questo predicava il capo di Cosa Nostra:

> Io con il volere di Dio voglio essere un servitore, comandatemi, e sé possibile con calma e riservatezza vediamo di andare avandi, e spero tando, per voi nella vostra collaborazione.

O ancora, proponeva un'altra soluzione, anch'essa altrettanto ispirata misticamente:

> Comunque, sappia, che là dove ti posso essere utile, con il volere di Dio sono ha tua completa addisposizione, mà sappia pure che detesto le confusione, e quindi avendo le cose dette chiari in modo che io possa capirle, se è nelle miei possibilà sono felice di poter essere utile.

Perché il Dio di Provenzano è un Dio che è incarnato nella Storia. Come nella migliore teologia progressista. Non importa se è la storia criminale di Cosa Nostra e del suo padrino fanatico delle cose della religione cattolica.

> A noi il Signore ci deve dare la forza di non farci cadere in errore e di darci sempre la calma, e acquistare terreno verso di loro mediante il loro stesso strafare ed errato atteggiamento, che usano con chi gli

pare non solo con noi. Noi li dobbiamo mettere in difficoltà tramite gli stessi loro sbagli.

Il Dio che Provenzano immaginava ed evocava al boss Luigi Ilardo nei pizzini stava chiaramente dalla loro parte. Senza alcun tentennamento. Non era concesso in quella fase storica così travagliata.

Senti sarebbe per mè un gran piacere vederci di presenza, cosa che al momento mi è impossibile farlo, mà lo faremo se Dio lo vuole, appena possibile, mà non per quello che tu mi chiedi.

Talvolta, Dio era invocato per superare le difficoltà che la via del mafioso incontrava. E non erano poche.

Li ho chiesto di farmi sapere,il perché non ti vuole incontrare,per provare ha levare,se ci fossero cose per il mezzo che non vanno, ti prego di,non farmi fare brutte figure,che spero con il volere di Dio sistemare un po' tutto quello che posso fare, per te, per voi, tutti..

Fu soprattutto negli ultimi anni, quando i pizzini erano ormai diventati il simbolo del comando ma talvolta non bastavano per chiarirsi, che Provenzano scriveva a Giuffrè della necessità di incontrarsi di persona per definire al meglio certe questioni. Ancora una volta, Dio avrebbe provveduto a far evitare ai padrini le maglie delle forze dell'ordine. Così, almeno, i mafiosi credevano ardentemente. E forse saranno arrivati anche a pregare per ottenere protezione.

20-09-2001. [...] Poi mi dici che con il volere di Dio mi spiegherai di presenza gli accordi fatti con il Dottore. In quando a vederci, con il voler di Dio, aspettiamo il momento opportuno.

In un'altra occasione, la preghiera del padrino fu spesa per sollecitare la protezione divina su un appuntamento (Provenzano scrive «puntamento») che rivestiva il carattere di una certa urgenza e necessità:

05-01-2002. [...] Argomento, Per quello che si può, siamo tutti addisposizione luno con l'alreo, io spero che faremo sempre con il volere di Dio prima questo puntamento con G. e di tutto il resto, con il volere di Dio, ne parleremo di presenza. Grazie di tutto.

Secondo il padrino, la Divina Provvidenza avrebbe provveduto a sistemare tutto, come ogni buon cattolico deve credere. Anche se talvolta le difficoltà sembravano insormontabili. Ma la fede del mafioso deve essere all'altezza. Il padrino lo scriveva a Nino Rotolo, con il quale interloquiva di delicate questioni che sarebbe stato anche meglio affrontare «di presenza», almeno così dicevano.

Carissimo, ci fosse bisogno, che ci dovessimo vedere di presenza per commentare alcune cose. Mà non potendolo fare di presenza, ci dobbiamo limitare ed accontentare della Divina Provvidenza del mezzo che ci permette. Così con il volere di Dio ho risposto alla vostra cara.

L'ultima benedizione fu invocata su una delicata questione di spartizione di denaro. Non c'era affatto alcun pudore ad affrontare anche le questioni materiali dietro l'ipocrito riferimento ai valori della religione, in una perversa commistione di sacro e profano che fin troppo spesso ha connotato l'esercizio del potere.

13-01-2002. [...]. Argomento: ho ricevuto 13ml e sento che sono come dici tu chiusura, io x motivi che con il volere di Dio te né parlerò di presenza, glie li darò dopo che ci vediamo noi.

Il capo della mafia siciliana scriveva i pizzini e continuava a leggere la Bibbia, per trarne ispirazione. Era soprattutto il Vecchio Testamento che sottolineava, con le sue immagini del Dio guerriero e violento, in nome della giustizia. E alla fine, la propaganda di Bernardo Provenzano era ancora quella delle «opere buone». Le opere della mafia.

Io vedo che tutti siamo bisognosi, chi più, chi meno, mà credo che tutti e due G V, mm ne anno più bisogno, se c'è il volere di Dio, e noi possiamo fare, cose buone, possibilità permettendo facciamoli.

5. «Il peccato di mafia non esiste»

Forse, le lettere ai *picciotti* erano costruite ad arte, con l'accorato tono del mafioso carismatico. Difficile pensare lo stesso per le lettere che Provenzano si scambiava con i familiari, casualmente scoperte dalla squadra mobile nel corso del blitz che il 30 gennaio 2001 portò alla cattura del boss di Belmonte Mezzagno, Benedetto Spera. Il figlio Angelo gli scriveva di una strana visione, il cui destinatario sarebbe stato il più piccolo di casa Provenzano, Francesco Paolo:

> Carissimo papà so che hai sollecitato una posta più celere e nonostante questa volta non ho potuto accontentarti ti assicuro che da ora in poi per noi non mancherà. Io ho ritardato anche per poterti informare sull'esito della visita di mamma. [...] 2) Argomento. Su quella ragazza che aveva un messaggio della Madonna da dare a Paolo; non è stato ancora possibile incontrarla in quanto inizialmente mi era stato detto che era possibile che lei venisse qui in paese e incontrarsi qui invece è passato il tempo e tramite il cugino Binnu so che ha problemi a venire qui perché sua madre non la fa uscire allora ho proposto di farle scrivere una lettera che sarebbe stata consegnata a Paolo ma anche questo lei lo rifiuta motivando che nessuno le assicura che la lettera arriva a destinazione. Ora io non sono in grado di dirti il nome e cognome di questa donna perché semplicemente non mi è stato comunicato. Ora il cugino mi manda a dire tramite suo figlio che fosse per lui lascerebbe cadere la cosa, io sono un po' scettico su questa situazione ma vorrei portarla fino in fondo però vorrei chiederti se ci sono persone in questo paese che potrebbero avere dei motivi di rancore nei nostri confronti. A prescindere dalla tua risposta ti voglio tranquillizzare che non si farà nessun incontro con questa persona se tu non sei prima a conoscenza anzi capisci che è necessario che tu mi dia l'eventuale sta bene per incontrarci nel suo paese. Veramente se Dio mi accompagna io vorrei fare l'incontro in un paese vicino quello suo, non ho un'idea in particolare l'importante è che siamo in un posto pubblico, credo che tu sia dalla mia parte.

Salutava invocando in modo accorato, come qualsiasi figlio farebbe per il generoso padre, la consueta benedizione divina:

Ora termino con il computer ma non il cuore e che Dio ti protegga nonostante tutto quello dicono e fanno e ci conceda la grazia di poter vivere sotto la sua luce. Un forte abbraccio, tuo figlio
23.01.01

Francesco Paolo spiegava a sua volta quell'esperienza del sogno ispirato dal cielo. E pure il suo tono era di prudenza, mai di scetticismo. Quella prudenza finiva per accreditare la visione e per accrescere l'attesa. Come se il fenomeno soprannaturale annunciato fosse stato un segno. E il suo disvelamento, finalmente, soluzione di tanti problemi. Certo, meditata in silenzio.

Carissimo papà mi compiaccio molto nel saperti in ottima salute e lo stesso posso assicurarti di me. Riguardo il fatto del sogno non ne so niente. E a dirti la verità comincio ad avere qualche dubbio. Qualche 3 volte siamo stati sul punto di fare questo incontro ma ogni volta questa signorina aveva una scusa e rimandava. All'inizio avevo detto ad Angelo che io ero disposto ad andarci fino a là, ma ora comincio a essere più dubbioso. Ora all'ultimo siamo rimasti che se questa proprio non può venire, vediamo se può scrivere questa cosa in un foglio e ce lo manda. Ma io credo proprio che c'è qualcosa sotto perché se fosse una cosa molto importante io credo che in un modo o nell'altro me lo avrebbe fatto sapere.
Io non so neanche come si chiama questa donna dicono che sia una signorina non sposata, che abiti ancora con la madre ed ha problemi per uscire. Per il momento non ho più nulla, così smetto augurandoti un mondo di bene e mandandoti tanti abbracci. Ciao tuo figlio Paolo

Non era da meno il fratello di Provenzano, Salvatore, che aveva approfittato del fidato postino per inviare anche lui un biglietto. Che naturalmente finiva alla maniera di sempre, con l'immancabile slancio religioso verso l'Altissimo:

Termino augurandoti la Santa Benedizione di Dio, che ti guarda e ti protegga ovunque tu sei uniti ai nostri cari e aff.si saluti e baci con i migliori auguri per questo nuovo anno che portasi pace e serenità per tutti, un fraterno abbraccio tuo aff.mo fratello
4-I-00I

La faccenda della visione celeste è rimasta un giallo, forse ingiustificato. Perché Provenzano sembrava credere per davvero alla visione. Il suo Dio ritorna in una lettera scritta dalla compagna, Saveria Benedetta Palazzolo:

Carissimo amore mio, con il volere di Gesù Cristo ho ricevuto il tuo scritto e leggo che stai bene. Così ti posso dire di noi. Amore 1 Argomento Paolo ancora questa donna non viene più di una volta si dice che deve venire e non viene noi siamo tranquilli, quello che è destinato da Dio non si può cambiare però il Signore ci deve dare la forza di sopportare.

Sono le parole di una famiglia con un grande desiderio di essere normale. Nonostante tutto.

Vita mia ti sto mandando due paia di calzettoni che vanno bene per il freddo: li puoi lavare a mano con acqua fredda o anche in lavatrice. Tu volevi un paio di pantaloni di quelli per la neve, li ho cercati, ma sono con la pettina davanti. A pantaloni non ci sono. Ti mando comunque questi. Se vuoi anche la felpa di sopra, fammelo sapere. I pantaloni puoi lavarli pure in acqua fredda.

Saveria Palazzolo salutava, come qualsiasi moglie che non vede il marito da tanto tempo:

Vita mia termino con la Santa Benedizione che la luce del Signore splende su di tè e ti aiuta e noi ci dia la forza di sopportare e dacci Santa fede. Vita ti abbraccio fortissimo. Amore se dimentico qualche cosa famelo sapere

La sua compagna di una vita aveva condiviso con lui una lunga latitanza, gli ha dato persino due figli, eppure tanta religiosità antica del padrino non ha mai portato la coppia all'altare del matrimonio. Quando Provenzano è stato interrogato per la prima volta in carcere ha risposto in modo lapidario alla domanda: «È sposato?». Ha detto: «Per la mia coscienza, sì».

L'ultima lettera che stava componendo nel suo covo era proprio per la compagna, fra invocazioni e preghiere. Così, anche, scriveva ai figli. E a tutti i suoi interlocutori. Perché ormai, per Provenzano, il sentimento religioso era diventato una sovrastruttura permanente attraverso cui camuffare, una volta diminuito il tasso riconoscibile di violenza, la reale essenza dell'organizzazione. E tutti gli altri capimafia lo assecondavano. Cercando di non essere da meno del vero padrino.

Una sera del gennaio 2001, i carabinieri del Ros che ascoltavano dalla microspia piazzata nel salone di Giuseppe Guttadauro, già aiuto primario dell'Ospedale civico, mafioso del potente mandamento di Brancaccio, rimasero sorpresi non poco. Il padrino aveva due ospiti a casa: tanta era la confidenza e la fiducia che confidò loro il bisogno di confessarsi con un prete. Il carabiniere annotò la variazione di argomento nel brogliaccio. Sino a qualche momento prima i tre avevano parlato dell'acquisto di terreni e di un centro commerciale, di politica e di processi. Guttadauro si era allontanato un attimo. Poi, al suo ritorno, uno degli ospiti aveva iniziato a parlare di un viaggio a Lourdes e della voglia di religiosità. Il padrino di Brancaccio non si stupì, segno che la religione è un tema che sta molto a cuore ai mafiosi: gli consigliò di scegliersi un «sacerdote intelligente», disse proprio così. Una volta, spiegò, anche lui aveva parlato con un sacerdote di alcune delicate questioni che lo riguardavano: quel prete non aveva avuto tentennamenti, gli aveva parlato del «peccato di mafia». Il padrino non si era scomposto più di tanto, aveva argomentato con parole decise la sua visione religiosa delle cose: «Ma dove sta scritto questo peccato?».

Erano altri i sacerdoti e il modello di Chiesa che piacevano a Guttadauro e ai mafiosi.

Ma il peccato di mafia esiste. E Giovanni Paolo II nella Valle dei Templi lo aveva spiegato con parole semplici ma di estrema chiarezza. «Dio ha detto una volta: Non uccidere. Non può l'uomo, qualsiasi uomo, qualsiasi umana agglomerazione, qualsiasi mafia, non può cambiare e calpestare questo diritto santissimo di Dio. Questo popolo siciliano è un popolo talmente attaccato alla vita, che dà la vita. Non può sempre vivere sotto la pressione di una civiltà contraria, di una civiltà della morte. Qui ci vuole una civiltà della vita». E aveva concluso con un appello, sferzante: «Nel nome di Cristo crocifisso e risorto, di questo Cristo che è Via, Verità e Vita, mi rivolgo ai responsabili: convertitevi. Un giorno verrà il giudizio di Dio».

Era il 9 maggio 1993. Quelle parole hanno scavato un solco profondo. Ancora dodici anni dopo i mafiosi non avevano dimenticato. «Poverino che era», esordì Antonino Cinà nel box dell'amico Rotolo. «A parte quella *sbrasata* che ha fatto quando è venuto qua. Una *sbrasata* un pochettino pesante verso i siciliani in generale». Il Santo Padre era morto da due giorni. Neanche la sua scomparsa aveva placato il risentimento dei padrini.

6.
«Ho bisogno di chiederle una cortesia...». I diritti piegati

1. *Per la serenità della famiglia*

Era latitante per lo Stato italiano e la giustizia, ma non per chi aveva bisogno di un favore. Non importa quale. L'italico vizio della raccomandazione non ha mai avuto deroghe al cospetto dei mafiosi. Anzi, a dire dal numero di richieste, doveva pure portare buoni risultati. I pizzini di Bernardo Provenzano sono pieni di richieste di favori: chi aveva bisogno sapeva come raggiungere l'uomo che sembrava scomparso nel nulla. Il suo referente di zona era sempre fedele ambasciatore. E soprattutto discreto. Perché chi aveva chiesto la raccomandazione era sovente persona perbene e non certo un mafioso, che poco avrebbe gradito modi bruschi o peggio i rischi. Chiedeva solo una raccomandazione più efficace, dai tempi celeri. E dal risultato sicuro.

Così, un padre sollecitò notizie sulla moralità del giovane che voleva prendere in sposa la figlia. Mai ci fu questione più intima per Provenzano e il suo entourage. Ne andava del futuro di una ragazza per bene. In quel caso, il padrino fu interpellato da Giuffrè, a cui si era rivolto «G.», ovvero Giulio Gambino. La faccenda era urgente e Provenzano fu nuovamente sollecitato da Giuffrè:

* Tempo fa, G. mi aveva dato un biglietto con sù scritto il nominativo di una persona di Misilmeri per avere informazioni su questa persona (io non ricordo più il nominativo) per fidanzamento. Se lei si ricorda la prego di sollecitare detta risposta in modo che a sua volta noi la passiamo.

In tema di questioni familiari, ce n'era anche un'altra che turbava una tranquilla coppia di genitori. Erano in apprensione per la partenza del figlio, prossimo al servizio militare. Non trovarono altra raccomandazione che rivolgersi al mafioso di zona, che presto interessò Provenzano. Il quale, dopo qualche giro di consultazioni, fece sapere a Giuffrè:

Discorso militare: Non ho avuto la possibilità, di poterlo comunicare, lo farò quando c'è il volere di Dio.

Altri genitori ricevettero presto la buona notizia. Che la raccomandazione per gli esami era andata a buon fine. Chissà, magari dopo una discussione sul tema della legalità. Provenzano si preoccupò di informare il solito fidato Giuffrè:

26-07-2001. Carissimo, con gioia, ieri, ho ricevuto tue notizie, mi compiaccio tanto nel sapervi, a tutti, in ottima salute. Lo stesso, grazie a Dio, al momento, posso dire di me. [...] Argomento 10: Ti copio risposta tuo figlioccio, e Professore. «Allora apprendo con piacere che il Prof. si e comportato bene e che al ragazzo sono andati beni gli esami». [...] In attesa di tuoi nuovi riscontri, smetto, augurandovi per tutti un mondi di bene, inviandovi i più cari Aff. Saluti per tutti. Vi benedica il Signora e vi protegga.

Quelle richieste di favori erano il segno più chiaro che Provenzano era riuscito nella sua riforma. Aveva fatto dimenticare le stragi e proiettato l'organizzazione nella sua funzione di sempre. La mediazione. All'interno della famiglia (non quella di mafia), della società, dell'economia, della politica. L'organizzazione criminale era già tornata a essere inserita perfettamente nella Sicilia e nell'Italia del nuovo millennio. E Provenzano aveva aggiunto altri segreti al suo archivio. Ogni raccomandazione era già un segreto nuovo da custodire. In questo è stata la forza del padrino di Corleone, che alla potenza degli eserciti preferiva i segreti con cui progettare e ricattare. Perché il governo degli affetti e della vita privata vale quanto la gestione di tante aziende. Così i padrini non hanno mai smesso di interessarsi alle questioni di cuore. Come nelle vecchie storie sulla mafia, quando i costumi del Sud erano anche diversi.

L'ex killer Pasquale Di Filippo, oggi collaboratore di giustizia, ha raccontato che suo suocero si opponeva al matrimonio del figlio con una Virruso: «Il padre della giovane si era seccato per la situazione – ha spiegato – e si era rivolto a Pinello, con cui stava in stretti contatti per questioni di politica». Fu incaricato Di Filippo di andare all'incontro chiarificatore con Pinello e Virruso, la cui vera attività era quella di veicolare i pizzini di Provenzano. «Mi chiesero notizie sul rifiuto opposto da mio suocero alle nozze – prosegue il pentito – io per prendere tempo spiegai che colui che si opponeva al matrimonio era in realtà mio cognato Francolino Spadaro, per cui dissi che avrebbero potuto discutere la cosa con lui non appena fosse stato scarcerato». Il tono arrogante di Pinello colpì Di Filippo: «Mi disse che mio cognato avrebbe dovuto presentarsi in compagnia di persone con gli attributi». Allora Di Filippo si rivolse a Leoluca Bagarella, il cognato di Riina: «Mi disse che Pinello comandava a Casteldaccia e Baucina». Tanto bastò a Di Filippo. Fu proprio grazie all'intercessione di Pinello, il messaggero di Provenzano, che il matrimonio si fece.

Un altro fidanzamento impegnò non poco il vertice di Cosa Nostra, e Provenzano in persona, perché era oggetto di discussioni proprio nella sua Bagheria. «Anni fa, all'interno di quella famiglia – ha spiegato il pentito Ciro Vara – si vennero a creare situazioni di latente dissidio tra Leonardo Greco e Nino Gargano. Anche in considerazione di ciò, quando Sabina Greco, figlia di Leonardo, si fidanzò con Francesco Tusa, nipote di Giuseppe Madonia, a sua volta compare di Nino Gargano, la situazione venne sottoposta a Provenzano». Il padrino tenne le consuete audizioni, prese nota e si riservò di decidere. «Alla fine – ci informa il pentito – Provenzano ratificò e approvò il fidanzamento». Anche quella volta, dunque, trionfò l'amore, ma non sulla mafia. Quel matrimonio sancì la definitiva pace fra i due padrini di Bagheria.

Cosa Nostra è arrivata anche dopo le nozze. Fra moglie e marito che litigavano. Di questo si occupava il capo della prestigiosa famiglia di Palermo centro: Tommaso Lo Presti, prototipo del nuovo boss secondo il verbo Provenzano. Giovane e autorevole quanto basta, perché figlio d'arte e soprattutto avvezzo allo stile della mediazione. Nel crimine così come nella vita sociale, pronto a risolvere con garbo tutte le questioni che gli vengono poste. La signora Valentina, moglie di un estorsore del racket, voleva rivolgersi a lui, per chiedere di rimproverare il marito, dedito all'alcol. «Tommaso non lo sa che lui beve e non vuole che lui beve – diceva a un'amica, al telefono – quelli che ci stanno accanto a lui non devono bere, perché Tommaso persone di merda non ne vuole e io a lui lo devo fare *smirdiari*». Dietro quello sfogo, c'era il dramma di una donna: «A me non mi serve lui, vediamo se io me ne vado da casa di mia madre per non prendere parole e legnate da mio padre e prendo legnate da quando me ne sono andata da casa mia». Lo sfogo sembrava senza fine. Il giorno dopo, la moglie in lacrime parlava ancora con l'amica: «Lo sai cosa gli ha detto mia figlia ieri sera? Devi ringraziare che la mamma non è andata da Tommaso... Tommaso ti deve *ammirdiare* la faccia. E lui l'ha rincorsa, che le voleva dare botte. Gli ho detto, rischiati a darle botte che questa volta ti tiro un vaso». Non sappiamo come finì a casa dell'estorsore del racket. In seguito, lui e Lo Presti sono stati arrestati.

2. *Per il buon nome*

Dopo la famiglia, c'è la propria reputazione. E il padrino fu investito della raccomandazione di ribadire l'onestà di un commerciante. Era Pino Lipari a sollecitare l'intervento, perché il buon nome di quell'uomo era stato messo in crisi davanti alla comunità da una dipendente disonesta:

> Carissimo amico, mi auguro che questa mia ti trovi in ottima salute. Siamo tutti convinti che la salute sia il bene massimo della persona ed io aggiungo che oltre a questo è necessario sentirsi in pace con se stessi, ed avere fede in Dio. Ricorderai che parecchi anni fa mi sono rivolto a te per sistemare una cosa ad un commerciante di Alcamo: tu, con tanta cortesia mi hai risposto che Matteo aveva preso la cosa a cuo-

re e che mi faceva un personale regalo mettendola a posto senza l'ombra di una lira. Tutto questo si è avverato e la persona è andata avanti tranquillamente. Adesso però è in procinto di chiudere bottega: tra i motivi, determinante è stata la disonestà di una sua impiegata che manipolando la contabilità mandava la fattura a un certo S. di Alcamo mentre in effetti la merce veniva consegnata ad altre botteghe che gliela pagavano in nero. Il tutto è venuto a galla e questo S., che è un grossista di supermercati, lo ha convocato alla presenza di un tale M., che non ha mai aperto bocca. Il commerciante è molto distrutto per questa situazione, e gli preme chiarire una cosa: dimostrare la sua buona fede e non essere qualificato come un truffaldo visto che persone serie nel passato si sono interessate per la sua tranquillità. Egli si assumerà tutti gli oneri che gli competono, visto che deve rispondere della sua impiegata. Ti chiedo però la cortesia di intervenire, tramite i tuoi canali, per una chiarificazione dei fatti con M., da cui possa emergere la piena onestà della persona raccomandata e poi fargli fare un accordo sulle modalità di rimborso con il grossista creditore, quantificando il quantum. Ringrazio per il tuo benevolo interessamento.

Lipari aveva scritto il messaggio sul suo computer, aveva stampato e poi cancellato. Fidando che nessuna traccia sarebbe mai rimasta. Perché poteva essere imbarazzante per l'onesto commerciante e anche per «Matteo», niente altro che il referente di zona a cui Provenzano avrebbe dovuto rivolgersi per risolvere la questione di Alcamo. Il superlatitante Matteo Messina Denaro, che già in passato – ci informa Lipari – si era occupato del caso, «prendendo la cosa a cuore» e «senza l'ombra di una lira», tanta era la devozione per Provenzano. Ma la prudenza di Lipari non è bastata. Anche questo reperto è stato recuperato da uno dei floppy disk sequestrati a casa sua al momento dell'arresto, il 24 gennaio 2002. Nonostante il file fosse stato cancellato. Ma le tracce erano rimaste intatte. Così sappiamo che Provenzano si era già prodigato a dovere. Come per ogni raccomandazione che riceveva.

La serenità è il primo prodotto che il mafioso vuole assicurare al proprio cliente. Soprattutto, poi, se è donna. Provenzano si trovò costretto a sollecitare il suo collaboratore, Luigi Ilardo, per esaudire i desiderata della nobildonna che aveva solleci-

tato un intervento per il suo amministratore, così maldestro, che
tanti guai le stava causando:

> Carissimo, con l'augurio che la presente vi trova di Ottima salute.
> Come posso assicurarvi di me. Senti scusami se insisto con questi rac-
> comandazzione, mà come tu sai io cerco di servire. Non sò se questo
> paese di Tusa cade da da voi, ho ha Enne, e comunque tu puoi aiutar-
> ci sia da voi che a Enna. Il paese è Tusa Lago. Prop. Ippolito-Ragone-
> se la figlia vuole dare tutto ad un Amministratore che ci interessa. Mi
> dicono che ai tempi del Padre si interessava un certo Antonio Patti.
> Del Lago. Il Patti con la signora, non sono compatibile vorrebbe non
> averlo tra i piedi. Perchè si comporta male con la signora vorremmo
> sapere se la persona che ci interessa può fare l'amministratore.
> Ti prego se ti è possibile interessarti e dammi una risposta, che io
> la do Ha cui me la chiede, che è una persona che io ci tengo, chieden-
> doti scusi perchè ti mando sempre, dei biglietti smetto augurandovi un
> mondo di bene inviandovi i più cari Aff. Saluti per tutti particolare a
> mm.

Allegato alla lettera c'era anche un enigmatico biglietto che parlava di lavori e appalti:

> Ditta Aiello: deve fare lavoro Strada interpoderale a Bubudello La-
> go di Pergusa Enna. Ditta Aiello deve fare lavoro strada interpodera-
> le al Bivio Catena Piazza Armerina.

E apparve subito come un'altra raccomandazione che Provenzano girava a Ilardo, in quanto competente per territorio, secondo la geografia del potere mafioso. Non fu difficile verificare al colonnello Riccio di quale tenuta si parlasse nel biglietto, a Tusa, nel Messinese. Agli atti della locale stazione dei carabinieri risultava una denuncia per truffa presentata qualche mese prima dalla proprietaria nei confronti dell'amministratore. Evidentemente, la giustizia era stata oltremodo lenta. Dunque, l'interessata aveva deciso di rivolgersi a ben altro tribunale. Che di certo sarebbe stato più celere. In questo caso, la raccomandazione era stata anche doppia: un misterioso intermediario aveva sponsorizzato le ragioni della signora. A lui Provenzano voleva dare presto una risposta: «È una persona che io ci tengo», scriveva il padrino.

Gli accertamenti del Ros su Aiello che doveva realizzare alcune strade interpoderali non furono altrettanto veloci. Nonostante l'indicazione di Aiello («Altofonte vicino cava Buttitti strada interpoderale ing. Aiello») già figurasse su uno dei bigliettini ritrovati in tasca a Riina, il giorno dell'arresto. Per qualche anno ancora, Michele Aiello rimase nell'indistinto orizzonte degli imprenditori della zona grigia in cui le vittime del racket diventano complici alla ricerca di un vantaggio, qualsiasi esso sia. Fino al 5 novembre 2003, quando le indagini dei carabinieri di Palermo l'hanno portato in carcere per associazione mafiosa: accusato, fra l'altro, di essere uno dei capisaldi dell'attività di intelligence esercitata contro la Procura di Palermo, attraverso una rete di talpe.

I mafiosi hanno continuato ad accogliere con prontezza le istanze del mondo del lavoro, perché l'imprenditore porta non solo ricchezza ma un consenso importante.

3. *Per un posto di lavoro*

Anche per un'occupazione sicura si sono rivolti a Bernardo Provenzano. Non solo giovani e padri di famiglia ormai sfiduciati da decine di concorsi andati a vuoto, persino medici che avevano da sistemare la graduatoria. Pasquale Badami, l'insospettabile dipendente del Comune di Villafrati addetto al depuratore, non perse tempo a inoltrare a Provenzano quanto gli era stato chiesto. Dopo aver sbrigato qualche faccenda d'ufficio, scrisse sul suo computer:

> Caro amico le scrivo con l'augurio che la presente lo trovi in ottima salute, come al momento grazie a Dio lo siamo tutti noi. Da tempo non ricevo sue notizie auguro ogni bene. Le sto scrivendo perché ho bisogno di chiederle una cortesia, per una persona che mi interessa. Se c'è la possibilità è necessario dover arrivare a poter parlare con una persona che è di (Cerda). Spero di farmi capire nel spiegarle di cosa si tratta: questo signore è un medico che ha fatto domanda di trasferi-

mento per ricoprire un posto vacante a (Cefalà D.). Ora desideravo proporle se gli si potesse chiedere, se nel caso che per lui non è stato scelto come posto definitivo, ma temporaneo, (cioè per 2 o 3 mesi) di rifiutare, favorendo così in graduatoria la persona che ha interesse ad occuparlo per una sistemazione definitiva. (il medico che ha fatto richiesta si chiama.... ed abita a Palermo in via....) ma suo fratello è medico pure lui fa servizio a Cerda. Le chiedo cortesemente se può aiutarmi per questo discorso perché noi non conosciamo nessuno e non sappiamo come arrivarci. La ringrazio per un suo possibile interessamento. Al momento non ho altro da dirle resto in attesa di sue notizie. Concludo il mio dire salutandola affettuosamente, come pure glio amici, con l'augurio di risentirla al più presto, che nostro Signore possa sempre aiutarla. Distinti saluti P. n. 33.

C'era un medico di troppo in graduatoria. Chi aspirava a essere assunto definitivamente scalpitava, protestava per le inutili lungaggini burocratiche. E rivendicava anche nobili ragioni, che la guardia medica di Cefalà Diana è un presidio importante per la collettività, dunque non merita tanto precariato. Provenzano, come al solito, non mancò di essere sensibile alle ragioni della provincia. E soprattutto della sanità. Senza modi bruschi, s'intende. Non l'aveva mai fatto. Sarebbe bastato un discreto contatto per far arrivare il messaggio prestabilito e liberare così la graduatoria a chi riteneva di averne l'esclusivo diritto.

Altrettanto esclusiva fu la raccomandazione che Provenzano girò a Giuffrè perché fosse trovato al più presto un posto di lavoro al figlio di un mafioso. E non uno qualsiasi, ma nell'azienda dove già lavorava il padre:

24-10-2001 [...] 16. Senti, non mi è chiaro, x come me lo chiedono, Mi dicono che tra Prizzi e Castronovo: C'è il notaio Ferrara figlio del Barone che ha alcuni Appezzamenti di Terreno, che forse devi fare servizie Agricoli, e di pala, ed escavatore, se ci potessero fare fare ad un ragazzo figli di uno nostro, che è li dentro? e ha molto bisogno. per quelli che possno essere di tua competenza, se lo poteti fare lavorare, saranno così di poco o più non me lo hanno detto. Fammi una tua risposta. In'attesa di tuoi nuovi riscondri, smetto, augurandovi per tutti, un mondo di bene, inviandovi x tutti i più cari Aff. saluti per tutti. Vi benedica il Signore e vi protegga!

Il padrino amava dare risposte certe e veloci. Quando lo riteneva opportuno. In quei mesi di fine 2001 le comunicazioni con Giuffrè erano assai frequenti, dunque non poteva esserci alcuna scusante per il ritardo nella risoluzione della questione. Il 3 novembre Provenzano sollecitò la risposta in una lunga lettera che trattava di svariati «argomenti» d'affari. Al punto 8, scriveva:

> Argomento lavori nell'Azienda Agricola del Genero del Notaio Ferrara tra Prizi e Castronovo? Attento risposta.

Non sempre, comunque, era stato possibile raccomandare per l'agognato posto di lavoro. Pino Lipari aveva fatto sapere:

> Ho parlato con Andrea per il mercatone di Carini. Mi ha detto le seguenti cose: per l'assunzione delle due persone che ti stanno a cuore al momento non c'è nulla da fare in quanto le assunzioni vengono effettuati mediante bando sul giornale e poi c'è un'altra Ditta che fa le selezioni visto che per questa categoria i contributi vengono pagati dallo Stato: quindi per questo turno con inizio a fine luglio 2001 non può fare nulla, ma mi ha assicurato tutto il suo impegno per poterli sistemare alla prima occasione.

La lettera è davvero interessante perché suggerisce dove i mafiosi non possono arrivare. Almeno così sosteneva Lipari. Poi non sappiamo se Provenzano abbia cercato altre strade per sistemare i suoi raccomandati. Le lettere che scriveva avevano comunque tutte lo stesso tono, segno che l'impegno era il medesimo. Sia che la richiesta arrivasse da un medico o da un aspirante magazziniere, da una nobildonna o da un commerciante. La Cosa Nostra dopo le stragi Falcone e Borsellino ha ricominciato dal «porta a porta», perché ogni categoria sociale rappresentava un segmento di consenso da recuperare. A giudicare dalle lettere del padrino, non ci fu bisogno di cercare ulteriori categorie, perché arrivavano spontaneamente.

4. Per l'iniziativa d'impresa

C'era anche chi i favori – e che favori – li otteneva dopo averli a sua volta resi. Lo scambio delle prestazioni avvicina a Cosa Nostra chi non è mafioso per altra causa. Sancisce un patto il cui risultato ineluttabile è l'attrazione di chi lo contrae all'interno dell'organizzazione mafiosa, attraverso una progressione di passaggi sempre più stringenti. Imprenditore, professionista, politico, non ha importanza. Quando il patto è concluso, scatta sempre l'ombrello protettivo dell'organizzazione in favore del nuovo adepto, chiamato per parte sua all'adempimento dei doveri che conseguono a quell'appartenenza. I vantaggi sono reciproci. All'inizio, il nuovo adepto si sente sorretto da una forza invincibile. Riesce dove non era mai riuscito, ottiene ciò che gli era precluso dal rispetto delle normali regole. Come in un sogno. Ma come per i sogni, il risveglio talora può rivelarsi molto brusco. Il risveglio di Giuseppe Libreri, originario di Caccamo, titolare di un esercizio commerciale di autoricambi a Termini Imerese, fu addirittura burrascoso.

Il 23 settembre 2002, quando entrò nella sala interrogatori dell'Ucciardone, aveva le scarpe senza lacci e mostrava sul viso tutti i segni della notte appena trascorsa in cella, senza chiudere occhio. Sistemò la sedia davanti al giudice che ne aveva disposto l'arresto e cominciò a rispondere alle domande: «Sono perito capotecnico meccanico. Ho un'attività commerciale, un'attività di rettifiche motori». Il tono appariva teso. Libreri in carcere era già entrato altre due volte, per favoreggiamento e bancarotta. Ma adesso era ospite della sezione nona, la sezione dei mafiosi. Dopo essersi aggiustato ancora su quella scomoda sedia, entrò nel merito delle accuse che gli rivolgevano. Pesando ogni parola: «Ho bisogno di essere assistito dal Signore, da Padre Pio. Che mi aiutino a trovare le parole giuste, per spiegarvi la mia tragedia e tutti i calvari che vivo da 18 anni a questa parte, perché io ero assoggettato al signor Giuffrè».

Pino Libreri era finito in carcere alle prime ore del 20 settembre 2002, accusato proprio dal suo santo protettore, Giuffrè, nel frattempo divenuto collaboratore. E da una lettera che lui stesso gli aveva scritto con la sua inconfondibile grafia. Fu ritrovata dai carabinieri nel marsupio di Giuffrè, il 16 aprile 2002.

> Carissimo compare come stai è da molto che non ci sentiamo e spero che questo mio scritto venga a trovarti in buona salute. Io oro sto un pò meglio. In atto sono agli arresti domiciliari e spero quanto prima di venirne fuori. Mio figlio Ignazio invece ha avuto la libertà provvisoria ed è potuto tornare a lavorare a Roma anche se gli hanno dato l'obbligo della residenza con 3 firme alla settimana. Ancora una volta riesco a sfuggirgli dalle mani, perchè il vero motivo di avermi arrestato non è la bancarotta che mi affibiano a me, a mio figlio, ma colpirmi nei miei affetti più cari per impressionarmi e cercare altre cose: tu mi capisci!! Per fortuna il Tribunale della libertà ha liberato prima Ignazio e subito dopo me e così la procura non ha potuto arrivare al suo scopo, speriamo che non si inventino altre tragedie e lasciano in pace le persone. Tutto ciò mi ha imposto di fermare anche la nuova società che già avevo fatto per portare avanti il programma di smaltimento fanghi e rifiuti perché pare che anche questo volere riprendere a lavorare nel settore in collaborazione con Angelino Scaglione non gli sta bene prima alla finanza e poi alla procura. È sintomatico che non appena ho fatto la società, l'ho registrata alla Camera di Commercio di Messina e subito hanno cercato di tagliarmi i fondi. Sono una persona che pensa sempre in positivo, ma in questo caso non posso non pensare ad una regia che è intervenuta ad arte!! Pertanto ho fermato tutto in attesa di nuovi eventi. Caro compare per il momento non aggiungo altro, ti giungano i saluti più affettuosi miei e dei miei familiari. Un mio affettuoso e sincero bacio.
> Tuo compare. (21/02/2002)

Quando il giudice finì di leggerla, Libreri ammise senza esitazioni di essere lui l'autore della lettera. Aggiunse solo che l'aveva scritta perché vi era stato costretto. Spiegò che quando era uscito dal carcere, dopo essere stato arrestato per la bancarotta, aveva dovuto rassicurare Giuffrè di non aver fatto parola alcuna su di lui, i favoreggiatori e i nascondigli, nonostante la forte pressione a cui era stato sottoposto, con l'arresto suo e del figlio.

In due giorni di interrogatorio davanti al gip, Pino Libreri si trasformò in un fiume in piena. Fornì la sua versione. La storia di un ragazzo di paese che se era diventato mafioso l'aveva fatto quasi senza accorgersene, come conseguenza incontrastabile di uno strano incontro, quello con il compaesano Antonino Giuffrè. C'era qualcosa di veramente paradossale in quel lungo racconto. Pino Libreri aveva ammesso tutto. Aveva dato riscontro a ogni particolare offerto da Giuffrè sul suo conto. Le dichiarazioni dell'uno si riflettevano come in uno specchio in quelle dell'altro. Ma visto da Libreri era il ritratto della vittima, di chi non si era potuto sottrarre, neanche a volerlo, ad alcuna delle richieste avanzate. Raccontato da Giuffrè, Libreri era solo un complice. Dunque, complice o vittima?

Nella storia di Pino Libreri, quella vera, c'è la risposta. Una storia emblematica di come anche chi, per contesto di provenienza, è lontano dall'essere mafioso, lo può diventare per forza di attrazione. E per convenienza propria. Libreri e Giuffrè erano cresciuti insieme, tra le vie, i cortili e le campagne di Caccamo. Le loro strade si erano divise per poco, e si erano ritrovate presto. I Giuffrè avevano battezzato uno dei figli dei Libreri. I due amici d'infanzia avevano iniziato ad avere interessi comuni nella gestione di una rivendita di tabacchi in paese. Poi Giuffrè aveva chiesto i primi favori a Libreri. Innanzitutto, la disponibilità di una casa per nascondere altri boss latitanti. Non era sfuggito alla polizia, e Libreri era finito in carcere per la prima volta, assieme alla moglie. Tornato in libertà, aveva avviato un'attività di autoricambi a Termini Imerese. Non si era mai tirato indietro: nel negozio continuavano a tenersi altri summit. Così, Libreri era diventato uno dei punti di riferimento di Giuffrè, intanto diventato latitante. Quando ne aveva bisogno, lui si presentava puntualmente. Anche per lo smistamento dei pizzini, con denaro allegato. Allo scopo veniva utilizzato il figlio di uno dei boss Pravatà di Roccapalumba, assunto da Libreri nel suo negozio di autoricambi proprio su richiesta di Giuffrè. L'imprenditore non lo negò durante il suo interrogatorio. Ma continuò a sostenere che era stato vittima dei mafiosi.

Eppure, qualche vantaggio l'aveva ottenuto. Per intercessione di Giuffrè, l'autoricambi era esente dal prelievo forzoso che Cosa Nostra esercita su ogni attività produttiva attraverso l'imposizione del pizzo. Quando i mafiosi di Termini Imerese, diretti da Pino Gaeta, si erano presentati in negozio per chiedere un prestito di 30 milioni di lire, lui aveva capito. E non si era scomposto più di tanto. Si era subito rivolto a Giuffrè, che naturalmente aveva sistemato in breve tempo. «Gli mandai a dire di non dare niente a nessuno – ha ricostruito Giuffrè – se volevano fatto qualche prestito, potevano venire direttamente da me. E il discorso si chiuse lì». Anche questo ha ammesso Libreri: «Informai mio compare, il quale poi giustamente avrà fatto i suoi passi».

La collaborazione era proseguita. E Libreri aveva ottenuto qualche altro vantaggio. Quando aveva deciso di allargare la sua attività di autoricambi e rettifiche motori a Bagheria, una piazza difficile, ma comunque una piazza controllata da Bernardo Provenzano. Giuffrè non aveva perso tempo. Aveva subito scritto al capo dei capi, che si era dato da fare. E aveva risposto che l'intervento richiesto era assicurato. Ma serviva tempo:

23-05-2001.
Carissimo, con gioia ho ricevuto, tue notizie, mi compiaccio tanto, nel saperví a tutti, in ottima salute. Lo stesso grazie a Dio, al momento, posso dire di me. [...]
5) Argomento Signor Libreri Rettifica Motore: pazienza x il tempo che mi occorre x chiedere,e mi rispondono,e io ti dia risposta. Lo stesso si dica per TT Buttitta.
In'attesa di tuoi nuovi riscontri smetto augurandovi x tutti un mondo di bene, iniandovi i più cari AFF. saluti per tutti. Vi benedica il Signore e vi protegga!

Il 26 luglio Provenzano aveva scritto nuovamente a Giuffrè. Al punto 12 figurava la risposta che interessava il compare Pino Libreri. Poche righe, ma più rassicuranti di così non potevano essere:

Carissimo, con gioia, ieri, ho ricevuto, tue notizie, mi compiaccio tanto nel saperví, a tutti, in ottima salute. Lo stesso,grazie a Dio, al momento, posso dire di me.
1) Sento quando mi dici, e mi hai dato la risposta, il tuo giorno preferito per l'appuntamento, ho già trasmesso.

2) Grazie, e ricambio sempre,i saluti per tuo compare. [...]

12) Argomento: Per quanto tiguarda rettifiche motori io non rigordo ma se si chiedevase può aprire al mio paese può venire se a bisogno di qualche appoggio che si presenti da me che le presento qualche meccanico. È Ovvio che non si ricorda, perché non mi dava risposta,e più volti ci ho dovuto chiedere, di darmi risposti, ora te l'ho passato, tutte le risposte, per come te li ho copiati., Io in verità con precisione non rigordo, mà mi sembra che si chiedeva? mà diversamente, mà tu accetta quello che dicono, e rispondi secondo, là dove c'è di ricordare, e ricordiamo,, o facciamo ricordare, chiedendo, quello giusto che si vuole Ho altro, mà ne parleremo in seguito.

In'attesa di tuoi nuovi riscondri, smetto, augurandovi per tutti un mondi di bene, inviandovi i più cari Aff. saluti per tutti. Vi benedica il Signore e vi protegga.

Pino Libreri aveva ottenuto, anche questa volta senza versare alcun obolo, l'autorizzazione ad avviare la nuova attività commerciale a Bagheria. Non solo. Provenzano aveva anche promesso il suo interessamento per procacciargli clientela tra i meccanici del posto. Chi e come vi avrebbe provveduto non era difficile immaginarlo. Il padrino aveva definito Bagheria il «mio paese». E tanto bastava per garantire l'efficacia dell'intervento assicurato.

Dunque, Pino Libreri era vittima o complice?

Gestire un'attività imprenditoriale azzerando dalle passività alcune voci di bilancio che chi lavora in Sicilia conosce bene è già di per sé un vantaggio. Se poi l'iniziativa imprenditoriale è anche sostenuta dagli effetti, tanto benefici quanto perversi, derivanti dall'esercizio di quella *vis* persuasiva che solo Cosa Nostra è in grado di esercitare, l'indice moltiplicatore del vantaggio produce un surplus di profitto che inquina il mercato, creando incolmabili disuguaglianze tra chi vi opera. Il flusso di capitali illegali di cui solo certe imprese possono servirsi determina l'alterazione delle regole della libera concorrenza. E il mercato viene così eterodiretto attraverso una forma di vetero dirigismo mafioso, che tutto condiziona e piega a fini criminali.

Le rischiose prestazioni richieste a Pino Libreri erano state compensate dalle robuste controprestazioni che avevano illecitamente agevolato l'esercizio della sua attività. Il bambino che giocava tra le strade di Caccamo si era trasformato in un appartenente a Cosa Nostra. Il patto di scambio si era realizzato con reciproca soddisfazione.

5. *Per il controllo del mercato*

Non era solo la promozione delle imprese sul mercato che appassionava Provenzano. La sua vera arte si manifestava nella mediazione degli interessi economici, quando entravano in reciproco conflitto. E se di questi interessi erano portatori imprenditori mafiosi o anche soltanto «amici», l'esercizio dell'arte si sublimava, raggiungendo vette inarrivabili.

L'ingegnere Cosimo La Barbera è un professionista palermitano. Si occupa di edilizia, in città e in provincia. Il 20 aprile 1999 aveva iniziato la costruzione di un complesso residenziale, con ventiquattro alloggi, in contrada Passo Putiaro di Lercara Friddi, paese del profondo entroterra, tra Palermo e Agrigento. Quasi contemporaneamente, era impegnato nella realizzazione di altri sessantasei alloggi, a Villabate. E per questi lavori, La Barbera si era comportato come molti altri imprenditori. Quando gli era stato chiesto dai mafiosi il versamento della tassa, la cosiddetta «messa a posto», aveva cercato di tergiversare. Poi aveva preso tempo. Ma alla fine aveva adempiuto agli oneri di contribuzione in favore di Cosa Nostra. Aliquota del 2 per cento, qualche volta negoziabile. L'ingegnere aveva quindi versato 40 milioni di lire dopo l'inizio dei lavori, riservandosi il saldo per quando li avrebbe ultimati. I soldi finirono subito nelle mani di Benedetto Spera, all'epoca ancora latitante, il capo del mandamento interessato. Era la prassi dei molti. Quando poi La Barbera fu interrogato dai carabinieri, ammise. Come pochi. Quel giorno all'ingegnere venne contestato il contenuto di una lettera che Provenzano aveva scritto a Giuffrè. Recava la data del 13 agosto 2001:

Carissimo, Ho ricevuto, notizie,e cose, di B n. Una cosa, del passato, di uno che aveva acche fare, con lui B n. di cui al suo tempo, questo ebbe a dare soldi a B n. per due lavori per 66 apparatamente, in un paese, e 20 appartamenti in altro paese (Lercara) Di cui il B n. dici che cia detto, che della somma ricevuto 40, ne dava 30, per i 66. e 10, x i 20 (Lercara) Perdonami se ti chiede, mà tu ai ricevuto? questi dieci ml ? Io cerco di sapere, d'informare, ed esserni nello stesso tempo responzabile,di quello, che devo rispondere.

I problemi dell'ingegnere erano stati anche altri. Quando aveva iniziato i lavori a Lercara, per le forniture di calcestruzzi si era rivolto a un certo Calamaio, titolare di uno dei due impianti destinati alla produzione di conglomerato cementizio che avevano sede in quel paese. Dell'altro impianto era titolare un tale Di Piazza, ma in realtà il vero gestore risultava Agostino Sinatra, suo cognato. E Sinatra non era davvero un imprenditore come gli altri. Benché non fosse mai stato formalmente affiliato a Cosa Nostra, costituiva uno dei punti di riferimento dei capimafia per la piazza di Lercara. Sin dalla metà degli anni Novanta, il suo impianto era luogo di riunione dei mafiosi della zona. «Al signor Sinatra che è proprietario di una calcestruzzo di Lercara io mi sono appoggiato – in questi termini ne ha parlato Giuffrè – e mi ha dato delle buone soddisfazioni». Non era difficile immaginare quali. Ma anche Sinatra voleva le sue soddisfazioni.

In un paese come Lercara la costruzione di ventiquattro alloggi non passò inosservata. Lavori in subappalto, assunzione di manodopera e forniture costituivano altrettante occasioni d'affari. Anche per gli amici dei boss. E Sinatra non aveva accettato che l'ingegnere La Barbera avesse deciso di rifornirsi di calcestruzzo dal suo concorrente diretto, Calamaio. Così aveva bussato alla porta del cantiere e si era proposto. Perché voleva anche lui una parte di quelle forniture. Per essere sicuro di raggiungere lo scopo, Sinatra si rivolse anche a chi, sopra di lui, costituiva il suo punto di riferimento mafioso, Antonino Giuffrè. Che da collaboratore di giustizia ha poi raccontato: «C'è stata un'impresa che stava facendo la costruzione di fabbricati a Lercara. Lui si è fatto sentire dicendo che c'era questo lavoro che stavano facendo e voleva sapere come si doveva comportare. Io gli ho mandato a dire di lasciare stare tutto che era a posto e poi successivamente gli avremmo fatto fare un regalo». I boss del territorio si mobilitarono per Sinatra. Che però non aveva idea di quanto fosse complessa la situazione. Ne nacque un lungo carteggio fra Giuffrè e Provenzano. L'*affaire* «Lercara, Sinatra – Ing. La Barbera», l'aveva chiamato lo stesso Provenzano, sin dalla lettera del 25 aprile 2001, nella quale commentava le richieste prospettategli da Giuffrè. Ma prese tempo. Da par suo, come al solito.

Carissimo, con gioia ho ricevuto, tue notizie, mi compiaccio tanto, nel saperVi, a tutti, in ottima salute. Lo stesso, grazie a Dio, al momento, posso dire di me. [...]
5) Argomento Lercara, Sinatra – Ing. La Barbera: Sento tutto quello che mi dic, e mi chiedi. dovrai pazientare, per il tempo, di farmi sentire la campana dall'altra parte? perché le persone di questo Paese di Lercara sono quasi tutti chi primo,e chi dopo inaffidabile: Ora passo il tuo detto e poi. Poi «Non condivido, che uno se è vero fà le promesse, e no non le mantiene. Non condivido, che uno si ha scelto un fornitore,e nello stesso tempo, lo lascia per prenderne un'altro. Ciò nonstante non condivido? Se questa di comune e d'accordo fosse la Solozione x il bene di tutti lo fare. Se dipendesse di me. Ma tu dovrai pazientare, che mi danno la risposta, quelli dell'Ing. La Barbera. Tenendo presente quando ti sto dicendo. Tu ti puoi come meglio crede regolarti con il Sinatra. In'attesa di tuoi confermi, e risposti che ti ho chiesto precedentemente smetto, augurandovi x tutti voi un mondo di bene, inviandovi i più cari Aff. saluti per tutti. Vi Benedica il Signore e vi protegga!

Provenzano non si smentì nemmeno in questa occasione. Il paese di Lercara era difficile, anzi «inaffidabile», come le «persone» che da sempre in quel posto erano il riferimento dell'organizzazione mafiosa. Lo aveva detto Giuffrè. E Provenzano lo aveva addirittura messo per iscritto, tanto ne era convinto. In questo caso, l'arte della mediazione doveva essere esercitata con ancora maggiore abilità. E così fu.
Il 23 maggio 2001, Provenzano tornò a scrivere a Giuffrè, al-

legandogli il pizzino con il quale aveva ricevuto le notizie che aspettava da parte dell'ingegnere La Barbera.

Carissimo, con gioia ho ricevuto, tue notizie, mi compiaccio tanto, nel sapervi a tutti, in ottima salute. Lo stesso grazie a Dio, al momento, posso dire di me.
1) Argomento: Ho ricevuto la risposta dell'Ing. La Barbera, che ti copio Per la verità, è stato in reperibile,Non copio più, mà ti allego la loro scritta, in modo che tu puoi comprendere meglio, e poter comunicare, con i Lercarisi. Vedi se è vero quello che questo scritto dici,e se c'è da fare qualcosa la fai. Al momento non rigordo altro, se dimentico Qualcosa, ti prgo di farmela rigordare. In'attesa di tuoi nuovi riscontri smetto augurandovi x tutti un mondo di bene, iniandovi i più cari AFF. saluti per tutti. Vi benedica il Signore e vi protegga!

Poi, il 20 settembre, Provenzano mandò a Giuffrè il saldo di quattro milioni e mezzo di lire che l'ingegnere La Barbera aveva versato per i lavori di Lercara. E Lercara, paese controllato da Giuffrè, era la destinazione finale di quella somma, che dunque viaggiava per le vie gerarchiche, secondo le regole della gestione centralizzata del sistema delle messe a posto. Dall'esattore ai capi, fino ai beneficiari finali.

Carissimo, con gioia, ho ricevuto, tue notizie, del 14-9.mi compiaccio tanto, nel sapervi, a tutti,in ottima salute. Lo stesso,grazie a Dio,al momento posso dire di me. [...]
10) Argomento Ing. La Barbera, per Lercara. manda 4.500. che ti mando assiemi alla tua presente. In'attesa di tuoi nuovi riscondri, smetto, augurandovi per tutti, un mondo di bene, inviandovi i più cari Aff. saluti per tutti. Vi benedica il Signore e vi protegga!

Dopo pochi giorni, il 3 ottobre, Provenzano mise infine nero su bianco la conferma che la somma spedita era stata ricevuta da Giuffrè. La fiducia è una bella cosa, ma quando si fa di conto le conferme scritte valgono più di ogni altra parola.

Carissimo, con gioia, ho ricevuto, tue notizie, mi compiaccio tanto, nel sapervi, a tutti, in ottima salute. Lo stesso, grazie a Dio, al momento posso dire di me. [...]

5) Sendo la conferma, che hai ricevuto i Quattro e mezzo x Lercara.

Con l'invio del saldo, Provenzano aveva anche fatto sapere come si doveva appianare la delicata questione delle forniture di calcestruzzo. «Su questo discorso ci sarà poi un pochino di tira e molla tra me e Provenzano, che poi si andrà a concludere che una prima fornitura la continuerà il Calamaio per un primo lotto di lavori, la seconda la farà il Sinatra», così ha spiegato il collaboratore Giuffrè. E da ben due lettere di Provenzano era arrivata la conferma. Prima con quella recante la data del 24 ottobre:

Carissimo, con gioia, ho ricevuto, tue notizie, mi compiaccio tanto, nel sapervi, a tutti, in ottima salute. Lo stesso, grazie, a Dio, al momento posso dire di me. [...]
5) Il Signor Sinatra, forse si ha dimenticato, che deve aspettare che inizia il secondo lotto di lavori, per servirsi da lui?Comunque se ci fossero novità, e me lo comunicano, ti informerò. In'attesa di tuoi nuovi riscondri, smetto, augurandovi per tutti, un mondo di bene, inviandovi x tutti i più cari Aff. saluti per tutti. Vi benedica il Signore e vi protegga!

Poi, con la lettera del 3 novembre:

Carissimo, con gioia, ho ricevuto, tue notizie, mi compiaccio tanto, nel sapervi, a tutti, in ottima salute. Lo stesso, grazie, a Dio, al momento posso dire di me. [...]
14) Io te lo avevo comunicato, il rimasto tra l'ing. La barbera, e noi x Sinatra Calcestruzzo x Lercara? mà io l'ho comunicato pure a Loro, e mi Hanno risposto coerente al rimasto che, non si può imterrompere una fornitura, da uno x andare dall'altro, mentre deve iniziare un 2° lotto promesso all'inizio di fare frare la fornitura al Signor Sinatra devi pazientare, come inizia il 2° lotto si fornirà da Lui. In'attesa di tuoi nuovi riscontri, conferemi, ho smentiti? smetto augurandovi per tutti, un mondo di bene, inviandovi per tutti i più cari Aff. saluti per tutti. Vi benedica il Signore e vi protegga!

La salomonica decisione forse avrà accontentato tutti. Ma ancora una volta le regole della libera concorrenza erano state violate. Anche in questa occasione il risultato finale non sarebbe stato determinato dall'armonico combinarsi della legge della domanda e dell'offerta, ma dall'esigenza di affermazione degli interessi di Cosa Nostra, secondo il volere del suo capo.

Non andò diversamente a Prizzi, il paese di Tommaso Cannella, a qualche chilometro da Corleone. Nel 1998 la società Colem di Marsala si era aggiudicata i lavori per la costruzione di un edificio scolastico destinato a istituto tecnico per geometri, del valore di 7 miliardi e mezzo di lire. Nel 2001 i lavori erano ancora in corso. Della loro gestione si occupava, di fatto, Giuseppe Di Pisa, piccolo imprenditore di Misilmeri, già condannato per mafia ed estorsione, che con quella società aveva frequentazioni da tempo. Per il lavoro di Prizzi, Di Pisa non aveva alcun rapporto contrattuale con la Colem, eppure era lui che faceva e disfaceva. In queste gestioni si era sempre mostrato un vero specialista. Già in passato, attraverso la stipula di contratti di nolo con la sua ditta individuale e l'assunzione di un figlio come dipendente, Di Pisa era riuscito a inserirsi in diversi lavori aggiudicati in appalto a imprese più importanti. E la sua presenza, sia pure in una veste apparentemente limitata, lo aveva legittimato come interlocutore di altri mafiosi, quelli della zona interessata, per la soluzione di ogni problema, dalla messa a posto alla scelta di forniture, subappalti e manodopera. Inutile sottolineare quale fosse il criterio di selezione: l'utilità per l'organizzazione mafiosa. I favoriti risultavano sempre gli stessi, imprese e soggetti organici o comunque vicini a Cosa Nostra.

Di Pisa, mafioso esperto nel settore, conosceva bene le regole, anche se aveva un carattere un po' difficile. Perché era abituato a fare sempre di testa sua. Così, nonostante qualche disguido, avviò l'iter per la messa a posto dei lavori appena iniziati a Prizzi dalla Colem. Interessò dunque Giuffrè, che a sua volta interpellò Provenzano. L'accordo sulla somma da versare fu raggiunto presto. E la comunicazione seguì la strada inversa: Provenzano scrisse a Giuffrè, che ne portò a conoscenza, tramite un intermediario, Di Pisa e l'impresa Colem. Ordinarie vicende di gestione mafiosa delle risorse sul territorio. Ma quando Provenzano si era occupato del caso aveva finito per raccogliere anche le lamentele dei mafiosi di Prizzi sul comportamento di Di Pisa. Le aveva formalizzate in una lettera scritta il 23 maggio 2001, poi spedita a Giuffrè:

> Carissimo, con gioia ho ricevuto, tue notizie, mi compiaccio tanto, nel sapervi a tutti, in ottima salute. Lo stesso grazie a Dio, al momento, posso dire di me. [...]
> 2) Argomento: Impesa di Pisa Prizzi: Mi dicono che va bene per il fatto, del pagamento. Mà si lamentano,xil fatto che Lui Di Pisa, dove si fornisci per il materiale, che se lo và apprendere x i fatti suoi? Lo paga subito. x il resto, semp; pure un pacco di chiodi, che lo vieni a prendere da noi dame, lo paga dopo tre mesi. E in oltre, x la Pala e il camion della persona che parla,che lavorano da Lui Di Pisa? Ci toglie 5mila all'ora, Ecco tutto quello che mi dicono x Di Pisa a Prizzi. [...] In'attesa di tuoi nuovi riscontri smetto augurandovi x tutti un mondo di bene, inviandovi i più cari AFF. saluti per tutti.

Provenzano aveva detto la sua e Di Pisa si era adeguato. I prezzi praticati per il noleggio dei mezzi d'opera dovevano essere aumentati secondo le tariffe in uso nel settore. I fornitori dovevano essere scelti tra quelli del posto e pagati per tempo. Banali regole di comportamento imprenditoriale. Che valevano anche a Prizzi. Ma tutti dovevano saperlo: erano i mafiosi del paese deputati a farle rispettare, grazie all'intervento di Provenzano. Era a loro che occorreva rivolgersi per avere il giusto. Questa, la vera anomalia.

Neanche gli Aloisio di Misilmeri, solida stirpe di imprenditori, con attività nella produzione del conglomerato bituminoso e nei lavori stradali, intendevano sottrarsi agli obblighi di contribuzione in favore di Cosa Nostra. Avevano acquistato un nuovo impianto in località Tremonzelli, in mezzo alle Madonie, territorio di competenza di Antonio e Saverio Maranto, mafiosi di Polizzi Generosa, in buoni rapporti con Antonino Giuffrè, oltre che con gli Schittino di Lascari e con i loro antichi padrini, Leoluca Bagarella e Giovanni Brusca. L'acquisizione dell'impianto era stata debitamente autorizzata, ma quando avevano iniziato l'attività, gli Aloisio avevano dovuto utilizzare i mezzi dei Maranto per il trasporto del materiale. Nonostante ne avessero a disposizione di propri. Le regole sono regole e vanno rispettate. Poi, allo scadere del primo anno di attività, i Maranto avevano richiesto agli Aloisio anche il pagamento di una somma, a titolo di messa a posto dell'attività esercitata presso l'impianto. Una somma che si sarebbe aggiunta al vantaggio che già i Maranto ricavavano dall'utilizzo dei loro mezzi per il trasporto del materiale.

Gli Aloisio protestarono. E tramite uno dei fidati messaggeri riuscirono a far arrivare a Provenzano le loro lamentele. Il 13 aprile 2002, il capo di Cosa Nostra aveva diligentemente copiato quanto gli era stato comunicato, inviando un opportuno pizzino a Giuffrè. Non occorreva che Provenzano si pronunciasse esplicitamente sulla vicenda, l'esercizio di copiato con richiesta di spiegazioni già di per sé valeva più di ogni altro giudizio. Quel «dobbiamo dare una risposta» che chiudeva la missiva non lasciava alternative:

13-04-2002.
Carissimo, con gioia, ho ricevuto, tue notizie, mi compiaccio tanto, nel sapervi, ha tutti, in ottima salute. Lo stesso, grazie a Dio, al momento posso dire di me. Ne approfitto, per comunicarti quando segue: copio la risposta.

Ho parlato, il discorso di Aloisio, ci o parlato e mi a detto che tempo fa cera in vendita l'impianto e a parlato con Maranto se poteva comprarlo e i Maranto ci anno detto di sì e che era in regola di tutto però doveva fare lavorare i mezzi di Maranto così a fatto fino a ora Aloisio. Ora Aloisio mi dice se devo pagare ogni anno i mezzi di Maranto non li fa lavorare perché lui i mezzi ce lià e capisco che ce qualcosa che non funziona mi faccia sapere.

Questo mi hanno riferito, e questo ti ho copiato. E ne stò approfittando per comunicartelo, la dove dobbiamo sempre dare una risposta. In'attesa di tuoi nuovi e buoni riscondri, smetto augurandovi per tutti un mondo di bene, inviandovi per tutti i più cari Aff. Saluti per tutti.

Va bene per la contribuzione, ma nella giusta misura. O la messa a posto annuale o il vantaggio derivante dall'utilizzo dei loro camion. I Maranto non potevano pretendere per sé entrambe le utilità. Il pagamento della tassa in favore dei mafiosi della zona dove si esercita l'attività serve a redistribuire le risorse, ma non può significare l'indebito arricchimento di una famiglia a danno di chi quelle risorse produce. Sarebbe controproducente. Dalla gestione mafiosa del territorio deve sempre originare consenso, mai malcontento.

«Io sono abituato, io campo e faccio campare». Era la filosofia con la quale anche Onofrio Morreale gestiva la Con.Sud.Tir a Bagheria. Almeno così diceva lui. Perché nella spartizione dell'importante segmento di mercato costituito dal trasporto merci, il consorzio non temeva rivali. Almeno sulla piazza. Ai trasportatori che non ne facevano parte rimanevano solo le briciole. E Onofrio Morreale si era costantemente adoperato perché l'azienda di famiglia potesse mantenere la posizione dominante acquisita, non certo per meriti di mercato. Aveva affrontato persino Michele Rubino, anche lui trasportatore, ma soprattutto uomo del gruppo di Nicola Mandalà. Sul finire del 2003, il conflitto tra i due era esploso con modi e toni davvero inaspettati. Il 26 novembre, Morreale aveva chiamato un imprenditore e senza mezzi termini gli aveva fatto intendere a chi doveva rivolgersi per i trasporti. Forse il malcapitato non si era reso ben conto, perché il concorrente di Morreale si chiamava Michele Rubino, non uno qualunque. Ma si era subito adeguato. «Vedi che appena ti arriva a chiamare di nuovo il signor Rubino...non ci mandare più macchine, Carmelo. Io voglio fatta questa cortesia. Non parlo di oggi, non è che solo oggi che ha caricato...siccome lui si stà chiamando tutte le macchine di qua hai capito com'è il discorso. Si chiamò a te, ad un altro, si chiamò al signor Aurelio, e siccome il signorino mi sembra che sta oltrepassando il limite». Parole chiare quelle di Morreale. Erano seguite telefonate sempre più animate con Michele Rubino ed Ezio Fontana. Alla fine, per cercare di mettere pace e placare gli animi, era dovuto intervenire Ciccio Pastoia. A metà dicembre 2003, prima di entrare in carcere, aveva imposto la sua soluzione. Morreale e Rubino si sarebbero divisi il lavoro oggetto di contesa. In modo equo, metà ciascuno.

Ma intanto, Morreale non lasciava spazio a nessuno. Il 27 novembre, durante una telefonata intercettata, rimarcava il suo punto di vista. L'esclusiva per il trasporto sulle lunghe distanze sarebbe dovuta spettare alla Con.Sud.Tir, agli altri era consentita solo l'attività di distribuzione delle merci sul breve raggio. L'interlocutore si era assicurato il trasporto di una partita di vino fino a Roma. Morreale lo aveva subito investito: «Eh, dammelo a me tutto il vino, tu ti devi fare la distribuzione, fatti la distribuzione e il salire dammelo a me... perché già mi sono scocciato».

In un'altra circostanza, Morreale aveva esagerato. L'acquisizione di un nuovo segmento di mercato da parte della Con.Sud.Tir stava creando diseconomie nel bilancio di un'azienda. Il titolare non esitò a interessare Matteo Messina Denaro. La faccenda non poteva finire lì. Su richiesta del latitante di Trapani, intervenne Bernardo Provenzano. Ancora una volta il luogo di composizione dei contrapposti interessi sarebbe stato lui, non il mercato, con le sue regole e i suoi correttivi legali. Solo Bernardo Provenzano, con le alchimie di soluzioni utili soltanto a rafforzare il suo potere e quello di Cosa Nostra.

Sotto il promontorio di Aspra, da tempo è in attività lo stabilimento della Sud Pesca. Importazione, esportazione, lavorazione e conservazione di prodotti ittici con un largo mercato di fornitori e acquirenti. Un'azienda che è già stata oggetto di attività investigative finalizzate alla cattura di Matteo Messina Denaro. Agli inizi di luglio 2003, la Sud Pesca aveva affidato il trasporto delle sue merci alla Con.Sud.Tir, così sostituendo un precedente vettore. Almeno all'inizio, i prezzi praticati non avevano subito alcun mutamento, ma trascorso del tempo erano sensibilmente lievitati. E allora, il 25 maggio 2004, Matteo Messina Denaro si era messo davanti al computer e aveva riempito quattro pagine, fitte fitte. Destinatario: Bernardo Provenzano, al quale illustrava, tra l'altro, la situazione venutasi a determinare presso la Sud Pesca.

Carissimo zio spero di trovarla bene, così come spero anche i suoi cari stiano bene, come altrettanto le dico di me, ho ricevuto conpaicere la sua e le rispondo subito.

1) Lei sa che il mio parente è il nostro tramite da parte mio, siccome in questa mia lettera le parlerò spesso del mio parente, da ora in

poi chiamerò lui con un numero che è il 121, dunque ogni volta che io dirò 121 sa che è il mio parente e questo numero per il mio parente lo useremo per sempre. [...]

17) C'è il fratello minore di 121 che come lei sa ha una industria ed usa dei vettori, cioè viaggi di camion, ad un tratto spunta Onofrio e gli dice che Nardo non vuole più al suo paese il vettore che usa il fratello di 121 e che per il fratello di 121 non cambiava nulla perché c'era un altro vettore che gli faceva i viaggi allo stesso prezzo del primo. Allora il fratello di 121 licenzia il suo vettore e prende l'altro vettore che interessa in prima persona ad Onofrio. Solo che dopo due mesi di viaggi, il prezzo a viaggio lievita che so da 600.000 a 1.800.000 cioè si sono triplicati. La prego se mi può sistemare questa cosa, cioè o che Onofrio porta i prezzi a come erano prima o che lasciano libero al fratello di 121 di farsi fare i viaggi da chi vuole per risparmiare, tenendo presente che per lo stesso equo prezzo il preferito sarà sempre Onofrio. La prego se mi può fare la cortesia di sistemarmi questa cosa e la prossima volta mi da la risposta. Tengo a precisare che dato che Nardo non è in sede non si sa con certezza se davvero Nardo che ha mandato a dire ciò o è solo Onofrio che ha detto ciò, ma lei può arrivare a capire come va davvero il discorso.

La lettera arrivò a destinazione, come previsto. Tramite Filippo Guttadauro, mafioso di razza, codice 121, fratello del dottore Giuseppe, e di Carlo, quello che il capomafia di Trapani aveva indicato come «il fratello minore» che «ha un'industria». Gli elementi identificativi contenuti in quella stessa lettera hanno consentito di individuare l'industria proprio nello stabilimento gestito ad Aspra dalla Sud Pesca.

Nemmeno in questa occasione Provenzano aveva fatto mancare il suo interessamento. L'intervento sollecitato da Messina Denaro aveva avuto gli effetti sperati e il 30 settembre 2004 era partita la lettera di ringraziamento:

Carissimo mio, spero di trovarla bene in salute assieme ai suoi cari così come le dico di me. [...]

3) Per la questione dei trasporti del fratello di 121 si è risolto il tutto per come mi ha detto lei, so che lei ha già informato 121 di ciò e so che il fratello di 121 è rimasto contento di come lei ha risolto la cosa so pure che sia 121 sia suo fratello lo hanno già ringraziato di ciò, ora

colgo l'occasione per ringraziarla tanto pure io, quindi il discorso è chiuso, di nuovo tante grazie.

Messina Denaro avrebbe voluto ringraziare anche Morreale, ma non aveva fatto in tempo. Non gli era rimasto che informare nuovamente Provenzano. Era il 6 febbraio 2005: «Per il discorso di 121 e di suo fratello volevo ringraziare Nofri ma da come si sono messe le cose non si può più». Da qualche giorno, infatti, Onofrio Morreale era stato arrestato e la Con.Sud.Tir posta in sequestro e affidata alle cure di un custode giudiziario.

6. *Per la sicurezza quotidiana*

Infine, a Provenzano si rivolgevano per avere più sicurezza. Perché i furti sono sempre fastidiosi. E la microcriminalità non agisce più come un tempo quando i mafiosi controllavano ogni ladro di quartiere. Ma se il controllo non è più preventivo, l'intervento può anche essere successivo. Pino Lipari ne andava orgoglioso:

> Sono venuto a conoscenza che nel mese di marzo di quest'anno a Misilmeri in un magazzino sono stati rubati un camion Fiat 110 ed una piccola pala meccanica denominata Bob Cat: il proprietario che solo ora è venuto a trovarmi è Lombardo cognato di mio figlioccio, Mi sono meravigliato dell'eccessivo ritardo cui mi ha dato notizia e lui mi ha detto che dato il casino che c'è stato sul mio nome sui giornali che mi davano per arrestato ha cercato di parlare in paese a qualche suo amico-conoscente e gli hanno detto di rivolgersi più in alto. Così è venuto a parlarmi e visti i rapporti e le cortesie che in passato ha fatto ti sarei grato se potessi spendere qualche parolina in proposito e chiarirmi se c'è dell'altro. Al momento non ricordando nulla ti auguro serenità d'animo e ti abbraccio calorosamente. Dio ti protegga sempre.

Un altro nobile si era rivolto alla premiata ditta Cosa Nostra spa perché gli avevano incendiato un macchinario. All'inizio, non fu proprio facile decifrare quel pizzino che Provenzano aveva spedito a Giuffrè, nel marzo 2001:

4) Argomento Trebbia, Polizzi Generosa: puntamento con le Persone che inderessano a mm. Sento quando, mi dici del Barone Fatta e dove abbita, ha questo punto, non serve fare l'appuntamento, serve provvedere, se il barone venisse ha un concordato? prima dell'appuntamento. E allora io ora provo, se ci fosse questa possibilità di raggiungere il Barone, e in seguiti quando ha cose da riferirti, le comunico.

Solo dal secondo biglietto fu chiaro il riferimento, e la conseguente richiesta di favore che era stata avanzata. Il pizzino portava la data di due settimane dopo, il 20 marzo:

Carissimo, con gioia ho ricevuto, tue notizie, mi compiaccio tanto, nel sapervi, a tutti in ottima salute. come grazie a Dio, al momento, posso dire di me.
1) Per prima cosa, devo dirti, che ho ricevuto, la risposta del Barone fatta: è cioè, tu mi hsi detto che è di Bagheria, e la risposta è che non è, e non abita a Bagheria; colui che ti ha riferito questa notizia stando, a quello che mi dicono, nonè informato bene: Ti rigordi è riferito alla trebbia bruciata, che è interessato mm.

Chi era «mm» citato da Provenzano? Sul finire della lettera c'era ancora un altro riferimento a lui:

8) Argomento mm io non ho la possibilità di avvisarlo, e none vedo la ragione, aspettiamo il tempo che ci posso scrivere, e al momento si vede. In'attesa di tuoi nuovi riscontri, smetto augurandovi un mondo di bene, inviandovi i più cari Aff. saluti per tutti. Vi benedica il Signore e vi protegga.

Nove giorni dopo, Provenzano tornò a informare Giuffrè che c'erano sviluppi sull'argomento:

Carissimo, con gioia ho ricevuto, tue notizie, mi compiaccio tanto, nel sapervi, a tutti, in ottima salute. Lo stesso, grazie a Dio, al momento posso dire di me. [...]
2) Argomento Barone Fatta. Lo avresti potuto sentire pure tu come l'ho sendito io che a mm lo anno arrestato, ed io anche quando, avesse buoni notizie per Lui, nonò con cui poter comunicare, salvo che venisse qualcuno a suo nome.

Erano spesso gli inconvenienti del mestiere. I problemi sorgevano pure per le imprese che si erano già messe a posto. E in tal caso, c'era un doppio problema per la gerarchia mafiosa: aderire alla raccomandazione e punire chi aveva osato mettere in crisi il sistema della protezione mafiosa. Così accadde per le aziende Cavallotti. E fu necessario sollecitare un intervento di Ilardo. Era il maggio 1995:

Carissimo, con piacere ho ricevuto il tuo scritto, mi piaccio tanto nel sentire, che godeti tutti di Ottima Salute. Lo stesso posso assicurarvi di me. Te ne sono grato del tuo interessamento per la Ditta che io ti ho segnalato (Cavallotti) e sendo tutto quello che tu mi dici in merito, e mi dispiace, sia quello che tu mi dici, e sia quello che loro mi dicono: Cioè mentre io cercavo, mi cercavano perché ci anno rubbato un martellone, e due saldatrice, che io vi prego se poteti recuperarli, e lo comunicate a me, e non alloro voi direttamente, ditelo a me che io lo comunico a colui me li ha raccomandati. Come si difendono loro, che da loro ci si presentano molti persone, e tutti con richiesti, cosa che loro non possono accondendare, o servire ha tutti, e allora noi ora facciamo così: che voi di tutto quello che aveti di bisogno fatelo sapere ha me, che io ce lo faccio chiedere da colui ne ha parlato con me, e così vediamo se lo fanno si o nò quello che noi ci chiediamo, mà deve pure essere giusto quello che si chiede, altrimenti sono io a dirci di non seguire cose sbagliati o esaggerate, mà voi chiedeti il giusto e vediamo di farcelo fare.

Le questioni da affrontare erano diverse e complesse. Perché a fronte di un'asserita messa a posto, gli imprenditori Cavallotti non soltanto subivano ancora furti, ma pure il «disturbo» da parte di nuovi esattori, che pretendevano il pagamento di ulteriori tasse mafiose. La situazione stava diventando oltremodo complicata. Fu allora che Provenzano decise di avocare a sé qualsiasi decisione futura. Invitò Ilardo a provvedere e gli intimò di comunicare solo a lui il risultato dell'indagine interna per il ritrovamento del materiale trafugato. Per nessuna ragione Ilardo avrebbe dovuto contattare le vittime. Voleva essere Provenzano in persona a occuparsene. Sin da allora i processi sono stati pieni del dilemma. Anche per i Cavallotti. Complici dei mafiosi o vittime che avevano dovuto arrangiarsi perché le cose in Sicilia funzionano da sempre così? Il caso è diventato un'ipotesi da manuale. E tanti altri imprenditori si sono trovati in quelle condizioni. Le sentenze non hanno risolto il caso, anzi hanno alimentato il dibattito.

7. *La speranza, Carmela Iuculano*

Diritti della persona, relazioni private, rapporti civili, economici e politici. Nulla sfugge alla Cosa Nostra di Bernardo Provenzano. L'occupazione degli spazi è penetrante, invasiva, totalizzante. Il messaggio è semplice: se vuoi esercitare i tuoi diritti, lo puoi fare esclusivamente tramite Cosa Nostra. I diritti di ogni cittadino, anche quelli di rango costituzionale, degradano a meri interessi. Si piegano. Il contenuto e la misura della loro tutela sono direttamente subordinati alla realizzazione degli interessi criminali dell'organizzazione mafiosa cui appaiono connessi. Si realizza così il controllo sociale, attraverso il quale l'organizzazione mafiosa crea consenso attorno a sé, per la sua «causa». I diritti piegati costituiscono lo strumento funzionale per realizzare questo obiettivo, tanto ambizioso quanto essenziale per garantire la stessa sopravvivenza dell'organizzazione. Il consenso che Cosa Nostra riesce a generare e a perpetuare tra la gente in mezzo alla quale operano i suoi adepti la rende diversa da qualsiasi altra organizzazione criminale. È il suo vero tratto distintivo. E quanto più lo Stato è assente, tanto più Cosa Nostra riesce a esercitare la sua supplenza. Si fa essa stessa Stato. Ma dentro lo Stato, non più contro. È questa la lezione che i mafiosi hanno dovuto rapidamente metabolizzare dopo le stragi. Lo hanno fatto benissimo, sotto la guida di Provenzano. Che non si è inventato niente. Si è ricordato più semplicemente di come le cose andavano alle origini.

«Inoltre la mafia stessa non ha bisogno di adoperare attualmente la violenza o l'intimidazione diretta se non nel minimo numero dei casi in cui usa la sua autorità. Essa ha ormai relazioni d'interesse così molteplici e variate con tutte le parti della popolazione; sono tanto numerose le persone a lei obbligate per la riconoscenza o per la speranza dei suoi servigi, che essa ha ormai infiniti mezzi d'influire all'infuori del timore della violenza, per quanto la sua esistenza si fondi su questa». Queste poche righe si leggono tra le pagine, sempre preziose, dell'*Inchiesta in Sicilia di Franchetti e Sonnino*, che fotografano una realtà ormai lontana nel tempo, addirittura l'Italia appena unificata, ma evidentemente ancora fin troppo attuale. Così, il 23 ottobre 2005, il capomafia Antonino Rotolo spiegava lo stesso concetto: «Noi campiamo per il popolino. Prima uno deve rispettare la gentuccia del quartiere per essere voluto bene, perché tu non devi essere, come dire, temuto. Tu devi essere voluto bene, che è diverso. Perché il rispetto, signori miei, è una cosa. La soggezione è un'altra: appena ti giri... e un altro ha la possibilità, un colpo di pugnale te lo dà. Ma se tu, come si dice, fai del bene, la pugnalata non te la dà nessuno».

Il sistema Provenzano affonda dunque le sue radici e trova linfa vitale nel controllo sociale e nel consenso sul quale esso si fonda. Arresti, processi e condanne, oltre a essere atti dovuti, sono senz'altro utili, non vi è dubbio, ma il cemento del consenso mafioso si sgretola con altri sistemi. Serve una spinta analoga, ma di segno opposto, a quella che lo crea e lo consolida. Alla ineluttabilità dei diritti piegati occorre contrapporre la certezza dei diritti legittimamente esercitati. Alla inevitabilità del modello mafioso si devono opporre altri modelli alternativi, etico-sociali in primo luogo. È una partita che si gioca principalmente sul terreno sociale. Anche questo è ormai patrimonio comune di tutti.

Una donna ha messo in crisi il sistema Provenzano, una donna di mafia che non voleva più esserlo. Per il futuro dei suoi figli e della sua terra. Ma liberarsi voleva dire accusare il marito, persino di omicidio. E poi i suoi familiari, a partire dal fratello, sangue del suo sangue. Liberarsi voleva dire svelare alcuni dei canali di comunicazione che arrivavano fino a Bernardo Provenzano. Perché anche lei, donna di mafia, aveva svolto il ruolo di fidato postino per conto della famiglia di Cerda, di cui il marito, Pino Rizzo, era uno dei padrini in ascesa.

Carmela Iuculano ha fatto tutto questo nell'estate del 2004, dopo essere finita in manette: la sua voce inconfondibile di complice era stata svelata dalle solite microspie, all'indomani dell'arresto del marito. Che lei andava a trovare per ricevere ordini e portare risposte. Oggetto: gli affari della famiglia mafiosa. Il giorno in cui Carmela Iuculano fu arrestata, ad accompagnarla c'era Claudia, donna poliziotto, anche lei isolana, ma sarda, anche lei madre di famiglia. Con uno sguardo e poche parole, la donna dello Stato aprì il cuore alla donna della mafia.

Così, Carmela Iuculano ha iniziato il suo lungo racconto. Ha parlato pure dei ricatti che venivano imposti agli imprenditori della provincia. Ecco perché poi qualcuno preferiva diventare complice, anche perché non trovava altra strada di libertà. Carmela Iuculano non ha dispensato indulgenze a nessuno. Anche quando si è trovata nuovamente di fronte al marito, lui sul banco degli imputati e lei sul pretorio, dietro un paravento, nell'aula bunker di Firenze, pronta ad accusare.

Aveva appena iniziato a parlare. Da pochi minuti. Bastarono a far svenire il marito. «È svenuto... oppure tenta di svenire». L'autorevole intervento del presidente della corte, Giancarlo Trizzino, bloccò la messinscena, impedendo ogni possibile seguito. Dalle altre gabbie arrivavano sorrisi ironici: «Che, si è fatta bionda?».

Carmela Iuculano non si fece intimidire. Iniziò la sua confessione sin dai giorni in cui disobbediva al padre, che non voleva frequentasse quel mafiosetto di provincia. «Fuggii insieme a quell'uomo che tutti sapevano essere un mafioso. E lui diventò mio marito». Aveva 16 anni Carmela Iuculano, lasciò gli studi e tutta la sua vita di ragazza normale. «Avevo difficoltà a parlare di lui davanti ai giudici. Era stato il padre dei miei figli, ma un uomo d'onore, persona forte e dura. E mi confidava tutto. Poi mi sono detta che era giusto così». Pino Rizzo andava fiero di apparire in quel modo. E soprattutto di poter essere ammesso al cospetto dello zio. In carcere, aveva affidato alla moglie il più delicato degli incarichi, quello di postino. Biglietti su biglietti, parole dopo parole, soffiate sempre all'orecchio, nel tentativo di preservarle dalle microspie, qualche volta consegnate alle bambine che assistevano ai colloqui, per essere passate al di là del tavolo. Al carcere di Avellino, Rizzo pose nelle mani della moglie una stecca di cioccolato e le sussurrò all'orecchio che avrebbe dovuto consegnarla a uno dei suoi uomini fidati. Dentro quella barretta c'era un pizzino avvolto con lo scotch. Era un messaggio che doveva arrivare fino a Bernardo Provenzano: «Anche se sono in carcere, la famiglia è a disposizione». Ma il suocero di Carmela bloccò la comunicazione: «Dì a tuo marito che per adesso si fa il carcerato». Ma fu la sola volta che il messaggio dal carcere non arrivò a destinazione. La moglie del mafioso era già diventata la sua portavoce di fronte a tutta l'organizzazione.

Di Cosa Nostra conosceva segreti e vie. Ricatti e complicità. Era ormai un'esperta della comunicazione dal carcere, tramite i parenti. «A Pagliarelli, tutte le settimane mi mettevo d'accordo con i familiari degli altri parenti di mio marito, detenuti lì durante il processo. Così, riuscivamo a fare i colloqui tutti insieme. Da una parte del tavolo sedevano uno accanto all'altro Pino e Rosolino Rizzo ma anche Pietro Rinella, dall'altra parte mogli e figli. Poi ci spostavamo e parlavamo tutti insieme. E le guardie non sono mai intervenute. E se intervenivano, questione di due minuti e poi tornavamo come prima». Tutto disse Carmela Iuculano ai giudici della Corte d'Assise di Palermo, raggelati da quel racconto, duro e senza fronzoli. E nel più assoluto silenzio, Carmela Iuculano spiegò anche perché a un certo punto aveva scelto di stare dalla parte dello Stato:

> Parlando con i miei figli mi hanno fatto sentire, come dire, come un piccolo verme, perché facevo io: io mamma sono, sti bambini che colpa ne hanno per i miei sbagli, per gli sbagli di mio marito? Cioè, loro hanno sofferto in silenzio fino adesso e non hanno mai detto niente e io non mi sono nemmeno resa conto che loro soffrivano, che erano presenti, sì, dicevo, ero mamma, c'ho sti due bambine, però alla fine non ho pensato fino in fondo loro che cosa volevano, in che cosa loro soffrivano. E gli ho detto: «Voi che cosa volete da me? Che cosa devo fare? Io sono disposta a qualunque cosa per voi, perché fino adesso sono stata una mamma incosciente», perché è vero, magari perché ero piccola, l'ho avuti piccola questi bambini quindi... e loro mi hanno detto: «Mamma, ma perché non parli, perché non dici la verità,

se hai sbagliato ammettilo, così ognuno paga le sue colpe». E io ho detto: «Ma voi lo sapete che cosa significa fare una cosa del genere? Noi ce ne dovremmo andare, saremmo da sole, non vedete più la nonna e il nonno». Perché i miei figli sono molto legati ai miei genitori. E loro mi hanno detto: «Mamma, tanto siamo tutti e tre insieme; mamma, tu ci pensi al bambino piccolo... Tu sai che significa? Se questo cresce e poi segue papà che facciamo poi, andiamo a trovare in carcere pure lui? Che è bello fare questa vita anche per lui stesso? Mamma, perché tutti ci devono rispettare o salutare in paese perché siamo figli di... per paura?». Così quella sera poi loro sono andate a letto e io ho pensato tanto, ho scritto una lettera dove volevo essere sentita dai magistrati.

Tra le fredde pareti dell'aula bunker, quelle parole avevano tenuto tutti – imputati, giudici e avvocati – inchiodati alle sedie. Poi Carmela Iuculano lanciò il suo appello al marito:

Noi siamo ancora là io e i miei figli che stiamo aspettando mio marito perché come Dio dà la scelta non solo l'ha data a me, la dà a tutti, no? La sta dando anche a lui, ora sta a lui scegliere la sua vera famiglia, quella che lui si è creato onestamente, cioè i suoi figli, o se no l'altra sua famiglia.

Anche le bambine, così le chiamava la mamma, hanno fatto la loro parte. Hanno visto prima il padre e poi la madre entrare in carcere, hanno subito l'improvviso allontanamento da Cerda per iniziare una nuova vita in una località protetta. Senza più contatti con il loro paese. Esperienze che lasciano il segno. Le bambine sono cresciute in fretta. Tutte e due. Un anno dopo la scelta della madre hanno risentito per telefono il padre ancora in carcere, sottoposto ai rigori del 41 bis: gli hanno rivolto la stessa preghiera che la loro mamma aveva recitato nel silenzio dell'aula di Firenze. A volte, le parole hanno la forza dirompente di un terremoto. «Perché non fai la stessa decisione della mamma», disse la più piccola al padre. La sorella maggiore non fu da meno. Prese coraggio: «Però papà mi puoi spiegare una cosa... tu ora devi essere sincerissimo... la mamma perché è andata a finire in carcere... quando venivamo al colloquio cosa ci facevi papà... devi essere sincero... perché non capisci che ormai stiamo crescendo papà... e sappiamo tutta la verità». Pino Rizzo rimase scosso. Riuscì ad abbozzare soltanto qualche parola di circostanza. Qualche parola, senza nessuna forza.

Carmela Iuculano ha messo in crisi la nuova mafia di Provenzano. Lei, donna, madre di tre figli, da sola, contro il volere della famiglia acquisita e di quella di origine, è riuscita a ribellarsi. Ha scelto di stare dalla parte dello Stato. Ha dimostrato che è possibile sottrarsi alle regole imposte dalla mafia. Che lei ha caparbiamente violato, coinvolgendo anche i propri figli. Lo ha fatto sotto gli occhi di tutti, mettendo pubblicamente in discussione il potere mafioso. Ha rotto la gabbia del consenso sociale dal quale quel potere, tanto opprimente quanto illegale, deriva.

Quanto importante è stato l'esempio dato alle altre mogli e donne di mafia? Quali effetti ha avuto questa scelta di ribellione sulla credibilità esterna di Cosa Nostra, sulla tenuta delle sue regole?

Per difendersi i mafiosi non hanno trovato altro che invocare il Dio del padrino di Corleone. In quell'aula bunker, dopo aver ascoltato in silenzio le parole della moglie, Pino Rizzo ha urlato: «Spero solo che il Signore la illumini, che se ha ragione illumini lei e i suoi figli per 100 anni ma se non ha ragione illumini me. Io sono credente e sono qui, in carcere. Ma d'altra parte, Dio morì in croce. Ho avuto un'educazione sana e mia moglie la amavo, anzi l'amo ancora».

La speranza porta il nome di Carmela Iuculano e delle sue bambine, cresciute così in fretta, per necessità. La speranza si coniuga al femminile. Forse, non è un caso.

7.
«Sono nato per servire».
L'organizzazione del potere, la mediazione

1. *Il segno del garante*

Il carisma del padrino era ormai nelle sue parole. Quelle che scriveva e riceveva. Batteva a macchina: «Con il volere di Dio voglio essere un servitore, comandatemi, e se possibile con calma e riservatezza vediamo di andare avanti». E se il nuovo corso aveva diviso le famiglie di Caltanissetta e di Catania, esortava Luigi Ilardo:

> Siccome io mi sento di ricostruire pace là dove è possibile, e chiarire le cose per continuare a rispettarci. Nell'occasione, portati 15m che vi dovete chiarire. Se non avete nulla in contrario, vi chiarite, vi riappacificate, e fate tutta una bicchierata, io avessi bisogno di una vostra conferma che lo fate, perché devo dare una risposta, al più presto possibile.

Voleva apparire un vero padrino, e non un tiranno come lo era stato Totò Riina: «Sbagliare è umano – chiosava – basta dirlo e si chiarisce». L'arte del comando è in queste parole, che sembrano quelle di un maestro di vita e di mestiere che invita alla riflessione e alla verifica, per non commettere più gli stessi errori:

> 05-01-2002. [...] 7) Argomento G. Sento quando mi dici, è logico, che il nostro pensiero; quando c'è qualcosa che non và, facciamo nel pensiero, per trovare il perchè non ha funsionato? Al momento per quello che ha detto a me? è come tu pensavi, cioè che non aveva ricevuto il tuo. Ma non facciamone un dramma, sono cose, che succedono.

Tutti gli chiedevano un consiglio e una via. Ma lui non la concedeva subito: «Io chi sono per poterci dire come si devono comportare?». Però, molte righe dopo segnava una strada ben precisa, a cui tutti avrebbero dovuto attenersi. «Tempo fa – scriveva a Giuffrè, ai primi di aprile del 2002 – mi hai parlato Dell'Avv. Bevilacqua, non rigordo bene, il perché, me ne hai parlato. Ho avuto notizie, che è una brava persona. E te l'ho sto comunicando». Poteva sembrare una frase di circostanza, in realtà era il via libera per la nomina di Raffaele Bevilacqua a capomafia della provincia di Enna. Dietro quell'espressione, «E te lo sto comunicando», c'era l'essenza del comando. Disporre senza che appaia un ordine. Spettava alla sensibilità mafiosa dell'interlocutore coglierne la cogenza.

Erano tempi *tinti*, tempi brutti in Cosa Nostra, e anche il capo aveva imparato a guardarsi bene attorno. Talvolta, anche con i più fidati evitava di esporsi subito su una data questione:

01-09-2001. [...] 5) Argomento: Tu mi chiedi se io ho qualche consiglio da darti in merito, cerco io lo stesso di te, cui mi potessi consigliare a me.

Il simbolo del suo potere restava la mediazione. Ne aveva fatto grande esercizio per risolvere la questione Belmonte Mezzagno, dove due dei suoi più fidati collaboratori – Benedetto Spera e Francesco, Ciccio, Pastoia – si contendevano il potere facendosi una guerra tanto cruenta quanto sotterranea. Andava avanti così da molti anni, i morti si erano contati a decine. Dal 1991 Spera era ufficialmente il capo del mandamento, per volere di Totò Riina. Lo sapevano tutti. Ma tutti sapevano altrettanto bene che per determinati affari, la gestione degli appalti soprattutto, occorreva rivolgersi all'altro compaesano, Francesco Pastoia: il suo potere andava crescendo in modo assolutamente speculare al deteriorarsi dei rapporti con il contendente. Alla fine, Spera era uscito allo scoperto e si era rivolto a Provenzano, chiedendogli di incontrare Pastoia, per perorare la sua causa e arrivare a una pace. Provenzano si era anche dichiarato disponibile, ma pretendeva che tutti e due i boss comparissero davanti a lui. Spera non accettò. E poco dopo, fu arrestato. Delle stesse proposte si fece portavoce il fratello di Spera, Salvatore. Che al cospetto del padrino di Corleone si mostrò più disponibile di quanto lo era stato Benedetto. Anche un cugino, Giovanni Spera, codice «GV.», cercò il contatto con Provenzano, interessando Giuffrè. Che scrisse subito il solito pizzino, ottenendo la seguente risposta sulla vicenda che vedeva coinvolto il codice «B n.», ovvero Benedetto Spera:

7-3-2001. [...] 2) Argomento cugino di B n. GV. Sento tutto quello che tu mi dici, sò, che a cercato a me, per tramite tuo? e x tramite altri. Come ora tu mi dici, di ciccio, io che cosa posso farci? Vogliono sapere da me, come si devono comportare? Io chi sono, x poterci dire come si devono comportare? io affin di bene, dicevo a B n. Come comportarsi, è in parte tu, ne sei testimone, e non mi dava ascolto, e io ci speravo nella sua comprenzione, mà purttroppo non l'ho avuta. io non conosco questo suo cugino, ne altri, ne i suoi piani, se non quella che pretendeva, di io incontrare da solo a ciccio, x rapportare a lui, che non l'ho accettato io da solo? cio detto se è alla tua presenza io lo incontro a ciccio, senza della tua presenza non l'ho incontro, e resto fermo su il mio principio, io non sò cosa lui ci diceva ai suoi, e non sò le cose suoi, e mi dispiace, mà io non posso dirci niente. E dovrei fare, finda né che tu mi stai informando? né accogliere altri inviti. Riprenderò in seguito l'argomento.

E dopo altre questioni così proseguiva parlando di Giovanni Spera che, tra l'altro, aveva chiesto pure di «essere fatto» uomo d'onore.

4) Riprendo l'argomento: delle richiesti che ho dal cugino di B n. Ed altri. Sempre dal dire di questo cugino, che dici che vuole essere fatto? e che dici, che ha parlato, con il fratello di B n e dici che il fratello non vuole sentire più niente di queste cose? è che c'è pure cui ci crede? io ciò detto accui mi parla? Che io non sò niente, e niente posso farci; senonchè accertare, se è vero, che il fratello non vuole saperne più niente, perchè io non posso accettare x verità tutto quello che dicono questi a mè sconosciuti, mi anno detto che ho ragione, e che è giusto così, e subito si sono dati da fare, x portare il mio invito al fratello, e mi anno portato la risposta, che èra contento di vedermi, e co-

me ti ripeto, sperano in un mio aiuto, anno fatto pure velocemente a portarmelo, e mi sono già visto, con il fratello? l'esito dell'incontro tutto non mi sento di dirtelo, mi ha chiesto aiuto, e come ho detto a tutti, ho detto pure a lui dimmi l'aiuto che da me vuoi, che se è nelle mie possibilità avrai tutto il mio aiuto, mi ha insistito moltissimo come suo fratello: Dopo averci spiegato, quello che io facessi al suo posto? Sempre con difficoltà, mi dici che ci proverà, mà mi dici, c'è il problema ciccio, e io le chiedo cosa vuoi che io faccia? e mi risponde come suo fratello, agiungento se si potesse avere una pace, le dico mà con cui vuoi questa pace, mi dici con tutti, a malincuore mi dici pure con ciccio mà che ci avessi dovuto parlare da solo io, non accetto ciò detto, e ho rinnovato di tutto quello che ti dico, è cosa io fare, se fosse al tuo posto, e per tutti i raggioni, io posso dire quello che ti stò dicendo, cioè io al tuo posto farebbe questo, nò che tu lo devi fare? x ordine io non posso dare ordine a nessuno, cerco accui le può dare a me: Ti sono con te e con tutti un'amico singero, e basta, ritorna a ciccio le ripeto, io incontrerò ciccio solo alla tua presenza se lo vuoi, e siamo rimasti che lui va da ciccio ci dici se può venire, se vuole venire assiemi a lui x incontrarsi in merito con me, e sono in'attesa della sua risposta, ecco ora mi fermo tutto questo servi solo x te e ti prego di non farni partecipi annessuno. Mi dispiacirebbe.

Passò del tempo e alla fine Provenzano trovò la soluzione per porre fine a quella guerra intestina all'interno del suo stesso schieramento. Incontrò Ciccio Pastoia. A uomini di suo gradimento affidò la guida della famiglia di Belmonte e del mandamento di Misilmeri. Giovanni Spera fu combinato uomo d'onore e alla famiglia di Benedetto fu concesso lo spazio e l'incolumità richiesti. Ma Benedetto Spera era ormai in carcere. E fuori gioco. Pastoia, ormai libero dagli avversari, ottenne per sé il ruolo che gli era più congeniale, uomo di collegamento trasversale fra il vertice e le famiglie più in vista di Palermo e provincia. Era uno di quei capimafia che aveva ben chiaro quale fosse «il nostro dovere», come scriveva Provenzano. Fra i giovani, l'aveva ben chiaro Matteo Messina Denaro, da Trapani, che un tempo era stato fra i più sanguinari alla corte di Riina e un grado in più si era conquistato sul campo con le stragi del 1993 a Roma, Milano e Firenze. Era un giovane devoto. Se una vera successione si aprirà, è lui il candidato più autorevole, perché ha sempre riconosciuto a Provenzano l'autorità del vero capo:

> Io mi rivolgo a lei come garante di tutti e di tutto quindi i suoi contatti sono gli unici che a me stanno bene, cioè di altri non riconosco a nessuno, chi è amico suo e e sarà amico mio, chi non è amico suo non solo non è amico mio ma sarà un nemico mio, su questo con c'è alcun dubbio... La ringrazio per adoperarsi per l'armonia e la pace per tutti noi. [...]
> Prima di passare al nocciolo del discorso desidero dire a lei che io sono per il dialogo e la pacificazione per come lei mi ha chiesto, ed io rispetto il suo volete per come è sempre stato.
> So che lei non ha bisogno di alcuna raccomandazione perché è il nostro maestro ma è il mio cuore che parla e la prego di stare molto attento, le voglio tanto bene. Con immutata stima e l'affetto di sempre. Suo nipote Alessio.

Non perdeva occasione per ribadire la devozione sua al padrino e alla nuova «causa» mafiosa. Anche se talvolta le comunicazioni da Trapani a Palermo erano lente:

> Carissimo Z, spero di trovarla bene in salute così come le dico di me, ho ricevuto sue notizie, mi scuso se la mia posta viaggia sempre con un po' di ritardo, il tutto è dovuto ad una problema di sicurezza, credo che lei mi capirà, d'altronde chi meglio di lei può, ma contentiamoci così, rispondo alle sue. [...] La ringrazio per le belle parole che lei ha usato per me nei loro confronti e ne sono onorato, vorrei però umilmente dirle che io non sono meglio di lei preferisco dire che io appartengo a lei, per come d'altronde è sempre stato, io ho sempre una via che è la vostra, sono nato in questo modo e morirò in questo modo, è una certezza ciò.
> Ora mi affido completamente nelle sue mani e nelle sue decisioni, tutto ciò che lei deciderà io l'accetterò senza problemi e senza creare problemi, questa per me è l'onestà.
> (1) Perché io ho fiducia in lei e solo in lei; (2) perché io ho cercato lei per risolvere questa faccenda ed ora non vedo il motivo per cui si deve interessare qualcun altro; (3) perché io riconosco soltanto a lei l'autorità che le spetta; (4) perché noi due ci capiamo anche se non ci vediamo.

Tanta autorità era per risolvere le questioni di ogni giorno e i conflitti interni all'organizzazione, che restavano parecchi, nonostante le apparenze. Ma il segno del potere restava il metodo, che passava attraverso fidati esecutori e veloci postini. Un pizzino redatto con la macchina per scrivere che tutti riconoscevano era il segno dell'autorità.

Carissimo «G» con l'augurio che la presente vi trova a tutti di Ottima Salute. Come posso dirti di me. Senti sono stato informato, dell'appuntamento che ci si trova pure Cicco La Rocca, e tu non lo vuoi, sì sotto certi aspetti ai ragione, mà siccome io mi sento di ricistruire pace là dove è possibile,e chiarire le cose per continuare a rispettarci,per me non è la fine del mondo? quindi io ti prego,come ho pregato a F mm di andarci tu, e «L.» e nell'appuntamento dovessivo essere voi due, e là dovessivo trovare a Nardo,e a Ciccio la Rocca: Nell'occasio, portatii 15m che vi doveti chiarire pure tu,e Ciccio la Rocca, perché non aveti niente di contrario,e vi chiariti, vi riappacificati, e fate tutta una la bicchierata, io avessi bisogno di una vostra conferma che lo fate perché devo dare una risposta,al più presto possibile:quindi attento una vostra risposta.

2. Il candidato del «tradimento»

Eppure, l'ostentata vocazione a mediare non sempre riusciva a mettere d'accordo tutti. Perché sulle questioni importanti che dividevano l'organizzazione Provenzano non gradiva altre decisioni che non fossero le sue. Ma arrivò il giorno che un certo venticello di malessere cominciò a soffiare da Agrigento, dove si era acceso un gran dibattito per rinnovare la carica più importante, quella di rappresentante della provincia. Il candidato della maggioranza delle famiglie era Maurizio Di Gati. Ma l'uomo di fiducia di Provenzano in quella zona restava un altro, Giuseppe Falsone. Però qualcuno aveva messo in giro la voce che il capo dei capi, per quella carica, avrebbe appoggiato proprio Di Gati. Addirittura, da Palermo erano arrivati due emissari, Salvatore Fileccia, di Villagrazia, e Domenico Virga, di Ganci, che proprio quella voce legittimavano.

Provenzano lo venne a sapere. Fu l'unica volta che il tono dei pizzini fu davvero molto poco aulico. Il padrino ordinò a Giuffrè di avviare subito un'indagine interna:

22-08-2001. [...] Altro Argomento, Equivoco e doloroso per me, mà non srpreso,se puoi rigordare,e valutare, il mio pensiero, per cose, più grossi delle miei possibilita, e principio. Non ti sto parlando io? mà altri, che mi dicono? e che io ti copio. Ti copio, quando mi dici quellochetudicevi si «può chiamare Alessandro da mm. Copio, Carissimo zio questo discorso? è il più intrecciato, vedo come spiegarmi al meglio, per quanto riguarda Agrigento, la lettera precedente che avete fatto il nome di un certo Agati di Racalmuto, che io non conosco, dicendoti che c'è la voce in giro, che tutto lui a me lo ha detto, un certo Falzone Giuseppe di Campobello di Licata, di cui da qualche anno, a sta parte, chiedeva i condatti per vossia; e lo zio mm aveva detto che prima si dovevano, sistemare la provincia di AG. Così questo Falzone ha parlato, co Capizzi Giuseppe di Ribera figlio dello zio Simone, e questo Capizzi gli ha detto che i condatti con Palermo li aveva, ma da qualche mese a sta parte, gli è sorto il dubbio, così in questi giorni mi, hanno fatto un apuntamento, ed eravamo, io Falzone,e Capizzi dicendomi,e pregandomi di farti sapere che ha questo capizzi gli furono presentati due persone,dicendo che erano mandat, da parte di Vossia, e sono Totò Freccia di Villagrazia, e un certo Virga di Ganci che non sapendo il nome, mi hanno detto che il fratello si chiama Rodolfo e fa il veterinario, queste due persone gli hanno fatto sistemate, i mandamenti a questo Capizzi, e poi gli hanno imposto che, il rappresentante della provincia di AG è Agati Maurizio che lo aveva detto Vossia, e ancora, mi dicono in questa riunione che questi due persone hanno i condatti, con zio Ciccio Larrocca di Grammiciele, di cui questozio Ciccio ci ha messo le mani ai nostri fratelli Lorenzo e Calogero facendocci tirare la testa,e ancora, ti scrivo, per tua conoscenza, che l'apuntamento, per quanto concerne pace Gela volevano, che si facesse nello zio Ciccio Larrocca, e gli hanno risposto che appuntamenti nello zio Ciccio non se ne fanno. Nel sperare che sono stato più chiaro possibile, concludo la mia lettera,e con il volere di Dio, che questa giunga nelle tue mani perché è una bomba. Carissimo zio ti faccio sapere che questo Capizzi mi ha detto che il suo nome non voleva che te lo facessi, perché ha paura di qualche rimprovero come già la prima volta,è successo però io non voglio, e non posso nascondertelo,e anche consigliandomi, con la zia Vinczzz si è trovata con la mia opinione che ti manda tanti saluti e affettuosi abbracci.

Provenzano aveva subito premesso a Giuffrè che l'argomento del pizzino sarebbe stato «doloroso», per gli equivoci che si erano creati. Chi aveva scritto al capo di Cosa Nostra gli aveva fatto sapere che qualcuno gli attribuiva quei due emissari, «Totò Freccia di Villagrazia e un certo Virga di Ganci», che si sarebbero presentati all'influente famiglia agrigentina dei Capizzi come portavoce del volere di Palermo, in favore di Maurizio Di Gati. Ma quelli non erano emissari di Provenzano. Così, lui proseguiva nella lettera a Giuffrè:

Dicevo, questa è una parte, da riflettere, e valutare, mentre io prego a Dio, di farme sapere, ancora quande falsità bugie,e tragedie, si dovranno dire di me. Ora ti copio, ancora un'altro ricevuto, deludente, oltre che doloroso: mà non sono sorpreso? ne di quello, che ti ho detto, né di quello che, sto per copiarti. Copio.
«Carissimo Zio,innanzitutto spero che questa mia ti venga a trovare benone, come io ti posso assicurare di me. Ho avuto modo di ricevere tramite A tue notizie per quanto concerne Pace Gela. Mi duole tantissimo venire a conoscenza che Giovanni ti fà pervenirre notizie false, e non ti dice il vero, perché uii non mi sono incontrato con nessuno né in sua presenza, né in sua assenza, anzi agiungo che questi non hanno proprio intenzioni di incontrarsi con me, deduco questo dal fatto che loro fanno e sfanno come la loro testa gli dici aggiungendo che a Palermo sono a posto non facendo arrivare soldi a tanti amici degni è meritevoli, pensando solamente a chi gli inderessa loro a noi solo gli spiccioli. La situazione comunque và sempre peggio le esigenze sono tante sia per noi fuori, che per amici dentro è più si và avanti più non è accettabile questa situazione. Ha due anni che aspettiamo per essere tutti uniti per fare prevalere il buon senso, ma da parte loro non c'è dialogo, gli sto mandando a dire per l'ultima volta di incontraeci come lui massimo ai primi di settembre non si vede con me, ci mettiamo subito mano perché è una situazione non più' accettabile.
Zio,io spero di ricevere tue notizie in merito, comprendi benissimo, sé si è arrivati a tanto ho si sta arrrivando a ciò naturalmente non per colpa nostra, in quando i nostri propositi erano altri che tu sai benissimo abbiamo atteso due anni è onestamente non possiamo più

aspettare perché anche nei confronti di Amici care in carcere non possiamo perdere la dignità dobbiamo pensarli, perché tanti sono dimenticati. Come sempre concludo inviandti un forte abbraccio Carmelo Tasc..».

Le falsità che ferivano Provenzano non erano solo per il caso Agrigento, ma anche per il conflitto scoppiato a Gela, fra opposte fazioni dell'organizzazione. Il padrino non ordinava punizioni esemplari, chiedeva solo al fidato Giuffrè di smentire le bugie diffuse ad arte dagli oppositori interni. Niente di più. E non immaginava affatto che anche Giuffrè aveva contribuito a spendere il nome di Provenzano a favore dello schieramento pro-Di Gati.

Ecco io ho poco tempo a disposizione per scriverci, e che prima di rispondere, volesse un tuo riscondro, generale, e particolarmente su quando ti ha detto Giovanni, ed avere le idei chiare, cui non dici la verità, dovrò dire qualcosa, mà ho quattro cinque giorni,e sono certo che non posso rispondere, come giusto è rispondere, mà devo dire la pura verità che io nonò né ordinato? ne mandato, a nessuno spiegando i miei principi, con onestà,e correttezza, tu per Giovanni fai quello che vuoi ma cerchiamo, di dire si la verità, ma non appesantiamo, a nessuno qua ci sono frammenti per avere delle orientamenti. Inattesa di tuoi nuovi riscontri, smetto augurandovi per tutti, un mondo di bene, inviandovi i più cari Aff. saluti per tutti. Vi benedica il signore e vi protegga! Teniamoci riservati umpò con tutt.

Giuffrè prese atto di ogni considerazione. Ma non fece nulla di quanto gli era stato chiesto. Provenzano doveva avere qualche sospetto, perché gli scrisse con grande moderazione. «Io non ho da prendere la scure, al momento»:

01-09-2001. [...] 6) Argomento: riguardo al discorso di AG su Capizzi di Ribbera, e sulle riunioni tenuti da Virga, con persone di Villagrazia? Tu non centri, con quelli di Villa Grazia, è da stabilire, se ci entra B n. io al momento non ho, e non sò dire niente, ti ho copiato quanto mi dicono, e il mio dovere è di dirci a questi, che chi a buon cuore,e che a malo cuore, devi ammettere, che anno agito in questo modo, io non ho da prendere la scure al momento? Ho di ringraziarli, e dire, che io non sapevo niente, come è la verità, poi sono così loro, se cè cui è stato preso pure in buona fede ingannato pure lui, perché mi sembra in quello che ti ho copiato? È uno che lo ha cgiesto da un anno a questa parte, dopo che ci anno fatto fare le cose, questo ha chiesto un condatto con me, e non potendolo avere? ci è sorto il dubbio, ed a affrontato la situazione, con Capizzi? Comunque sono in'attesa, ancora se mi daranno notizie, mà come si dà la prima occasuine, le comunicherò a tutti quelli, che mi anno comunicato, è chiesto, se io ho dato questo ordine, le dirò la verità, che io non ho né dato? ne posso darni di questi ordine, e poi in seguito si vedrà.

Giuffrè seguiva una sua idea del governo mafioso e della successione al vertice. La sua posizione sul caso Agrigento non era una fronda contro Provenzano, lui cercava solo di giocare di anticipo sulle nomine, piazzando uomini sui quali poter contare direttamente e senza riserve. Che sarebbero comunque rimasti fedeli allo schieramento di Provenzano, ma sempre per il suo tramite. Questo modello aveva già sperimentato per la nomina di Domenico Virga a capo del mandamento di San Mauro Castelverde: si era mosso per tempo e a insediamento avvenuto ne aveva chiesto la ratifica a Provenzano. In questo modo Giuffrè contava di creare una solida rete di alleanze che gli sarebbero tornate utili nella futura successione al capo di Cosa Nostra. Non si sapeva quando. Ma il problema si sarebbe posto.

In quelle settimane di polemica sul caso Agrigento, Provenzano insisteva:

20-09-2001. [...] 1) Argomento: che hai ricevuto, la mia ultima, riguardante sia discorsi di Gela e quelli di AG. Te le ho comunicati, perchè in tutti e due i casi, o perchè vuoi x uno, e x l'altro, ti può riguardare.»Tu mi rispondi che, ci vedi pochissimo, in tutta, la problematica situazione, e mi dici che quando io ritengo opportuno, di tu fare qualche oasso,lo vuoi sapere, ne riparleremo,al momento opportuno con il volere di Dio.

Provò anche a lodare il suo consigliere, per il lavoro che aveva fatto a Gela:

8) Sei condento di sentire, che sono rimasto condento, del discorso Gela sono condeto, grazie a voi, perché si tratta di Pace, che se ti ci soffermi umpò sopra, quando cosi mali si evitano, per tantissimi innoccenti, tutti, e per primi quei poveri familiare. Di cuore ti ringrazio,se non lo trascuri, come tu mi dici,in questo presente, niente complimenti, mà preghiamo il Nostro buon Dio, che ci guidi, a fare opere Buone. E per Tutti.

Da lì a qualche mese, Giuffrè sarebbe stato arrestato e avrebbe preso la decisione della svolta, quella di collaborare con la giustizia. Quando si trovò davanti ai magistrati spiegò che in realtà c'era anche lui fra i fautori della candidatura di Maurizio Di Gati. Un contributo importante per la «campagna elettorale» lo avevano dato Salvatore Fileccia e Domenico Virga, abilmente accreditati come emissari di Provenzano. Giuffrè fece molto di più per Di Gati: con la sua autorevolezza di consigliere del capo cercò di catalizzare tutto il dissenso che c'era. L'investitura dei potenti di Cosa Nostra era già avvenuta sul campo: al futuro padrino della città dei Templi venivano infatti passati i fascicoli per le messe a posto degli appalti. Così si consolida il potere della politica mafiosa.

Provenzano non si dava pace. E voleva trovare il colpevole a tutti i costi. Fu l'unica volta che i pizzini del nuovo corso mostrarono al loro stesso inventore i limiti che avevano. Per i tempi delle risposte e per i chiarimenti, che erano così tanti che non bastava un testo scritto. Provenzano decise allora di tornare alle convocazioni, seppur ristrette. Per condurre lui stesso l'indagine interna.

Ma ad Agrigento l'assise per la nomina del nuovo capomandamento era stata comunque convocata.

Quando ancora i pizzini del sospetto e della discordia non erano stati svelati, la squadra mobile di Agrigento ascoltò in diretta le consultazioni fra i mafiosi. «Si deve eleggere il rappresentante provinciale»: Raffaele Faldetta, capo della famiglia di Casteltermini informava Andrea Montalbano, il rappresentante della famiglia di Cianciana. «Che io sappia loro sono d'accordo per Maurizio», ribadiva. Montalbano conosceva alla perfezione i retroscena della campagna elettorale, perché le famiglie agrigentine speravano così di ottenere più spazio nella geopolitica mafiosa: «Se loro sono d'accordo siamo quattro. Siamo sette i rappresentanti». Quattro a tre. La maggioranza era risicata.

«I tempi sono *tinti*», si ripetevano i due boss in quella calda giornata d'estate 2002. «Vossia lo sa – esclamò Faldetta – un altro po' non si sa neanche da chi ci si deve guardare».

«Il Signore ci deve scansare tutte cose», rispose con tono solenne Montalbano. «Io ho 65 anni – continuava –, ho una esperienza un po' più lunga e so che anche fra di noi c'è del marcio. Capiscimi, nel senso dell'avidità, della voglia di comando, di soldi. Ma cosa c'è di più bello, invece, che le cose vadano di comune accordo. Perché uno si deve andare a coricare la sera e pensare: oggi ho litigato con lo zio Raffaele, oggi ho litigato con l'amico. Avere sempre un pensiero».

«E invece ci sono amici nostri che montano tragedie», osservò Faldetta. Le «tragedie» sono i contrasti fra i clan, le menzogne vestite da verità, i doppi giochi. Arrivò pure il momento dei ricordi. Il tono della voce di Montalbano mutò, la microspia della polizia colse la sfumatura: «La nostra provincia era immacolata. Nessuno poteva pensare che potessero succedere certe cose. Ecco perché poi la gente ha paura pur avendo bisogno, le tragedie fanno paura».

«Ma la paura dei giovani è un'altra, i pentiti». Faldetta, poco più che cinquantenne, aveva un osservatorio attento sulle nuove leve. «Ti dicono, ma a me chi me lo fa fare, mi faccio i fatti miei».

«E non si riesce più a trovare *picciotti* – lo interruppe l'altro padrino – è difficile veramente, vedi che questa è una cosa grave per noi. Non si salva niente, ma speriamo che questa volta le cose vadano bene». Alla fine del discorso, anche Faldetta e Montalbano erano affascinati dal verbo Provenzano: «L'importante è che c'è uno che tiene a noi altri tutti uniti», proseguiva Faldetta. L'11 aprile 2006 fu chiaro che il capo di Cosa Nostra aveva concluso l'inchiesta, individuando anche i responsabili. «Il tradimento» aveva scritto in cima a una deposizione del pentito Giuffrè, scaricata da Internet. A quel punto, Provenzano aveva per davvero compreso tutto. E aveva segnato alcuni passaggi dell'interrogatorio del suo ex fidato consigliere poi diventato collaboratore di giustizia.

Alla fine delle tragedie e delle inchieste, il candidato del «tradimento» non ebbe comunque vita lunga. Fu nominato a maggioranza. Ma si rese conto che quella maggioranza non aveva alcun potere. E presto dovette cedere lo scettro a Falsone.

3. «*La questione del Ferro*»

L'arte difficile del comando ha trovato esercizio non solo nelle questioni politico-organizzative, ma anche tra gli affari di Cosa Nostra. Perché l'ordinamento giuridico criminale è spesso irto di interpretazioni, consuetudini e regolamenti attuativi. Proprio come l'ordinamento della comunità civile. Erano i pizzini di Provenzano a costituire le sentenze della Consulta mafiosa. Senza possibilità di appello. Che in verità non era neanche cercato.

Le istanze andavano presentate in carta semplice, senza ulteriori formalità. Così fece Luigi Ilardo nella prima lettera che finì nella mani della giustizia. Era il luglio 1994:

> Carissimo zio è con gioia che ti scrivo queste righe, nella speranza che godi ottima salute. Oggi (11) ho parlato con M. della situazione nostra in generale ed in particolare della questione del Ferro. Come certamente saprai qualcuno ha cercato di mettere in cattiva luce F. mettendo in giro delle falsità che ci lasciano tutti un pò perplessi e preoccupati per la facilità con cui ciò viene fatto. Quindi nell'interesse di F. e noi tutti sarebbe bene che la cosa si chiarisca, anche perché sto ricevendo dai catanesi richieste per recuperare quanto loro dovuto.

Nel momento in cui Ilardo consegnava il biglietto al colonnello Riccio spiegava che «M.» era Domenico Vaccaro, il reggente provinciale di Caltanissetta; «F.» doveva identificarsi in Francesco Tusa, anche lui mafioso di Caltanissetta ma residente a Catania, di parentele illustri perché genero di Leonardo Greco, il patriarca di Bagheria e nipote di Giuseppe Madonia, lo storico capomafia di Caltanissetta al momento impossibilitato a esercitare perché in carcere. «La questione del Ferro» era una delicata estorsione alle acciaierie Megara di Catania, una delle più grandi strutture della zona industriale sorte sotto l'Etna. Due dirigenti dell'azienda erano stati uccisi in circostanze misteriose, il 31 ottobre 1990. Ilardo sosteneva che dopo quell'evento così drammatico gli stessi vertici aziendali avevano chiesto protezione a Provenzano. Una veloce indagine degli ispettori delle cosche decretò presto che il duplice omicidio non aveva né una causale né una mano mafiosa, piuttosto gli autori andavano cercati fra la criminalità comune. A quel punto, gli imprenditori pretesero protezione. Non soltanto dai rapinatori ma anche dai sindacati, che da qualche tempo avevano ingaggiato una pesante vertenza per ottenere una rivalutazione delle indennità di malattia e di infortunio, e pure il puntuale pagamento degli stipendi. Ilardo aveva parlato di tutto questo con «M.», ovvero con Vaccaro, e aveva saputo che qualcuno parlava male di «F.», Tusa, accusandolo addirittura di essersi appropriato dei soldi della Megara, che per competenza territoriale sarebbero invece spettati a Catania e non a Caltanissetta. Dunque, i catanesi pretendevano la restituzione di quanto dovuto.

Quel giorno, c'erano anche altre questioni di cui discutere. Ilardo scriveva ancora a Provenzano:

Altra questione quella che riguarda i riesani che hanno incassato diverse somme di danaro senza dar conto a nessuno. Non ultimo abbiamo appreso che i S. hanno venduto dei terreni nella zona e loro hanno incassato delle somme come sensalia. Di ciò naturalmente non hanno dato conto a nessuno. In questi giorni dovrebbero incassarne delle altre se ti viene bene fai in modo che queste rimanenti somme vengano a finire a noi perché ci sono molte persone senza una lira. Abbiamo saputo che in quelle zone, persone vicino a V. stanno trattando delle grosse partite di soldi falsi da 50.000. Se c'è la possibilità saremo propensi ad acquistarne qualche grossa partita purché ci vengano dati di prima mano, anche perché ci sono amici nostri che hanno avuto fatto delle grosse richieste. Purtroppo la crisi non è solo nel settore produttivo della nazione, bensì in tutti i settori e quindi un po' tutti né risentiamo. Se ci fosse la possibilità di far lavorare qualche ragazzo gelese, molte cose potrebbero cambiare. Per quanto concerne gli altri discorsi, tutto sembra andare per il verso, anche se qualche zona di ombra è pur sempre rimasta per quei discorsi che tu sai e riguardano i riesani C. e Decaro. Con la stima e l'affetto di sempre ti abbraccio, rimanendo sempre a tua completa disposizione. f/to Gino.

Anche i «Riesani» si erano appropriati di soldi che secondo le rigide regole dell'ordinamento mafioso sarebbero dovuti spettare ad altri, per criterio di territorio. «I riesani C. e De Caro», informò Ilardo, erano Giuseppe Cammarata, latitante, indicato quale capo di quella famiglia dell'Agrigentino, e Antonio Di Caro, di Canicattì, vicerappresentante provinciale, figlio d'arte. Il colonnello Riccio annotò con cura i loro nomi, perché capì che avrebbero segnato una nuova stagione in quei difficili momenti di ricostruzione, per la mafia e l'antimafia. Ilardo non aggiunse molto altro, spiegò che aveva consegnato il pizzino al fidato imprenditore bagherese Simone Castello e promise che presto avrebbe soffiato nuovi messaggi. La risposta di Provenzano non tardò ad arrivare:

Sapevo che vi avessivo dovuto vedere, con mm, e ora tu mi dai conferma che vi siete visti, per la vostra situazione in generale: Mi auguro una sengera, e corretta collaborazione. Anche sé, abbiamo molte avversità, sia fuori che dentro di noi stessi, cercati di recuperare, il massimo del recuperabile. Sendi io ascolto tutto quello che tu mi dici, mà non ti posso rispondere con precisione, se non in quello che capisco. (Ferro) io non sò con precisione a cosa ti riferisci. Poi mi parli, che c'è qualcuno che ha cercato di mettervi in cattiva luce, con delle falsità, mà ha che cosa ti riferisci, parlando di F. e voi tutti, e vuoi che si chiarisca, mà che cosa? Io non mi posso riaccapezzare, e non sò, se io ti posso essere di aiuto, mà là dove, tu crede che io ti possa essere di aiuto, ti prego di essere chiaro ha cosa specifica io ti possa aiutare, e s'è nelle miei possibilità ti aiuto.

In realtà, Provenzano si era già documentato sul caso. E velatamente prendeva le difese di Tusa e dei suoi illustri parenti:

E poi ci dici che i catanesi non hanno rispettato i patti, ragion per cui i lavori ci sono andati mali, e lui non può mantenere l'impegni, mà vuole essere riconoscende per una ricompensa del passato, e per l'avvenire vuole ha una persona di Catania che ci và è si impegna ad assisterlo di tutto quello che cià di bisogno. io questo lo avevo mandato a dire ha F. mà quando ci è arrivato il mio scritto lui già aveva fatto quello che è dove si trova. Io le stesse cose ha più, ho meno le ho scritti a mm. E di più per tu saperlo, i catanese si sono rivolti ha un mio paesano, e quello mi ha venuto ha chiedere se io ne sapevo parlare, e stato dopo che non c'è più F. E io cio detto quando ho detto ha mm e ora sto dicendo atte.

La questione era diventata davvero complessa. Perché i «catanesi non avevano rispettato i patti», ovvero non erano stati all'altezza dei loro compiti. E nei fatti la famiglia di Caltanissetta, con l'ambasciatore Tusa, si era occupata di proteggere la Megara. Ma restava una soluzione comunque irregolare. Anche Provenzano se ne rendeva conto. E non avrebbe potuto cambiare le regole solo per il suo ascendente nei confronti di Bagheria o di Caltanissetta. I vertici della Megara erano disposti a risarcire i catanesi con una «ricompensa del passato». Ma per il futuro chiedevano alle cosche catanesi più attenzione. Sollecitavano che un incaricato, espressamente nominato da Cosa Nostra, si occupasse delle loro svariate esigenze di sicurezza, ma anche di quelle sindacali. Queste cose Provenzano aveva mandato a dire a «F.», ma il messaggio non aveva potuto raggiungere il destinatario, perché intanto si era costituito in carcere («Lui già aveva fatto quello che è dove si trova»). E allora Provenzano aveva scritto a «mm.», quel Domenico, Mimmo Vaccaro, capo di Caltanissetta che Ilardo aveva indicato nella sua lettera semplicemente con una «M.».

C'era ancora «la questione dei Riesani» a cui Provenzano doveva rispondere. E anche quella dei soldi falsi di cui alcune famiglie avevano bisogno per i loro affari. In conclusione, il pizzino toccò pure svariati argomenti:

Ora mi parli di questa questione dei Reisani: che anno incassato grosse somme per senzalia, e senza dare conto ha nessuno/ Mà sendi questi sono cosi che veli doveti vedere fra voi, vuoi come siete abituati, vuoi sé sono cosi propi, e poi io non sò niente, e non posso avere condatti con I S. almeno ché tu non mi dai una via. (Non posso fare passare da me la rimanende somma). Ora mi parli, di questi soldi falsi di 50.000, e che se ci fosse la possibilità voi fossivo interessati: Sendi io non sò niente di queste cose, se mi dovessi capitare qualcosa ti terro presente, mà se ai la possibilità datti da fare tu. Poi mi parli se si potesse fare lavorare un ragazzo Gelese, io non afferro quello che tu vuoi dirmi, mà che lavoro sà fare?

Ora sendo, che per tutte le altri discorsi, tutto sembra andare per il verso giusto, anche sé resta qualche zona d'ompra per quei discorsi che io sò, riguardo C. Reisani, e Ant. Controllati bene le discorsi, e la situazione teletela sotto controllo.

Sulla «questione dei Riesani», Provenzano invitava Ilardo a tenere la situazione sotto controllo. Per il momento non riteneva necessario un suo intervento. Perché non voleva interferire sui rapporti fra le famiglie. Era la sua filosofia del comando. Anche in questo, cercava di stemperare la gestione autoritaria che aveva assillato la Cosa Nostra prima delle stragi. Ma Ilardo non era del tutto soddisfatto delle risposte. In quel mese di luglio 1994, tornò a scrivere al padrino, anche sollecitato dai carabinieri, che speravano in un incontro fra Ilardo e Provenzano:

Caro zio ho letto con interesse la tua lettera mi dispiace di non essere stato chiaro, ma non tutta la colpa è mia, in quanto mi era stato detto che della questione del Ferro tu ne eri al corrente. Da ciò che M. dici, la confusione già esistente, anzichè diradarsi si infittisce, finendo così di ingarbugliarsi più le cose. Adesso ti spiego ciò che mi è stato detto sia da F. che dai catanesi.

Circa tre mesi fa i CT mi hanno detto che era da circa due anni e passa che non ricevevano soldi di quanto allora pattuito, quindi mi chiedevano se tramite F. potevamo sapere qualcosa in merito a PA, ne ho parlato con F. il quale a sua volta mi disse che aveva fatto sapere tutto a te che la cosa era sistemata, anzi posso assicurarti che mi ha detto che quelli del Ferro erano a posto e con i soldi regolarmente versati si trovavano a PA, la cifra totale dovrebbe aggirarsi sui 500 ml. Da qui le pressioni fattemi affinchè la cosa fosse chiarita e chi in possesso della cifra si fosse premurato a mandarla a chi di competenza. Fin qui in sintesi ti ho spiegato la parte riguardante i soldi.

Dopo che F. si è costituito ho saputo da MM che qualcuno molto probabilmente dalla parte di AG. ha riferito a CT che questi soldi erano finiti nelle tasche di F. e lui non aveva dato conto a nessuno. F. saputo ciò mi ha fatto sapere di metterti al corrente in quanto meglio di te nessuno sapeva come stessero le cose. Invece ora apprendo che non sai assolutamente nulla, però parlando con i CT ho appreso, ch in un colloquio avuto con uno dei responsabili del Ferro, abbia detto loro che i soldi sono stati versati regolarmente ogni mese e quindi non hanno nulla da rimproverarsi. Ora ti chiedo se puoi darmi qualche suggerimento su come fare per uscirne da questa confusione e se c'è qualcuno in grado di fare delle delucidazioni e se i soldi effettivamente sono stati dati e in tal caso a chi.

Dunque, era diventato un bel pasticcio. Condito dalle consuete falsità. I clan catanesi protestavano con Ilardo: pretendevano di sapere perché ormai da due anni la Megara non pagava più la tangente. I catanesi sapevano che una risposta la conoscevano per certo Tusa e i palermitani. Ilardo era corso da Tusa, e questi gli aveva dato rassicurazione che tutti i soldi delle tangenti, circa 500 milioni di lire, erano stati consegnati a Provenzano. Ma in Cosa Nostra le voci non deponevano bene per Tusa: erano stati alcuni mafiosi di Agrigento ad avanzare il sospetto che proprio lui avesse trattenuto i 500 milioni. Così, adesso Ilardo chiedeva una parola di verità a Provenzano. E anche sulla «questione dei Riesani» il vicerappresentante di Caltanissetta sollecitava qualche parola in più:

Per quanto concerne i riesani, ieri 23 mi sono incontrato con Peppe, posso solo dirti che molte bugie ci sono di mezzo per non dire tragedie in quanto a te sono state riferite delle cose, che Peppe mi ha smentito in modo convincente, domani 25 mi incontrerò con MM appunto per un chiarimento ma ti dico in partenza che sono demoralizzato nel constatare che ancora oggi dopo tante esperienze negative del genere ci si ricade sempre con le conseguenze fin qui pagate sulle nostre pelli non hanno dato nessun insegnamento. Spero che queste cose possa risolverle tra di noi in modo di portare un po' di tranquillità nella nostra provincia dopo l'uragano abbattutosi in questi ultimi tempi, scusami se nella mia precedente lettera ti ho accennato dei problemi che come tu mi hai ben detto spetta solo a noi risolvere.
Nell'incontrare Peppe, mi è stato pure presentato De Caro. Per il resto, togliendo qualche problema di carattere personale che mi riprometto di parlartene quando ci sarà più calma, in quanto credo che

tu potresti aiutarmi. Spero di sistemare le cose insieme a MM con l'occasione voglia tu gradire i miei più affettuosi saluti. f/to Gino.

Il postino corse veloce. Ilardo consegnò la lettera a Tusa, che la portò a Simone Castello. E pochi giorni dopo, un altro biglietto ripercorse lo stesso viaggio. Nella direzione opposta. Era Provenzano a scrivere:

Mio carissimo, ho ricevuto tue notizie, mi compiaccio tanto, nel sapervi di Ottima salute. Lo stesso posso dirti di me. Mio cra, mi dici che sei dispiaciuto per non, tu non essere sta chiaro: non ci penzare, lo sa tu, e lo sào, pure io che la colpa, non è né tua, né mia. Mà io ti chiedo, se lo puoi, perdonami, della mia puntualizzazione, considerato, che i discorsi possono essere più di uno. E racconti distolti, che possono portare più confusione, che giustificazione.
Ora sendo quando, ti ha detto F. E devo purttroppo dirti, si è evero, che io sono ha conoscenza, mà nò, che io, ne faccio parte delle responsabilità, e lui da me, è stato informato, fino ha dato punto, e cioè, di quello che mi avevano detto fino a quel momento, e che io informavo ha lui, di quello che mi dicono? mà, inseguito, ha quello che mi anno detto dopo, lui non lo sà, inquando quando io ci mando l'ultima soluzione, lue non là letta, e il biglietto che io ciò mandato, suo fratello, senza aprirlo me lo ha ritornato indietro, e tu celo puoi chiedere, sé vero. Allora, quale è l'ultimo discorso riferitomi che F. nonha letto: L'ultimo discorso riferitomi, mi dicono che i Catanese, avevano presi alcuni impegni poi, non mantenuti dai Catanese: è cioè (Sindacati) per non fare sciopero.ecc. è non è stato mantenuto. è stato molestato, con telefonate, persone che, non si comportano bene, sciacalli ecc. e ha questo punto il vinciullo dice, che le cose ci sono andati mali, è lui dici che per il passato, vuole fare un fiore che lo stabiliti voi: E un fiore per il presende, per andare avande, da stabilire? E da stabilire diefdarci una persona ha vinciullo che si impegna had inderessarsi, per tutto quello che ha lui occorre per andare avanti.

Alla fine, Provenzano ammise di essere a conoscenza della «questione del Ferro», perché era stato lo stesso Francesco Tusa a informarlo, allo scopo di trovare una soluzione. Era chiaro che il capo di Cosa Nostra non aveva nulla da contestare a Tusa. E neanche Ilardo avrebbe voluto aprire nei suoi confronti un processo interno. L'occasione per la soluzione del caso fu data dall'improvvisa costituzione in carcere di Tusa, che dunque non aveva potuto ricevere il biglietto inviato da Provenzano con alcune indicazioni utili per risolvere in modo pacifico e soprattutto corretto (secondo le regole mafiose) l'intera questione. In assenza di Tusa, fu Ilardo a essere investito del caso. Innanzitutto, gli fu comunicato lo spirito che avrebbe dovuto animare ogni mossa successiva: forse i catanesi avevano anche ragione, secondo le regole di competenza territoriale, ma a dire del vertice mafioso si erano comportati male nei confronti delle acciaierie. Uno dei titolari della ditta era stato persino molestato telefonicamente da alcuni anonimi. E soprattutto i catanesi non erano riusciti a evitare gli scioperi del sindacato. Anche le leggi mafiose si possono aggiustare, per contemperare le esigenze del potente di turno. Il titolare dell'azienda era già stato preventivamente informato ed era d'accordo. Avrebbe pagato «un fiore che stabilite voi». Ovvero un regalo in denaro, a titolo di risarcimento per i disguidi organizzativi del passato. E per il futuro, le cose sarebbero andate diversamente. Con il buon auspicio e la mediazione di Provenzano, che a tutte le parti in causa garantiva il rispetto delle promesse. E dei 500 milioni del passato nessuno avrebbe più saputo. Il capo dei capi se ne lavava pilatescamente le mani. Nessuno avrebbe più potuto presentare ricorso. Così proseguiva il pizzino a Ilardo:

Mio caro, questo è quello che devono fare i Catanese quando anno la persona pronto, per portarcela, e stabiliscono, il fiore che vogliono del passato, e quello che che vogliono per l'avvenire? quando sono pronti telo fanno sapere atte, e tu lo fai sapere amme, e io ti invio ha parlare con la persona che amme ha riferito qundo io ho detto sia ha F. e ora atte. Come vedi il caso lo possiamo chiarire mandando io atte, ha parlare con la persona che amme ha riferito quando io vi dico, mà io non sò, né accordi ne altro, sé anno pagato, né se non anno pagato, né acchi le anno dati, sé anno dato soldi, io sono uno solo che posso aiutarvi, con il volere di Dio che non ci faccia mancare pure questi ultimi persone, che possono prodigarsi per fare andare avanti questa cosa, sempre con il volere di Dio ti prego non ci confondiamo, e dicci pure hai Catanese, che delle cose che anno in pendenza con Caltanissetta, no né parlano con l'agrigentini, altrimenti seli fanno agiustare le cose dell'agrigentini. Io atte, posso dirti, che quello che è il responzabile con il vinciullo è il suocero di F. quello che è responzabile con i Catanese è tuo cugino, mà amme, non melo anno detto, né il suocero di F. Né tuo cugino, me lo ha detto ancora un'altra persona, che purttroppo manca pure lui, come mancano il suocero di F. E tuo cugino. Mà per tu saperlo io ho fatto interessare il fratello del suocero di F. E allui che tu tramite me dovessi incontrare, e chiudere questa situazione, e sendire con le tuoi orecchi nò da mè, mà, di cui le cose le dici amme.. Perchè io ha quello che devo dare la risposta che voi mi darette; Ora sendo, che hai saputo tramite mm, che qualcuno molto probabbilmente dalla parte di Ag Ha riferito ai CT che questi soldi erano finiti nelle tasche di F. e lui non ha dato conto a nessuno: sendi io nome ti ho spiegato, non sò niente, e se poi c'è chi lo può sapere lo dica come stanno le cose. Mà io penzo, che tu telo puoi fare dire delle persone che ci forniscono quello che sappiamo, e al momento dicci ai catanese che portano il suo piano di quello che vogliono, e se fosse possibile farlo sapere ha tuo cugino, lui sà sicuramente più di noi.

La comunicazione che correva veloce attraverso i pizzini era specchio delle complesse regole di competenza criminale. Il codice Provenzano incalzava dietro una farraginosa sequenza di citazioni, per fortuna aiutate dall'interpretazione di Ilardo. Il «responsabile con il Vinciullo è il suocero di F.», ovvero Leonardo Greco di Bagheria intratteneva direttamente i contatti con i vertici della Megara. Provenzano informava pure che «quello che è responsabile con i Catanese è tuo cugino», cioè Giuseppe Madonia, capomandamento di Caltanissetta, nonostante in quel momento si trovasse detenuto. Il padrino spiegava di non avere avuto notizia da nessuno dei due, ma «ancora da un'altra persona, che purtroppo manca pure lui»: era Nitto Santapaola, padrino di Catania, che evidentemente non aveva problemi a comunicare con l'esterno nonostante fosse in cella. Provenzano aveva trovato una soluzione per districarsi fra tante competenze e le relative difficoltà: avrebbe «fatto interessare il fratello del suocero di F.», che le spiegazioni di Ilardo identificarono in Nicolò Greco, autorevole mafioso di Bagheria, al pari di Leonardo.

Ma restava aperta «la questione dei Riesani», e anche questa cominciava a stare particolarmente a cuore a Provenzano, perché ne andava del buon funzionamento di tutta l'organizzazione:

‹Ora sendo che ti sei visto, con Reisani (PP) e buggie ceni sono, per non dire tragedie. Inquando a mm sono stati riferite cose che PP ha smendito, in modo convincende, e ora devi vederti con mm per chiarimenti sendi io conosco poco, sia atte, che a mm, amme mi sempra che mm è una brava persona, e forse molto semplice, e umpò inesperiende della malvagia vita di fra noi, e à bisogno che uno lo guida è bene, e può andare avande: di te mi perdonerai, ti ho visto solo una volta, e non posso dirti niente, solo di prego di essere calmo, e retto, corretto e coerente, sappia sfruttare l'esperienza delle sofferenze sofferti, non screditare tutto quello che ti dicono, e nemmeno credere ha tutto quello che ti dicono, cerca sempre la verità prima di parlare, e rigordati che non basta mai avere una sola prova per affrontare un ragionamento per esserni certo in un ragionamento occorrono tre prove, e correttezza,e coerenza. Mi fà piacere sendire alcune tuoi parole, in pase alla saggezza che ci volessi, e che purttroppo non c'è. Ora sendo che ti anno presendato questo Antonio, che io fortuna, ho sfortuna, non conosco, mà mi sempra di capire che è bene stare molto attento con quello che dici, sé è coerente con quello che fà, inquando, è molto giovane: mà mi puoi perdonare se ti cito una massima? che dici (Che bene, sta attento, al nemico suo, e alle azione sue non ha bisogno di avviso altrui) è un buo proverbio. Mio caro continuere ancora, se non fosse impedito di altri impegni, e devo concludere, chiedendoti perdono, sia delle miei errore,e sia perchè non rispondesse ha tutto quello che ti agrada. Comunque, sappia, che là dove ti posso essere utile, con il volere di Dio sono ha tua completa addisposizione, mà sappia pure che detesto le confusione, e quindi avendo le cose dette chiari in modo che io possa capirle, se è nelle miei possibilà sono felice di poter essere utile.
Sendi con mm purttroppo per ragione conseguenziale, sò che la miei notizie non ci sono arrivati al tempo opportuno, se tu lo vedi, la dai i miei più cari, e singeri saluti,e ci fai le miei scusi, io con il volere di Dio voglio essere un servitore, comandatemi, e sé possibile con calma e riservatezza vediamo di andare avandi, e spero tando, per voi nella vostra collaborazione tra tu, e mm. Smetto con la macchina, mà non con il cuore, invindovi i più cari Aff. Saluti per tutti.

Il vero nodo del problema «Riesani», spiegò Ilardo, era il rapporto conflittuale di Giuseppe Cammarata con Antonio Di Caro e Domenico Vaccaro. Provenzano si fidava più di quest'ultimo («amme mi sempra che mm è una brava persona»). «Questo Antonio che io fortuna, ho sfortuna, non conosco» aveva il difetto di essere «troppo giovane». Era già un giudizio pesante di poca affidabilità. Era un segno che Di Caro non stava a cuore a nessuno. E da lì a qualche tempo sarebbe stato assassinato. Qualche anno dopo, il pentito Giovanni Brusca spiegò ai magistrati che Di Caro era sospettato di avere avuto un ruolo nell'arresto del reggente della famiglia di Agrigento, Totò Fragapane.

Il destino di Di Caro si andava lentamente delineando. E «la questione dei Riesani» si sarebbe presto chiusa nel modo più cruento possibile. Ma le parole di chi li voleva morti continuavano ad avere toni ispirati, alla maniera di Provenzano. Il capo di Caltanissetta, Domenico Vaccaro, il diretto superiore di Ilardo, così gli scriveva in quei giorni dell'estate 1994, facendo riferimento con tono di disprezzo ad «Antonietta e la sua superiora», niente altri che Antonio Di Caro e il suo capo:

> Noi caro zio G. dobbiamo sempre tenere presente che loro a noi ci odiano più di chiunque altro. E se si limitano si limitano perché ce un superiore a cui facciamo riferimento tutti io quando mi sono trovato davanti a loro. Hanno tutti abbassato gli occhi e il marciume si ci poteva raschiare con il coltello che avevano su di noi e che quello che fanno lo fanno perché devono farlo. Non dimentichiamocelo mai che lo dove ce la potranno fare ce la faranno sempre, pero noi dobbiamo fare sbagliare sempre a loro e sui loro abusi noi acquistare più fiducia e lasciarli fare, con il loro agire che si autocolpiscono da se stessi perche strafanno in tutto. A noi il Signore ci deve dare la forza di non farci cadere in errore e di darci sempre la calma, e acquistare terreno verso di loro mediante il loro stesso strafare ed errato atteggiamento, che usano con chi gli pare non solo con noi. Noi li dobbiamo mettere in difficoltà tramite gli stessi loro sbagli.

Alla fine del lungo carteggio, i catanesi individuarono i nuovi referenti per i rapporti con le acciaierie Megara. Provenzano era soddisfatto.

4. Le tangenti contese

Le vittime delle estorsioni hanno contribuito con incredibile solerzia al mantenimento dello stato delle leggi mafiose. Provenzano in persona aveva raccomandato l'impresa di Carlino e i suoi affari di metanizzazione nel territorio di Serradifalco, in provincia di Caltanissetta. E quando all'impresa si presentò un altro mafioso per pretendere un altro pizzo, la vittima non ebbe alcun dubbio. Avvertì subito il suo garante per la sicurezza nei lavori, Provenzano in persona, per il tramite di un segreto intermediario. Provenzano non avrebbe potuto permettere un affronto di tale portata. Il pizzino inviato a Ilardo aveva lo scopo di sollecitarlo a un intervento risolutorio:

> Carissimo,con l'augurio che hai passato buone feste, e con l'augurio che la presente, ti trovi di Ottima Salute. Come posso assicurarti di me. Vengo con la presente: per da te avere una risposta, in merito ha uno dei discorsi, che avevo con mm:Si tratta di una Ditta che sta facendo lavori di metanizazione che forse atraversa Serradifalco: Allora: ci sono amici che anno voluto raccomandata questa Ditta, io lo fatto sapere a mm, e lui mi aveva detto che non c'erano problemi, e che avessi preferito che i soldi passassero dalle mie mani, mà mentre gli amici mi dicevano di farci un condatto in modo che fossivo stati voi ha provvedere ha tutto: nel mentre abbiamo questi trattativi e con il presente mezzo si perde tempo, ha questa Ditta si ci presenta un certo Carmelo Allegro di Serradifalco al titolare della Ditta di nome Carlino dicendocci che lui era la persona giusta al cui si devono rivolgere di tutto,sensa bisogno di da nessuna parte,e che aveva bisogno di fare lavorare mezzi meccanici:ha questo punto quello si è preoccupato di questo Allegro,e subito cercò accui lui si era rivolto, ha questo punto quello lo ha tamponato il problema,e che dopo queste feste si dovevano vedere per discutire nei particolare del fatto, mà mi dicono che una persona che ha dei problemi uguale hai miei: ora si sono rivolti amme per avere una risposta.

L'intermediario fra l'imprenditore e Provenzano era «una persona che ha dei problemi uguali ai miei», ovvero era latitante anche lui. Ma «mm» non avrebbe potuto fare nulla perché era finito in carcere, il 21 dicembre 1994. Non restava che Ilardo:

Caro Zio ho ricevuto il tuo scritto, rispondo con un pò di ritardo perché aspettavo l'esito di un incontro con di Caro per riferirti in merito purtroppo a tutt'oggi non è stato possibile. Per quanto concerne il discorso di quel lavoro della Snam, quel Carmelo Allegro allora era stato autorizzato da Mimmo ad incontrarsi con quel Carlino. Però questo discorso non è andato giù a qualcuno (secondo me Cammarata) che tramite di Caro si era fatta da una strada, tant'è vero che questo Carmelo è stato contattato da uno di Favara (certo Butera) che gli ha detto come mai si era permesso di fare un simile passo senza avvisare Carmelo è un amico che è stato sempre vicino a Mimì e quindi ogni suo passo è stato autorizzato da Mimmo, per questo caso specifico, ne avevamo parlato insieme con lui ed abbiamo deciso di mandarglielo noi. Oggi le cose non è che vadano tanto bene nella nostra provincia perché quel signore di Peppe Cammarata, forte dell'aiuto di di Caro, sta facendo di testa sua, pensa solo ad incamerare più soldi possibile infischiandosene di tutti. Per questo lavoro della Snam, da tre mesi che sono nella nostra zona un centesimo non ci è arrivato dei 15 milioni al mese che dovevano arrivarci. Ora a quanto sembra questi soldi forse sono finiti a lui, e noi continuiamo a fare la parte degli imbecilli. Come dicevo prima, circa 20 giorni fa di Caro mi ha mandato a dire di volersi incontrare con me, non so per quale motivo a tutt'oggi non è stato possibile malgrado la mia disponibilità. La settimana scorsa Totò Fragapane con amici nostri mi ha chiesto se ci potevamo incontrare, e adesso attende una mia risposta, cosa che intenderei fare non appena avrò un tuo parere. Come già saprai i rapporti con Agrigento e con di Caro in particolare non sono tanto buoni e non per colpa nostra, e con Mimmo non siamo mai riusciti a capire il perché di tanto accanimento nei nostri riguardi. Dopo il fatto del supermercato, i nostri rapporti sono peggiorati perché mi sembra esagerato rifiutare 40 ml. all'anno, ma si rende conto di quanto enorme sia tale cifra per un commerciante Per tutta risposta dopo che avevo già 20 ml. per farglieli avere la settimana scorsa gli fa mettere una bomba, cosa ne devo dedurre da questo loro atteggiamento? Con quale animo potrei accettare un incontro con loro? Attendo un tuo parere.

La faccenda era anche in questo caso parecchio complicata. E ognuno vantava il diritto di esigere la tassa mafiosa per competenza sul territorio. Ilardo informò Provenzano che quel Carmelo Allegro era stato autorizzato dal rappresentante della provincia, Mimmo Vaccaro. Ma gli agrigentini, e per la precisione

Giuseppe Cammarata e il solito Di Caro, reclamavano un qualche diritto su quell'impresa che si occupava di metanizzazione. Forse perché l'impresa era di Sciacca. Di certo, l'affare che stavano realizzando era imponente: la messa in opera del gasdotto che dal Nordafrica arriva in Sicilia. Gli agrigentini erano già riusciti a intascare 15 milioni di tangente. Ma Ilardo non aveva alcuna intenzione di trattare con loro. Chiese consiglio al padrino. Non bastò. Solo dopo qualche tempo, tutti i contendenti invocarono ufficialmente l'intervento della Consulta mafiosa. E fu ancora Ilardo a scrivere a Provenzano:

> Caro Zio, mi dispiace non aver potuto mandare prima mie notizie, ciò dovuto alla difficoltà di trovare il tramite giusto, ed anche al fatto di darti notizie in merito agli ultimi incontri con gli agrigentini. Per quanto concerne il lavoro del Gas, ci sono state molte incomprensioni con Peppe Cammarata, forse create volutamente. Quando MM. ti mise al corrente di questo lavoro, sia io che lui decidemmo che fosse Palermo la sede giusta per sistemare la cosa, anche perchè Peppe Camm. a me personalmente ebbe a dire che lui aveva in mano il responsabile della ditta che doveva eseguire il lavoro e che poteva definire la cosa di persona. Solo dopo avere messo al corrente te, MM. diede a Carmelo Allegro l'incarico di mettersi in contatto con quel Carlino, onde evitare che Peppe potesse gestire a suo piacimento il lavoro. Invece è andata a finire che i soldi versati per Caltanissetta sono andati in mano a Peppe, che come suo solito non ha dato conto a nessuno.
> La settimana scorsa mi sono incontrato due volte con Di Caro, per chiarire tutte le incomprensioni nate a causa di Cammarata, la prima volta l'ho incontrato a S. Cataldo insieme a Lorenzo, lui lamentava che gli si voleva addebitare un peso superiore a quelle che erano le sue responsabilità, e che a Palermo erano state fatte sapere delle cose che non rispecchiavano la verità, sia verso di lui che Cammarata. La seconda volta l'ho incontrato a Gela in presenza di Ciccio la Rocca, che io stesso avevo cercato per fissarmi un'appuntamento con di Caro prima che ci incontrassimo a S. Cataldo. Anche in questa occasione ha ribadito le stesse cose dette prima, approfondendo il discorso di Cammarata, naturalmente prendendo le sue difese, dicendo che mai in sua presenza, avrebbe accennato all'intenzione di farmi del male, e quindi erano solo tragedie messe in atto da Totò D'alessandro, che mirava invece mettendolo contro me e MM., solo a prendere il suo posto.

A questo punto mi ha detto che Peppe desiderava che si facesse al più presto una riunione a cui doveva partecipare, lui, i due D'alessandro io la rocca qualcun altro di Caltanissetta e due Palermitani, dato che i discorsi ormai erano arrivati fin lì. Ho chiesto chi fossero questi due palermitani, e mi ha risposto che me lo avrebbero fatto sapere in un secondo tempo, anzi mi ha detto, che proprio per questo discorso era stato due volte a palermo incontrandosi una volta con Luca l'altra non lo sa, desidero che tu mi dia una direttiva ed un consiglio su cosa fare.

I due incontri di Ilardo con gli agrigentini non erano stati risolutori. Tutt'altro. Com'era prevedibile, Di Caro aveva preso le difese di Cammarata, sostenendo che ai palermitani erano state riferite cose non vere. Anzi, a detta di Di Caro, era in atto una vera e propria «tragedia», ordita da Salvatore D'Alessandro, allo scopo di mettere in cattiva luce Cammarata all'interno della famiglia di Riesi. Gli agrigentini ribelli chiedevano piuttosto una riunione chiarificatrice.

Ma anche ad Agrigento non tutti condividevano la linea di Cammarata e Di Caro. Il capomandamento, ad esempio, sulla carta l'uomo più potente della provincia. In realtà, non era proprio così. Salvatore Fragapane avrebbe voluto un filo diretto con Ilardo, e dunque con Provenzano. Nulla gli importava di quei 15 milioni. Guardava molto più in alto. Così, Ilardo informava Provenzano:

Sabato scorso mi sono incontrato con Totò Fragapane, un incontro molto cordiale già sapeva che mi ero incontrato con di Caro, mi ha detto che è suo intendimento mantenere ottimi rapporti con noi, ed anzi mi ha precisato, che da questo momento in poi qualsiasi discorso tra noi e loro, dobbiamo essere io e lui a parlare anzi, mi ha precisato che sarebbe opportuno incontrarsi ogni 10 giorni per avere chiaro il quadro della situazione delle nostre province. Anche lui è uscito sul fatto di Cammarata mi ha consigliato di fissargli un appuntamento per chiarire ogni cosa. Spero di incontrarlo la prossima settimana, invece per l'altro incontro a cui dovrebbero partecipare e due palermitani attendo una tua direttiva se farlo o meno Questo in via di massima tutto ciò che è stato discusso a voce vorrebbero almeno 10 fogli.

Venne dunque l'ora del pizzino di Provenzano su quella questione che stava dividendo due province. Ma il padrino, come al solito, non intendeva prendere una posizione chiara, invitava piuttosto a mediare fra gli opposti interessi:

Carissimo, mi compiaccio tanto nel sendire che godeti di Ottima salute. Lo stesso posso assicurarvi di me. Sendo quando mi dici degli agrigentini: Vedeti di trovare una vi via di coprensione: E se ti va bene insiemi al fratello di mm andatecci insieme. (lavoro Gas) e incomprensione con Peppe Cammarata: Doveti stabilire, sé cadi nella sua competenza territoriale ho nò. Mi dicono persone interessati di Palermo nella Cava di Riese che anno subito danni:Chiedi se ne sa parlre Peppe Cammarata, e che ci dobbiamo dire ha quelli che sono interessati. Ora sento quando mi dici per il lavoro Gas,e le e che ci sono stati molte incomprensione, e tu deduci (forse) dovuta al fatto di dire che era meglio sistemare tutto la sede di Palermo forse ai ragione. Ma è una cosa fra voi.Ora mi dici che ai avuto due incontri con Ant. per chiarirvi le cose,e tutti e due le volte non riusciti ha venire alla chiarificazione dei fatti, vuoi per una cosa ho vuoi per un'altra, se vi è possibile,fateli alla presenza di TT Fragapane i discorsi di chiarimenti, e poi vedi di tu di trovare una buona via per andare avande con tutti: inquando tu mi dici che ti avessero chiesto di incontrarvi,e fare una riunione tu,Peppe,i due D'Alessandro, La Rocca, qualcunaltro di Caltanissetta, e due Palermitane? Io non so niente, mà mi anno cercato, ci ho problemi miei, o non mi sono potuto vedere con nessuno, mà tu a Luca lo conosci, a Giovanni B. Forse non lo conosce: Comunque io sò che quando a uno lo invitano, uno non può dire di nò mà io penzo che sono sempre i stessi discorsi di prima, mirate ha cambiare i posti, e lo vogliono fare adducento delle lamentele di qualcuno, e in questo caso dipende da voi, poter dimostrare, se anno ragione ho nò: Però tutto questo è una mia impressione. Ora tu mi chiedi una mia direttiva,ho un consiglio, mà cosa vuoi che che io possa dirti quando ci possono esse due che si condraddicono nenne versione dei fatti? Sieti voi che poteti dirci, dove anno ragione ho nò? e noi io non sò e non posso andare contro la ragione, e quando si arriva a questi punti,c'è che devi essere più creduto,e chi deve resterci male: Mà per me tutto questo lo stabilisco gli argomenti di o dei fatti, che escono nel chiarimento.

Erano passati dieci anni, ma i problemi restavano gli stessi. «Castronovo mette a posto imprese di Bagheria a Cefalù per lui stesso», così diceva un appunto manoscritto trovato nel marsupio di Giuffrè, il 16 aprile 2002. Il problema era duplice: Carlo Castronovo era sì un importante uomo d'onore di Bagheria, ma Cefalù non ricadeva nel suo territorio di competenza. Dunque, se aveva incassato tangenti avrebbe dovuto presto versarle a chi su quel territorio esercitava l'influenza mafiosa. E cioè i Rizzo di Collesano e di Cerda, che con Giuffrè mantenevano un ottimo rapporto. Per ristabilire il rispetto delle regole, Giuffrè aveva scritto a Provenzano. E la risposta non tardò:

24-10-2001. [...] Argomento: Sento che sono venuti, delle madonie, per dirti, cose poco belli, su Carlo Castronovo, mà che cosa ti anno detto? e che cosa vogliono? Io tempo fà, ne ho fatto cenno a suo cugino? e vuole sapere, la sostanza del contesto, per aggiustare se è possibile.

Giuffrè era tornato alla carica, per sostenere le ragioni dei Rizzo. Ma Provenzano aveva fatto sapere che non poteva ancora decidere:

03-11-2001. [...] 3) Argomento Castronovo, e per tutti i discorsi che ti dicono quelli delle Madonie, dobbiamo pazientare, per sentire l'altra campana, e dopo di ciò si vede il da fare.

Il potere si esercita nel contraddittorio delle parti. E Provenzano sentì anche l'altra campana. Alla fine, come sempre, aggiustando il problema. Ovvero, riconoscendo ai Rizzo un credito in compensazione di circa 70 milioni di lire. Ma poi, nel volgere di qualche mese, i Rizzo finirono in carcere. E Castronovo morì. Il credito rimase in sospeso.

8.
«Argomento lavori».
Gli affari al tempo della sommersione

1. *Un capo in piena attività*

Il giorno dell'arresto, aspettava i suoi postini per consegnare un nuovo pizzino. Era per il numero 5: «Carissimo, con gioia ho ricevuto tue notizie. Mi compiaccio nel saperi a tutti in ottima salute. Lo stesso grazie a Dio, al momento posso dire di me. Allora I) ti dò conferma che ho ricevuto per me e p. 4mila E.». Così Provenzano comunicava che la somma inviatagli in allegato a una precedente lettera era giunta a destinazione. Bastò cercare fra la posta archiviata per trovare il riferimento. Senza firma e senza data. Ma la somma di «4», 4.000 euro, ne consentì presto l'attribuzione a «n. 5», il fidato Calogero Lo Bue. La conferma arrivò dalla comparazione grafologica:

> Carissimo ti scrivo per dirti che stiamo tutti bene come pure sendo di te. Carissimo io attendo a quello che mi dite per quello che debbo fare. Ti sto mandanto i quantro come tu mi ai detto e con gli altri o fatto come mi ai detto.

E ancora «n. 5» era in possesso di «10», diecimila euro. Provenzano lo aveva diligentemente annotato in uno dei rarissimi promemoria manoscritti di suo pugno: «1°Scaliddi Cognato Argomento promessi non mantenuti (I soldi li hanno trovati 10 li à il 5. E 15 il 12». Sulla scrivania del comando c'erano soprattutto questioni di soldi. Che il «ragioniere» pretendeva fossero gestite da tutti con la sua stessa precisione. Ma nei primi mesi del 2006, il codice «25», Antonino Rotolo, chiedeva ancora tempo per quanto richiesto: «Carissimo amico mi sto adoperando per avere i conteggi che mi avete chiesto e spero di mandarvi i biglietti cosi come li riceverò io spero sempre entro la prossima settimana di averli e farveli avere». Ma a Provenzano non bastava:

Con gioia ho ricevuto vostre notizie, con l'augurio che la presente vi trovi ha tutti, in ottima salute. Come grazie ha Dio al momento posso dire di me [...] 2) Sento quando mi diti. Che vi stati adoperando per i conteggi, vi chiedo scusi è da anni che si aspettano, e voi che vi interessati, e mi diti prima di natale se andiamo incntro ad un Santo Natale, lo stesso se andiamo incontro a Pasqua ? ho incontro alla prossima settimana, Oviiamente none abbiamo solo uno condeggio, mà più di uno, e capisco bene, che nonè per colpa vostra. Mà che per certi versi fati di più di quello che poteti fare, il mio desideririo pe più ragione volessi che la si chiudessero tutti e al più presto. Sempre resto in attesa.

Anche il nipote prediletto, Carmelo Gariffo, codice «123», aveva fornito chiarimenti allo zio sulla provenienza di una somma inviata in precedenza: «Allora, rispondo a due tue. 1° Si i 2000, sono da Fausto». Anche questo pizzino, probabilmente composto fra il 18 e il 25 marzo 2006, era ben conservato nella cartella della posta in arrivo, sulla scrivania del padrino. Come il pizzino che a Provenzano aveva scritto Francesco Grizzaffi, attivamente impegnato nella messa a posto del mangimificio Romeo di Corleone.

Carissimo zio come stai spero bene cosi ti posso dire di me, e che la qui presente lettera ginca a te trovandoti in buona salute. Per quanto riqarda Romeo per quello che dice io non so, se e' vero ho no in questo momento non posso chiedere ha nessuno se he vero ho no per me facciamo come ai scritto tu se poi ce da ripsetarlo lo facciamo, intanto vado avanti con la nostra proposta poi, quando avro la risposta te lo faccio avere anche perche ce pure il fatto della vendita dell'azienda... Ora termino di scriverti e ti mando un caro abbraccio e che il signore ci protegga tutti ciao. Fatto 12.12.05.

La «nostra proposta» aveva come oggetto la richiesta di 30.000 euro, non trattabili. Chissà se il padrino ha fatto in tempo a incassarli. Di certo, di mazzette di soldi ce n'erano tante nel casolare di Montagna dei Cavalli. Quando i poliziotti cominciarono a trovarle, ricordarono subito quel messaggio che il padrino aveva inviato a Giuffrè: «Ti mando 25 ml per cambiarli tuo Compare in Euro, a prezzi più grossi possibilità permettento». A Corleone, le mazzette erano tutte ben ordinate e sigillate, qualcuna con l'indicazione del destinatario. La dicitura «per n. 1», che figurava sopra una busta ancora sigillata, non necessitava di molte altre spiegazioni. E non era certo l'ammontare complessivo del danaro rinvenuto a sorprendere. Piuttosto, le parti in cui era stato così ordinatamente suddiviso costituivano la prova più evidente che il «ragioniere» era ancora in piena attività al momento dell'arresto.

Accentramento, contabilizzazione e successiva redistribuzione delle risorse finanziarie. Non era forse questa una delle chiavi del potere che Provenzano aveva esercitato fino all'11 aprile 2006? Era il tema di tutti i pizzini, da quelli consegnati da Ilardo fino a quelli sequestrati a Giuffrè.

Con la strategia della sommersione, la cura degli affari era diventata, ancora di più, la preoccupazione principale della Cosa Nostra di Provenzano. Con un duplice obiettivo. Il primo, quello di sempre, connaturato all'esistenza stessa dell'organizzazione mafiosa: l'accumulazione delle ricchezze, al contempo simbolo del potere criminale e presupposto per nuovi lucrosi investimenti che quel potere perpetua. Ma una maggiore attenzione agli affari costituiva anche l'unico strumento per garantire costanti e sempre crescenti entrate di cassa, per far fronte alla pressione derivante dal continuo incremento delle uscite, conseguenti ad arresti e processi. D'altro canto, il tempestivo e congruo soccorso in favore dei mafiosi detenuti e delle loro famiglie avrebbe dissuaso dalla tentazione della collaborazione con lo Stato.

Nei pizzini si muoveva il contenuto e la direzione degli affari di Bernardo Provenzano. Non era più il tempo delle raffinerie di eroina e dei grandi traffici di stupefacenti, i cui proventi avevano alimentato le casse dell'organizzazione negli anni Settanta e Ottanta, facendo diventare potenti le famiglie palermitane. Tanti i motivi, dalle mutate dinamiche dei mercati internazionali degli stupefacenti, fino ai rischi, davvero eccessivi, che si sarebbero corsi in caso di arresti e processi. In una sola volta, il boss della Kalsa, Masino Spadaro, aveva accumulato 30 anni di carcere per un traffico di droga. E del resto, quegli affari non avevano mai particolarmente allettato Provenzano. Solo il mondo delle imprese lo appassionava. Da sempre. E nel tempo quella passione si era trasformata in una vera ossessione. Negli ultimi anni, con la collaborazione dei fidati consiglieri, il capo dei capi aveva rielaborato strategia e tattica del rapporto di Cosa Nostra con quel mondo. Pino Lipari e Masino Cannella avevano detto la loro. Il modello parassitario doveva rimanere un ricordo del passato e in caso di sopravvivenza sarebbe dovuto restare confinato ai margini dei quartieri di periferia. «Provenzano intende portare Cosa Nostra a fare direttamente impresa, cioè preferisce entrare nel capitale sociale delle aziende... la linea è questa, di fare impresa e quindi diventare sempre meno evidenti», aveva confidato una sera Nicola Mandalà a Francesco Campanella, prima che diventasse collaboratore. E così quando Giuffrè aveva sollecitato l'intervento di Provenzano per sistemare un lavoro che un'impresa di Partinico aveva iniziato a Ganci, nel cuore delle Madonie, lui aveva subito risposto secondo la nuova filosofia:

2-4-2001. [...] 3) Per il lavoro di La Franca Partinico; Tu mi dici di portarlo avante io, io x quello che posso, a compreta disposizione: Ma tu mi devi dire chiaro se vuoi la partecipazione come parte? Oppure Vuoi il 2% perché se vuoi la partecipazione? mi devi dire con cui si devono mettere d'accordo e in condatto.

Questa era la nuova frontiera. Penetrare le compagini sociali, farsi accettare come soci occulti, mischiare il sangue di Cosa Nostra con quello dell'imprenditoria pulita, la più insospettabile. La confusione avrebbe generato la nuova linfa vitale per fare di Cosa Nostra l'organizzazione criminale più potente anche nel nuovo millennio.

2. *Il sistema del 2 per cento*

La lettera che Provenzano aveva scritto a Giuffrè recava la data del 30 agosto 2001:

> Argomento: Mi chiedono, di Villafrate, che c'è Un'Imp. Di Favara, Impresario Bellomo Giuseppe, Che stà facendo lavori x l'importo di Un miliardo e duecentomila, e volessero sapere, se si può, e si mette apposto, perché, è unpò in avante con i lavori, e avere il tempo, per appaciarsi. è come una cosa urgente. Chiedelo, e al più presto mi dai una risposta. Di altro con il volere di Dio, ne parleremo in seguito.

Il deciso intervento del capo dei capi per sollecitare la cosiddetta «messa a posto» delle imprese non era certo una novità per i suoi interlocutori. Ancora il 24 ottobre scriveva a Giuffrè:

> Carissimo, con gioia, ho ricevuto, tue notizie, mi compiaccio tanto, nel saperVi, a tutti, in ottima salute. Lo stesso, grazie, a Dio, al momento posso dire di me. [...]
> 4) Pollara x Lercara, ora le dici di portare il 2%. [...]
> 6) Argomento: Mancarella? ripasso la tua risposta. Con il volere di Dio. [...]
> 10) Impresa Salvaggio di Partinico, io non ho possibilità, dobbiamo provare se ne à il Piccolo.
> 11) Argomento:Imp. Iraci che devi fare, un lavoro di consolidamento a Belmonte M. ora lo presento, ma mi chiederanno L'Importo. Priolo che sta facendo un lavoro a Palermo x Semafaro indelligente, e vogliono che si mettono apposto, nella prossima ti darò risposta.
> 12) Che tempo fà B n. ti avessi detto di mettere apposto L'imp. Catalano per lavoro di Rodi Milice (ME) Fatelo correre. Che cerca lui.
> 13) Senti c'è L'impresa Manciapne Mario, di San Giovanni Gemini, che sta facendo un lavoro, di Manutenzione strada (Provincia) Imp. 850ml a Ciminna, vogliono che si metti apposto.

Il settore delle opere pubbliche ha rappresentato da sempre una delle principali occasioni di arricchimento per la Cosa Nostra di Provenzano, che vi interviene attraverso sistematiche attività di illecita interferenza sia nella fase dell'aggiudicazione che in quella dell'esecuzione dei relativi lavori. Alle regole e alla prassi mafiose non è sfuggito alcun imprenditore, neppure se contiguo, vicino o addirittura appartenente all'organizzazione. Perché qualsiasi attività produttiva di ricchezza costituisce fonte di prelievo forzoso di risorse da parte di Cosa Nostra. «È un discorso normale – ha spiegato il collaboratore Giuffrè – tu stai facendo un lavoro nella mia zona, stai guadagnando soldi, devi pagare il 2 per cento. Tutti sono tenuti al versamento. Siano uomini d'onore o imprese vicine a uomini d'onore». Ma c'era la possibilità di una deroga alla rigida applicazione della regola: «Ora se poi magari si ci vuole fare un regalino – ha proseguito l'ex capomandamento di Caccamo – per rispetto o perché ci sono finalità secondarie che magari poi guadagnerò quei soldi sotto un altro punto di vista, nelle forniture di calcestruzzo o perché mi metterà a disposizione dei mezzi, per tutto un complesso di cose». Giuffrè era un vero esperto della materia. Quando si trovò per la prima volta davanti a un tribunale, nella sua nuova veste – il 16 ottobre 2002, nell'aula bunker di Padova – indicò con chiarezza i diversi passaggi che scandiscono ogni attività di messa a posto. «Lei ha parlato prima della strategia della sommersione – gli fu chiesto – a che cosa serviva? In questi ultimi anni quali sono stati gli affari che ha trattato per conto del suo gruppo?». Giuffrè non ebbe esitazioni: «Le estorsioni, in modo particolare, ovvero le tangenti pagate dalle imprese. Una volta che veniva effettuata la gara ed appaltato il lavoro, l'impresa aggiudicatrice si faceva mettere a posto prima di andare a lavorare nella zona, cioè si recava da una persona di sua conoscenza e la pregava... dietro le quinte c'eravamo noi». Giuffrè spiegò che per le zone di sua influenza i soldi arrivavano direttamente a lui: «Così mettevo le imprese a posto, ovvero davo la garanzia alla famiglia competente per la zona che l'impresa era a disposizione». La tassa era sempre la stessa: «Due per cento, a volte anche di meno, a seconda dell'entità del lavoro. E per le forniture di materiali e mezzi, se non ne aveva, l'impresa si metteva anche a disposizione per prenderle nella zona».

Il sistema si articola dunque in diverse fasi. In primo luogo, presuppone l'iniziativa dell'imprenditore, spontanea o indotta poco importa. Poi, il contatto con un referente della zona, quella di provenienza di chi paga o quella in cui sarà eseguito il lavoro. Al momento delle contribuzioni, che generalmente chi è tenuto versa in più soluzioni, il sistema postula il rapporto tra il referente della zona e i vertici dell'organizzazione.

Potrebbe sembrare un paradosso. Una questione che apparentemente è semplice, potendosi risolvere con un contatto personale o una richiesta diretta e un altrettanto diretto pagamento, diventa particolarmente complicata, richiedendo per la sua conclusione più passaggi e quindi maggior tempo. Anche in questo caso, una risposta plausibile non può essere fornita senza tener conto del bilanciamento dei vantaggi e degli svantaggi. Per l'organizzazione che impone il versamento della tassa, ma anche per l'imprenditore che paga, il quale spera e ottiene una controprestazione in termini di sicurezza immediata e di vantaggi futuri. D'altro canto, il contatto diretto tra chi chiede e chi paga è rischioso, per tutti. Mette in pericolo chi lo avvia, espone chi lo subisce. In secondo luogo, non assicura che la gestione del sistema sia unitaria e omogenea tra le varie zone. Infine, la certezza della contribuzione resta un valore da preservare. Chi garantisce che la somma da versare sia effettivamente corrisposta? E poi che sia determinata nel suo esatto ammontare e che venga destinata ai legittimi beneficiari? I passaggi tra referenti di zona e vertici dell'organizzazione, secondo il metodo della centralizzazione gerarchica del sistema, appaiono perfettamente funzionali a ognuna di queste esigenze. E nulla rimarrà sconosciuto ai capi, neppure quali relazioni personali hanno condotto all'avvicinamento degli imprenditori. Pure questi segreti finiranno per accrescere il potere di chi ne è in possesso.

L'occasione della messa a posto mafiosa diventa così il termometro regolatore del rapporto gerarchico che lega le diverse zone e chi le rappresenta ai vertici di Cosa Nostra, a Provenzano in particolare. Assurge a criterio di governo dell'organizzazione, e al contempo di controllo del sistema delle imprese e delle sue relazioni.

Il superamento del sistema parassitario è evidente. Secondo la teorizzazione di Bernardo Provenzano, il pizzo sistematico che a cadenza periodica continuano a pagare nei quartieri i commercianti, gli artigiani e i piccoli imprenditori è solo vessazione esercitata nei confronti di chi produce. E spesso origina malumore e dissenso. La messa a posto dei lavori pubblici è invece occasione per creare consenso: permette di avvicinare gli imprenditori, ai quali verranno promessi vantaggi in cambio del versamento di una tassa. È vero che in tutti e due i casi il risultato immediato risulta lo stesso, ovvero l'afflusso di contanti nelle casse dell'organizzazione. Ma è il valore aggiunto del consenso a determinare la differenza, assicurata esclusivamente dal sistema della messa a posto. Così ribadiva uno dei mafiosi che sono cresciuti alla scuola di Provenzano, Carmelo Amato, il titolare dell'autoscuola Primavera dove lo «zio» teneva le sue riunioni: «Vanno disturbando i negozi a questi poveretti che si guadagnano il pane... che sono tutti in crisi i negozi». Queste parole intercettate dai carabinieri ribadivano l'avversione verso quelle forme di imposizione selvaggia, giustificate dal moltiplicarsi dei bisogni. «Gli chiedono cifre esose. Un milione, tre milioni al mese. Ma come te li danno...». Amato portava un caso concreto al suo interlocutore, quello di uno dei più grandi centri commerciali di Palermo: «Oggi Migliore è un nome importante a Palermo... quello che non capiscono alcuni che l'hanno *babbiatu*... signori miei è un uomo importante, fa lavorare molte persone... questo chiude... chiude... la gente poi ci viene contro a noi altri... appena sentono l'odore si schifano. Io ammetto magari eh... eh... una pizzicata... tipo *pizziceddu*, è giusto o no?».

3. «*Dice: 'Mi mette a posto'...*»

Il sistema ha dunque radici antiche e ha funzionato per tanti motivi. Intanto, perché, di regola, è stato effettivamente l'imprenditore a prendere l'iniziativa, attivando il primo contatto. In caso di dimenticanza, sarebbe bastato poco, anche solo un piccolo avvertimento. Una bottiglia di benzina lasciata sopra un escavatore o qualsiasi altro modesto danneggiamento sono sempre stati più che sufficienti perché la ricerca di un «amico» avesse inizio.

Francesco Giambrone è un imprenditore che opera in Sicilia nel settore dell'edilizia con la società Diana Costruzioni sas, che si era aggiudicata i lavori per la realizzazione delle opere di urbanizzazione primaria nel Comune di Cefalà Diana, piccolo centro dell'entroterra prossimo a Villafrati. Giambrone aveva un'amicizia importante tra le persone che contavano in un certo ambiente: Salvatore Tosto, imprenditore di Lercara Friddi, legato a filo doppio con Pino Lipari per il suo ruolo di componente del cartello che aveva fatto cosa propria dei lavori stradali banditi dall'Anas in Sicilia. Così fu che per l'appalto di Cefalà Diana Giambrone finì per associare di fatto l'amico Tosto. E dato che le regole sono regole, prima ancora di avviare i lavori Salvatore Tosto cercò il suo amico Pino Lipari per mettersi a posto.

Nessuno dei protagonisti provò a negarlo. Lipari, aspirante collaboratore di giustizia dopo il suo arresto nel 2002, spiegò: «Tosto era venuto a trovarmi, mi disse: 'sto iniziando un cantiere a Cefalà Diana', un'urbanizzazione di non so cosa. Non specificò né importo né altro. Disse: 'mi metti a posto?'. Il termine ormai mi pare che è stato coniato, è già eloquente. E io ho fatto avere quei dieci milioni, per come me li ha dati li ho mandati a Provenzano». Anche Tosto, arrestato assieme a Lipari, confermò. Intanto, dentro un floppy disk trovato a casa Lipari, era stata scoperta una lettera indirizzata a Provenzano, risalente all'inizio di luglio del 2001:

> Per quanto riguarda i lavori di Cefalà Diana ti preciso quanto segue. Io ti ho raccomandato solo un lavoro che riguarda Giambrone con Tosto che per questi lavori sono in società. Ricorderai pure che mi hanno dato un acconto di 10 ml che a suo tempo ti feci subito avere. Per gli altri non so nulla ne tantomeno si sono presentate a me altre persone. Non so a che punto siano arrivati i lavori ne ho avuto opportunità di parlare con TST dopo le loro vicende giudiziarie con arresti dei suoi familiari. Spero però incontrarlo presto anche per altri motivi e ti aggiornerò.

Dunque, dopo il primo acconto inoltrato a Provenzano, Lipari non aveva saputo più nulla di quel lavoro di Cefalà Diana né aveva potuto incontrare Salvatore Tosto, perché intanto due suoi cugini erano finiti in manette nell'inchiesta sulle gare truccate dell'Anas. Così, a distanza di pochi giorni, il 24 luglio, Provenzano aveva deciso di interessare un altro dei suoi fidati manager, Antonino Giuffrè, perché quella pratica di messa a posto potesse ultimarsi e lasciare «tutti condenti»:

2) Argomento: Senti, mi dicono, Che L'Impresa Giabrone Giuseppe, di Cammarata, messa apposto, Di B n. e per tale, penso, che l'abbia fatto con te. metterla apposto, per un lavoro, a cefalà Diana. Imp. Un milione,e due cento, Acconto dato dieci milioni. e questi sono arrivati, per via regolare. Mi dicono,che alcuni, settimani, addietro, L'Imp. Giambrone è andato, di nuovo, per un secondo?, e la persona, che si è prodicato per il primo, per paura, non se le ha voluti prendere? e cia detto di trovarsi un'altra persona. La mia preghiera, se sei tu, che lo hai messo a posto? provvedi di fargli girare da te, e tu a me, e così lasciamo tutti condenti.

«L'Imp. Giambrone è andato, di nuovo», ma non aveva trovato nessuno disposto a risolvere la pratica, ovvero a ritirare il saldo rimanente per la messa a posto dell'appalto. Era stata la stessa azienda a sollecitare, perché la pratica fosse definitivamente chiusa.
Anche un altro imprenditore di Prizzi conosceva bene le regole e intendeva mettersi a posto. La richiesta era arrivata direttamente a Provenzano, che poi l'aveva girata a Giuffrè, competente per territorio, il 20 settembre 2001: «Argomento, Impresa Pollara di Prizzi. Nella zona artigianale di Lercara sta facendo un lavoro dun miliardo circa, dimmi quando ci devi chiedere. Vi Benedica il Signore e vi protegga». Dato che il 3 ottobre Giuffrè non aveva ancora fatto sapere nulla, i lavori erano ultimati e l'impresa era in attesa di comunicazioni, Provenzano tornò a sollecitare: «Impresa Pollara di, se rigordo bene? il lavoro a Lercara, lo ha terminato. Tu mi devi dire quando vuoi? è questo che aspettano?». Alla fine, Giuffrè aveva quantificato. Come di regola, il 2 per cento. E Provenzano aveva confermato in un altro pizzino: «4) Pollara x Lercara, ora le dici di portare il 2%».
Pure l'impresa Mancarella di Villabate si era subito messa a

disposizione. Stava realizzando alcune villette sul litorale a est della provincia di Palermo, a Campofelice di Roccella, zona di espansione turistica e di molti investimenti di capitali mafiosi. Lì i fratelli Rinella di Trabia coltivavano forti interessi con il costruttore palermitano Gaspare Finocchio, che nel novembre 2003 sarà poi arrestato per associazione mafiosa e subirà pure il sequestro di due complessi immobiliari, del valore di decine di miliardi. Quando «due individui» avevano bussato all'ufficio di Giovanni e Gioacchina Mancarella, Provenzano era stato subito avvertito e aveva poi scritto a Giuffrè:

20-09-2001. [...] 9) Argoimento:A Compofelici di Roccella, si sono presentati due individui,All'Imp.Mancarella sono persone x bene, stanno costruendo n°5 villett personale, dimmi di che regalo vuoi,sono addisposizione.

A Giuffrè non occorreva altro per sapere che anche l'impresa Mancarella avrebbe assolto ai suoi doveri di contribuzione. Senza alcun problema, da «persone per bene». Garantiva Bernardo Provenzano.

4. *Parola di «Pilato»*

Il sistema della messa a posto ha funzionato senza problemi anche perché la sua centralizzazione ha consentito a Provenzano di intervenire in ogni momento, per garantire e mantenere alto il livello di efficienza: quando si trattava di calmierare l'entità delle richieste avanzate nei confronti degli imprenditori, e quando si rendeva necessario mediare tra i contrapposti interessi delle zone coinvolte nella messa a posto.

Verso la metà del 2001, Francesco Lo Medico, costruttore edile di Bagheria, aveva iniziato i lavori per la realizzazione di alcune palazzine a Termini Imerese. E aveva subito ricevuto la visita di due mafiosi del posto, lo «zio Santo» e lo «zio Agostino», li chiamavano. A quel tempo, a Termini, Santi Balsamo e Agostino Vega la facevano da padroni – o almeno così avrebbero voluto – approfittando della situazione di confusione che si era venuta a determinare dopo l'omicidio di Giuseppe Gaeta, il vecchio boss della zona. Lo Medico aveva trovato un accordo con i due visitatori, ma poco dopo aveva ricevuto un'altra richiesta. Questa volta da parte di Salvatore Lo Bello, giovane termitano rampante, uno dei postini di Antonino Giuffrè.

Lo Medico meditò sul da farsi. Si recò al deposito dei Rinella di Trabia, le persone più in vista del paese. Che l'imprenditore conosceva bene, avendoli agevolati in occasione della conclusione di un'operazione immobiliare nella quale i Rinella non potevano comparire ufficialmente. Ma il rapporto fra l'imprenditore e i mafiosi era nato ancora prima, proprio per una messa a posto: a quel tempo, Lo Medico aveva consegnato 5 milioni di lire nelle mani di Diego Rinella. Era solo l'inizio. Presto quel rapporto avrebbe trasformato l'imprenditore da vittima in complice. Però, a differenza di altri, alla fine Lo Medico si è liberato di quella pericolosa relazione, raccontando tutto, prima alla Procura, e poi nei processi che ha dovuto affrontare, da testimone, ma anche da imputato.

Il 20 dicembre 2001, dunque, Francesco Lo Medico era andato a chiedere lumi a Diego Rinella per quella doppia richiesta di contribuzione, la seconda peraltro particolarmente esosa. Il boss aveva ben presente la «baraonda» che regnava a Termini, dunque per evitare altri problemi consigliò di versare, anche ai nuovi esattori, «un piccolo fiorellino». Ma poi comunicò tutto al più titolato fratello latitante, Salvatore, che a sua volta ne parlò con il capomandamento, Antonino Giuffrè. Alla fine delle consultazioni, Lo Medico venne consigliato di rivolgersi «al suo paese», ovvero Bagheria, per cercare adeguata protezione. Così aveva sancito Giuffrè, secondo quelle strane logiche di potere che non sono estranee neppure a Cosa Nostra. E poco dopo arrivò a Giuffrè una lettera di Provenzano, con allegato un bigliettino, anch'esso dattiloscritto:

Un ragazzo del mio paese e venuto che apreso un lavoro a termini siccome si tratta di edilizzia popolare cuella che si fa in coop di tutti gli acuirenti si ci e presentato tale lo bello e ci anno chiesto il 2 e poi fare interessare i suoi paesani lui e venuto da me dicendo che epronto a contribbuire ma no il 2 perche dice io non e che li devo vendere io vedi cosa si puo fare come persona e aposto per il mom un caro abracci che il signore ti assista senpre.

Tanto bastò per ottenere uno sconto sul 2 per cento. Di mezzo punto, forse anche di un punto.

Ma la regola restava il 2 per cento. Era il contributo che avrebbe dovuto pagare a Ventimiglia di Sicilia anche il gestore di una discarica di rifiuti solidi urbani, un raggruppamento temporaneo di imprese costituito da un'azienda lombarda e da una siciliana, facente capo all'imprenditore Agostino Porcaro di Baucina, il paese del mafioso Pino Pinello. Il sito era stato realizzato nel 1999. A lavori ultimati era stata versata una prima tangente. Ma anche all'esercizio della nuova attività avrebbe dovuto applicarsi la tassa del 2 per cento. Perché, secondo i principi mafiosi, i lavori di realizzazione e la gestione risultavano due attività distinte. Avevano prodotto reddito, dunque entrambe costituivano l'imponibile sul quale calcolare il prelievo forzoso da parte di Cosa Nostra. Così, Antonino Giuffrè, che di quel territorio si occupava, aveva iniziato a darsi da fare: «Me ne parlò Vastiano Vazzana, figlio di Ciccio, di Ventimiglia. E io informai del discorso Provenzano, pregando appositamente un interessamento da parte del Pino Pinello sui Porcaro suoi paesani».

Per discutere della questione discarica Giuffrè e Pinello si incontrarono, ma la riunione risultò «deludente». Così l'ha ricordata lo stesso Giuffrè: «Ho trovato un Pino Pinello diverso, cambiato. Lo conoscevo dagli inizi degli anni '80, eppure non si era mostrato molto disponibile nell'andare a chiudere il discorso della discarica». Giuffrè aveva comunque preso le sue contromisure, scrivendo a Provenzano. Che gli aveva presto risposto, rammaricandosi delle incomprensioni:

31-05-2001. [...] 5) Ora sento, che ti sei visto, co Nino, e P ll, Mi dispiace sentire che per te, l'incontro è stato, deludente, mà non posso dire niente in quanto, non sò di che cosa si tratta? ho aveti trattato. mà mi addolora.

Non aggiunse altro Provenzano, ma come sempre si era già riservato le sue decisioni. Del resto, Giuffrè e Pinello erano due pedine importanti del sistema di comando e di comunicazione. Al capo interessava soprattutto che il suo complesso sistema non perdesse efficienza. E prese tempo. Informò Giuffrè che Pinello, del quale copiava la lettera, aveva parlato con i Porcaro, i quali cercavano ancora di resistere alle nuove richieste, giustificandosi con il pagamento della prima tangente, quella versata per la realizzazione della discarica:

05-12-2001. [...] 2) Come ti ho detto, che provavo con Imp. Porcaro x Discarica Ventimiglia ho provato, e ricevuto la risposta che ti copio. « In merito al fatto del Porcaro per la discarica, io ho parlato con loro, e mi hanno detto che il lavoro loro l'hanno già finito, e che si erano messi a posto a Ventimiglia, e anno già pagato. L'Anno scorso, loro sono venuti a parlarmi per motivi che riguardavano il paese, e mi avevano detto di questo lavoro, e mi dicevano che loro si erano messi a posto e ne avevano parlato con un certo Michelangelo, poi io mi sono incontrato con Bastiano di ventimiglia, e mi ha confermato che i porcaro si erano fatti mettere apposto. Poi mi hanno detto che c'è un'altro proggetto in corso e se riescono a prenderlo me lo faranno sapere. Questo è tutto quello che mi hanno detto». Ecco la risposta di Ventimiglia.

Neppure la ricorrenza del Santo Natale fermò un affare così delicato. Giorno 25 dicembre, Provenzano inviò a Giuffrè una nuova lettera. Interlocutoria, ma promettente. Con i Porcaro era stato raggiunto un accordo, che avrebbe trovato esecuzione con il nuovo anno. «10 ml. per il 2001 che mi daranno entro Gennaio e poi se loro non escono dalla società ogni anno a Natale gli daranno 10ml. Più di questo non sono riuscito a ottenere», conclude, con un certo eufemismo, Provenzano.

Mancavano due o tre giorni al 16 aprile 2002, quando Giuffrè trovò soddisfazione piena. Dall'altra sponda del fiume San Leonardo, Carmelo Umina era tornato a Vicari con una nuova lettera di Provenzano, e ben tre allegati: un biglietto dattiloscritto di Pinello, la mazzetta dei soldi per la messa a posto della gestione della discarica e una torta, per suggellare la felice conclusione della vicenda. «Ho ricevuto da parte di Pino, (Discarica) Mi ha comandato, di farti gli auguri di Buona Pasqua Mandandoti AFF. Saluti, e mi hà mandato, una torta per te che ti ho mandato, subito avendola ricevuto», scriveva Provenzano. La lettura dell'allegato cancellò in Giuffrè il ricordo di ogni precedente incomprensione:

> In merito alla discarica finalmente ho avuto l'incontro e gli ho spiegato la situazione come stava e cioè che dovevano pagare Qualcosa in più di quello che avevano stabilito prima e sono arrivato a portarli a 7.500 Euro cioè circa 15 ml. e siccome loro avevano uscito 10 ml. mi debbono dare ancora 2.500 E. però me li daranno a fine giugno e subito te li farò avere. Più di questo non sono riuscito a fare, spero che N.N. sarà contento. Questi soldi sono per il 2001 poi a fine dicembre di ogni anno, fino a quando ci saranno loro, manderanno 7.500 E. Ti prego di salutarmi N.N. e di fargli tanti auguri di una Buona Santa Pasqua. Non avendo altro da dirti ti ricevi i migliori auguri di una Santa Pasqua e un caro abbraccio da parte mia e auguri e saluti da tutti.

Giuffrè poteva dirsi contento. Preparò la lettera di risposta e di ringraziamento per la positiva chiusura della questione. E per la torta. I ringraziamenti a Pinello sarebbero pervenuti tramite Provenzano. «Ringrazio P. per la torta che mi ha mandato e lo ringrazio altresì per la chiusura positiva sulla discarica. Assieme al mio grazie la prego di fargli avere tanti cari saluti da parte mia». A Giuffrè non restò che informare sua moglie della torta, specificandole che l'aveva ricevuta da un «amico», tramite «Pilato»:

> A proposito di regali c'è n'è un altro, piccolino, ma per me molto gradito, il giorno di Pasqua un mio amico ha fatto avere a «Pilato» una torta per me e lui lo stesso giorno, me la mandata, però io l'ho saputo dopo tre giorni e l'ho lasciata a loro.

Quelle lettere non arrivarono mai a destinazione: alle prime ore del 16 aprile 2002 vennero trovate dai carabinieri nel marsupio di Giuffrè. E quel giorno si seppe che Provenzano, dopo essersi guadagnato sul campo gli appellativi di «trattore» e «ragioniere», si era meritato anche quello di «Pilato».

5. «Raccomandato da PCC»

Il sistema della messa a posto ha continuato a funzionare soprattutto perché determina un assiduo rapporto tra vertice dell'organizzazione e singole «zone», in una continua osmosi comunicativa che rafforza relazioni personali e legami tra capimafia che altrimenti neppure si sarebbero mai incontrati o conosciuti. E ciò in un contesto di diffuso riconoscimento di consolidati principi ordinamentali, la cui effettività viene garantita dalle stesse modalità di circolazione delle somme di volta in volta riscosse. Dalle zone verso il vertice, dal vertice alle zone, secondo criteri rigidamente gerarchico-territoriali.

«L'argomento Foro Boario» di Ganci tenne molto occupati Provenzano e diversi capimandamento della provincia di Palermo, da Antonino Giuffrè a Salvatore Lo Piccolo. In ben tredici documenti – tra lettere, allegati e appunti promemoria – si colgono espliciti riferimenti alla questione. Segno evidente dell'importanza del metodo con il quale la messa a posto avrebbe dovuto essere perfezionata, perché di per sé la vicenda «Foro Boario», rientrando nell'ordinaria amministrazione dei quotidiani affari di mafia, non avrebbe di certo richiesto tanta attenzione.

Nel 1999, un'associazione temporanea della quale era capofila l'imprenditore Vincenzo La Franca si era aggiudicata i lavori per la realizzazione del Foro Boario, struttura da utilizzare per le fiere zootecniche, a Ganci, mandamento di San Mauro Castelverde, capeggiato da Domenico Virga, a quel tempo sotto tutela di Antonino Giuffrè. I lavori, del valore di oltre un milione di euro, avevano avuto regolare inizio, ma dal 10 gennaio 2002 erano rimasti sospesi per diverso tempo, come tanti altri incompiuti sul territorio siciliano. Nel frattempo, però, l'attività per la messa a posto era stata avviata secondo le regole del caso. Ma con una complicazione in più. L'aveva spiegata Giuffrè da collaboratore. La Franca era di Partinico, il paese dei Vitale, chiamati da tutti «Fardazza», una famiglia che nella geografia di Cosa Nostra è stata da sempre agli antipodi dello schieramento di Provenzano. «I Vitale avevano messo a posto questa impresa di Partinico a Gangi», spiegò Giuffrè. E aggiunse:

> Successivamente, con l'arresto del Vitale, il discorso era rimasto scoperto e me ne sono interessato io personalmente tramite Provenzano, con Totuccio Lo Piccolo, che ha un'influenza in questa zona di Partinico. Quando ci siamo incontrati io, Lo Piccolo, Provenzano e Giulio Gambino abbiamo discusso di questo argomento anche per dare una certa punizione a Vitale, che faceva parte di un'altra cordata. E abbiamo avanzato una richiesta del 5 per cento, invece del due.

Per questo, la richiesta della messa a posto ammontò a 200 milioni di lire, da dividersi tra la zona dove era stato eseguito il lavoro e i capi che erano stati coinvolti nella questione. Ma era la stessa somma che un'impresa delle Madonie doveva, per lo stesso titolo, alla zona di Partinico, dove aveva eseguito un altro lavoro proprio in quel periodo. Si profilava una pacifica compensazione tra i due crediti, con buona pace di tutti. Ma prima che questa soluzione si facesse strada, intervennero i capi mafiosi di mezza Palermo. Salvatore Lo Piccolo, codice PCC, raccomandò l'impresa di Partinico a Giuffrè, che prese appunti, ritrovati all'interno del suo marsupio: «Ganci costruzione foro boario PCC se la vede lui. Imp. 2.500». E poi ancora: «Imp. Lafranca (Partinico), lavoro Ganci – Foro Boario imp. 2,500.0.00.000 all'inizio raccomandato da PCC. Passato il 26.10.00. Passato il 5.11.00». Poi, con la solita solerzia, Giuffrè si rivolse a Provenzano. E la risposta arrivò presto:

> 11-4-2001. [...] 3) Lavoro La Franca Gangi, mi stai dicendo che più in la mi fai sapere: Tu lo sai che, abbiamo acche fare con altri? Questo è un nostro comodo, non sò se è approvabile?

Passato del tempo, e altri pizzini di chiarificazione, Provenzano fece esplicito riferimento all'intervento di Lo Piccolo e di Gambino, con i quali veniva programmato un incontro, e agli accordi intercorsi tra Giuffrè e Virga, chiamato anche lui «il dottore» per una specializzazione in veterinaria. Fu necessario un anno, ma alla fine, l'8 gennaio 2002, Provenzano aveva fatto arrivare la risposta definitiva. L'imprenditore era stato avvicinato, il contatto era stato creato e ora non restava che aspettare la soluzione del caso.

Nella sua ultima lettera, Provenzano volle rassicurare Giuffrè e tramite lui anche Virga. Anche per questo, aveva fatto esercizio del «ti copio», riportando il contenuto di due distinti biglietti, quello scritto da Salvatore Lo Piccolo, e un altro da Michelino, cugino dei «Fardazza», il quale aveva mandato un messaggio a Lo Piccolo, che l'aveva poi trasmesso allo stesso Provenzano:

08-01-2002. [...] 1) Argomento: Hai tantissimi cari Saluti di Piccolo che ho ricevuto sue notizie. Mi informa quando segue. ti copio « x quando riguarda; La Fran-ca x il lavoro che sta facendo,a Gangi, ho avuto la risposta, la Franca è disponibile a fare i conti, o ci va, una persona del posto, a farsi i conti, credo che sia la cosa migliore, oppure mi fa sapere, cosa devo chiedere, in base il lavoro che stà facendo. x precisione le mando lo stesso biglietto, diciamo scritto. Di un certo Michelino, cugino dei fardazza, tengo a precisare che è, la prima volta che mi scrve, credo di dietro suggerimento di MM Raccuglia.» Ora per questa situazione provvedi tu a mandarci la persona di tua fiducia, e farci fare i conti tra voi che poteti capire,e rispondere, a tutto. io se ti rigordi in una precedenti ti ho detto che con qyuesto La franca io lo conosco di nome ed è una persona che ci si può parlare. Questo è quello che io volessi che tu ora facessi di metterti tutto nelle tuoi mani.

2) Ora ti copio ancora qualcosaltro: Quello che ti sto copiando lo ricevi Piccolo e me lo ha mandato a me. ti copio.» Caro zio TOTO: intanto mi presento scusandomi per la volta scorsa. Sono fardazza. Spero che la mia missiva la trovi di buona salute che è la cosa più importante. In risposta vi comunico che per quando riguarda la Ditta La Franca è a disposizione basta che qualcuno di quel paese (Gangi) lo avvicina per fare i conti. si stabilisci di comune accordo la cifra che deve dare al-le persone ed è tutto risolto, o li fà avere a noi, o direttamente a qualcuno del paese di Gangi.

6. «*Ho ricevuto x Te 22ml che ti mando*»

Gli interventi di Provenzano richiedevano tempo e spesso costavano fatica. Ma garantivano il controllo dell'organizzazione in una delle sue attività più redditizie. Il flusso di denaro che in questo modo transitava attraverso il padrino era la garanzia di un corretto equilibrio tra vertice e periferia. Era lui, «n. 1», a redistribuire le risorse finanziarie alle diverse zone, che gli riservavano così la gratitudine dei beneficiati. E ogni volta accusava ricevuta, sempre per iscritto.

La società Edilpi srl aveva curato i lavori per il rifacimento della rete idrica di Piana degli Albanesi. Tassa 2 per cento. Dieci milioni di anticipo, 40 al saldo. Prima del 6 marzo 2001, Provenzano incassò l'anticipo: «3) Ho ricevuto i 10?. Che mi dici (Petruzzelli x Piana) è in seguito, mi dici, se lo si può chiudere con 40. Anche sé ce ne spettassero di più». Il 25 aprile 2001, la somma era già stata smistata verso il destinatario finale: «4) Argomento 10ml che io avevo di Piana, ti comunico che lo puoi chiedere perché io già ce li ho mandati, E così questi le anno ricevuti? e x piana te la vedi tu co cui mi ai detto».

A 21 milioni di lire ammontava invece il saldo che Michele Aiello aveva versato per la realizzazione di alcune strade interpoderali nella zona di Caccamo, il paese di Giuffrè, al quale quei soldi erano dunque destinati. Per mano di Provenzano, che li aveva a sua volta ricevuti e li trasmetteva in allegato a una lettera del 25 aprile 2001: «Senti assiemi, al tuo presente, ti mando 21ml saldo x strade Aiello tuo paese. Dammi conferma che le ricevi».

Il 20 settembre, Provenzano mandò a Giuffrè quattro milioni e mezzo di lire che aveva ricevuto come messa a posto dell'imprenditore La Barbera, per una realizzazione a Lercara Friddi. Ancora zona di influenza di Giuffrè, che dunque faceva da tramite per la veicolazione del denaro: «10) Argomento Ing. La Barbera, per Lercara. manda 4.500. che ti mando assiemi alla tua presente». Il denaro arrivò il successivo 3 ottobre 2001: «5) Sendo la conferma, che hai ricevuto i Quattro e mezzo x Lercara».

Anche la società Gas spa aveva pagato. Per i lavori di metanizzazione nel Comune di Ventimiglia di Sicilia. Ventidue milioni di lire, destinati ai mafiosi della zona, inviati da Provenzano a Giuffrè il 23 maggio 2001: «Argomento Metano, ho ricevuto x Ventimiglia x Te 22ml che ti mando unito alla tua presente, ti prego di darmi conferma che li ricevi». Dopo sette giorni, Giuffrè confermava e Provenzano gliene dava atto: «2) Ricevo conferma,che hai ricevuto 22; Metan Ventim. va bene».

I lavori di intervento di risanamento ambientale in contrada Sant'Ippolito, effettuati in territorio di Vicari, costarono alla Cogediv srl 10 milioni di lire. Provenzano, con un certo apparente distacco, li aveva ricevuti da Giulio Gambino e girati con la lettera del 27 aprile 2001 a Giuffrè:

2) Ora rispondo al tuo ultimo, ricevuto. Ha risposta, di quando io ti ho chiesto, di farmi sapere,Quello che tu Hai su incarico di B n. messo apposto tu, mi sono dimenticato, ha chiederti, pure quelli che lui ha messo apposto x Te. E questo è dovuto, appunto, che ci mancano le cose, che vuoi x un verso, ho vuoi x un'altro, ci mancano gli appunti,e nasce la confusione, per evitare, confusione, ad esempio G. A me mi ha mandato il presenti 10ml che ti mando, per Vicari Impresa Vita. se lui sà che sei tu il titolare, perché passare da Me? Comunque io non sono inderessato, che le cose passano da me. Se devono, o vogliono passare da me ? come te, io sono nato x servire. Dammi conferma che le ricevi i 10 ml.

Non fu risparmiata neppure l'amministrazione di un'eredità. Quella di un'anziana signora, che aveva lasciato ai figli una grossa estensione di terreno, oltre 250 ettari in località Pecorone di Ciminna. Il 5 aprile 2001, Provenzano si era informato da Giuffrè della situazione:

1) Senti, mi parlano, di una cosa, che ve la veti giostrato, insieme: Cioè la situazione, di quel feudo, dove tramite te, c'è un tuo zio,che sà,e che, dovesse portare, avanti la situazione, per riscuotere. Mi dicono, che loro, anno pure i condatti, con tuo zio, mà è per una semplice delicatezza, che vogliono, sapere da te, se ci devono continuare,ad andarci loro, ho te ne occupi tu x sollecitare a tuo zio, che dovrebbe fare una pressione, in merito, con tuo zio, e lui accui le devi.

Poi, il 10 gennaio 2002, Provenzano confermò di avere ricevuto notizia da Giuffrè che, anche per quell'eredità, la tassa dovuta era stata versata. Dieci milioni di lire che il puntuale Giuffrè avrebbe fatto giungere fino a Provenzano. E da Provenzano sarebbero stati girati a Ciminna, codice CM:

> 1) Argomento: sento quando mi dici, che da parte di tuo zio,x il suo inderessamento x CM. ha,e ti ha dato 10ml cosa che tu stai cambiando. Senti' io al momento non ci dico niente. Come ppio noi ci vediamamo di presenza, ne parleremo.

Ancora, il 13 gennaio 2002 Provenzano aveva ricevuto da Giuffrè altri 13 milioni a saldo di un'altra messa a posto:

> 4) Argomento: ho ricevuto 13ml e sento che sono come dici tu chiusura, io x motivi che con il volere di Dio te né parlerò di presenza, glie li da darò dopo che ci vediamo noi.

E altri 10 milioni Giuffrè li aveva inviati poco prima del 16 aprile 2002. Era l'ultima somma mandata al capo dei capi:

> Precedente a questa le ho mandato un biglietto con 10 ml (mancano a detto importo se ricordo bene duemila lire) ed inoltre c'era scritto un discorso che interessa ad amici di Casteltermini (Ag) speriamo che si riesce a favorirli. A questa persona di Casteltermini ci tengo perché con noi si è comportata sempre bene (io personalmente non la conosco) me l'anno descritta bene e io ci sono in contatto tramite altre persone e rispettivamente ci scambiano quando capita i saluti per il momento non ho altro. Riceve i più cordiali e affettuosi saluti.

7. *Bilancio di famiglia*

Un tale flusso di denaro aveva necessità di una contabilità efficiente. Che non è mai mancata a Provenzano, grande appassionato di conteggi. La sua ragioneria ha sempre avuto diverse articolazioni, suddivise per competenze di territorio e di materia. E si lamentava se qualcuno non era altrettanto preciso: «Ho ricevuto 5.160 E non mi dici x cui sono, aspetto tuo chiarimento in merito». Per questo lo chiamavano «il ragioniere», anche se non aveva completato la seconda elementare.

Il più ordinato fra i ragionieri di Provenzano era di certo Giuseppe Di Fiore, detto *Ciuriddu*, naturalmente da Bagheria. Il libro mastro che i carabinieri del Ros ritrovarono a casa sua, nascosto nel doppiofondo di un comodino, la notte del blitz «Grande Mandamento» (25 gennaio 2005), era in perfetto stile del ragionier Provenzano. L'indicazione delle entrate e delle uscite, analitica in ogni voce, veniva arricchita dai nomi delle imprese messe a posto, con la specificazione dei relativi lavori, e dall'indicazione dei più importanti capimafia, beneficiari del periodico versamento di emolumenti, differenziato secondo il grado rivestito all'interno dell'organizzazione. Tutto riepilogato su alcuni fogli e un'agenda. Dal dicembre 2002 agli inizi del 2005. Una contabilità a due mani, che come ha rivelato un'accurata indagine tecnica, era stata inizialmente tenuta da Onofrio Morreale, poi sostituito, dal 1° agosto 2004, perché accusato di *mala gestio*. Accusa grave che aveva determinato il passaggio di carte e conti a Giuseppe Di Fiore. Accanto a quei fogli c'erano le solite mazzette di soldi, per un totale di circa 63.000 euro. Su ognuna, il ragioniere di Bagheria aveva segnato le causali: «7.000 buling», «2.500 Corvaia». Il contabile conservava con cura anche alcuni estratti di conti bancari e di titoli. Totale: quasi un milione di euro in pronta liquidità.

Quella contabilità rappresenta uno straordinario documento per analizzare i flussi di entrata di una famiglia mafiosa e il conseguente bilancio di spesa. Sul primo foglio delle entrate Onofrio Morreale aveva diligentemente riportato: «Posteggio cimitero 2.500», «Posteggio via Mattarella 2.500», «Strada S. Isidoro 2.500», «Mediazione Santa Flavia 2.000», «Scuole ragioneria dicembre 5.000», «Scuole ragioneria pasqua 5.000», «Vasca Bellacera 12.000», «Nettezza urbana 2.000», «Aspra dicembre 2003, 10.000», «Aspra dicembre 2004 10.000», «Zagarella S 5000», «Zagarella 5.000», «Ifor gennaio 2004 5.000», «Ifor febbraio 2.500», «Ifor marzo 2.500», «Ifor aprile 2.500», «Ifor maggio 1.500». Facevano tutti riferimento a lavori pubblici o ad aziende. Sul foglio che seguiva c'era un secondo elenco. Si concludeva con la voce «Ing 25.000», un grande contribuente. Totale: 186.000 euro di entrate, in un periodo di appena un anno e mezzo. Poi, era subentrata la gestione di Giuseppe Di Fiore. Con una calligrafia più minuta aveva riempito le prime pagine di un'agenda con la copertina nera. Precedute da una data, «inizio 08-04», un lungo elenco di imprese e lavori. L'annotazione che saltò subito all'occhio era questa: «5.000 17-12 Mimmo V. Ufficio Iva». Faceva riferimento all'imprenditore che aveva affittato i locali all'Agenzia delle entrate di Bagheria. C'era anche «5.000 22-12 campo sportivo», per indicare alcuni lavori effettuati a Santa Flavia. E «2.500 lavoro autostrada». Nessun appalto era sfuggito al controllo mafioso Per un totale di quasi 50.000 euro di entrate in sei mesi. In piena media.

Dopo essere stati individuati, diversi imprenditori furono convocati in caserma. E per la prima volta ammisero di avere pagato. Qualcuno chiese che a verbale fosse inserito: «Per il quieto vivere». Ma quelle voci avevano rotto il muro dell'omertà, proprio dove quell'omertà era stata da sempre inviolata.

Il foglio delle uscite, relativo a «dicembre 2002», era introdotto da una glossa del «ragioniere»: «Ci sono in cassa 12 mila euro». Era probabilmente ciò che era rimasto dopo i pagamenti: «24.000 + 5.000» e sopra la sigla «Z.». Zio. Il ragioniere dei ragionieri, Provenzano. Veniva segnato anche un extra: «2.000 regali x Villabati x z»: già all'epoca il legame fra il clan di Villabate e Provenzano aveva lasciato la sua traccia. Seguivano quindici nomi: Nino 2.500; Nardo 2.500; Nicola S. 2.500; Nicola G. 2.500; Onofrio 2.500; Mimmo 2.500; Pietro 2.500; Francesco 2.500; Carmelo 1.500; Pietro 750; Sergio 750; Paolo 1.500; Capretti 2.100; Simone 1.000; Massimo 500. I carabinieri non ebbero dubbi nell'associare ai nomi i cognomi: Nino Gargano, Nardo Greco, Nicola S. ovvero Nicolò Eucaliptus, suocero di Onofrio Morreale, il ragioniere compilatore, Nicolò Greco, Onofrio Morreale, Pietro Lo Iacono, Francesco Mineo, Carmelo Bartolone. Erano gli «stipendi» pagati a Natale 2002 per quasi 60.000 euro. La seconda facciata del foglio ordinava i pagamenti per «Pasqua 2003, Natale 2003 e Pasqua 2004». Quindi:

«Nardo, 2.500 + 2.500 + 2.500». Lo stesso per «Nino, Nicola S., Nicola G., Onofrio, Mimmo, Francesco e Pietro». Con tutti gli altri nomi, 171.000 euro. Anche nell'agenda nera erano segnate, sotto la sigla «04», le uscite del 2004. Per tutti un aumento delle uscite. Fino a 5.000 euro.

8. L'amministrazione Lipari

I ragionieri gestivano la cassa, ma erano gli amministratori a decidere le strategie di investimento. Fra tutti, era Pino Lipari, ex geometra dell'Anas, il più esperto e fidato nella gestione dei beni che costituivano il patrimonio del capo di Cosa Nostra. Poteva contare su una schiera di insospettabili prestanome, tutti imprenditori di fama nel settore dei lavori stradali. Facevano parte di un cartello di undici famiglie che si erano aggiudicate il 40 per cento degli appalti dell'Anas, fra il 1988 e il 1998. Il restante 60 per cento dei lavori se l'erano diviso oltre 500 imprese. La Guardia di finanza scoprì che quelle undici famiglie si erano spartite 350 miliardi di lire, su un importo complessivo di oltre 870 miliardi di lavori. Tra i responsabili, figuravano i nomi di Santo Schimmenti, Salvatore Tosto, Carmelo Pastorelli, Giuseppe Mirabile: erano anche gli intestatari dei beni di Provenzano, sotto l'amministrazione di Pino Lipari. Magazzini, ville e un intero residence. Poi, anche diversi terreni che Lipari progettava di vendere, e ne dava conto a Provenzano:

> Per quanto riguarda i terreni di Paterna ho parlato con Andrea il quale mi ha detto che loro non sono interessati ad acquisti di terreni. Ho precisato che si tratta dei terreni che si trovano in località ove loro tengono le vacche. Mi ha ribadito che non sono interessati. Per quanto riguarda i prezzi mi ha detto che in zona fino a qualche anno fa la richiesta si aggirava sulle 10.000 £. al metro quadro. Ha tenuto a precisarmi che oggi in effetti non valgono più come tanti anni fa. Non è tuttavia aggiornato ai prezzi correnti- e resta a tua disposizione per tutto quello che ti sarà necessario al riguardo.

Con i soldi degli appalti Anas il capo di Cosa Nostra remunerava i suoi manager-prestanome. E si pagava la latitanza.

Ma quando le indagini si erano fatte più pressanti, Lipari aveva avvertito l'urgenza di dismettere quell'ingombrante patrimonio immobiliare, per evitare i sequestri e reinvestire. Poco importa che fosse in carcere, c'era il figlio Arturo che riceveva le disposizioni per scrivere le lettere a Provenzano. La grande dismissione era iniziata:

> Passo ora a qualche argomento. Le villette: una quella più in alto, è ormai libera da tempo mentre quella vicino la strada sta per essere svuotata, visto che l'inquilino perderà un pò di tempo prima di ritornare in libertà. A questo punto, prima di prendere una qualunque decisione, bisogna partire dalle seguenti considerazioni:
> a) La villetta è stata individuata a seguito di dichiarazioni di Ganci che lei sa! fotografata e filmata in Tv.
> b) La villa fu effettivamente abitata da suo nipote e ci sono riscontri! (e quindi pensano a lei)
> c) Vero è che ormai da tanti anni vi abita altra gente, ma sono inquilini e non nuovi proprietari.
> d) Che il terreno fu acquistato dal suocero dell'attuale proprietario, ma ricordi chi erano i precedenti proprietari (TM e cognato)
> e) Che il reddito dell'affitto è tassato al 50% dallo Stato e ricava una manciata di pane.
> f) Che nel futuro non credo possano abitarla i suoi figli o e sua famiglia.
> Alla luce di tutte queste considerazioni tocca a lei decidere il da fare. Se si deve affittare metteremo in mano ad un'agenzia per farlo vedere. Se si deve vendere, se non avremo a chi rivolgerci secondo sue precise indicazioni, si darà in mano ad un'agenzia. In ultimo, non sarebbe da escludere la possibilità del tribunale di volere ricorrere a qualche sequestro. Ci pensi sopra e ci dia le indicazioni del caso.

Erano le villette di via del Cannolicchio. Il suggerimento di Lipari era di vendere. Il prudente amministratore aveva intravisto un certo rischio anche negli investimenti immobiliari fatti in provincia di Trapani. Suo figlio scrisse a Provenzano:

> Altro argomento riguarda le case a mare in prov. di TP:

Come da dettagliata lettera relazione che papà fece avere sia a lei che a suo fratello per il cognato, ha notiziato come sono messe le cose (Abbiamo copia della relazione già a suo tempo mandatavi che se vuole gliela manderò).

Cioè la proprietà fu trasferita al figlioccio tramite il notaio Lucia nel 1991 ed ancora si devono pagare tutti gli oneri fiscali del trapasso, anticipati dal nuovo compratore. In atto vengono affittati solo d'estate, tutto ufficiale, e trattandosi di società la metà va versata allo Stato. Capirà gli oneri di manutenzione sul mare, la costruzione è del 1983 (16 anni circa).

Gli attuali proprietari (figlioccio-padre e fratello) sono sempre a disposizione ma in questo nuovo mandato di cattura ci sono le dichiarazioni di «SII» che indica le loro imprese a disposizione di tuo «fratello» e ciò perché venne a conoscenza tramite G.B. di vendite di favore fatte nel condominio di Tommaso Natale. Alla luce di tutto questo anche per loro si prospetta un maxi sequestro. A questo punto occorre una decisione che bisogna prendere entro la prossima primavera e ciò per avere il tempo di vedere come vanno le cose e se affittare oppure no. Anche questa decisione spetta a lei, anche per nome e conto degli altri assenti. Lei rifletta e magari ora dopo questi dettagli ci potremmo sentire con «bigliettini» meno voluminosi di questo.

Quelle villette multiproprietà erano un vero e proprio residence della Cupola. Gli «assenti» a cui veniva fatto cenno nella lettera erano gli altri capimafia in cella. Ma chi? Non fu difficile individuare la proprietà. Nel 1983 una società intestata alla moglie di Lipari aveva costruito un fabbricato composto da 37 mini appartamenti. Era stato ribattezzato Residence Conturrana, in località San Vito Lo Capo. E nel 1981, proprio come diceva la lettera, la proprietà era stata trasferita al «figlioccio». Il collaboratore Brusca ha chiarito: «Ho conosciuto l'imprenditore Santo Schimmenti negli uffici di Lipari, che ne parlava come di un suo figlioccio». Svelato un indizio del pizzino, è come aver trovato la chiave per decifrare tutto il messaggio. «Gli attuali proprietari (figlioccio-padre e fratello) sono sempre a disposizione»: già in un vecchio rapporto del 1984, i carabinieri indicavano Santo Schimmenti e un suo familiare come «a disposizione» della famiglia Provenzano. Le preoccupazioni di Lipari derivavano dalle «dichiarazioni di 'Sii' che indica le loro imprese a disposizione di tuo fratello», ovvero le dichiarazioni del collaboratore Angelo Siino. Ripercorrendo quei verbali fu anche chiaro chi era il «fratello»: Salvatore Riina. E dunque «il cognato del fratello» era Leoluca Bagarella.

Tutti i dubbi sulle ripartizioni delle proprietà vennero fugati qualche settimana dopo, quando un'intercettazione captò le parole dell'amministratore Lipari: «Hanno mandato a dire che vogliono vendere le case e gliele vendiamo. Saranno 13, 14. Quelli hanno i numeri delle loro case, ognuno, sia i due cognati che il ragioniere hanno queste cose, quali sono ognuno di loro, con i numeri segnati a lato». Come sempre, Arturo Lipari uscì velocemente dal carcere e tornò a casa. Per scrivere la lettera da inviare a Provenzano. Confermò l'avvio delle procedure per la vendita di Cannolicchio e Conturrana, poi affrontò anche la questione della villa di via Bernini, dove Riina aveva abitato sino al giorno della sua cattura:

> Le proprietà da vendere in atto sono state intestate a quel «povero uomo» e non gli si possono far fare passi falsi visto che la sua vicenda, relativa all'affitto di quella «sua villa» ove abitava ultimamente tuo fratello il grande, per lui non si è ancora conclusa. La villa è ancora sotto sigilli, ma al tribunale non esiste il decreto di sequestro poiché i sequestri li hanno fatti ai fratelli S.

Per la vendita di via Bernini i problemi sembravano insormontabili. La villa era già stata sequestrata ai prestanome, «i fratelli S.», ovvero i fratelli Sansone. I pizzini continuavano a viaggiare veloci fra la biancheria sporca che entrava e usciva dal carcere. Provenzano inviò un'altra nota, con richiesta di precisazioni. E Lipari preparò in fretta la risposta:

> 1) Per quanto riguarda la posizione del povero uomo, si riferiva al fatto che il povero uomo ha superato quel grosso problema che lo riguardava per essere il proprietario della villetta ove abitava suo fratello il grande. La villetta è ancora sotto sequestro ma presto (sempre fra qualche anno) potrà essere liberata. Così tutte le altre proprietà, fra cui alcune di quelle nostre, potranno essere vendute unitamente ad altri di sua esclusiva proprietà e per i suoi bisogni.

2) Per quanto riguarda le case di TP:
A suo tempo si è dovuta passare la proprietà a persone a noi vicine che lei sa. Ciò per levarle dalle mani nostre. Comunque visto che gli arresti si susseguono ora si darà incarico ad una agenzia per la vendita di quanto rimasto. Con la prossima lettera rimanderò la copia della relazione. Bisogna fare un po' di manutenzione agli infissi esterni e ai prospetti. Avrà notizie sul programma di vendita e sul suo sviluppo.

3) Per quanto riguarda le sue villette opereremo con l'amico che darà incarico ad un'agenzia che approterà la stima degli immobili. All'occasione bisognerà fare un frazionamento del terreno per assegnare una quota a ciascuno. Avrà in tempo la stima con il valore indicato. Si metteranno due cartelli quello di affittasi e quello di vendesi.

4) Per quanto riguarda la casa di suo fratello sono andato al Genio Civile, ma la persona che io conosco era in ferie natalizie. Ci ritornerò e le farò sapere se per la variazione presentata è tutto a posto (interessati però tu Arturo!!!).

Mentre consegnava la biancheria sporca alla moglie Marianna, diceva: «Gli dici ad Arturo che mi stampa San Vito comunitario, nel dischetto mio. E me lo entra. Hanno mandato a dire che vogliono vendere le case e non se ne parla più. Mi raccomando, la stampano e la portano. Che c'è tutta la relazione fiscale, quello che c'è da pagare. Perché ci sono 80 milioni di tasse da pagare». Quando Arturo ritornò a colloquio con il padre si prese l'ennesima raccomandazione: «Siccome le carte si accumulano, senza mai Iddio qualche volta... uno deve stare attento. Arturo, non è che possiamo stare spensierati. Dobbiamo sempre ipotizzare che un bel giorno bussano e dicono, dobbiamo fare una perquisizione. E trovano invece un foglio di carta di questo. Che fai scherzi?». E intanto dal carcere organizzava i lavori di ristrutturazione delle villette da mettere in vendita. «Poi ci si rivolge a un'agenzia. E facciamo fare una stima». Qualche tempo dopo, l'amministratore informava il proprietario:

Circa le due case l'agenzia con il suo proprietario hanno trattative in corso. Analogo discorso per le case di mare poste in vendita. Si sono fatti una serie di lavori di manutenzione soprattutto agli infissi esterni.

Con un pizzino era arrivata l'autorizzazione di Provenzano a vendere. Ma nel frattempo, erano giunti i temuti provvedimenti di sequestro. Che hanno bloccato il ricavato della vendita delle ville e una cospicua parte di quel patrimonio immobiliare, che si trova anche nel salotto buono di Palermo. Era l'insospettabile imprenditore Filippo Lombardo, di Misilmeri, parente di Santo Schimmenti, il titolare fittizio di un lucroso contratto di locazione per uno dei negozi più in vista del centro. Lombardo riscuoteva le pigioni e tramite gli Schimmenti le recapitava a Pino Lipari, che poi annotava fedelmente sul suo computer. Per rendicontarne a Provenzano. Entrate, ma anche uscite. Comprensive degli oneri che a Lombardo erano derivati per l'incremento dei suoi redditi: l'intestazione di quelle proprietà immobiliari gli aveva fatto perdere l'esenzione dal ticket. Per questo il prestanome caricava fra le uscite da addebitare a Provenzano le sue spese sanitarie. Lipari avallava. E Lombardo, con i soldi del padrino, si comportava da contribuente modello, pagando quanto dovuto allo Stato per quell'immobile di cui era intestatario. Ici e Tosap. Per onorare la teoria di Bernardo Provenzano che la mafia deve cercare di apparire antimafia.

Caduto anche l'ultimo tabù, il capo di Cosa Nostra si è dichiarato presto povero ed è persino riuscito a ottenere in qualche processo il gratuito patrocinio per i non abbienti. Dopo di lui, anche gli altri mafiosi hanno accettato il rimborso dello Stato per i loro avvocati. Le norme prevedono una semplice autocertificazione, tanto i controlli arriveranno solo molto tempo dopo. Pino Lipari preferì invece fare all'antica. Per questo aveva chiesto a Provenzano un prestito per sostenere le spese legali: «Papà fa sapere che avrebbe bisogno di un finanziamento di 75 ml, dei quali 40 già li deve dare per onorari già pregressi e 35 per affrontare questi processi in Cassazione». Come al solito, il messaggio giunse tramite il figlio di Pino Lipari. E la risposta non tardò ad arrivare. Provenzano approvò il finanziamento. Non poteva fare altrimenti. Era così soddisfatto del lavoro dei Lipari che quando Arturo si sposò inviò un regalo, la solita mazzetta, questa volta di 5.000 euro. E lui rispose subito: «Papà la ringrazia del grande pensiero che ha avuto per quel regalo di nozze».

9.
«D'accordo per vederci nei giorni di caccia». Quarantatré anni da latitante

1. *Una reggia a Bagheria*

Sette maglioni di cachemire nel covo di Montagna dei Cavalli furono gli indizi più evidenti sulla vita quotidiana di Bernardo Provenzano. La polizia controllò le etichette e verificò che erano stati acquistati in uno dei negozi più in vista della città. Anche un paio di eleganti pantaloni blu aveva il marchio di quel negozio. E un altro paio di buon velluto doveva essere stato pagato a caro prezzo. Di ogni capo, Provenzano aveva conservato con cura le buste di plastica, che teneva ben ripiegate dentro un borsone da viaggio. Gli agenti ne contarono 17.

Quegli indizi di una vita di lusso apparvero subito in contrasto con il disordine che regnava dentro al casolare. Eppure, dieci anni prima, il pentito Angelo Siino l'aveva già detto di Provenzano: «Lui in effetti vestiva costosamente. Spesso e volentieri mi dicevano di comprare vestiti taglia 52... a mio gusto. Diciamo che io un certo gusto l'avevo. Poi una volta vidi Provenzano con una giacca di quelle che avevo comprato io».

I modesti indumenti da lavoro ritrovati nel covo di Corleone, in alcuni sacchetti di plastica, dovevano invece appartenere al proprietario della masseria, il pastore Giovanni Marino. Altri indizi suggerivano che la latitanza in quel covo si protraeva già da diverso tempo. Il segno più chiaro fu l'impennata nei consumi di energia elettrica, a partire dal 2005.

La vera casa del padrino non si è mai trovata. L'unica volta che un collaboratore di giustizia, Calogero Ganci, aveva saputo offrire un'indicazione più precisa, lui era già lontano. Correva il 1996. La bella villa a due piani immersa nel verde di via del Cannolicchio, fra Palermo e le pendici della cittadina di Monreale, risultò essere stata sempre nella disponibilità di imprenditori vicini all'entourage di Provenzano. Sembrò una beffa. Lo «schedario fabbricati» delle forze dell'ordine informò con precisione che nel gennaio 1981 la casa era stata venduta dai coniugi Pipitone ai coniugi Mirabile. Antonino Pipitone è un uomo d'onore dell'Acquasanta; Giuseppe Mirabile, incensurato, ereditava invece un nome dalla moglie, Concetta Pastorelli: socia nella società di forniture ospedaliere Medisud, una delle prime creature imprenditoriali di Provenzano e Pino Lipari, come già i carabinieri avevano scoperto all'inizio degli anni Ottanta. Qualche mese dopo l'acquisto, ad aprile 1981, un appartamento di via del Cannolicchio 9 veniva affittato a Francesco Alfano, cognato di Provenzano per averne sposato la sorella della compagna, Nicoletta Palazzolo. Sono passati gli anni, Provenzano ha probabilmente abitato in quella villa, così come informa Ganci, e ha continuato a essere davvero poco prudente. Almeno secondo i canoni del crimine tradizionale. Ma evidentemente lui ha sempre preferito circondarsi di persone fidate, quasi a riprodurre il suo clan in condominio. Così l'8 dicembre 1995, i Mirabile hanno affittato a un altro imprenditore legato a Pino Lipari e dunque al gruppo Provenzano. In realtà, come hanno svelato le lettere di Lipari dal carcere, era Bernardo Provenzano l'unico padrone di casa.

La teoria dei condomini di Provenzano andrebbe studiata non solo dal punto di vista criminale, ma anche sotto il profilo psicologico. Di certo, negli anni Ottanta e Novanta, il capomafia si sentiva così sicuro di non essere cercato (o di non essere arrestato) che poteva permettersi di muoversi con famiglia, amici e parenti. E allora, visto da oggi, non era certo il più invisibile dei padrini. Ma il più appariscente. Proprio come i suoi maglioni di cachemire.

In via Umberto Giordano 55, a Palermo, si ritrovarono tutte le società di punta dei nuovi business varati nei primi anni Ottanta dal fidato Pino Lipari (la Scientisud, la Residence Capo San Vito e la Im.a.-Immobiliare Aurora spa), poi gli appartamenti della compagna di Provenzano, Saveria Benedetta Palazzolo e anche quelli di Giuseppe Lipari. Qualche tempo dopo, tutte le sedi sociali, nonché altre (l'Arezzo costruzioni, la Italcostruzioni, la T.N. residence), si trasferivano in via Alcide De Gasperi 53. Ed era lo stesso condominio nel cuore dei palazzoni della nuova speculazione in cui erano andati ad abitare il fratello di Bernardo Provenzano, Salvatore, e il suo nipote prediletto, Carmelo Gariffo. Al settimo piano, l'uno. Al piano di sotto, l'altro.

Nel condominio di via Casella 7 c'era invece un'altra sede di Scientisud e Medisud. Molti anni dopo, il Ros ha scoperto che nello stesso palazzo abitava Giovanni Napoli, il funzionario dell'assessorato regionale Agricoltura e Foreste finito nei racconti di Ilardo. Ma anche senza quel nome, le indagini dei primi anni Ottanta avevano già analizzato la teoria dei condomini e delle nuove imprese, estraendo l'identikit di un nuovo boss manager:

> Il mafioso, consolidata la sua autorità, non ha più bisogno di ricorrere a violenze o minacce per imporre la sua volontà, essendo sufficienti la sua immanenza e la sua parola per partecipare a qualsiasi affare alle condizioni e nei termini da lui voluti. Il mafioso costituisce per le persone con cui viene in contatto un'autorità più importante di quella pubblica potendo temere dallo stesso, in caso di conflittualità nelle trattative, immediate ed irreparabili ritorsioni. Pertanto il mafioso, consolidata la sua autorità non ha più bisogno di ricorrere alla violenza.

Erano parole controcorrente quelle scritte dall'allora capitano Angiolo Pellegrini, nei mesi in cui i corleonesi scatenavano un'offensiva militare senza precedenti contro gli esponenti delle famiglie palermitane. Mentre Riina dirigeva sul campo le operazioni, Provenzano si muoveva fra le pieghe di un mercato imprenditoriale come quello delle forniture alla sanità pubblica, che richiedeva di certo la trattativa e non la violenza. Il rapporto della sezione anticrimine di Palermo, consegnato nel 1984 a Giovanni Falcone, aveva previsto non solo i percorsi diversi del vertice corleonese, ma aveva pure analizzato le conseguenze sociali dell'infiltrazione mafiosa:

Anche gli imprenditori si sono adeguati alla realtà, riconoscendo l'effettività dell'autorità mafiosa: considerato che, senza sottostare alla mafia, era loro impossibile proseguire l'attività, hanno preferito e preferiscono patteggiare preventivamente con la malavita organizzata, onde evitare il prezzo del danneggiamento e i pericoli per l'incolumità personale.

Nella simbologia del potere, anche la casa del padrino dovette avere un suo ruolo. Non si sapeva dove fosse. Ma tutti dovevano ritenere che era una reggia. Così spiegò il boss confidente Luigi Ilardo al colonnello Riccio, confermando che Bagheria era ancora il feudo personale del padrino:

So che a Bagheria Provenzano ha una grossa proprietà, dove c'è una grande villa. Il punto preciso non l'ho mai saputo, ma da quello che mi raccontavano era una bellissima villa, stile antico, dove si riunivano la maggior parte di questi... dove Provenzano viveva tranquillamente con la famiglia e trascorreva la sua latitanza. So pure che per qualche appuntamento lui si spostava con un'ambulanza.

La predilezione di Provenzano è rimasta per le case sontuose. Nel 1970, quando la giovane camiciaia Saveria Benedetta Palazzolo lo seguì in latitanza, lui aveva deciso addirittura di farsi costruire su misura il nido d'amore della nuova famiglia. Nelle campagne fra Cinisi e Terrasini, dove già era impegnato Peppino Impastato con la sua Radio Aut. Ma prima che gli operai completassero i lavori in contrada Capraria, arrivarono i carabinieri. Forse sarà stato anche il ricordo di quella stagione che lo spingeva a cercare sempre case molto spaziose. Quando nei primi anni Ottanta si trovò a fare una trasferta a Sambuca di Sicilia, nell'Agrigentino, alloggiò in un'altra villa. Ma anche questa volta la notizia trapelò. Non ai carabinieri, bensì ai suoi nemici, quelli che si era fatto a Cinisi, territorio tradizionalmente legato al patriarca Gaetano Badalamenti. Un confidente ben informato, anche lui assalito da una crisi di coscienza, si premurò di raccontare al maresciallo Giuliano Guazzelli, poi assassinato nel 1992:

Mio cognato sapeva per certo che la mafia di Sambuca di Sicilia aveva per le mani il corleonese Provenzano, individuo pieno di soldi, latitante, che non ammetteva errori nell'ambito della malavita. Mio cognato ne aveva paura in quanto trattavasi di persona che andava per le spicce e faceva uccidere anche al minimo dubbio. Un giorno, mi chiese se sapessi usare un bazooka, c'era il progetto di assaltare la villa che ospitava Provenzano.

Il cognato di quel confidente era legato alla mafia di Badalamenti, voleva prendersi la rivincita sui corleonesi di Riina e Provenzano. Ma poi la vendetta non fu consumata. Però è rimasto l'indizio della villa. Un indizio ricorrente. Uno degli uomini che lo ha accudito da sempre, Francesco Pastoia, commentava non sapendo di essere intercettato:

Dov'era, che era nell'appartamento, che era di... c'era in uno di questi suo cognato e sua cognata, quindi la moglie... era in un appartamento di trecento metri tutto per lui, quando usciva la mattina, quando voleva uscire la mattina usciva... se ne andava in campagna... poi si pentì Manuzza.

Il riferimento è preciso. «Manuzza», ovvero Nino Giuffrè, ha iniziato a collaborare nel giugno 2002. E la notizia fu resa pubblica a settembre. Così, Provenzano cambiò la sede dei suoi affari, e probabilmente anche la sua residenza. Neanche Giuffrè la conosceva. A quell'epoca, probabilmente, nessuno sapeva gli indirizzi precisi del capo di Cosa Nostra. Resta di certo curioso il riferimento di Pastoia alla casa grande dove Provenzano abitava, accanto ai cognati. Proprio come era stato documentato dalle indagini sulla villa plurifamiliare di via del Cannolicchio e da altre investigazioni sulla mafia di Bagheria.

Tutti i pentiti che l'hanno incontrato nella loro carriera da mafiosi non sono andati molto oltre l'indicazione di Bagheria e dintorni. Il primo di tutti era stato comunque il più preciso, ma non fu creduto e poi venne ucciso. Era il 1978, Giuseppe Di Cristina disse di aver visto Provenzano una domenica mattina, era il 9 aprile di quell'anno, mentre se ne andava a spasso per le vie di Bagheria su una Mercedes bianca guidata dal figlio minore di

Bernardo Brusca, Giovanni. Aggiunse qualche anno più tardi Tommaso Buscetta: «Mi ha riferito Gaetano Badalamenti che Provenzano ha uno dei punti di maggiore appoggio a Bagheria in forza di una saldissima alleanza fra le due famiglie mafiose». Ma Provenzano continuava a essere protetto da una pesante sottovalutazione e dalle solite complicità. Anche l'ultimo pentito che ha parlato dello zio Binnu, 27 anni dopo, non si è spostato di molto. Mario Cusimano, arrestato nel blitz «Grande Mandamento» del gennaio 2005, ha chiuso la parabola delle rivelazioni. Dal centro ai dintorni di Bagheria, Ficarazzi. Il padrino non si era mai spostato, tranne per qualche breve parentesi cittadina. Ma era proprio così? O si trattava, ancora una volta, di un'abile strategia della disinformazione messa in atto dallo stesso Provenzano?

Probabilmente si è anche spostato dalla Sicilia. Nel 1981, per motivi di lavoro, come riferisce il pentito Pasquale Galasso. Erano i mesi in cui venivano ridefiniti gli equilibri fra i diversi clan camorristici che facevano capo a Raffaele Cutolo da un lato, a Carmine Alfieri e allo stesso Galasso dall'altro. A Riina e Provenzano era stato chiesto di mediare. Per questo erano arrivati a Vallesana, nella tenuta dei Bardellino, dove si teneva il grande summit di camorra.

Di certo, Provenzano si è allontanato dalla Sicilia per motivi di salute. L'ha fatto nel 2003, quando dovette operarsi alla prostata, nella zona di Marsiglia. Per quel tumore che lo aveva colpito, già in passato era stato costretto a spostarsi dai suoi rifugi diverse volte. Per visite, analisi e forse anche per un piccolo intervento. E altre volte ancora i suoi uomini ne avevano programmato il trasferimento per un'operazione. «Il gattino nostro ha avuto questo malessere», diceva Pino Lipari a Giuseppe Mirabile il 29 aprile 2001: faceva riferimento a qualcosa accaduto tempo prima. «Io avevo tutto pronto, era pronta l'autoambulanza. Mia moglie sarebbe passata per la moglie di questo cristiano». Poi, però, non se n'era fatto più niente. E il «gattino» era andato avanti con i vecchi sistemi, semi di finocchio e cicoria.

Questa è stata l'impunità dell'immutato potere di Bernardo Provenzano. La sua ultima villa, di proprietà di Cusimano, fu nella distesa di limoni che resta della Conca d'Oro. Non era un rischio che fosse abusiva. Anzi un pregio, perché risultava costruita ad arte in maniera da essere ben mimetizzata nello scempio. Fra la piscina e la veduta pittoresca sul golfo di Palermo. A due minuti dal centro di Ficarazzi. Con un'unica pianta, un enorme fico d'india. Come fosse un'altra sceneggiatura del *Padrino* che tanto piaceva a Provenzano. Quella villa occupò saltuariamente, per recarsi in sicurezza agli appuntamenti. E per qualche giorno, al ritorno da Marsiglia, per una tranquilla convalescenza.

Il covo di Montagna dei Cavalli ha parlato più di quanto ci si aspettasse. Anche della trasferta a Marsiglia. Perché in quelle due stanze, i biologi della polizia scientifica hanno raccolto tante tracce, svelate dai piccoli oggetti della vita quotidiana: un rasoio, una protesi dentaria, un pettine accorcia-capelli. Erano legati tutti dallo stesso profilo genetico di chi li utilizzava, Bernardo Provenzano. Lo stesso profilo di *monsieur* Gaspare Troia, l'uomo operato in Francia.

2. *Appuntamento al sicuro*

Una volta, Tommaso Buscetta raccontò che in Cosa Nostra si tramandava una leggenda su Provenzano: «Quando era giovane, era capacissimo di dare un appuntamento sulla cima di un monte. L'altro arrivava dopo un giorno di cammino e in cima a quel monte non trovava nessuno. Mentre era sulla strada del ritorno incontrava quasi per caso un fedelissimo di Provenzano, che gli comunicava che l'appuntamento doveva slittare di due o tre settimane». Non era solo leggenda. Dopo la stagione delle stragi, aveva una vera e propria ossessione per i luoghi dove fissare il suo ufficio e tenere udienza. Non era più prudente ricevere a Bagheria, negli uffici degli imprenditori e dei mafiosi prediletti, o a Palermo, nelle case dei favoreggiatori. Era finito il tempo in cui si metteva al volante della sua Fiat 127, con un fidato uomo d'onore a fargli da battistrada, per raggiungere i luoghi degli appuntamenti. Correvano gli anni Ottanta dell'impunità e della sottovalutazione. Il segreto di Provenzano era stato sempre quello di condurre una vita normale. Senza scorte o inutili codazzi, come in certi film sulla mafia. Lui raggiungeva il posto prestabilito, generalmente il piazzale antistante la clinica di Villa Serena, lungo la circonvallazione, e lì trovava un ragazzo che gli avrebbe fatto da autista. Era Francesco Paolo Anzelmo, all'epoca ancora apprendista mafioso della Noce: quando dieci anni dopo si è pentito, turbato anche lui dalle stragi Falcone e Borsellino, ha raccontato che accompagnava Provenzano a casa sua, o a casa della mamma di un altro mafioso, Antonino Galliano. Lì Provenzano incontrava Riina.

All'inizio degli anni Novanta, alla vigilia delle stragi, Provenzano e Riina continuavano a incontrarsi in città. Come i fidanzatini, il sabato pomeriggio, a casa del solito insospettabile giovane mafioso, Giovanbattista Ferrante, anche lui poi passato nella schiera dei collaboratori di giustizia. Grazie al suo racconto abbiamo saputo che Riina arrivava direttamente a casa, accompagnato dal fido autista Salvatore Biondino, preceduto dall'auto di Salvatore Biondo, che faceva da battistrada. Provenzano si muoveva con Francesco Pastoia, generalmente a bordo di una Golf grigia: si fermava davanti al cancello di Città Mercato, uno dei centri commerciali più noti della città (e il sabato pomeriggio anche il più gremito), Ferrante lo caricava in auto e lo portava a casa sua.

Continuarono a incontrarsi fino a pochi giorni prima dell'arresto di Riina, nel gennaio del 1993, e quasi sempre per «spartirsi soldi», così dice il collaboratore. «Non si alzavano dal tavolo fino a quando non avevano trovato un punto di accordo», ha detto più di recente Nino Giuffrè.

Spostarsi era comunque l'eccezione. Erano gli altri che chiedevano udienza al padrino, e lo andavano a riverire. A Bagheria, naturalmente. Giuffrè ha spiegato che per diverso tempo gli incontri avvenivano negli uffici della Icre, industria di chiodi e reti, all'ingresso del paese, proprio accanto allo svincolo autostradale. Alla Icre si andava a discutere, ma spesso anche a morire. Giuffrè l'ha subito indicata come il «campo di sterminio» di Provenzano. È rimasto luogo di tanti misteri.

Nelle dichiarazioni dei pentiti il padrino ha continuato ad apparire sempre all'improvviso: in quello scorcio di metà anni Ottanta, Gioacchino Pennino lo descrive mentre esce dalla villa di Mondello dell'ex sindaco di Palermo, Vito Ciancimino, o mentre passeggia dietro casa del giudice Falcone, in via Francesco Lo Iacono. Nessuno lo cercava. Fra una riunione e l'altra poteva anche permettersi cose che Riina neanche sognava di fare, preso com'era dal ruolo e dalla sua corte dei delitti. L'ex *picciotto* della Noce, Calogero Ganci, se lo ricorda ancora Provenzano che arrivava con la Fiat 500 fino alla sua macelleria di via Lancia di Brolo, nel popolare quartiere palermitano della Zisa. Comprava il cervelletto del capretto per il figlio Angelo. E all'epoca, era già latitante da vent'anni.

Quando capì che avevano cominciato a cercarlo, alla fine degli anni Novanta, si nascose per davvero. E cominciò a trasmettere ai suoi collaboratori la maniacale ossessione per i luoghi degli appuntamenti, che voleva sempre nuovi. Scriveva a Giuffrè:

20-03-2001. [...] Argomento posto, vedi è sempre buono, al momento pare, che andiamo accomodando.

Quei pizzini di organizzazione erano spesso complessi, perché non c'era solo da stabilire il luogo ma anche da convocare i prescelti all'udienza o all'assise. Giuffrè avrebbe provveduto in ogni caso:

31-05-2001. [...] Carissimo, se ti rigordi, ti ho chiesto, se tu conosci come nostro a Giulio, e mi hai dato risposta positiva, Allora, a me mi farebbe piacere vederci noi due prima, e poi tutti e tre assiemi, io tu e Giulio, mà saperlo solo noi tre, e in tutti e due casi, spostarti tu e venire da questa parte, dove ti porta NN. Ora ti prego, di tu provvedere, e mi fai sapere, vedi se ci puoi parlare di presenza, o ci mandi un biglietto ha Giulio, e mi fai sapere, sempre umpò di giorni prima, per vederci sia da soli, e sia quando, con Giulio.

«Giulio» era Giulio Gambino, autorevole mafioso di Santa Maria di Gesù, che Provenzano aveva conosciuto da poco, ma aveva subito stimato per il suo equilibrio e la saggezza criminale. Anche lui non aveva mai amato i riflettori della ribalta mafiosa. E dopo le stragi del 1992 si trovò a incontrarlo spesso per un utile consiglio o una valutazione strategica. Gambino resta il prototipo della figura di vecchio padrino che potrebbe tornare presto di attualità nella nuova Cosa Nostra, fatta di giovani rampanti alla ricerca di punti di riferimento. Negli ultimi mesi, le porte del carcere si sono già aperte per parecchi mafiosi vecchio stampo, che hanno scontato le condanne scaturite dalle indagini del pool di Falcone e Borsellino, poi da quelle degli anni Novanta e infine da quelle del Duemila. I nomi dei condannati sono sempre gli stessi. Evidentemente, non hanno mai smesso.

Provenzano sceglieva con cura il calendario delle udienze. E per stabilire un luogo e una data la catena dei messaggeri era sollecitata a essere più veloce nelle comunicazioni. Anche per la solita regola che i contenuti riservati sarebbe stato meglio esporli di presenza. I giorni migliori per gli incontri erano quelli della caccia, segno che avvenivano in campagna. Secondo la teoria di Provenzano, nessuno si sarebbe insospettito per quei signori che vagavano fra le montagne:

20-09-2001.

[...] Poi mi dici che con il volere di Dio mi spiegherai di presenza gli accordi fatti con il Dottore. In quando a vederci, con il voler di Dio, aspettiamo il momento opportuno. d'accordo per i giorni di rispettare i giorni di caccia che per noi vanno bene il Martedì, e il Venerdì.

Ma intanto Giulio Gambino aveva urgenza di comunicare con Provenzano. Aveva aperto una nuova questione, che coinvolgeva anche i mafiosi di altre famiglie. E un nuovo canale di comunicazione andava avviato, con la consueta celerità e riservatezza.

03-11-2001. [...] 9) Argomento: Che Giulio fa sapere, che il Dott. Guttadauro assiemi a P. Sansone (Pagliarelli?) Sono andati a trovare a Franco Adelfio per aiutarlo, nell'interesse comuni, e se possono portare avanti, e coltivare questo condato. Vedi se puoi rintracciare a

Giulio; e se ci possiamo vedere, tra giorno Martedì 13-11-Novembre, ho Venerdì 16 Novembre, e ne parleremo di presenza, dammi notizie di comferma, o di smendita al più presto, io ho il posto che tu sai, fammi sapere il posto e lora che ci dobbiamo vedere. Per i secondo discorso di Giulio, Marche se che è già fuoti?. Anche di questo ne parleremo di presenza. = = =

Un mese dopo, Provenzano ebbe ancora necessità di incontrare Gambino. Era sempre Giuffrè a occuparsi di coordinare tutti i postini addetti al raccordo tra il capo di Cosa Nostra e il consigliere di Santa Maria di Gesù:

05-12-2001. [...] 1) Rigordandomi, che mi hai detto di vederci, prima del Santo Natale, e per quello che ho ricevuto da parti di G. E che dovessi ancora avere qualcosa da dirmi? Ti prego, di metterti a condatto con G. e stabilire il giorno per vederci Primo del santo Natale, se ti fosse possibile vederci dopo il 15, corrente mese. stabilisci, e con il volere di Dio, vederci tutti e tre tu io e G. Attento conferma ho smentita.

Anche il giorno di Natale Provenzano non si concesse pause. Ringraziò Giuffrè dei doni ricevuti, chiese se aveva visto Gambino e sollecitò la periodica riunione di settore:

Carissimo, con l'augurio, che la presente, vi trovi, a tutti, in ottima salute. Come grazie a Dio, al momento, posso dire di me. 1) Da parte tua, ho ricevuto Gabbietti, Una D'Aranci, una di Mandarini, ed una di Limoni: Questo mi fà penzare, che ti avessi visto, con G. E io ti sto scrivendo, con umpò d'urgenza, per avere il tempo, di sciegiere, per quando vederci. Allora tu dovresti scegliere un giorno dal 9 Gennaio 2002. dal 9 al 15 Gennaio? se non può essere in uno di questi giorni? poi scegliere, un giorno dal 22, al 28 Gennaio 2002. Scegli tu il giorno, e me lo fai sapere, in tempo, che ho un certo bisogno di parlare con G.

Il postino dovette consegnare presto il messaggio. Non ci sono ferie per la catena di comunicazione di Cosa Nostra. Perché il 5 gennaio Provenzano già inviava la lettera di risposta al biglietto che gli aveva fatto recapitare Giuffrè:

Le dati che ti ho mandato, mi portano, anche questi umpò fuori, perché io mi ero regolato, con il tuo cenno, a partire dall'8 Gennaio in poi, e regolandomi con questo criterio, mi trovo, addare a due la stessa facoltà di scegliere quase le stessi giorni, atte ti ho detto fino al 22Martedì. Ed a un altro ho detto di scegliere, dal 22. Al 28 01-2002. Hora siamo ad aspettare, sapendo la tua data? se me la dovessero confermre per lo stesso giorno, se cè il tempo di spostarla la sposto altrimenti ci regoleremo con lorario della stessa giornata, comunque aspetto e sulla carta canteremo la musica. [...]
Hora sento che provvederai, per un nuovo puntamento, se c'è il volere di Dio, né riparleremo, al momento opportuno. le precauzioni sono sempre buoni. (Avete conferma del ricevuto messaggio, e conferma?) Come tu puoi constatare io non dò colpa a nessuno. Sono cose che succedono.

Doveva esserci qualche problema organizzativo. Perché cinque giorni dopo, Giuffrè ricevette un altro messaggio:

3) Argomento: Io pensavo che tu con gG. avessi avuto la possibilità di fare prima del 22 corrente mese poterci vedere? e come ti ho detto nella precedente ho dato un'altro appuntamento dicendo di scegliere dal 22 al 26 corrente mese. Poi tu mi ai detto che ci mandavi a G. lappuntamento per il 22 corrente e che volevi conferma cosa che fino al momento non mi dai conferma. Io ti ho detto nella precendente che se venissero tutti e due nello stesso giorno avessimo dovuto accomodare, Tu mi hai detto che non sai la persona, per saperci destrigia are, E allora la Persona è Masino, non altri personaccui tu potevi alludere, e Masino mi ha dato la conferma per il 22 Màrtedi. Mà siccome io ho più bisogno di vedere a G. e per non molestare il tuo piano, ci sto spostando giono, per non fare confusione, e così tu vai avanti con G. x il Martedì 22 Corrente mese, a Masino ci dico di venire il 25 Venerdi correnti mesi, e così tu sai chiè la persona? non cambie niente del tuo piano? e ci sagrificheremo per i Due gioni di Martedo e Venerdi, più con comodità,e meno confusione? resto sempre della tua conferma pa G. 22 corrente mese? Non altr al momento smetto In 'attesa di conferma e riscondr smetto augurandovi per tutti un mondo di bene.

Tre giorni dopo, ancora:

1) Argomento sento tutto quello che mi dici di G. e che ci hai mando, x il 22 Martedì,e aspetti conferma, va bene, Io posso confermarti Tm Venerdi 25 corrente mese. x Il 22, aspetto, tua conferma.

Nel periodo più intenso della riforma mafiosa, i tempi di consegna erano giornalieri.

13-04-2002. [...] 2) Argomento Cortesia: L'undici sera, ho ricevuto, il Dodici, ho passato, tutto per l'occorrenza. tredici mattina, mi danno la risposta, e subito te la sto mandando, trattasi di cosa urgente, non si sà ma se si ci riesci in tempo.

Eppure, tanta velocità nelle comunicazioni non poteva certo prescindere dalle cautele. Provenzano ha sempre preferito i controlli preventivi, quasi fossero una vera e propria «bonifica» dei luoghi. Non sarebbe bastata un'osservazione superficiale, il padrino chiedeva a Giuffrè di ingaggiare un esperto di comunicazioni elettroniche per passare al setaccio una certa zona:

Risposta; In questo paese, al momento, mi dicono che, non c'è nessuno per certi casi di riferimento, c'è un ragazzo, non nostro, ragion percui, ci possono chiedere? mà limitatamente. Difatto, la risposta che mi danno è, che dove si trova questo edificio, è a taglio della strada, e il ragazzo, avessi dovuto vedere, se ci sono mezzi sofisticate come telecamere, e dicendomi questo, con cui parlo io. Mi dici io sono addisposizione, ma non ho, e non posso fare niente. Loro visto l'urgenza, sono liberi di fare tutto quello che vogliono fare. se loro Anno di bisogno di qualcosa specifica, e c'è il tempo lo fanno sapere, e quello che si può fare si fà, mà non hanno ne dove portarlo? né cui lo può portare, La risposta è per quelle difficoltà induibile, e perché è urgente, e resta nel suo potere di fare quello che vogliono. Così gestiscono, e se non ci si dovesse arrivare per il tempo, non ci sono rimorsi. Se invece ci fosse il tempo, e di parlarni noi due di presenza? potessimo vedere se si potesse, andando oltre, se trovassimo, di poter fare tutto in pieno il nostro dovere. Detto questo resto in anettesa di una tua risposta se c'è il tempo, di poter cercare fuoi di quel paese, fare qualcosa. Mà c'è pure di tener presente, che anno ci occorre sempre molto tempo, per la nostra situazione, di arrivare a qualche conclusione. Nel mentre se, mi darebbero qualche altra notizia, che può essere di aiuto, subito te la comunico.

E, come al solito, Giuffrè fu preciso. Attivò i suoi canali, si procurò anche il biglietto da visita di una delle ditte di fiducia che collaboravano con le forze di polizia per le attività di intercettazione e lo spedì a Provenzano.

3. La strada di «121»

Ogni pizzino ha continuato a nascondere una via, e tanti postini che la realizzavano. Il mistero dei destinatari ne nasconde altri. Un'utile chiave di decifrazione del codice sembrò allora quella di suddividere i numeri che chiaramente si riferivano al destinatario finale dai numeri che indicavano solo una via, e dunque un postino. Talvolta era più facile. In altri casi, no. «Alessio», ad esempio, che aveva scelto questo alias e non un numero, scriveva allo «zio» che la via era il «121»:

1) Lei sa che il mio parente è il nostro tramite da parte mio, siccome in questa mia lettera le parlerò spesso del mio parente, da ora in poi chiamerò lui con un numero che è il 121, dunque ogni volta che io dirò 121 sa che è il mio parente e questo numero per il mio parente lo useremo per sempre.

La data del messaggio non è indicata. Ma doveva essere antecedente all'inizio 2004, quando Provenzano ancora non si trovava a Corleone. Per certo, in un pizzino che portava la data del 1° ottobre 2003, Alessio ribadiva le difficoltà di comunicazione, a tal punto che «molti discorsi ormai vecchi non interessano più». Però altri erano ancora attuali nonostante i pizzini mai scritti o arrivati:

L'unico discorso che potrebbe essere ancora attuale è che lei mi dice che suo cognato deve vendere la casa del mio paese e vuole un aiuto per ciò. Io non so se nel frattempo suo cognato ha venduto, ma se ancora non l'ha fatto me lo faccia sapere ed io incarico una persona per farla vendere. Per farlo capire a lei darò l'incarico alla stessa persona che a suo tempo gliela fece acquistare. Dunque mi faccia sapere nella prosima se mi devo muovere per vendere la casa o meno.

Il 1° febbraio 2004, la faccenda della casa non era risolta. Forse, per i soliti problemi di comunicazione. E Alessio ribadiva: «Aspetto direttive sul da farsi». Alla fine di maggio, tornò a scrivere a proposito di un certo investimento che lo zio voleva portare a termine, per rilevare il negozio di una catena commerciale. E fu l'occasione per ritornare sulla questione della casa:

> Siccome noi due non ci possiamo muovere e capisco che questa cosa ha bisogno di tempi brevi, le dico come fare: lei trovi il gestore e lei stesso scrive un biglietto a 121 e gli crea un appuntamento al gestore con 121, appena 121 conosce il gestore gli darà un appuntamento al mio paese e 121 presenterà il gestore al mio paesano... Veda che 121 è tenuto sotto strettissima sorveglianza dagli sbirri, perché vogliono arrivare a me, quindi il gestore che si incontra con 121 non deve venire poi da lei, 121 al gestore lo incontrerà solo una volta perché dopo gli presenta al mio paesano e gli incontri se li fanno il gestore ed il mio paesano, spero di essermi spiegato bene di cosa voglio dire. [...] Mi rendo conto che i nostri contatti sono un pò diradati nel tempo, non per colpa nostra s'intende ma per i problemi che abbiamo, in merito a questa faccenda tra AG il CPZ ed il mio paesano può pure succedere che lei ha bisogno di sapere qualcosa in modo urgente da me, sempre riferito al caso in questione, in questo caso lei può scrivere direttamente al 121 e all'esterno del biglietto ci scrive 121, così sarà 121 a rispondere a lei a stretto giro di posta e quindi a soddisfare la sua richiesta con urgenza, perchè 121 è al corrente di tutta questa faccenda; poi sarà sempre 121 a informare me, cioè se io il discorso lo sò dopo non ci fa niente, l'importante è risolvere la faccenda. [...]
> 13) Per la casa di suo cognato ricorda benissimo, gliela fece comprare la persona che mi ha detto lei. Ora io incaricherò di nuovo questa persona per cercare di vendere ed allo stesso tempo la farò stimare per il prezzo che realmente vale, gli darò risposta di tutto ciò la prossima volta.

Il postino era diventato tramite e mediatore d'affari. In tempi di indagini pressanti il canale più riservato di comunicazione è servito anche ad altro. E come da manuale di spionaggio e controspionaggio, la comunicazione è rimasta la vera essenza del potere invisibile. Così, il 30 settembre 2004, Alessio informava ancora il capo che il postino tuttofare 121 era arrivato a una determinazione ben precisa a proposito di quella rilevazione dell'esercizio commerciale:

1) So che 121 le ha già fatto sapere il nome di quello del suo paese che ha il punto vendita, ora aspettiamo una sua risposta in merito, per vedere come muoverci per arrivare al nostro scopo, cioè fare qualcosa per i suoi figli. La prego di questa risposta darla a 121 perchè lui può muoversi più velocemente e sà pure come agire per sistemare la cosa a suo favore, poi a me mi informa per conoscenza, quindi per muoverci si aspetta una sua risposta.

E non ci fu spazio per nessun altro messaggio. Perché le comunicazioni avevano subito una battuta d'arresto a causa del blitz «Grande Mandamento» che nel gennaio 2005 aveva fatto terra bruciata attorno a Provenzano. Però, il padrino era riuscito ancora una volta ad allontanarsi per tempo. Portando con sé i codici della sua comunicazione. Ma molti erano stati bruciati, perché destinatari e postini erano finiti in manette. Il 6 febbraio 2005, Alessio si rammaricava:

Carissimo mio, spero tanto di trovarla bene in salute così come le dico di me. Le comunico che ho ricevuto tutti i suoi compresi gli auguri per le festività e la ringrazio tanto. Mi spiace tanto per tutto quello che è successo e spero che lei sia al sicuro e in buone mani. Dopo tutto ciò credo che i nostri contatti si siano interrotti... caso contrario questa mia la terrà in custodia 121 aspettando che lei lo contatti, anche se penso che dopo quello che è successo anche 121 è in bilico. Io purtroppo non ho altre strade per trovare lei, posso solo aspettare che sia lei a farsi sentire quando potrà.

Alessio e il suo fidato 121 erano rimasti fuori dal blitz. E avevano la necessità di riallacciare presto i contatti con il vertice dell'organizzazione, per il momento in stato di sospensione. Il 30 settembre, per certo, le comunicazioni erano riprese per il tramite di una nuova via, un nuovo snodo che si era già riallacciato con 121.

Carissimo mio, spero tanto di trovarla bene in salute ed in tutto il resto assieme ai suoi cari, così come le dico di me. Ho ricevuto la sua ultima... ora però questa mia gliela mando tramite la nuova strada che lei ha dato a 121, infatti 121 ha ricevuto il suo messaggio tramite questa strada nuova; il 121 non gli ha risposto perchè non c'erano discorsi nuovi o che necessitavano di una risposta, erano solo conferme che lei gli dava.

Arrivò il giorno che il postino fu ammesso al rango di destinatario. Forse per necessità, forse per meriti conseguiti sul campo. Di fatto, salì nella gerarchia della comunicazione. E scrisse direttamente al capo di Cosa Nostra:

Ancora prima, di darne notizia ad Alessio, la informo su qualcosa di AG. Lo stesso ragazzo di AG, che è in contatto con Alessio, che io conosco, è venuto da me, chiedendomi un incontro, cioè, vorrebbe che io incontrassi il Capizzi, per fa si che si chiudesse il contenzioso, o che si troverebbe un accordo tra lui ed il mio paesano. La mia risposta, è stata, che se volevano potevamo pure incontrarci, ma nulla potevo fare, ne tantomeno decidere, perché di questo argomento, vi state occupando, sia lei, che Alessio.

Al numero 121 era stato chiesto da altri mafiosi, della provincia di Agrigento, di prendere in consegna pure i loro pizzini. Ma 121 sapeva benissimo che l'attivazione di ogni nuovo canale di comunicazione verso il vertice avrebbe dovuto essere autorizzata. Per questo aveva scritto:

Inoltre mi hanno chiesto, e stavolta in forma ufficiale, incaricato della (Provincia) che risulta essere retta, così mi hanno riferito, (Capizzi-Falsone) se potevo essere il tramite, per fare avere a lei, dei messaggi scritti. Ho risposto, che per fare ciò, dovevo essere autorizzato, sia da lei che da Alessio, ed è per questo che ho rimandato ciò, con il nuovo anno. Siccome mi sto sentendo prima con lei, prima ancora che con Alessio, è mio dovere di informarla di ciò, quindi la prego gentilmente di farmi sapere come comportarmi.

4. La dieta del padrino

Gli indizi sulle nuove strade della comunicazione mafiosa sono ancora fra i postini. Ben presto, le vie dei biglietti divennero anche le vie dei pacchi. Segno che la complessità dell'organizzazione e della latitanza era ormai diventata complessità nella comunicazione. Ai postini era anche richiesto un impegno in più, soprattutto per la sicurezza nei movimenti. E il padrino aveva pure piacere a ringraziarli, come un manager d'azienda fa con i suoi dipendenti a fine anno. A Giuseppe Russotto scrisse:

> Apri questa bottiglia, che è il mio augurio per tutti voi, con un dolore e dispiacere nel cuore non essere presente e che per un conto chi per un altro non ci sono tutti. Vi auguro un felicissimo Santo Natale, che sia portatorio di bene, di salute, di pace, di serenità e di soddisfazione. Questa bottiglia, la dovete aprire quando siete tutti presenti, tutta la famiglia. Due gocce l'uno alla mia salute.

Era lo stesso Russotto a leggere il pizzino, nella notte di Natale del 2000, e non sospettava di essere intercettato mentre parlava con Cola La Barbera. La bottiglia era allegata al pizzino. E dopo gli auguri, vennero subito i temi del lavoro: «Dopo queste feste mi mandate un po' di carne». Ma Russotto chiosò subito: «Però già c'è arrivata». Per una volta, i pacchi in entrata erano stati più veloci dei pizzini in uscita. Russotto aveva fatto un po' di spesa per il padrino. Acquistando pure «due paia di chili di pastina». Forse, proprio perché Russotto si era dedicato alla sicurezza dei pacchi aveva trascurato qualche altro incarico. E Provenzano, davvero poco riconoscente, lo faceva notare: «Dobbiamo vedere per quel discorso del lavoro del genero di Nino, mi sembra che cammina troppo lenta. Io desidero una risposta per farla, o bene o male che sia».

Gli indizi sulla latitanza dell'uomo che per 40 anni è rimasto alla macchia sono da cercare anche nelle sue abitudini alimentari. Il boss confidente Luigi Ilardo aveva raccontato che era proprio La Barbera a cuocere la carne a Provenzano durante l'incontro di Mezzojuso del 31 ottobre 1995: «La cuoceva al sangue e con poco sale, per i suoi problemi di prostata». Poi, il padrino chiedeva a Giuffrè:

> Senti, puoi dirci, ha tuo compare, che stiamo,siamo entrati in primavera, e lui dovessi conoscere, le verdura, nominata Cicoria, se potesse trovare, il punto dove la porta la terra questa cicoria,e se potesse fare umpò di seme, quando è granata, e me la conserva? Ti può dire che la vendono in bustine, nò nonè questa allo stato naturale che conosciamo. io volessi questa naturale il Seme.

Il 14 aprile, arrivò la risposta di Giuffrè. Fra i tanti argomenti di affari c'era anche l'argomento cicoria: «Mi sono visto con mio compare e gli ho detto della semente di cicoria selvatica».

Quelle abitudini alimentari erano il vezzo del padrino. Ma anche un indizio ulteriore per individuare la catena del codice. Perché i pacchi continuavano a viaggiare come i pizzini. E se Giuffrè era impossibilitato, c'erano altre vie. Nel novembre 2002, la solita cimice della polizia ha intercettato, fra tanti fruscii, un pizzino inviato ad Angelo Tolentino e Antonino Episcopo:

> Se potete informatevi e mi date risposta... siccome... mi avevano... di farmi avere le piantine di cicoria e siccome ne ho di bisogno ci sto chiedendo se possono farmele avere... se è possibile perché... se è possibile fai in modo di mandarle con urgenza... assieme al tuo presente con il volere di Dio ricevi... assieme... con la sigla... leggibile.. se è possibile... fargliele avere e mi dai risposta. Sempre per il tuo paese ho ricevuto il sette, due e cinquanta. Giusto è, no? Perché io ti mando le persone con il tuo presente e con il volere di Dio come le ricevi mi dai conferma che li ha ricevuti. Quindi assieme al tuo presente legati al tuo coso, ricevi il pacchetto più le tue legate assieme...erano una e trenta... in attesa di tuoi nuovi e buone risposte smetto augurandovi per tutti un mondo di bene. Il Signore vi protegga. Chiedo perdono per gli errori.

Provenzano aveva chiesto a Episcopo e Tolentino di inviargli anche del miele di qualità. E loro avevano provveduto. «Poi gli scrivo che gli devo mandare di nuovo barattoli di miele», diceva Tolentino nel preparare il solito pizzino di accompagnamento. «Gli ho detto che sono quarantasei barattoli. Sei me li tengo. Venti glieli mando io e altri venti glieli manda...».

Così, per seguire gli indizi nei biglietti, la caccia a Provenzano è stata per mesi legata a un sacchetto della spesa. Ma le precauzioni per i pacchi erano anche maggiori di quelle per i pizzini. Erano ormai lontani i tempi in cui Provenzano andava al ristorante. «Me lo ricordo ancora – ha raccontato il pentito Antonino Calderone – all'inizio degli anni Ottanta facemmo una grande mangiata di pesce al Gambero rosso di Mondello. C'era tutto il gotha della mafia. Io prendevo in giro Filippo Marchese, *u tistuni*, perché aveva una pancia pronunciata. Fra una porzione e l'altra, Provenzano commentò: 'Questa grossa pancia gli consente di tenere per sé le notizie'. Rimasi di ghiaccio – ricorda Calderone – capii che mi stava rimproverando perché avevo riferito a mio fratello una confidenza fattami da Riina».

L'ultima occasione conviviale che si ricorda in Cosa Nostra fu nel Natale prima delle stragi Falcone e Borsellino, a Mazara del Vallo, dove si erano riuniti i capi della Cupola. «La nostra famiglia – ha svelato il pentito Antonino Patti – era stata incaricata di occuparsi di tutti i preparativi. Ma Provenzano non venne, lui preferiva andarsene in giro per la città con un motorino». Da allora era solo lo zio a invitare a pranzo, ma solo i fedelissimi, per evitare invitati sgraditi, soprattutto i potenziali traditori. Erano sempre pranzi di lavoro. E alla fine uno dei presenti lavava i piatti e rassettava la cucina.

5. *Famiglia nostra*

Nel trambusto organizzativo di una latitanza ormai diventata complessa, il capo di Cosa Nostra non ha mai rinunciato a costruire la sua nuova immagine di padrino ribadendo anche la funzione di marito e padre, a cui mai aveva rinunciato dopo aver fatto uscire dalla macchia la compagna e i figli, alla vigilia delle stragi Falcone e Borsellino. L'importanza del ruolo di capofamiglia è stata spesso esibita da Provenzano, perché a tutti fosse chiaro che la famiglia deve restare la cellula fondante dell'organizzazione mafiosa. E anche questi suoi valori ribadì attraverso i pizzini. A Pino Lipari chiese di mobilitarsi per provvedere a recuperare alcuni programmi universitari. La risposta del suo consigliere preferito fu un vero trattato programmatico sul futuro dei figli dei mafiosi:

> Ti preme conoscere i programmi relativi all'università. Mi sono informato tramite mio fratello. Per quanto riguarda i corsi, il programma universitario prevede un aiuto da dare solo a due categorie di studenti: quella di chi si iscrive al primo anno e quella di chi frequenta l'ultimo. Mi pare che ciò non possa riguardare tuo figlio.
> Per essere più precisi è necessario sapere a quale facoltà risulta iscritto tuo figlio e a quale anno è arrivato e quante materie ha dato. Ti avevo suggerito che lui direttamente magari tramite il professore paesano mi poteva mandare notizie precise. Penso che lui lo tiene questo contatto e come canale lo potrebbe adoperare per raggiungere me ed essergli di aiuto.
> Mi sembra superfluo dirti che sarebbe utile che s'impegnasse per portare a termine i suoi studi magari con qualche sacrificio. La laurea per lui sarà meglio di un'eredità di un feudo e potrebbe affrontare la vita con una visuale diversa, tu capirai che qualunque iniziativa commerciale od imprenditoriale sarà sempre sotto uno stretto controllo e poi ci vogliono un mare di capitali.
> Le agevolazioni sono tante e così pure i finanziamenti dello Stato, ma in ogni caso per come sono adesso impostate le cose prima bisogna realizzare le iniziative con capitali propri e poi lo Stato passa all'erogazione dei finanziamenti. In buona sostanza le Leggi sono fatte per chi dispone di questi requisiti. Il che a mio modesto avviso non riguarda la posizione sua e quindi sarà meglio che pensi agli studi se vorrà realizzarsi per come la sua intelligenza e capacità possono offrire.

Sembrava la lettera di due genitori attenti, che hanno a cuore il futuro dei figli. E sanno anche offrire il consiglio giusto. Quello dell'impegno per lo studio. Ma la conclusione della lettera di Lipari faceva riflettere sul fine altro di quelle indicazioni:

> Da quanto sopra penso che ci siamo capiti e restiamo a disposizione per tutto quello che all'uopo potrà essere necessario. Con l'occasione ti volevo chiedere notizie del più piccolo per conoscere la sua po-

sizione di studio ovvero di lavoro. Non chiedo a nessuno queste cose per non creare problemi.

Restavano discorsi fra padri di mafia. Il riferimento di Lipari al «professore» era a Leoluca Di Miceli, insegnante in pensione a Corleone, in realtà addetto alle necessità economiche dei familiari di Riina e Provenzano. In una sola volta, all'inizio di settembre 2001, consegnò una lauta mazzetta al figlio più piccolo di Totò Riina, Giuseppe Salvatore, che da lì a poco sarebbe stato arrestato: «Pure che ti fermano con cento milioni in tasca, è normale, è regolare». Qualche giorno dopo, la polizia sorprese ancora Di Miceli mentre parlava con Angelo Provenzano, il figlio del capomafia. Il ragazzo gli consegnava qualcosa. Due giorni dopo, le cimici registrarono il colloquio fra Lipari e Di Miceli: «Direi di lasciarlo libero», diceva il primo. Insieme sentenziarono: «Aprire quella lavanderia è stato uno sbaglio. Sarebbe stato meglio che avesse scelto un ferramenta e colori, rende di più». Facevano riferimento alla lavanderia Splendor che i Provenzano avevano aperto a Corleone, ma poi avevano perso perché sequestrata, in quanto non risultava chiara l'origine dei finanziamenti.

Il rapporto con la compagna e i figli è continuato grazie ai fedeli postini. Che non conoscevano certo il contenuto dei messaggi. Però, in Cosa Nostra tutti sapevano del legame ostentato dal padre nei confronti dei propri cari. E anche questa comunicazione era arrivata a destinazione. La signora Saveria continuava a scrivere come se nulla fosse mai accaduto:

15.1.2001
Vita mia sono passate le feste io ho avuto una visitina il giorno di Capodanno qua va tutto bene, il lavoro va avanti Paolo incomincio a studiare, io Venerdì con Angelo vado a Catania, e vediamo quello che cè da fare Amore mio vedi che la cinquecento e qua ci siamo andati sie fatto la casa lei tutta dolce cia invitato per mangiare ma noi dovevamo andare da Tina e quindi non è stato possibile ora ci deve andare Angelo che ci vuole parlare mio fratello però non quando è possibile. Vita mia termino con la Santa Benedizione che la luce del Signore splende su di tè e ti aiuta e noi ci dia la forza di soppportare e dacci Santa fede.

Era il messaggero La Barbera che aveva il compito di consegnare quei messaggi, la mattina del blitz in cui fu poi arrestato Benedetto Spera, a Mezzojuso. Il figlio Angelo scriveva:

> Carissimo papà con gioia ho ricevuto le tue notizie che stai bene come posso dirti di noi tutti. So che hai sollecitato una posta più celere e nonostante questa volta non ho potuto accontentarti ti assicuro che da ora in poi non mancherà anzi per me non mancherà.
> 1) Come sapevi il 19/01 siamo andati a Catania e finalmente la mamma è stata visitata dallo specialista [...] Ora se tu mi puoi dare un indirizzo a chi mi posso rivolgere qualche buon nominativo, io nel frattempo mi giro qua dal dentista visto che è stato lui a mandarci da questo dottore e poi avevo intenzione di contattare, con il tuo permesso 1012234151512 14819647415218. In merito all'altro dottore di cui ti avevo chiesto il permesso di poterci andare ha controllato sull'elenco telefonico ed esercita ancora, conto di poter prenotare una visita per la mamma al più presto.

Il codice dei Provenzano. I poliziotti ci misero un po' per decifrarlo, ma alla fine scoprirono che era molto più semplice di quanto avevano previsto. Il numero 4 corrispondeva alla A. Il 5 alla B. Il 6 alla C. E così via. La prima sequenza di numeri corrispondeva dunque a «Givanni Mercadante»: Giovanni Mercadante, radiologo e deputato regionale di Forza Italia, imparentato con il boss di Prizzi Tommaso Cannella. Angelo Provenzano accennò al padre anche la storia della strana visione di una donna in cui la Madonna offriva un messaggio al fratello Francesco Paolo. Poi, proseguì con argomenti meno spirituali:

> Acquisto terreni sono stato un po' disubbidiente su questo argomento in quanto sotto le feste mi sono visto con la persona interessata 512151522 191212154 e siamo rimasti che dopo le feste ci dovevamo vedere per discutere, cosa che ancora non si è verificata in quanto io non l'ho cercato, non voglio nemmeno provare a giustificarmi ma ti prego di togliermi tutti i poteri sui nostri risparmi se non comincio a interessarmi sul serio alle nostre esigenze. Il discorso che ti sto facendo è per me molto serio mi sto guardando allo specchio e mi sto vedendo peggio di quando ci siamo visti di presenza l'ultima volta e la cosa non mi va quindi se non ci riesco da solo ti prego di mettermi nel-

le condizioni di non fare danno perché forse il proverbio che chi nasce tondo non può morire quadrato è molto vero. Fatta questa premessa voglio essere giudicato da te su alcune cose che ho fatto di mia iniziativa.

L'altro misterioso nome protetto dal codice era «Binnu Riina». Allora non fu compreso a pieno il motivo. Ma dopo la cattura dell'11 aprile, quella sequenza di numeri ha assunto un suo significato ben preciso. Binnu, ovvero Bernardo Riina, era uno dei fidati della famiglia Provenzano. Fidato anche per la cura degli affari.

Il figlio più piccolo, Francesco Paolo, si è laureato in Lingue. E per un certo periodo ha cercato la propria strada mettendo a frutto i suoi studi: è stato lettore di lingua italiana in un liceo tedesco. Anche Angelo aveva iniziato l'università, ma poi non ha più proseguito, preferendo invece lavorare. Al padre ribadiva: «Ancora non mi è stato concesso di poter realizzare una mia idea». E dietro queste parole c'è il grande travaglio interiore di un giovane stretto fra l'ansia di farsi valere al di fuori dei ranghi mafiosi, dunque a prescindere dall'ingombrante cognome, e le aspettative che proprio quel cognome alimentava fra i mafiosi. Aveva vissuto un'infanzia in latitanza e la giovinezza a Corleone con l'icona di un padre assente ma presente tramite i suoi colonnelli. I pizzini inviati al genitore sono stati di certo tra i messaggi più travagliati che i postini hanno recapitato. Anche nel covo di Corleone ne sono stati trovati altri. Di uguale tenore. E pure le parole dei ragazzi, intercettate da una microspia installata per stanare il padre, hanno confermato un rapporto che al di là delle apparenze e delle forzate rappresentazioni manifestava un grande disagio. «Io questa volta sono arrivato, il primo sabato... va bene... siamo dovuti andare a finire là. L'interesse suo, non lo so quale è, io non vedo interesse in un colloquio in un dialogo con lui, almeno personalmente con me. Non c'è mai stata una cosa del genere», così si rammaricava Francesco Paolo con il fratello. La dissonanza comunicativa tra padre e figlio arrivava al punto da far dire a Francesco Paolo: «Quando mi dovevo laureare e dovevo fare l'ultimo esame, non gliene è fottuto niente a nessuno se io potevo avere i miei problemi. E invece dovevo andare a fare la bella statuina da lui. Perché l'ho sempre fatta la bella statuina, fin da piccolo piccolo». Era il vero paradosso: il padre si preoccupava degli studi dei figli con il suo amministratore di fiducia, il mafioso Pino Lipari. Ma poi, quando gli era dato di vedere i ragazzi, parlava d'altro.

Negli ultimi tempi, Provenzano dovette cimentarsi anche in un'estenuante controversia familiare con i suoi fratelli, Salvatore e Simone, per alcune questioni ereditarie e per i conteggi di alcune somme destinate all'acquisto di un'abitazione. Già anni prima, il fratello Salvatore gli aveva rappresentato altre difficoltà familiari. Ed era ancora Cola La Barbera che avrebbe dovuto recapitare l'ennesima lettera di famiglia:

> Fratello mio, io non mi sento litigato con nessuno, sono solo addolorato perché per certe frase male spiegate o male capite ne stiano facento un dramma, perché è vero che tutti e due vogliamo la stessa cossa o la pace, ma abbiamo un modo diverso di valutarne la via per arrivarci, di conseguenza non cè intesa fra di noi e non riusciamo mai a capirci; non dico questo perché mi sento litigato con te ti ripeto che non l'ho sono, e solo che malgrado quanto fai per spiegarti io non riesco a capire il filo del tuo discorso, mi riferisco in genere alla nostra corrispondenza, è mortificante per me dirti queste cose, ma è la verità ed è meglio che tu le conosca. [...] Termino augurandoti la Santa Benedizione di Dio, che ti guarda e ti protegga ovunque tu sei uniti ai nostri cari e affsi saluti e baci con i migliori auguri per questo nuovo anno che portassi pace e serenità per tutti, un fraterno abbraccio tuo affmo fratello. (4-I-00I).

Ma i contrasti che dividevano i Provenzano furono più insormontabili delle questioni di mafia. E il padrino non arrivò mai a risolverli.

10.
«Ringraziamenti a Nostro Signore Gesù Cristo».
I misteri di Montagna dei Cavalli

1. *L'altra via dei pizzini*

Il codice nei messaggi di Provenzano continua a nascondere il segreto dei nuovi mafiosi e dei complici che restano in libertà. Ma anche un modello di mafia che è tornata a essere insidiosa. Perché ha ormai consolidato il ritorno deciso all'identità di organizzazione dedita agli affari. Così ribadivano due mafiosi di recente intercettati dalla squadra mobile, commentando i buoni investimenti nel settore della grande distribuzione: «Io lo dicevo, ci sono mestieri enormi, non c'era bisogno di tutto questo bordello. Qua maneggiano tre, quattro miliardi al giorno. Sono mestieri di arricchire senza far niente. E invece tutto quel bordello, tutti quegli anni di galera». La strategia stragista è stata ormai metabolizzata. Non sembra essere condivisa più da nessuno. Altro discorso resta l'uso della violenza come strumento per regolare i conflitti. Il graduale aumento degli omicidi a Palermo dopo l'arresto di Provenzano e di altri autorevoli capimafia potrebbe voler dire che la rinnovata scelta degli affari da parte dell'organizzazione prescinde da un rigido controllo del territorio, almeno dal punto di vista militare. Probabilmente, le cosche non sentono più l'autorità di un vertice che cerca di mediare ogni controversia. Tutti sono tentati di regolare le proprie questioni autonomamente. Il conflitto si è territorializzato. E si sta forse creando un inedito campo libero per le bande di piccoli e medi criminali.

Gli affari di Cosa Nostra restano su un piano molto più alto. Ancora tristemente intrecciato con la comunità civile (il racket delle estorsioni), con il mercato e la pubblica amministrazione.

Negli anni Ottanta come oggi, i soldi pubblici arrivati a pioggia sulla Sicilia sono diventati un'occasione per lucrosi investimenti di mafia. Chi è rimasto a gestirli e a tutelarli? Alla fine, Provenzano e il suo governo di colonnelli non sono riusciti a garantirsi dalle indagini e dagli arresti, ma il sistema di comunicazione dei pizzini ha protetto, almeno sino a oggi, molti dei complici a livelli diversi. Grazie ai numeri del codice, alle frasi criptiche e ai canali di comunicazione ancora non scoperti. Nel covo di Montagna dei Cavalli c'era un pizzino di Alessio, Matteo Messina Denaro, che indicava «l'altra via», ovvero un altro pizzino ancora rispetto a quello della risposta ordinaria, per l'indicazione del nome del politico desiderato. Come se esistesse un livello di trasmissione dei messaggi con un codice di sicurezza più elevato. E con postini maggiormente riservati.

Intanto, Provenzano scriveva messaggi dal sapore criptico:

> Mio adorato Signore Gesù Cristo, insegna a conoscere e parlare come parla lo spirito di Dio e lo spirito di Cristo. Ti prego esponemi le cose spirituale.

Quegli appunti mistici richiamavano «l'adorato Signore Gesù Cristo» che Provenzano aveva citato nei pizzini, chiedendo ai suoi fidati di ringraziarlo. Perché aveva fatto favori grandi, come quello di svelare, nel marzo 2002, che una telecamera era stata nascosta dai carabinieri nel casolare di Vicari utilizzato per l'organizzazione dei summit. «Niente per me ringraziamenti», aveva precisato, «Ringrazia a Nostro Signore Gesù Cristo». E da allora, nessuno aveva più frequentato quel luogo. Provenzano scriveva ancora:

> In qualsiasi, posto, o parte del mondo, mi trovo, in qualsiasi Ora io abbia a comunicare con T... Sia parole, Opinione, fatti, scritto. Chiedere a Dio il suggerimento, la sua guida, la sua Assistenza, affinche con il suo volere. Possano giungere Ordine per lui eseguirlo affin di Bene.

E aveva composto con carattere rosso le parole «suggerimento», «la sua guida», «la sua Assistenza», «suo volere». Come a voler rimarcare qualcosa al suo misterioso interlocutore.

Chi era «T...»? I poliziotti cercarono per molti giorni ancora dentro il covo. E anche nel terreno circostante. Sperando che il cifrario del codice fosse nascosto nei dintorni, come l'archivio di Giuffrè, rinchiuso dentro un barattolo di vetro, sistemato sotto una montagna di coppi. Ma non fu trovato. A quel punto, gli elementi del mistero erano solo quelli rintracciabili nei pizzini sequestrati. Erano tanti, ma non sempre tutti intelligibili allo stesso modo. Per interpretarli sono venuti in aiuto altri messaggi e soprattutto i riferimenti catturati dalle microspie che non hanno mai smesso di intercettare in questi ultimi otto anni. Ma dalle microspie arrivavano anche nuovi interrogativi: «Non lo pigliano a lui», commentava sicuro Pino Lipari nel 2000, conversando con il figlio Arturo: «E loro neanche hanno interesse, credi a me». Di certo, nel passato la ricerca dei latitanti era affidata soltanto alle soffiate del confidente di turno. La giustizia ha cominciato a cercare veramente Provenzano solo molto dopo le stragi del 1992. Elaborando un progetto investigativo di lungo respiro. Ma continuavano a pesare la colpevole sottovalutazione del passato e alcune pesanti complicità (non sappiamo ancora quante, e a quale livello di compromissione).

Talvolta, nella storia dell'antimafia, le due anomalie si sono congiunte, diffondendo una nebbia d'impunità ancora più beffarda. Come in quel lontano 1981, quando la squadra mobile di Agrigento intercettava le telefonate del capomafia Carmelo Colletti: chiamava spesso l'utenza della Icre di Bagheria per parlare con il pari grado Leonardo Greco, già allora indicato come tale negli archivi di polizia, e con alcuni suoi collaboratori. Chiedeva di poter essere ricevuto negli uffici della ditta dal «ragioniere» e se erano pronti i «conti». Ma Colletti non aveva alcuna impresa. Eppure quei dialoghi non insospettirono. Nessuno andò a controllare cosa facevano per davvero alla Icre, che in quei mesi era già il quartier generale del più grande affare di droga mai realizzato da Cosa Nostra, fra la Turchia e gli Stati Uniti, passando per la Svizzera. Era la «Pizza Connection». Due anni dopo l'omicidio di Colletti, la sua compagna, Benedetta Bono, spiegò al giudice istruttore di Agrigento: «Tornava da Bagheria con blocchi di banconote da 50.000 lire». Il «ragioniere» si occupava della ridistribuzione degli utili, dopo gli investimenti. Ma non era ancora chiaro chi fosse il ragioniere. Però, quelle intercettazioni telefoniche erano già diventate troppo scomode. E mentre tutti sottovalutavano, qualcuno brigava per evitare che in futuro si potesse scoprire cosa era davvero accaduto alla Icre. Fu lungimirante. Perché diversi anni dopo, il neo collaboratore Angelo Siino spiegò che in Cosa Nostra se la ridevano per quell'errore della giustizia. Chissà come erano riusciti i mafiosi a sapere delle indagini. «Non avevate capito che il ragioniere era Provenzano». A quel punto, non bastò correre ad Agrigento, fra i polverosi archivi del primo maxiprocesso alle cosche, dove risultavano essere conservate le intercettazioni di Colletti. Le bobine erano scomparse. Per sempre. La voce del ragioniere e i suoi affari erano rimasti nell'oblio. Sì, restavano alcuni verbali di quelle intercettazioni. Ma molte bobine non erano state neanche trascritte, perché i numeri che Greco, Colletti e tanti altri mafiosi continuavano a scambiarsi non avevano insospettito. E invece erano le cifre, forse le preziose coordinate bancarie dei patrimoni della Pizza Connection. Così, fino a oggi, Bernardo Provenzano non è stato mai coinvolto in quell'indagine sul traffico internazionale di droga. Anzi, non è stato coinvolto in nessuna indagine di droga. E tutto ciò ha contribuito ad accrescere un'altra leggenda mediatica. Che Provenzano fosse il padrino «saggio», forse anche un po' «buono», in contrapposizione a Riina, il sanguinario e il trafficante di droga.

Fra la sottovalutazione e le complicità, Provenzano è rimasto latitante dal 1963 sino al 2006. E soltanto all'inizio e alla fine è rimasto nascosto fra le montagne di Corleone. Tre anni in tutto. Nel 1965 si muoveva già a Palermo, ne erano certi i poliziotti del commissariato di Corleone, e lo scrissero chiaramente nel loro rapporto del 20 marzo 1964: «Alla Isep, Istituto di sovvenzioni e prestiti, Luciano Liggio capeggia una nutrita squadra di killer di fiducia, che provvede a punire gli eventuali ritardatari e gli insolventi». Era a due passi dal Teatro Massimo e dal palazzo di giustizia, in via Magliocco 19, la sede della nuova società dei corleonesi. Provenzano, manager alle prime armi. Ma aveva già iniziato il suo percorso in città. Nel 1963, quando l'istituto finanziario si era già trasformato in società per azioni, aumentando il capitale da 1 a 200 milioni, avevano fatto la loro comparsa nella compagine societaria Epifania Silvia Scardino, moglie di Vito Ciancimino, Antonino Sorci, accusato di essere l'organizzatore di un ben avviato traffico internazionale di stupefacenti, e Angelo Di Carlo, ex ufficiale dell'esercito. Gli affari andavano a gonfie vele. La Isep ricevette presto una rimessa di 5 milioni di lire da parte di un siciliano che viaggiava spesso fra Palermo e New York: in America frequentava molti affiliati del clan di Giuseppe Bonanno, *alias* Joe Bananas, uno dei capi del traffico mondiale della droga. Quei 5 milioni segnavano l'avvio di un buon canale di investimento per i capitali sporchi. Erano prove generali di riciclaggio. Fu in quegli anni che Provenzano apprese la strategia della sommersione, perché la violenza fa male agli affari. Nel biennio 1967-1968 le statistiche giudiziarie registrarono soltanto 33 omicidi, pochi dei quali con movente mafioso. I boss della vecchia guardia erano stati catturati e subivano i processi, mentre i rampanti – Provenzano, Riina e Liggio –, come ha scritto il giornalista Giuseppe Fava, «si erano lanciati a colmare i vuoti di potere, cercando nuovi equilibri, convivendo e rispettandosi, contendendosi i grandi mercati ed i pubblici appalti con trattative garbate e sommesse». L'arte sottile della mediazione e dell'impresa. Provenzano l'aveva ormai imparata da un singolare mafioso che per scelta convinta si era schierato con la fazione di Liggio, nonostante fosse un cugino del capomafia del clan avverso, il dottore Michele Navarra. Era Angelo Di Carlo, classe 1891, ex capitano di artiglieria durante la prima guerra mondiale, schedato come anarchico e immigrato nel 1926 negli Stati Uniti. Dopo lo sbarco degli alleati era tornato a Corleone. E subito era diventato il manager dei liggiani, sempre pronto a una lezione di mafia, sul modello americano naturalmente. Ben presto, la teoria sarebbe diventata pratica. E grazie all'ex capitano, la cosca di Riina e Provenzano avrebbe fatto il salto di qualità, entrando in affari con i mafiosi più importanti di Palermo. La strada era ormai segnata, fra speculazione edilizia, estorsioni e traffici di droga. E nessuno cercava Provenzano.

2. Il potere contrattuale dei politici

L'11 aprile 2006, un altro pizzino segnò la fine della storia con lo stesso nome simbolo con cui era iniziata. Vito Ciancimino, «il paesano nostro». Paesano di Corleone. Ciancimino, l'ex sindaco della Palermo degli anni ruggenti, creatura di Provenzano, il suo consigliere per gli affari politici. Ma anche il detentore dei segreti economici. Il fedele Alessio, Matteo Messina Denaro, sapeva degli antichi legami di Provenzano, e mai avrebbe parlato male dei Ciancimino. Però un giorno, un pizzino del padrino gli chiese esplicitamente cosa fosse accaduto tanti anni prima ad Alcamo. E Alessio raccontò quello che mai prima di allora aveva detto sulla lunga storia d'affari attorno alla metanizzazione dei Comuni della Sicilia:

1/10/03
Carissimo, spero di trovarla bene così come le dico di me, ho da poco ricevuto le sue lettere e le rispondo subito. [...]
2) Per il discorso della metanizzazione i paesi di allora erano 6, so di preciso quali paesi sono, i soldi mancanti allora furono circa 250 milioni di lire, perché già prima tramite lei ci si era fatto uno sconto di circa 300 milioni di lire, però i 250 milioni di lire ce li dovevano dare cosa che non accadde mai. Infatti lei dopo tempo mi disse che non sapeva più cosa fare e che questi non volevano più pagare e il discorso finì così: dopo tempo venni a sapere che l'impresa in effetti i 250 milioni li uscì solo che a noi non ci arrivarono mai perché se li rubò uno dei figli del suo paesano morto, questo figlio sta a Roma. Io di ciò non dissi mai niente a lei perché capivo che si poteva solo mortificare della cosa e quindi ho preferito far morire il discorso. Ora glielo sto dicendo perché è lei stesso a chiedermelo caso contrario non avrei detto nulla, in fondo ognuno di noi risponde del proprio nome e della sua dignità, questo figlio del suo paesano morto sa di aver rubato soldi non suoi e di sicuro si è divertito a Roma visto che abita là, quello che non sa è che quei soldi erano destinati a famiglie di detenuti che hanno bisogno, ma comunque ritengo il discorso chiuso, se la vede lui con la sua coscienza. In quanto al discorso che qualcuno di Alcamo abbia ricevuto soldi del metano non è possibile e ci sarà confusione in quanto i soldi del metano arrivavano sempre a lei e lei li passava a me ed io li dividevo tra i 6 paesi, sempre così fu e di sicuro ora c'è confusione con

qualche altro lavoro. Nessuno prese mai soldi del metano all'infuori di noi, ciò è certo. Ripeto se lei non mi chiedeva non le avrei detto nulla, a volte certe cose è meglio non saperle così si evitano delusioni e dispiaceri ed erano questi che io all'epoca ho voluto evitare a lei. Con tanto affetto Alessio.

«Il figlio del suo paesano morto, questo figlio sta a Roma»: il riferimento era a Massimo Ciancimino, che dal padre – a dire di Messina Denaro – aveva ereditato segreti e vizi, tanto da tenere per sé una tangente che doveva essere invece girata alla famiglia territorialmente competente per la messa a posto. Qualche mese dopo, Alessio tornò a scrivere:

1/2/2004

Carissimo Z, spero di trovarla bene in salute così come le dico di me, ho ricevuto sue notizie, mi scuso se la mia posta viaggia sempre con un po' di ritardo, il tutto è dovuto ad un problema di sicurezza, credo che lei mi capirà, d'altronde chi meglio di lei può, ma contentiamoci così, rispondo alle sue. [...]
2) Sul fatto del metano ho letto il suo dire ed ho riso perché anche se è passato tanto tempo vedo che si ricorda benissimo, complimenti per la memoria. Lo so che mio padre si mise a disposizione per chiudere tutto al 2% e poi lui avrebbe conteggiato il 3% al Milazzo, fu giusta questa decisione per togliere discussioni tra lei e Milazzo. Poi però diventò un fatto interno nostro, non era per i soldi ma sapevano che se al Milazzo fosse passata questa, poi chissà cosa avrebbe preteso per il futuro. Allora T.T. e mio padre decisero di mandare me a dialogare con il Milazzo. Io andai dal Milazzo e gli parlai senza mezzi termini e senza politica, gli dissi che oltre al 3% gli potevo fare dare pure il 4% ma che volevo sapere dove voleva arrivare lui assieme a me e che ci saremmo arrivati subito senza perdita di tempo. Alchè lui mi guardò e mi disse queste testuali parole: «vedi che per me pure niente, solo che è Giovanni (l'irresponsabile) che mi ha detto che devo pretendere il 3% senza cedere, ora però non posso io azzuffarmi con te per i capricci di Giovanni, fai tu ciò che vuoi», alchè io risposi a lui che avrebbe ricevuto il 2% come gli altri ed il discorso fu chiuso. Poi io feci presente a TT che era stato Giovanni ad accendere questa miccia, nel senso che Giovanni voleva mettere astio tra TP e lei per i propri scopi personali, io allora pregai TT di fare smettere Giovanni di mettere zizza-

nia in casa nostra, poi non so cosa fece TT a tale proposito, però da allora abbiamo iniziato il rapporto noi due e da parte mia mi sono trovato sempre più che bene con lei perché ho sempre trovato onestà serietà e comprensione. Le ho raccontato questo discorso per farle capire i retroscena che ci furono allora per questo fatto. Ritornando al giorno d'oggi io penso che non si recupererà più nulla, ma come dice lei a volte il bacio della fortuna può aiutare, allora ben venga. Con immutata stima e con l'affetto di sempre suo nipote Alessio.

I pizzini, arcaici strumenti di comunicazione, continuavano a portare messaggi moderni di speculazione attorno all'affare del nuovo millennio, la distribuzione del metano. Come la sanità, in Sicilia è affare che vale da sempre cifre con parecchi zeri. E soprattutto può contare su cospicui rimborsi pubblici, il vero Eldorado dei mafiosi. Per questo la ricchezza del sistema Provenzano è stata sempre intrecciata con la politica, in un percorso il più laico possibile. Senza pregiudiziali di schieramento. Riina, tiranno della prima repubblica, era visceralmente anticomunista. Così andava dicendo a Giovanni Brusca, che poi l'ha raccontato da collaboratore di giustizia. Provenzano, ispiratore della seconda stagione di Cosa Nostra, sperimentò invece un nuovo laboratorio di politica mafiosa: a Bagheria era riuscito a convincere alcuni manager, tradizionalmente inseriti nel sistema delle cooperative rosse, a scendere a patti di convenienza con gli imprenditori diretta emanazione di Cosa Nostra. Insieme, avevano coinvolto la parte più illuminata (o presunta tale) della vecchia aristocrazia delle meravigliose ville del Settecento, per svendere immensi parchi alla speculazione edilizia.

Ma lo spirito laico di Provenzano non era soltanto negli entusiasmi, anche nelle diffidenze. Così scriveva a Salvatore Genovese, suo luogotenente per la zona di San Giuseppe Jato:

> Ora mi informi, che hai un condatto Politico di buon livello, che permetterebbe di gestire, molti e grandi lavori, e prima di continuare tu volessi sapere cosa ne penzo io: Mà non conoscento non posso dirti niente, ci vorrebbe conoscere i nomi? e sapere come sono loro combitat? Perché oggi come oggi, non c'è da fidarsi di nessuno, possono essere Truffardini? possono essere sbirri? possono essere infiltrati? e

possono essere dei sprovveduti ? e possono essere dei grandi calcolatori, mà se uno non sà la via che deve fare, non può camminare, come io non posso dirti niente.

Carissimo, vuoi per il periodo che si stà attraversanto, e vuoi per le nostre personale condizione, io non penso che possiamo fare alcunché perché oggi ci siamo, e domani chi lo sa dove possiamo essere.

Le delusioni della prima repubblica erano state d'insegnamento. In principio, nel patto mafia-politica, il contraente forte era stato Cosa Nostra. Poi, Totò Riina aveva addirittura pensato di poter imporre la sua linea senza alcuna contrattazione. Non c'era riuscito. E aveva sbattuto i pugni sul tavolo. Così, cominciò la stagione delle stragi, con l'omicidio di Salvo Lima. E altri politici dovevano cadere. Perché, secondo i mafiosi, avevano promesso molto e mantenuto poco. Quando l'era di Riina fu ormai spazzata via dalla repressione dello Stato dopo le stragi, le dinamiche e gli equilibri delle complicità si erano già modificati inesorabilmente.

Alessio lo scriveva chiaramente al suo zio prediletto:

Ci sarebbe bisogno di un interessamento politico per accelerare i tempi, ma lei sa che quelli non fanno niente per niente e in questo momento con loro non abbiamo grande potere contrattuale.

Nella seconda repubblica mafiosa, i politici hanno cercato di ribaltare i rapporti di forza. Facendo diventare funzionali ai loro interessi quelli mafiosi. E non viceversa, com'era prima. La nuova strategia ha fatto leva sul loro fondamentale ruolo per l'assegnazione dei soldi pubblici nella direzione giusta. E ha dovuto tenere conto della necessità di una maggiore prudenza, imposta dal susseguirsi delle indagini. I mafiosi lo hanno capito e hanno iniziato a essere anche loro più diffidenti. Per questa ragione, Provenzano scriveva: «Oggi come oggi non c'è da fidarsi di nessuno». Anche questo è stato un segnale di cambiamento dell'universo mafioso. Purtroppo, non ancora di debolezza. Perché le difficoltà di interloquire con la parte politica hanno indotto Provenzano ad aggirare l'ostacolo, potenziando piuttosto le complicità con gli imprenditori, rimasti da sempre interlocutori privilegiati con i palazzi del potere, non soltanto in campagna elettorale. E cercando candidature che fossero diretta ma occulta emanazione delle cosche, per parentela o antica complicità. In fondo, Vito Ciancimino era stato il prodotto di questa idea. Ma dopo di lui nessun altro era stato mai così vicino a Provenzano. L'analisi di Giuffrè collaboratore di giustizia ha rimesso in ordine tutte le sfere di competenza, ed è anche una chiave per leggere lo scenario possibile in cui probabilmente si muoveranno i ricatti futuri dell'organizzazione mafiosa. Sostiene Giuffrè che «nel mondo ci sono vari poteri. Imprenditoriale, economico, politico... per funzionare devono essere tutti collegati fra loro. Perché altrimenti il marchingegno non funziona. È l'unione che fa la pericolosità». Questo Provenzano aveva compreso, «a differenza di Riina», è la tesi dell'ex componente della Cupola. «Provenzano ha curato i rapporti con tutti i poteri. E Ciancimino, in particolare, era colui che intratteneva i rapporti con tutti». Alla fine della sua vita, terminata il 19 novembre 2002, l'ex sindaco di Palermo si era rivelato per davvero il più devoto alla causa corleonese: «È stato l'uomo che ha avuto un ruolo in assoluto più importante per Provenzano», spiega Giuffrè. «Erano sempre in perfetta sintonia, si incontravano e si sedevano a ragionare». Questa analisi sgombra il campo da tutte le semplificazioni mediatiche: «Riina e Provenzano sono dei latitanti – prosegue il collaboratore di giustizia – e non è che abbiano un grande livello di istruzione. Avevano bisogno dei loro contatti. Ecco perché Ciancimino, ma anche Pino Lipari e Tommaso Cannella: loro, assieme a tante altre persone insospettabili, hanno aiutato la scalata al potere dei corleonesi». I collaboratori usano ormai di frequente un termine che ha finito per rappresentare il simbolo delle complicità e dei misteri: «Era il tramite». Generalmente, fra soggetti, apparati deviati dello Stato e i vertici dell'organizzazione mafiosa. Così diceva Giovanni Brusca di Vito Ciancimino: «Era uno dei tramiti». E tanto questa era una convinzione all'interno del vertice mafioso e non una rappresentazione mediatica che i più critici con Provenzano, Leoluca Bagarella in testa, sbraitavano: «Ciancimino, *stu pezzu di sbirru*». Che non ha bisogno di traduzioni dal dialetto siciliano. La teoria dei «tramiti» resta una valida chiave di approccio alla zona grigia delle complicità. Ma è necessario fare attenzione alle semplificazioni. Perché i «tramiti» rimangono articolati e complessi. Quelli di più alto grado preferiscono scrivere poco. Solo Vito Ciancimino si vantava di annotare tutto, come fosse una sua personale assicurazione sulla vita e il tesoro che nascondeva. Al fidato Giorgio Ghiron lasciò anche questo biglietto: «Caro Avvocato, data la sua irreperibilità, da me sperimentata, La prego di dare a Massimo quanto concordato con Lei, compreso reperibilità noto Magistrato e lettere. Arrivederci a presto. Con affetto, Vito Ciancimino».

3. *La teoria del depistaggio*

Il «tramite» prediletto di Bernardo Provenzano, Vito Ciancimino, scriveva ma soprattutto parlava tanto. E non era solo l'abitudine del politico vecchio stampo ma un preciso stile di comunicazione, quello che usa reinventare e inquinare la verità. Per questa ragione Provenzano ostentava una vera predilezione per Ciancimino e i suoi metodi. Perché il tono che mostrava appariva sempre costruito ad arte: alternava messaggi pubblici, attraverso i mezzi di informazione, a discrete strategie di disinformazione sotterranea, in un vorticoso susseguirsi di voci che alla fine erano sempre molto controllate. In un caso e nell'altro, annunciava grandi rivelazioni. Generalmente, dopo l'ennesimo delitto eccellente di un politico onesto che avrebbe voluto rinnovare i palazzi del governo e la società siciliana.

Il più pericoloso per l'organizzazione mafiosa era di certo Piersanti Mattarella, il presidente della Regione assassinato il 6 gennaio 1980: perché non sarebbe bastato ucciderlo, ma era necessario cancellarne anche la memoria e disperdere qualsiasi sospetto sui reali motivi della sua morte violenta. Totò Riina si sarebbe occupato di incaricare gli esecutori materiali, Bernardo Provenzano avrebbe pensato a inscenare la seconda morte. Quella definitiva, perché morte anche della verità e della giustizia. Al delicato compito avrebbe provveduto il messaggero prediletto.

Il nome di Vito Ciancimino fece capolino nelle indagini sulla morte del presidente della Regione Sicilia in merito a strane notizie comunicate ai servizi segreti. Erano passati appena quattro mesi dall'omicidio. Una nota del Centro C.S. di Palermo, ovvero del controspionaggio, datata 15 maggio 1980, informava che «il delitto Mattarella sarebbe stato concepito ed organizzato – sin dal 1979 – in ambienti mafiosi, ma eseguito da giovane killer, mobilitato fuori dalla Sicilia e appartenente ad imprecisato gruppo terroristico, previa offerta di congruo sostegno in danaro e armi». Secondo quanto riferiva la nota, classificata come «segretissima», il killer era rimasto a Palermo dopo il delitto, sotto la protezione della mafia, che però era intenzionata a scaricarlo presto: «Lo scopo – proseguiva l'appunto – è quello di far dirottare sulla pista terroristica le indagini sia sul caso Mattarella che su altri delitti di rilievo verificatisi negli ultimi tempi nell'isola. Al momento dello sganciamento, il predetto verrebbe fatto trovare in possesso di prove atte ad inchiodarlo alle proprie responsabilità e a svelarne la matrice terroristica». La nota concludeva: «La fonte è da cautelare».

Alcune verifiche presso il servizio segreto militare accertarono che la fonte dell'appunto era il capocentro del servizio segreto civile di Palermo, Giovanni Ferrara. Che lo stesso giorno aveva trasmesso le medesime notizie ai suoi superiori a Roma. Ed era stato anche più esplicito:

> Nel corso di colloquio personale riservato con il Questore di Palermo si è appreso che persona qualificata attendibile, notoriamente vicina ad ambienti mafiosi, avrebbe riferito direttamente alla predetta Autorità che sarebbe imminente la «consegna» mediante «soffiata» dell'esecutore dell'omicidio consumato in danno del Presidente Mattarella.

Convocato dai magistrati, dieci anni dopo, il dottore Ferrara confermò ciò che aveva scritto. E aggiunse che ricordava a perfezione quel colloquio, perché il questore Vincenzo Immordino gli aveva chiesto di incontrarlo in modo del tutto riservato: «Lo andai a prendere con la mia Dyane 6 intorno alle 21, nei pressi della questura e mi intrattenni con lui fino all'una di notte, girando per la città. Mi apparve particolarmente turbato dalle notizie che aveva avuto da Ciancimino, la sua fonte. L'ex sindaco gli aveva detto che l'omicidio Mattarella era stato compiuto da un killer appartenente all'area terroristica di sinistra». Ma il politico aveva detto anche altro al questore: preannunciava un suo imminente ritorno sulla scena politica, «perché stavano maturando o aveva la speranza che maturassero – così precisò – nuovi equilibri politici a lui più favorevoli». Ciancimino sarebbe finito presto nelle indagini del pool dell'Ufficio istruzione, e già si preparava a fronteggiare l'isolamento politico.

La teoria del depistaggio era stata individuata con chiarezza dal capocentro del Sisde che aveva raccolto quelle confidenze: «Sono stato sempre estremamente scettico sulla matrice di sinistra dei terroristi che avrebbero ucciso Mattarella», spiegò ai magistrati. Anche Immordino fu convocato in Procura. Ammise che Ciancimino era andato a trovarlo per consegnargli un memoriale, «ma senza riuscirci» precisò, però negò con decisione di avere mai ricevuto quelle confidenze dall'ex sindaco. «Mentre Ciancimino era sulla porta – concluse – pronunciò una frase. Voleva dire che lui, nonostante privo di cariche, contava ancora qualcosa».

La teoria del depistaggio puntava a disarticolare, ma anche a ricreare. Perché proprio Mattarella aveva cercato con tutta la sua intelligenza di avviare il rinnovamento dal partito in cui militava, la Democrazia cristiana. Per questo motivo aveva chiesto un incontro al ministro dell'Interno, Virginio Rognoni. Ma i magistrati che indagavano lo seppero solo quindici mesi dopo.

Giuseppe Pignatone, il magistrato che ha ricostruito la teoria del depistaggio nella requisitoria del processo per gli omicidi politici, non ha potuto fare a meno di rilevare il singolare comportamento del questore Immordino: Maria Trizzino, collaboratrice di Mattarella, aveva subito riferito alla polizia di quel viaggio romano del presidente; la squadra mobile aveva informato con altrettanta celerità il questore, e lui disse che avrebbe seguito di persona il caso. Ma non fu davvero così. E di quell'incontro fra Mattarella e Rognoni si perse traccia. Anche nel rapporto finale della squadra mobile alla magistratura. Solo all'inizio del 1981, uno scrupoloso funzionario di polizia, Guglielmo Incalza, chiese di potere parlare con il consigliere istruttore Rocco Chinnici. E gli svelò cosa mancava dalle indagini. Ecco perché solo quindici mesi dopo emersero tutte le preoccupazioni di Piersanti Mattarella per lo stripante potere della parte più inquinata della Democrazia cristiana.

A sentire i racconti di qualche collaboratore di giustizia sembra che «una fonte sicura del tribunale» avesse pure soffiato le intenzioni di Mattarella, a proposito di quell'inchiesta sugli intrighi della politica siciliana. Chi sia stata la talpa è rimasto un altro dei misteri di Palermo. Per certo, Ciancimino e Provenzano continuavano a incontrarsi. E pure spesso. Parlavano di affari e del Comune di Palermo. E secondo le affermazioni di Giovanni Brusca: «Salvatore Riina, a causa di Provenzano e dell'attività di Ciancimino, ha dovuto commettere omicidi, ha dovuto commettere attentati, ha dovuto fare delle cose che in qualche modo, no contro la sua volontà, ma per potere mantenere gli impegni che lui aveva preso e che Ciancimino politicamente, prima gli aveva assicurato e poi non poteva mantenere».

4. *L'ombra delle talpe*

La sequenza delle coincidenze e delle fughe di notizie si è dispiegata senza possibilità di distinguere cosa fosse accaduto per davvero. Solo in apparenza Bernardo Provenzano è stato il più fortunato dei padrini. Ma così non è. Il suo codice di sicurezza nelle comunicazioni ha gestito informazioni a diversi livelli di accesso e gerarchie di relazione. I pizzini sono stati solo una delle reti di trasmissione e ricezione dei messaggi. E rimangono la chiave di comprensione del codice del padrino, anche nella direzione degli altri livelli di comunicazione. Nonostante la scrittura si diradi sempre più man mano che i messaggi si orientano verso i terminali di quelle relazioni esterne e personalizzate che costituiscono il segreto più impenetrabile della rete di Provenzano.

Ma la teoria dei pizzini non ha regole assolute. La flessibilità è stata la vera forza del suo inventore. E il blitz a Montagna dei Cavalli ha rimesso in discussione la tesi che i messaggi scritti sono scambiati soltanto fra gli appartenenti all'organizzazione mafiosa. Il numero 60, che aveva in cura Provenzano, componeva anche lui biglietti a macchina e finiva per interloquire con il padrino di affari che lo interessavano direttamente. Era il segno dei tempi, per la difficoltà di comunicare, o l'evoluzione del metodo di relazione a rete con la zona grigia della nuova borghesia mafiosa? È solo il primo degli interrogativi a cui rispondere. Quello che segue è ancora più complesso. L'arresto di Provenzano ha interrotto inevitabilmente il flusso di comunicazione verso il vertice: come ha cambiato le interazioni della zona grigia con la sfera mafiosa? Sarebbe troppo semplicistico pensare che il capo dei capi detenesse tutti i cifrari della comunicazione come il presidente di uno Stato conserva e gestisce la valigetta dei segreti militari. Il codice Provenzano è stato un sistema di comunicazione dinamico, che era composto da relazioni in evoluzione. Un modello che potrebbe imporsi anche senza il capo, qualunque sia il suo nome.

Così, le fughe di notizie si sono presentate sempre in tono apparentemente minore, come una strana catena che all'inizio nasceva per le smanie di un impiegato in divisa, spesso in cerca di qualche benefit in più a fine mese. Presto, il malessere sarebbe stato raccolto da chi è sempre in cerca di notizie riservate. Da mettere in vendita al miglior offerente. A quel livello, non più in cambio di soldi. Ma di potere, protezione o di altre notizie ancora. In questa trama si è ritrovato il maresciallo del Ros Giorgio Riolo, uno dei più esperti installatori di microspie e telecamere nascoste. La sua confessione non è solo materia per gli psicologi ma anche per chi cerca di ricostruire le sottili dinamiche delle complicità di alto livello. Così Riolo, dopo l'arresto del 5 novembre 2003, ha iniziato la sofferta spiegazione della sua posizione:

> Le mie resistenze nel confessare tutto non dipendono dal tentativo di nascondere le mie responsabilità ma solamente dalla vergogna che

provo per il mio inqualificabile comportamento. Mi sento una persona inqualificabile, che si è lasciata attrarre da un mondo fatto di giochi di potere, denaro e malaffare che non mi appartiene. Ho stupidamente creduto di poter fare il mio lavoro di sempre e contemporaneamente di poter usare le mie conoscenze per millantare ed ottenere il favore di vari personaggi ben in vista.

Erano politici e imprenditori i personaggi «ben in vista», come quel Michele Aiello, il magnate della sanità privata siciliana che aveva iniziato le sue fortune con le strade interpoderali, proprio quelle per cui si chiedeva una raccomandazione nei pizzini di Provenzano consegnati da Ilardo. Della rete riservata d'intelligence faceva parte Riolo ma anche Giuseppe Ciuro, altro militare distaccato in Procura. I «favori» a cui faceva riferimento la lunga confessione del maresciallo del Ros erano invece modeste elargizioni, raccomandazioni e posti di lavoro. La trama lo fagocitò presto: fra la fine degli anni Novanta e l'inizio degli anni Duemila Riolo ha rivelato le microspie che i carabinieri avevano piazzato nel tentativo di giungere alla cattura di Bernardo Provenzano e Matteo Messina Denaro. Fra Bagheria, Belmonte Mezzagno e Castelvetrano. La trama si è composta di diversi fili. Ma non tutti quelli che l'hanno ordita sono stati ancora scoperti.

5. L'antimafia dimenticata

Le complicità quotidiane e la strisciante voglia di mafia sono arrivate dopo. Un tempo, i siciliani denunciavano senza timore. E a Corleone abitavano i cittadini più onesti e più coraggiosi. La storia di Bernardo Provenzano sarebbe potuta finire senza neanche iniziare. Quei cittadini non ebbero paura a fare i nomi dei mafiosi di Luciano Liggio che la sera del 6 settembre 1958 avevano ucciso tre rivali del clan Navarra, sparando all'impazzata fra la gente, durante la processione della Madonna della Catena. I killer, appostati in via Umberto primo, nel cuore del paese, si erano lasciati alle spalle una donna e due bambine ferite. Nello squadrone della morte c'era anche il giovanissimo Bernardo

Provenzano, allora venticinquenne. I carabinieri lo trovarono riverso sull'asfalto, con una brutta ferita alla testa. Perché alcuni parenti delle vittime avevano subito reagito, armandosi a loro volta. I cittadini l'accusarono subito. «Era anche lui fra i killer», misero a verbale e firmarono. Ma un mese dopo, all'improvviso, ritrattarono. Cosa fosse accaduto, si può solo immaginare. I testimoni e le loro famiglie scapparono presto da Corleone e si trasferirono in Piemonte. Provenzano, invece, uscì dall'Ospedale civico e tornò libero. Anche grazie a un falso testimone, quel Bernardo Riina arrestato assieme al capo di Cosa Nostra l'11 aprile 2006, suo fidato postino: «Ho scambiato un saluto con Provenzano – disse con sicurezza ai carabinieri – l'ho incontrato qualche attimo prima che lui fosse ferito da un proiettile vagante. Era appena uscito da casa, stava andando al cinema da solo». La mamma di Bernardo, Giovanna Rigoglioso, confermò: «I miei figli Giovanni, Salvatore e Bernardo sono rientrati dalla campagna verso l'imbrunire e Bernardo, consumata la cena, è uscito di casa per primo. Trascorsa circa mezz'ora, avevo sentito dei colpi di arma da fuoco e dopo pochi minuti, verso le 21, ero stata avvertita da un ragazzo che Bernardo era stato trasportato all'ospedale». Le uniche volte che Provenzano fu interrogato si limitò a poche parole. La sera del ferimento disse che era uscito da casa intorno alle 20 e che era stato ferito da uno sconosciuto. Il giorno dopo, all'Ospedale civico di Palermo aggiunse la storia del cinema: «Percorsi trecento metri sono stato ferito da un colpo di arma da fuoco, che mi ha provocato la perdita immediata dei sensi, sicché non ho avuto la possibilità di rendermi conto di quanto era accaduto».

Non restò molto altro da dire all'ultimo testimone onesto di Corleone, Onofrio Pitaresi, di professione guardia rurale: «Scrivete pure – disse ai giudici di Palermo che lo interrogavano – la liberazione di Bernardo Provenzano dopo il suo piantonamento in ospedale determinò in tutti gli onesti di Corleone un vivo senso di sfiducia nell'autorità e anche di timore, perché il cittadino si accorgeva che un individuo come Provenzano poteva così facilmente riacquistare la propria libertà». Pitaresi non voleva arrendersi al ricatto. Raccontò di uno strano saluto che

Salvatore Provenzano, il fratello di Bernardo, gli aveva lanciato dal balcone mentre tornava a casa: «Restai meravigliato, perché mai, prima di quella sera, mi aveva salutato. Solo più tardi mi resi conto che aveva voluto richiamare la mia attenzione circa la sua permanenza in casa. E poi, effettivamente, invocò la mia testimonianza ai carabinieri per dimostrare la sua estraneità alla sparatoria. Io ho precisato però ai carabinieri di aver visto Salvatore Provenzano dopo circa un'ora dal momento in cui era terminato il conflitto a fuoco».

Gli altri testimoni ebbero paura. Probabilmente furono ricattati. Non aprirono mai più bocca, dissero che avevano parlato «per sentito dire» oppure che i verbali di polizia «erano inventati». Finirono incriminati per falsa testimonianza e calunnia. Il tempo ha cancellato tutto. Ma ancora oggi, in via Bentivegna, i loro nomi vengono pronunciati sottovoce. Non abitano più fra queste strade. Sono scappati cinquant'anni fa dalla Sicilia, e non sono più tornati. Perché erano i cittadini più onesti della comunità.

La signora Anna Santacolomba, che oggi ha 85 anni, è la donna ferita quella sera di settembre: vive a Corleone, porta ancora nella gamba i cinque pallettoni sparati da Provenzano e dagli altri mafiosi. Il futuro capo di Cosa Nostra finì dentro la vetrina della sua profumeria, per cercare di ripararsi. E si finse morto. Così, si salvò. Quella sera, prima della sparatoria, i mafiosi delle opposte fazioni si erano incontrati per tentare una riconciliazione. Ma le trattative fallirono presto. Luciano Liggio decise subito di passare all'azione. Su suggerimento dell'allora giovane Bernardo Provenzano. Agli atti del processo di Bari è rimasta la testimonianza di un vicebrigadiere di pubblica sicurezza, Biagio Melita, che aveva da sempre sostenuto una tesi diversa dai suoi colleghi: «Dopo aver rilevato la posizione ambiguamente assunta da Provenzano Bernardo nell'ambito delle opposte fazioni – così scrivevano i giudici – affermava che costui aveva segnalato a Liggio che nella casa dei fratelli Marino era stato fissato un convegno dei navarriani». Provenzano frequentava in modo spregiudicato i rappresentanti delle opposte fazioni. Era già maestro del doppio gioco: «È personaggio infido», così lo descriveva il vicebrigadiere Melita. Ma non bastò. In primo grado, la Corte d'Assise di Bari assolse Provenzano per insufficienza di prove.

In quegli anni terribili, Corleone e la Sicilia sarebbero potuti diventare la capitale dell'antimafia, piuttosto che della mafia. Ma per molto tempo ancora la pazzia restò l'unico destino degli onesti. Mentre i sindacalisti più coraggiosi venivano assassinati.

In quella Corleone non fu difficile per Bernardo Riina eludere le indagini, anche quando la guerra fra le opposte fazioni terminò. I sospetti che l'avevano portato al soggiorno obbligato erano stati spazzati molti anni dopo dalla riabilitazione. E nei giorni in cui faceva da postino di Provenzano si vantava soprattutto di essere il vicepresidente della prima cooperativa antimafia di Corleone, quella fondata nel 1906 dal sindaco socialista Bernardino Verro, ucciso dai boss per il suo impegno nel movimento contadino. La polizia lo ha ripreso mentre si divideva fra l'Unione agricola cooperativa e i viaggi segreti nel casolare di Montagna dei Cavalli. In quelle settimane di campagna elettorale cercava un suo ruolo nel dibattito politico cittadino. Non ne faceva mistero. Ma Riina teneva soprattutto all'antimafia. Qualche anno fa, il Comune retto da Giuseppe Cipriani aveva chiesto ai vertici della cooperativa di potere acquisire al patrimonio pubblico lo storico palazzo dove tante assemblee erano state tenute dai corleonesi che si sono sempre battuti contro la mafia. L'amministrazione avrebbe voluto recuperare l'archivio storico del movimento contadino. Sembrava fatta, ma poi all'interno della cooperativa ci fu un colpo di mano e si insediò una nuova dirigenza. Così, il palazzo e l'archivio dell'antimafia a Corleone sono rimasti chiusi a chiave. Come nel 1925, dieci anni dopo l'assassinio di Bernardino Verro (naturalmente, delitto rimasto impunito): il busto del sindaco fu trafugato e da allora non è stato mai più ritrovato. Settant'anni dopo, un altro busto di Verro, collocato nella villa comunale, è stato distrutto.

6. *Le indagini che restano*

Cosa Nostra non potrà dirsi sconfitta fino a quando non saranno svelati i segreti di mafia dei corleonesi. Molti sono nei pizzini di Montagna dei Cavalli e negli altri sequestrati in questi ultimi anni. Perché il loro autore, Bernardo Provenzano, ha fatto di quei segreti il fondamento della sua diabolica riforma. Quando l'avviò per davvero, tre anni dopo le stragi Falcone e Borsellino, l'organizzazione mafiosa era decimata dagli arresti. Come oggi. E i segreti furono la chiave per nuove alleanze e ricatti. Nella società e nei palazzi. Questa è la forza dei misteri di Bernardo Provenzano. Dopo il suo arresto, chi li gestisce? Non è solo questione di successione al vertice, perché i segreti non seguono necessariamente la via gerarchica, ma si trasmettono secondo rapporti strettamente fiduciari. I segreti attraversano delitti eccellenti ancora impuniti e patrimoni conservati al sicuro. Attraversano la zona grigia delle collusioni: è la zona indefinita di coloro che hanno tramato, organizzato e gestito.

Assieme ai pizzini, il contributo dei collaboratori di giustizia è rimasto il vero grimaldello per forzare i segreti. Quelle dichiarazioni costituiscono un grande patrimonio di conoscenze che spesso però è rimasto inutilizzato nei processi per la difficoltà di trovare i riscontri e proseguire nelle indagini. L'unica riunione fra i mandanti di una strage eccellente di cui si legge nelle pagine di un processo è quella che si tenne alla Icre di Bagheria. C'erano Provenzano e Antonino Salvo, gran regista della politica siciliana. Era la vigilia della strage in cui venne assassinato il consigliere istruttore Rocco Chinnici, il 29 luglio 1983. I giudici che hanno condannato gli esecutori della strage si sono spinti fino ad analizzare le responsabilità oltre la Cupola, tema quanto mai delicato e tutt'oggi inesplorato. I cugini Salvo avrebbero saputo che Chinnici stava indagando sui loro affari. Cosa Nostra avrebbe fatto il favore: a premere il telecomando dell'esplosivo c'era il giovane Giovanni Brusca. Ma i principali protagonisti, i cugini Salvo, sono ormai morti. L'analisi giudiziaria è rimasta a metà. E Provenzano si è riconfermato un puzzle incompleto. Nonostante dopo la sentenza Chinnici sia arrivato anche il collaboratore Francesco Paolo Anzelmo a raccontare come don Bernardo e i Salvo fossero tornati a incontrarsi a Palermo, in un deposito di mobili antichi: «Di fronte al bar Manila 2, in zona Malaspina», racconta l'ex sottocapo della Noce al processo «Grande Oriente». «Si intrattennero qualche ora. Non so cosa si dissero. Io avevo il compito di andare a prendere Provenzano di fronte a Villa Serena. E lì lo riportai».

Sono stati ancora i collaboratori a riferire delle lamentele dei corleonesi contro l'eccessiva autonomia nel settore delle finanze che Provenzano rivendicava. Aveva deciso di non affidarsi più al ragioniere Pino Mandalari, preferiva un altro nome, che riteneva più esperto: «Così avrebbe quadruplicato i suoi guadagni». E la ricerca per capire dove siano finiti è ancora agli inizi. L'analisi dei carabinieri della sezione anticrimine nel lontano 1984 suggeriva che il clan Provenzano era dedito soprattutto allo sviluppo delle società, oltre che all'accumulazione degli immobili. Il capolista del rapporto consegnato a Giovanni Falcone era Carmelo Gariffo, il nipote prediletto del padrino. Le indagini più recenti hanno confermato quella linea di tendenza negli investimenti della Cosa Nostra riformata da Bernardo Provenzano. Ma anche questa circostanza andrebbe riconsiderata, perché la vera eccezione fu la stagione dell'accumulazione della «roba» e non la prospettiva degli investimenti societari.

Non aveva dubbi che fosse così il vicequestore Ninni Cassarà, il responsabile della sezione investigativa della squadra mobile di Palermo che fu assassinato il 6 agosto 1985:

> Si è venuto a realizzare in Cosa Nostra, come accade negli Stati Uniti, il passaggio dalle «illegittimate activities» alle «legittimate industries». In tale fase di riciclaggio delle ricchezze provenienti dal traffico della droga in attività economiche oggettivamente legali, si verifica il coinvolgimento diretto e indiretto, volontario o coartato, consapevole e non, di altri ambienti e strutture sociali, economiche, politiche, amministrative e finanziarie.

Era l'intuizione del rapporto «Michele Greco + 164», la base per il maxiprocesso del pool antimafia di Falcone e Borsellino. Cassarà e i suoi investigatori avevano anche trovato una traccia che portava i soldi della mafia siciliana fino ad Atlantic City: i padrini palermitani avrebbero voluto trasformarla nella Las Vegas della costa atlantica. Un investimento, dicevano, che avrebbe fruttato 130 miliardi di lire all'anno. Una fonte ben informata aveva soffiato a Cassarà che Salvatore Inzerillo avrebbe avuto una partecipazione importante in quell'investimento. Ma già altri progetti erano stati varati per portare i soldi del racket delle estorsioni in Texas, Venezuela e Brasile. Poi, gli Inzerillo e i loro alleati furono decimati dalla guerra di mafia. E si rifugiarono negli Stati Uniti.

Non è solo storia. Il ritorno a Palermo dei «perdenti» di un tempo, sostenuto da Lo Piccolo e non contrastato da Provenzano, potrebbe oggi preludere a un ritorno a quel passato di grandi affari che hanno nuovamente in Sicilia la loro base di partenza.

In quella vigilia di maxiprocesso, nella prima metà degli anni Ottanta, investigatori e magistrati sapevano già che le dichiarazioni dei primi collaboratori di giustizia, da Buscetta a Contorno, avevano bisogno di una chiave di lettura adeguata per dischiudere il mondo dei segreti di mafia, che spesso neanche gli stessi pentiti conoscevano a fondo. Per questo, il rapporto di Cassarà proseguiva:

> Appare opportuno evidenziare che la potenza dell'organizzazione mafiosa operante in questa città non deriva solo dal numero e dalla qualità dei vari associati, dagli ingenti mezzi economici disponibili o dai legami di mutuo soccorso con altri gruppi criminali anche stranieri, ma soprattutto dalle ramificate commistioni che essa è riuscita a realizzare col tessuto connettivo sociale ed economico, fondendosi con esso e conseguendo, sulla base di tale orrendo innesto la disponibilità di una vastissima e indefinibile zona grigia.

I poliziotti citavano come componenti della zona grigia «esponenti della malavita ma anche di tutti gli altri settori della società». Specificavano: «Dagli uffici pubblici statali, regionali, provinciali e comunali ai centri di potere politico, le banche, i consorzi, i grandi enti pubblici privati, le grosse società private o a partecipazione pubblica». Concludevano: «I gangli della mafia sono costituiti da questa zona grigia che la legge non riesce se non epidermicamente a colpire per la sua vastità ed inesauribilità». Nella terribile estate del 1985, Riina e Provenzano ordinarono prima l'assassinio del commissario Beppe Montana, che con una squadra di pochi uomini, pochissimi mezzi e tanta buona volontà si era dedicato alla ricerca dei grandi latitanti. Pochi giorni dopo, i killer eseguirono la condanna a morte di Ninni Cassarà, e assieme a lui fu ucciso il giovanissimo agente Roberto Antiochia, che si era messo in ferie per fare da scorta all'amico commissario.

Ma a Riina e Provenzano non bastò la pioggia di proiettili che aveva cancellato per sempre l'estate palermitana del 1985. Quando ancora i cadaveri erano caldi, entrarono in azione gli specialisti del depistaggio. Con il consueto tempismo. Come avevano già fatto per il presidente Mattarella. Perché le intuizioni, i sospetti e le scoperte degli onesti rappresentanti delle istituzioni fossero cancellati per sempre.

Non ci riuscirono fino in fondo. Gli specialisti hanno lasciato delle tracce. La sentenza della Corte d'Assise che ha condannato Bernardo Provenzano per la morte di Ninni Cassarà ha voluto mettere in ordine gli indizi del mistero prima di lasciarlo a futura memoria. Una talpa tradì i poliziotti della squadra mobile. Comunicò per tempo che Cassarà sarebbe tornato a casa, dopo giorni che dormiva alla mobile per trovare gli assassini di Beppe Montana. E forse fu proprio quella talpa a fare anche il resto. Perché non si è mai più ritrovata una delle agende che Cassarà conservava in ufficio. Aveva la copertina rossa, proprio come quella di Paolo Borsellino, scomparsa anch'essa dentro un'altra estate palermitana, quella del 1992.

Cassarà non si era fermato dopo il rapporto dei «164». Con Giovanni Falcone aveva iniziato a seguire le tracce dei patrimoni mafiosi gestiti da insospettabili per conto di Riina e Provenzano. Erano arrivati alle banche svizzere. Fra giugno e luglio del 1985 erano andati a Lugano per una rogatoria che già si preannunciava difficile. Il 31 luglio, sei giorni prima di morire, Cassarà incaricò un ispettore del suo gruppo di verificare se il plico riservato che aveva inviato a Lugano la sera del 27, tramite la Polaria, fosse già arrivato. Aveva fretta di ottenere una risposta dai colleghi svizzeri. L'ispettore si mise al lavoro: accertò che il pacco era partito il 28, con il volo delle 7 per Milano. Il giorno successivo, un maresciallo della Polfer l'aveva preso in consegna e affidato al capotreno del rapido 382. Alle 12.11, il pacco era già a Ponte Chiasso, nelle mani di un altro ispettore di polizia. Non perse tempo e lo consegnò ai colleghi svizzeri. Ma poi, inspiegabilmente, quel plico così riservato fu spedito per posta a Lugano. Almeno questa è la versione ufficiale.

«Dopo avergli riferito tutto – annotò l'ispettore nella sua relazione di servizio – il dottor Cassarà si mostrò molto contrariato ed era ansioso di conoscere la conclusione della vicenda». Cassarà morì senza sapere che fine avessero fatto i documenti che aveva inviato in Svizzera.

I poliziotti di Lugano li ricevettero solo il 20 agosto. Ma non tutti. Perché il pacco risultò manomesso. Il 3 settembre la polizia avvertì il procuratore pubblico. Che a sua volta scrisse a Palermo. Ma nel terremoto che aveva travolto la squadra mobile quella nota riservata restò sommersa sotto una catasta di altri interrogativi che nessuno ebbe il coraggio di approfondire. E solo nel maggio successivo fu chiesto all'ispettore della squadra di Cassarà di preparare una dettagliata relazione. Che però, poi, non finì mai in Procura. Intanto anche la rogatoria con la Svizzera si era fermata. E a Palermo stava iniziando già la campagna per delegittimare Giovanni Falcone e il pool.

Dopo vent'anni, nel 2005, le indagini sul tesoro corleonese hanno portato nuovamente in Svizzera. Su alcuni conti bancari transitavano ancora i soldi di Vito Ciancimino. Provenivano da altri conti, intrattenuti da molti anni presso una banca olandese: uno era riconducibile alla signora Epifania Scardino, la moglie di don Vito. Negli anni Ottanta, la rogatoria svizzera di Giovanni Falcone aveva spaventato tutti, ecco perché i soldi erano finiti in Nord Europa. Ma questa volta sono arrivati prima i sequestri, che hanno bloccato milioni di euro. E tutto è cominciato proprio da un pizzino di Antonino Giuffrè. Solo un nome e un indirizzo. «Ing. Italiano, via Libertà 78». Lunghi accertamenti bancari e le solite intercettazioni hanno fatto il resto. Consentendo di individuare una rete di affari che faceva capo al figlio dell'ex sindaco Ciancimino, Massimo, a uno dei legali di famiglia, l'avvocato romano Giorgio Ghiron e al tributarista palermitano Gianni Lapis. Qualche anno prima, nel 2002, anche una parte del patrimonio immobiliare del tesoro corleonese era finito sotto sequestro, nell'indagine su Pino Lipari e i suoi fidati prestanome. Oggi è definitivamente confiscato.

I segreti sulle relazioni e sui conti di Bernardo Provenzano restano la vera frontiera della lotta alla mafia. Non solo per giungere a verità e giustizia sul passato, ma per comprendere a fondo il futuro che proprio in questi mesi, dopo la cattura del capo dei capi, si sta delineando. Anche i mafiosi e i loro complici ne sono coscienti. E rinserrano i segreti.

«Salvatore, ma tu partici dall'ottantadue. Ma chi cazzo se ne fotteva di ammazzare a Dalla Chiesa... andiamo parliamo chiaro», sbottò Giuseppe Guttadauro, l'ex aiuto primario dell'Ospedale civico che era il capomafia di Brancaccio. «Insomma, viene questo qua che non ha nessun potere...». E l'amico, il medico Salvatore Aragona, annuiva. Le microspie del Ros registrarono fedelmente: «Ma perché noi altri dobbiamo sempre pagare le cose». Guttadauro aggiunse: «E perché glielo dovevamo fare questo favore». Aragona: «È quello che dico io». Guttadauro non si dava pace: «Chi è che glielo ha dovuto fare... chi glielo ha fatto, perché glielo ha fatto questo favore... questo spingere determinate esasperazioni. Perché? Per farci mettere nel tritacarne e continuare per sempre». Solo i mafiosi hanno pagato. E adesso sembra che non siano più disposti ad accettarlo. Anche uno dei sicari di Dalla Chiesa, Pino Greco detto *Scarpuzzedda*, aveva avuto il dubbio del perché di quell'incarico così eclatante. «*'Stu omicidio Dalla Chiesa non ci voleva*», sussurrò all'amico Tullio Cannella, che poi ne riferirà al momento della sua scelta di collaborare con la giustizia. «Per lo meno ci vorranno minimo dieci anni per riprendere bene la barca – diceva il killer – qua io ho avuto uno scherzetto in questo omicidio, e *'stu* scherzetto me lo fece *u ragioniere*». L'amico gli rispose: «Vedi che io sono pure ragioniere, non facciamo che ti riferisci a me». Riprese: «No, no, non sei tu». Cannella ha spiegato: «Il ragioniere era Bernardo

Provenzano. Pino Greco mi disse: '*Qua c'è a mano du ragioniere, u ragioniere u sapi chiddu chi cumminò*'». Qualche tempo dopo, *Scarpuzzedda* scomparve. Proprio quando aveva iniziato ad avere troppi dubbi su Bernardo Provenzano.

Sono rimaste tante coincidenze attorno ai delitti eccellenti della lunga stagione di morte dei corleonesi. Come fossero segni distintivi. L'omicidio appare sempre come una necessità per realizzare altro, subito dopo. Non di stretto interesse per i mafiosi. Il pool di Falcone e Borsellino aveva scoperto anche questo: qualche ora dopo l'omicidio Dalla Chiesa qualcuno era riuscito ad aprire la cassaforte del prefetto e a portare via il contenuto. La chiave riapparve tre giorni dopo, sullo stesso mobile dove i magistrati l'avevano cercata la notte dell'eccidio.

Paolo Borsellino proponeva la tesi che Cosa Nostra fosse stata niente altro che una struttura in concorrenza con lo Stato nella fornitura di servizi vari. Così scrisse a una professoressa, la mattina del 19 luglio, l'ultimo giorno della sua vita:

> Cosa Nostra tende ad appropriarsi di tutte le ricchezze che si producono o affluiscono sul territorio, principalmente con l'imposizione di tangenti (paragonabili alle esazioni fiscali dello Stato) e con l'accaparramento degli appalti pubblici, fornendo al contempo una serie di servizi apparenti rassemblabili a quelli di giustizia, ordine pubblico, lavoro. È naturalmente una fornitura apparente perché a somma algebrica zero, nel senso che ogni esigenza di giustizia è soddisfatta dalla mafia mediante una corrispondente ingiustizia. Nel senso che la tutela dalle altre forme di criminalità è fornita attraverso l'imposizione di altra e più grave forma di criminalità. Nel senso che il lavoro è assicurato a taluni (pochi) togliendolo ad altri (molti).

Quella mattina, Borsellino si era alzato poco prima dell'alba. Cinquantasette giorni erano passati dalla strage Falcone. Scriveva ancora all'insegnante che tre mesi prima gli aveva chiesto di tenere una conferenza agli studenti della sua scuola:

> Il conflitto irreversibile con lo Stato, cui Cosa Nostra è in sostanziale concorrenza (hanno lo stesso territorio e si attribuiscono le stesse funzioni) è risolto condizionando lo Stato dall'interno, cioè con in-

filtrazioni negli organi pubblici che tendono a condizionare la volontà di questi perché venga indirizzata verso il soddisfacimento degli interessi mafiosi e non di quelli di tutta la comunità sociale.

L'11 aprile 2006 è caduto l'ultimo dei veri corleonesi, che per oltre vent'anni hanno incarnato il potere mafioso. Ma la zona grigia della contiguità e della convergenza di interessi rimane protetta dal codice Provenzano, che all'inizio era fatto solo di numeri, poi diventò un metodo di comunicazione riservatissimo, che poteva anche non essere scritto né parlato. Però garantiva comunque una perfetta intesa fra i mafiosi e gli altri.

Fonti

Per i pizzini di Bernardo Provenzano consegnati ai carabinieri dal confidente Luigi Ilardo e per quelli ritrovati nei covi di Giovanni Brusca e Giuseppe Maniscalco (1994-1997) vedi:

– Ordinanza di custodia cautelare del gip di Palermo Renato Grillo nell'ambito del procedimento numero 4668/96 («Grande Oriente») nei confronti di Provenzano Bernardo più 20 (6 novembre 1998);
– Sentenza della seconda sezione del tribunale di Palermo nell'ambito del giudizio abbreviato nei confronti di Napoli Giovanni più 9 (21 marzo 2001);
– Sentenza della seconda sezione del tribunale di Palermo a carico di Provenzano Bernardo più 5 (2 marzo 2002).

Per i pizzini che Provenzano si scambiava con Pino Lipari (1998-2001) vedi:

– Ordinanza di custodia cautelare del gip di Palermo Gioacchino Scaduto nell'ambito del procedimento numero 3157/98 a carico di Lipari Giuseppe più 29, come da richiesta firmata dai sostituti procuratori Michele Prestipino, Marcello Musso e Marzia Sabella (24 gennaio 2002);
– Ordinanza di custodia cautelare del gip Gioacchino Scaduto nell'ambito del procedimento numero 3157/98 nei confronti di Impastato Andrea e Lombardo Filippo, come da richiesta dei sostituti Michele Prestipino e Marzia Sabella (30 ottobre 2002);
– Sentenza del gup di Palermo Roberto Binenti nell'ambito del giudizio abbreviato nei confronti di Lipari Giuseppe più 16 (12 dicembre 2003).

Per i pizzini dei familiari di Provenzano, ritrovati nel casolare del latitante Benedetto Spera il 30 gennaio 2001, vedi:

– Sentenza del gup di Palermo Alfredo Montalto nell'ambito del giudizio abbreviato nei confronti di La Barbera Nicolò (7 febbraio 2002);
– Sentenza della seconda sezione della Corte d'Appello di Palermo nei confronti di La Barbera Nicolò (27 febbraio 2003);
– Sentenza della terza sezione della Corte d'Assise di Palermo nei confronti di Benigno Salvatore più 13 (1° giugno 2001);
– Sentenza della terza sezione della Corte d'Assise di Palermo nei confronti di Spera Benedetto (15 giugno 2002).

Per i pizzini che Provenzano si scambiava con Antonino Giuffrè (2001-2002) vedi i seguenti atti giudiziari, ove sono riportate anche le dichiarazioni di Giuffrè collaboratore di giustizia:

– Ordinanza di custodia cautelare del gip di Palermo Antonio Caputo nell'ambito del procedimento numero 7106/02 nei confronti di Rinella Salvatore più 13, come da richiesta dei sostituti Michele Prestipino, Lia Sava e del procuratore aggiunto Sergio Lari (19 settembre 2002);
– Sentenza del gup di Palermo Florestano Cristodaro nei confronti di Balsamo Santi più 7 (27 febbraio 2004);
– Sentenza della terza sezione della Corte d'Assise di Palermo nei confronti di Baratta Pietro più 5 (10 febbraio 2006);
– Ordinanza di custodia cautelare del gip di Palermo Antonio Tricoli nell'ambito del procedimento numero 3464/01 nei confronti di Umina Salvatore più 9, come da richiesta del sostituto Michele Prestipino e del procuratore aggiunto Sergio Lari (15 luglio 2004);
– Sentenza del gup di Palermo Marco Mazzeo nell'ambito del giudizio abbreviato a carico di Umina Salvatore più altri (14 dicembre 2005);
– Ordinanza di custodia cautelare del gip Gioacchino Scaduto nell'ambito del procedimento numero 4443/02 nei confronti di Provenzano Bernardo più 6, come da richiesta dei sostituti Michele Prestipino, Lia Sava e del procuratore aggiunto Sergio Lari (25 ottobre 2004);
– Sentenza del gup di Palermo Antonella Consiglio nell'ambito del

giudizio abbreviato nei confronti di Virga Domenico più altri (8 febbraio 2006);

– Ordinanza di custodia cautelare del gip di Palermo Giacomo Montalbano nell'ambito del procedimento numero 16676/01 («Ghiaccio 1») nei confronti di Adelfio Francesco più 45, come da richiesta dei sostituti Michele Prestipino, Maurizio de Lucia, Nino Di Matteo, Gaetano Paci e del procuratore aggiunto Guido Lo Forte (5 dicembre 2002);

– Sentenza del gup di Palermo Umberto De Giglio nell'ambito del giudizio abbreviato nei confronti di Abbate Mario più 81 (5 aprile 2004);

– Sentenza della quarta sezione del tribunale nei confronti di Lo Iacono Pietro più altri (1° dicembre 2005);

– Ordinanza di custodia cautelare del gip di Palermo Marcello Viola nell'ambito del procedimento numero 6251/03 nei confronti di Finocchio Gaspare più 4, come da richiesta dei sostituti Michele Prestipino, Maria Forti e del procuratore aggiunto Sergio Lari (13 novembre 2003);

– Sentenza della seconda sezione del tribunale nei confronti di Finocchio Gaspare più altri (27 luglio 2006);

– Ordinanza di custodia cautelare del gip Giacomo Montalbano nell'ambito del procedimento numero 12854/01 nei confronti di Virga Domenico più 8, come da richiesta dei sostituti Michele Prestipino, Lia Sava, Roberta Buzzolani, Costantino De Robbio e del procuratore aggiunto Sergio Lari (10 maggio 2005);

– Sentenza del gup di Palermo Maria Elena Gamberini nell'ambito del giudizio abbreviato a carico di Artale Giuseppe più altri (29 gennaio 2004);

– Ordinanza di custodia cautelare del gip di Palermo Vincenzina Massa nell'ambito del procedimento numero 7918/02 nei confronti di Rizzo Giuseppe più 10, come da richiesta dei sostituti Michele Prestipino, Marzia Sabella, Lia Sava e del procuratore aggiunto Sergio Lari (4 maggio 2004);

– Sentenza del gup di Palermo Antonella Pappalardo nell'ambito del giudizio abbreviato a carico di Rizzo Giuseppe più 8 (21 settembre 2005);

– Sentenza della quarta sezione del tribunale di Palermo nel processo a carico di Geraci Salvatore più altri (12 dicembre 2003);

– Sentenza della prima sezione della Corte d'Assise di Palermo nei confronti di Casella Rosario più altri (29 luglio 2003);

– Sentenza del gup di Palermo Mirella Agliastro nell'ambito del giudizio abbreviato a carico di Maranto Antonio più altri (13 gennaio 2004);
– Ordinanza di custodia cautelare del gip Giacomo Montalbano nell'ambito del procedimento numero 12790/02 («Talpe») nei confronti di Aiello Michele più 2, come da richiesta dei sostituti Michele Prestipino, Maurizio de Lucia, Nino Di Matteo e del procuratore aggiunto Giuseppe Pignatone (4 novembre 2003);
– Sentenza del tribunale di Enna nei confronti di Bevilacqua Raffaele (26 febbraio 2006);
– Provvedimento di fermo di indiziato di reato nei confronti di Tolentino Angelo più 49, nell'ambito del procedimento numero 3779/03 («Grande Mandamento»), firmato dal procuratore aggiunto Giuseppe Pignatone e dai sostituti Michele Prestipino, Maurizio de Lucia, Nino Di Matteo, Lia Sava, Marzia Sabella (21 gennaio 2005);
– Provvedimento di fermo di indiziato di reato nei confronti di Ferro Gioacchino più 3, nell'ambito del procedimento numero 3060/04, firmato dal procuratore della Repubblica di Caltanissetta Francesco Messineo, dall'aggiunto Renato Di Natale e dal sostituto Carlo Negri (24 gennaio 2005);
– Sentenza del gup di Palermo Adriana Piras nell'ambito del giudizio abbreviato a carico di Tolentino Angelo più 57 (15 novembre 2006);
– Ordinanza di custodia cautelare del gip Antonio Caputo nell'ambito del procedimento numero 4051/03 nei confronti di Capizzi Giuseppe più 6, come da richiesta dei sostituti Gianfranco Scarfò, Giuseppe Mimmo e del procuratore aggiunto Annamaria Palma (30 giugno 2006);
– Ordinanza di custodia cautelare del gip di Catania Francesco D'Arrigo nell'ambito del procedimento numero 4707/00 («Dionisio») nei confronti di Alma Salvatore più 87, come da richiesta dei sostituti Amedeo Bertone e Agata Santonocito (6 luglio 2005);

Per la contabilità della famiglia mafiosa di Bagheria, rinvenuta il 25 gennaio 2005, vedi:

– Ordinanza del gip Giacomo Montalbano nell'ambito del procedimento numero 3779/03 nei confronti di Bartolone Carmelo più 5, come da richiesta firmata dal procuratore aggiunto Giuseppe Pignatone e dai sostituti Michele Prestipino, Maurizio de Lucia, Nino Di Matteo, Lia Sava e Marzia Sabella (11 maggio 2005).

Per i pizzini ritrovati l'11 aprile 2006 nel covo di Montagna dei Cavalli dove si nascondeva Bernardo Provenzano vedi:

– Ordinanza di convalida del fermo e di applicazione della misura cautelare in carcere del gip di Termini Imerese Roberto Arnaldi nei confronti di Lo Bue Giuseppe più 2 (14 aprile 2006);
– Ordinanza di custodia cautelare del gip di Palermo Antonella Consiglio nell'ambito del procedimento numero 13030/03 a carico di Gariffo Carmelo, come da richiesta dei sostituti Michele Prestipino e Marzia Sabella (3 maggio 2006);
– Ordinanza di custodia cautelare del gip Gioacchino Scaduto nell'ambito del procedimento numero 12021/04 a carico di Ciancimino Massimo e Ghiron Giorgio, come da richiesta dei sostituti Roberta Buzzolani, Michele Prestipino, Lia Sava e dei procuratori aggiunti Giuseppe Pignatone e Sergio Lari (7 giugno 2006);
– Provvedimento di fermo di indiziato di reato nei confronti di Rotolo Antonino più 51, nell'ambito del procedimento numero 2474/05 («Gotha»), firmato dal procuratore aggiunto Giuseppe Pignatone e dai sostituti Michele Prestipino, Domenico Gozzo, Maurizio de Lucia, Nino Di Matteo, Roberta Buzzolani (20 giugno 2006);
– Ordinanza di convalida del fermo e di applicazione della custodia cautelare del gip di Palermo Maria Pino nell'ambito del procedimento numero 4553/06 a carico di Guttadauro Filippo, come da richiesta dei sostituti Michele Prestipino, Massimo Russo e Roberto Piscitello (20 luglio 2006);
– Ordinanza di custodia cautelare del gip Antonella Consiglio nell'ambito del procedimento numero 13030/03 a carico di Grizzaffi Francesco e Spatafora Liborio, come da richiesta dei sostituti Michele Prestipino, Marzia Sabella e del procuratore aggiunto Giuseppe Pignatone (10 agosto 2006);
– Ordinanza di custodia cautelare del gip di Palermo Fabio Licata nell'ambito del procedimento numero 8942/06 nei confronti di Lo Iacono Paolo e Lunetto Gaetano, come da richiesta dei sostituti Maurizio de Lucia, Francesco Del Bene e del procuratore aggiunto Alfredo Morvillo (21 novembre 2006).

I pizzini del padrino

Presidente delle misuri di
prevenzione Scaduti presso
il Tribunale di Palermo.

Io sottoscritto Provenzano Bernardo nato il 31-1-1993. in Corleone Prov. di
Palermo.
Imputato dinnanzi al Tribunale di misuri di Prevenzione Nomino miei difenzo-
di fiducia gli Avvocati Traina Salvatore del foro di Palermo via Nicolò
Turrisi n. 59 Palermo.
E Aricò Giovanni del foro di Roma Piazzale Medaglie D'oro n. 20 Roma.
Conferendo loro anche il potere di impugnare e proporre appello sia per
decreto che per sendenza.

Con Osservanza

Provenzano Bernardo

Lettera di nomina degli avvocati, inviata per posta. Il timbro sulla busta è di Reggio Calabria, 13 aprile 1994; il timbro sulla lettera, della cancelleria del tribunale di Palermo, indica la data di arrivo, 19 aprile 1994.

Mio carissimo, ho ricevuto tue notizie, mi compiaccio tanto, nel sapervi di Ottima Salute. Lo stesso posso dirti di me. Mio cra, mi dici che sei dispiaciuto per non, tu non essere sta chiaro: non ci penzare, lo sa tu, e lo sào, pure io che la colpa, non è nè tua, nè mia. Mà io ti chiedo, se lo puoi, perdonami, della mia puntualizazione, considerato, che i discorsi possono essere più di uno. E racconti distolti, che possono portre più confusione, che giustificazione

Ora sendo quando, ti ha detto F. E devo purttroppo dirti, sì èevero, che io sono ha conoscenza, mà nà, che io, ne faccio parte delle responsabilità, e lui da me, è stato informato,fino ha dato punto, e cioè, di quello che mi avevano detto fino a quel momento, e che io informavo ha lui, di quello che mi dicono? mà, inseguito, ha quello che mi anno detto dopo, lui non lo sà, inquando quando io ci mando l'ultima soluzione, lue non là letta, e il biglietto che io cià mandato, suo fratello, senza aprirlo me lo ha ritornato indietro,e tu celo puoi chiedere,sè vero. Allora, quale è l'ultimo discorso riferitomi che F. nonha letto: L'ultimo discorso riferitomi, mi dicono che il Vinciullo ci dici, che i Catanese, avevano presi alcuni impegni poi, non mantenuti dai Catanese: è cioè(Sindacati) per non fare sciopero.ecc. è non è stato mantenuto. è stato molestato, con telefonate, persone che, non si comportano bene, sciacalli ecc.e ha questo punto il vinciullo dice, che le cose ci sono andati mali, è lui dici che per il passato, vuole fare un fiore che lo stabiliti voi: E un fiore per il presende, per andare avande, da stabilire? E da stabilire diefdarci una persona ha vinciullo che si impegna had inderessarsi, per tutto quello che ha lui occorre per andare avandi. Mio caro, questo è quello che devono fare i Catanese quando anno la persona pronto, per portarcela, e stabiliscono, il fiore che voglino del passato, e quello che che voglino per l'avvenire? quando sono pronti telo fanno sapere amme, e tu lo fai sapere amme, e io ti invio ha parlre con la persona che amme ha riferito quàndo io ho detto sia ha F. e ora atte. Come vedi il caso lo possiamo chiarire mandando io atte, ha parlare con la persona che amme ha riferito quandò io vi dico, mà io non sà, nè accordi, ne altro, sè anno pagato, nè se non anno pagato, nè acchi le anno dati, sè anno dato soldi, ie sono uno solo che posso aiutarvi, e non il volere di Dio che non ci faccia mancare pure questi ultimi persone, che possono prodigarsi per fare andare avanti questa cosa, sempre con il volere di Dio ti prego non ci confondiamo, e dicci pure hai Catanese, che delle cose che anno in pendenza con Caltanissetta, no nè parlano con l'agrigentini, altrimenti seli fanno agiustare le cose dell'agrigentini. Io atte, posso dirti, che quello che è il responzabile con il vinciullo è il suocero di F. quello che è responzabile con i Catanese è tuo cugino, mè amme, non melo anno detto, nè il suocero di F. Nè tuo cugnino, me lo ha detto ancora un'altra persona, che purttroppo manca pure lui, come mancano il suocero di F. E tuo cugino. Mà per tu saperlo io ho fatto interessare il fratello del suocero di F. E allui che tu tramite me dovessi incontrare, e chiudere questa situazione, e sendire con le tuoi orecchi nà da mè, mà di cui le cose la dici amme. Perchè io ho quello che devo dare la risposta che voi mi darette; Ora sendo, che ai saputo tramite mm, che qualcuno molto probabbilmente dalla parte di AG. Ha riferito ai CT che questi soldi erano finiti nelle taschi di F. e lui non ha dato conto a nessuno: sendi io nome tiho spiegato, non sà niente, e se poi c'è chi lo puà sapere lo dica come stanno le cose.Mà io penzo, che tu telo puoi fare dire delle persone che ci forniscono quello che sappiamo, e al momento dicci ai catanese che portano il suo piano di quello che voglino, e se fosse possibile farlo sapere ha tuo cugino, lui sà sicuramente più di noi. Ora sendo che ti sei visto, con Reisani(PP) e buggie ceni sono, per non dire tregedie. Inquando a mm sono stati riferite cose che PP ha smendito, in modo convincende, e ora devi vederti con mm per chiarimenti sendi io conosco poco, sia atte, che a mm, amme mi sempra che mm è una brava persona, e forse molto semplice, e umpà inesperiende della malvagia vita di fra noi, è à bisogno che uno lo guida è bene, e puà andare avande: di te mi perdonerai, ti ho visto solo una volta, e non posso dirti niente, solo ti prego di essere calmo, e retto, corretto, e coerente, sappia sfruttare l'esperienza delle sofferenze sofferti, non screditare tutto quello che ti dicono, e nemmeno credere ha tutto quello che ti dicono, cerca sempre la verità prima di parlare, e rigordati che non basta mai avere una sola prova per affrontare un ragionament

Lettera di Bernardo Provenzano del luglio 1994 diretta a Luigi Ilardo, vice rappresentante della famiglia di Caltanissetta, che poi la consegnò al colonnello dei carabinieri Michele Riccio, di cui era confidente.

per esserni certo in un ragionamento occorrono tre prove, e correttezza,e coerenza. Mi fà piacere sendire alcune tuoi parole, in pàse alla saggezza che ci volessi, e che purttroppo non c'è. Ora sendo che ti anno presentato questo Antonio, che io fortuna, ho sfortuna, non conosco, mà mi sempra di capire che è bene stare molto attento con quello che dici, sè è coerente con quello che fà, inquando, è molto giovane: mà mi puoi perdonare se ti cito una massima? che dici (Chè bene, sta attento, al nemico suo, e alle azione sue non ha bisogno di avviso altrui) è un buo proverbio. Mio caro continuere ancora, se non fosse impedito di altri impegni, e devo concludere, chiedendoti perdono, sia delle miei errore,e sia perchè non rispondesse ha tutto quello che ti agrada. comunque, sappia, che là dove ti posso essere utile, con il volere di Dio sono ha tua completa addisposizione, mà sappia pure che detesto le confusione, e quindi avendo le cose dette chiari in modo che io possa capirle, se è nelle miei possibilà sono felice di poter essere utile.

Sendi con mm purttroppo per ragione conseguenziale, sà che la miei notizie non ci sono arrivati al tempo opportuno, se tu lo vedi, la dai i miei più cari, e singeri saluti,e ci fai le miei scusi, io con il volere di Dio voglio essere un servitore, comandatemi, e sè possibile con calma e riservatezza vediamo di andare avandi, e spero tando, per voi nella vostra collaborazione tra tu, e mm. Smetto con la macchina, mà non con il cuore, invindovi i più cari Aff. Saluti per tutti.

Nella seconda facciata sono visibili i segni della piegatura, per ridurre la lettera in «pizzino» e poi sigillarlo con lo scotch. In basso, a destra, Provenzano segnava il codice del destinatario: in posizione capovolta, che sarebbe poi diventata la posizione normale di lettura una volta chiuso il messaggio.

6-3-2001

Carissimo, con gioia, ho ricevuto, tue notizie, mi compiaccio tanto, nel sapervi, ha tutti, in ottima salute. Lo stesso grazie a Dio, al momento, posso dire di me.
1) Ora ho ricevuto, conferma, che hai ricevuto i tre pacchetti.
2) Ti confermo; Che ho ricevuto 8 xmm. Che ti ricevi un sentito grazie, da parte mia, e te lo posso dire pure da parte di mm, quando con il volere di Dio, le possa ricevere. E per tua conoscenza, quando ricevi questi, ne à ricevuti 16. perchè prima di questi ciò mandato un 3,che ho conferma, che le ha ricevuto, e altri 5, che non c'è ancora stato il tempo di darmi conferma. Ecco perchè ti ti dico che con questi ne ha ricevuto 16.
3) Ho ricevuto i 10?. Che mi dici (Petruzzelli x Piana) è in seguito, mi dici, se lo si può chiudere con 40. Anche se ce ne spettassero di più.
Senti io non sò niente di questa, situazione, è sicuramenti, tu questa situazione, ce l'avevi con l'assente.
Io nò x questa situazione, mà per altri situazione, sempre x Piana, ed altri situazione, ho chiesto? se cè qualcuno che sà, e fino, al momento, che ti scrivo, nonò trovato a nessuno che sà le cose dell'assente, nemmeno suo fratello.
E quindi, io sempre con il volere di Dio le conservo, in attesa, ho di trovare, cui sà e si può prendere questi cose che io ho, più questi che tu mi ai mandato che riguardano Piana, ho ti poterli dare? oppure ritornarteli, detto questo attendo tua risposta, sul da fare.
4) Argomento Trebbia, Polizzi Generosa: puntamento con le Persone che inderessano a mm. Sento quando, mi dici del Barone Fatta e dove abbita, ha questo punto, non serve fare l'appuntamento, serve provvedere, se il Barone venisse ha un concordato? prima dell'appuntamento. E allora io ora provo, se ci fosse questa possibilità di raggiuncere il Barone, e in seguiti quando ha cose da riferiti, le comunico

Provenzano scrive a Nino Giuffrè, suo rappresentante nel mandamento di Caccamo. Questo pizzino, su carta di colore azzurro, è stato ritrovato dai carabinieri il 4 dicembre 2002 su indicazione dello stesso Giuffrè, ormai collaboratore di giustizia, insieme ad altri pizzini conservati in un barattolo nascosto tra vecchi coppi in disuso in un magazzino di Vicari.

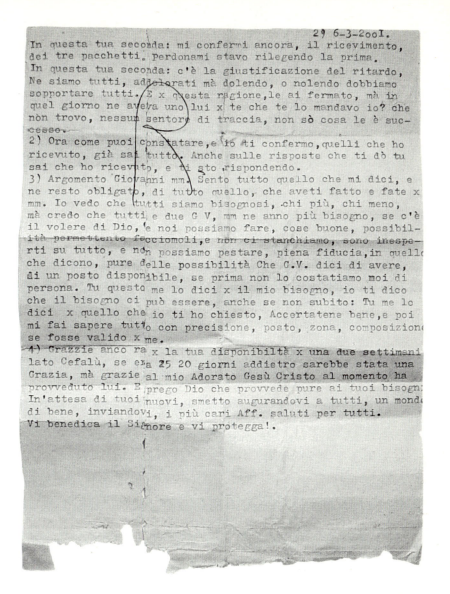

La lettera «R», scritta a penna sulla seconda facciata, era stata posta da Giuffrè, come promemoria, dopo aver risposto alle richieste del capo di Cosa Nostra. Al punto «4)» Provenzano informava di avere trovato una nuova sistemazione, dopo l'arresto di Benedetto Spera, «grazie al mio Adorato Gesù Cristo».

19-04-2001.

Carissimo, con l'augurio che aveti, passato Una Buona Felicissima Serena Santa Pasqua,e che vi trovi a tutti in ottima salute. Come grazie a Dio, al momento, posso dire di me.
1) Senti ho ricevuto, raccomandazione, d'uno amico Che avessi raccomandato, cose come lavori? a B n. e vuole che me ni occupi io, mà io non sò, o non rigordo niente, Puoi tu farmi la cortesia, se c'è qualcosa tra te e B n. Riguardo lavori di dirmeli, quali sono, e se è possibile, il nome dell'imprese e patti fatti o da fare, e se è possibile, darmi al più presto tutte le risposti che mi devi.
In'attesa di tuoi riscondri, smetto augurandovi x tutti un mondo di bene, inviandovi i più cari Aff. saluti per tutti.
Vi benedica il Signore e vi protegga!

Ancora Provenzano a Giuffrè, su affari e raccomandazioni per «messe a posto». Anche questi due pizzini sono stati ritrovati il 4 dicembre 2002, nel barattolo che Giuffrè utilizzava come archivio.

24-07-2001.

Carissimo, con gioia, ho ricevuto, tuoi notizie, mi compiaccio tanto, nel sapervi, a tutti, in ottima salute.Lo stesso grazie a Dio, am momento, posso dire, di me.
1) Argomento puntamento: Ieri ho spedidito, lo sta bene, tutto per filo e per segno, tranne dire l'arburazzo, che credo, dovrebbe servire ad'atri.
2) Argomento: Senti, mi dicono, Che L'Impresa Giabrone Giuseppe, di Cammarata, messa apposto, Di B n. e per tale, penso, che l'abbia fatto con te. metterla apposto, per un lavoro, a cefalà Diana. Imp. Un milione,e due cento, Acconto dato dieci milioni. e questi sono arrivati, per via regolare. Mi dicono,che alcuni, settimani, addietro, L'Imp. Giambrone è andato, di nuovo, per un secondo?, e la persona, che si è prodicato per il primo, per paura, non se le ha voluti prendere? e cia detto di trovarsi un'altra persona. La mia preghiera, se sei tu, che lo hai messo a posto? provvedi di farli girare da te,e tu a me, e così lasciamo a tutti condenti.
3) Argomento: Questo io sò, che non lo devo chiedere, a te, mà a titolo di cronaca, se tu sapessi, che ci fosse una via, con Catania per mettere apposto ha qualcuno,? o che avessero messo apposto L'mpresa Ing. Attillio Grassi S.N.C, via XX Settembrembre n°27 S. Gregorio(Catania) se ne sai qualcosa, fammelo sapere.
In'attesa, di tuoi nuovi riscondri, smetto, augurandovi un mondo di bene inviandovi i più cari Aff. saluti per tutti.
Vi benedica il Signore e vi protegga!.

Carissimo, con gioia, ho ricevuto, tuoi notizie, mi compiaccio tanto, nel sapervi, ha tutti in ottima salute. Lo stesso grazie a Dio, al momento, posso dire di me.

1) Argomento messaggio incomprensibili, agiamo in buna fede, sono cose, che involontariamente posso succedere? e poi passando da più mane, è incontrollabile, accui ha potuto succedere.

*Sento quando mi dici, che ti sei visto con G. Dandoti Risposte:
* Scorrza di Limone, Ho già passato quando, tu mi dici, cioè che lavorano, il Martedì, e in questo giorno, ci possono andare quando vigliono:"Così ho riferito".
* Discorso militare: Non ho avuto la possibilità, di poterlo comunicare, lo farò quando c'è il volere di Dio.

* Argomento Genero: Grazie a te che mi hai fatto rigordare, ho passato quando tu mi hai detto cioè "Che tu hai passato il discorso.

* Discorso cr; se lo puoi fare,e ti ubidiscono? facci guardare, se intorno all'azienta, ci avessero potuto mettere una o più telecmere,vicino ho distante, falli impegnare ad'Osservare bene. e con questo, dire che non parlano, nè dentro, nè vicino alle macchine, anche in casa, non parlano ad alta voce, non parlare nemmeno vici a case,ne buone nè diroccate, istriscili,niente per me ribgraziamente Ringrazia a Nostro Signore Gesù Cristo.

* Per discorsi (Cefalù Gerace,e Scannella di Mussomeli)Aloiso, EXEV x Favara, Restiamo in'attesa.

* Niente ringraziamenti: su l'argomento Giov. è appena un mio dovere: Ti prego di esultarlo benevolmente, nel suo dire che in tutte le cose, si provveda sempre, di tener presente in quello che dice, là dove ce fosse bisogno, di poterlo dimostrare, è un mio pensiero, per trovarsi sempre bene.

Pizzino del marzo 2002 ritrovato nel marsupio di Giuffrè al momento del suo arresto, il 16 aprile 2002. Al punto «Discorso cr», Provenzano avverte Giuffrè che nel casolare di Vicari, utilizzato per l'organizzazione dei summit, sono piazzate le telecamere dei carabinieri. Per la soffiata ricevuta, invita a ringraziare «Nostro Signore Gesù Cristo».

* Discarica: ti servirà nel riferire a P. quando tu mi dici, alla prossima occasione.
* Un sentito grazie da parte mia, a G x il messagio consegnato.
* Sento che è stato poco bene, con l'influenza, cosa quasi di tutti, con questi sbalzi è variazione di temperatura.
* La ringrazio x la cesta.
* Sento quando mi dici, ne discorso macello, sia x le proomese in questi giorni, x l'anno scorso. E' per il resto, è uscitu la persona, che loro aspettavano, e che ora tutti insieme devono conciliarsi, e successivamente manderanno la risposta, restiamo in'attesa. Sento quando mi dici che daranno a te e poi tu a me non ci sono problemi su questo, aspettiamo.

* Ora sento quando mi dici: che dovrebbe uscire il figlio di quello dell'orologio, è un gran piacere.
Poi sento quello che hai fatto, e mandato, mi piacirebbe partecipare pure io alla spesa con il tuo permesso. Sono dei graditi pensieri. all'occorrenza. (l'hai fatto con freccia)
Con profondo, e singero Aff. Ricambio i saluti ha tuo figlio.

In'attesa di tuoi, nuovi, e buoni riscondri, smetto augurandovi per tutti, un mondo di bene, inviandovi, i più cari Aff. saluti per tutti.
Vi benedica il Signore e vi protegga! Mentre stavo per chiudere, ho ricevuto notizie di quello dell(Orologio, e in due riprese Ti manda Auguri della santa Pasqua e saluti. Mi chiedi una cortesia che ti passo. Vuole raccomandato un Certo Sapienza, che Capannone a(CT) chiede di metterlo apposto. I capannoni si trovano legato, ma separto ti mando dove si trovano i capannoni. Se lo puoi fallo al più presto.

Nella seconda facciata, Giuffrè aveva segnato a penna «P. il 14-04»: passato il 14 aprile, per tutte le risposte necessarie.

× 5

Carissimo, con gioia ho ricevuto tue notizie. Mi compiaccio nel saperi a t tutti in Ottima salute. Lostesso grazie a Dio, al momento posso dire di me. Allora 1) ti dò conferma che ho ricevuto per me e P. 4mila E.

2) Non sò cosa ti abbia detto il 15; per il posto. E dovere mio spiegarti ciee siccome sono stato impossibilitato per seguire la cura? Mi sollecitano di riprenderla al più presto mettendosi addisposizione il 60 per venirla affare lui sapendo dove venire. Ne corso di questi discorsi che ne abbiamo fatti pi più di uno? io ti ho detto che volevo provare se lo trovavo io un posto? Ovviamente sempre per tramite il 15. Grazie a Dio lo ha trovato. Ripeto non sò cosa il 15 Ti abbia potuto dire. Ma tutto è legato al 60. E come tutte le cose devono succedere a me il 60 non ha potuto venire perchè è stato alletto con la febre. Hora ho ricevuto la sua predisposizione a venire, è lui volessi venire un Mercoledì sera per poi ritornare il Venerdì mattina fare tutto e si porta tutto lui. Ora come tu puoi ben capire questo provvedimento ed orgen organizzazione è per farlo al più presto ma come vedi c'è l'impedimento di p poterlo fare il prossimo giovedì, vuo per la distanza non c'è il tempo materi materiale? e c'è che il prossimo Vedidì è il Venerdì Santo che i laboratori non funzionano. Allora io do la risposta di farlo con il volere di Dio, il Giovedì 20 Aprile e fare entrare la sera di giovedì fare tutto nella mattina di Venerdì e uscire la Mattina di Venerdì presto (su questo Orario per entrare e per uscire? Ti tu ti devi mettere d'accordo sia con il 15,? e sia con il 60. X il 15 vedi tu come rintracciarlo al più presto, per mettervi Daccordo dove è il posto? se c'è il Garace per fare venire al 60 con la sua macchina? stabilire Lora di entrata ed uscita della mattina del Venerdì E possibilità permettendo non fare incontrare o vedersi Il 60 con il 15. Per quando a tu avere il condatto con il 60 non ti manca come fare chiedi per il 60 cidelo a (nI23.) che I23 che può mettersi in condatto con il 60. e per vedi tu se c'è qualcosaltro con il volere di Dio, abbiamo questi giorni che ci separano. Per agiungere o levare qualcosa. Io con il volere di Dio, volessi notizie per come vanno le cose di questa previsione mammuno che vanno passando i giorni, spero di essere stato chiaro Il 15 è venuto da me adirmi che tu avevi organizato per sabato partire, ma dove avevi tu trovato il posto? dimmelo. In'attesa di tuoi nuovi e buoni riscondri smetto. Augurandovi per tuttiun mondo di bene, Colgo l'occasione per augurarvi se non ci Sentiamo più prima della santa Pasqua a Tutti vi augura di passare Una Buona Felicissima Serena Santa Pasquainviandovi i più cari Aff. Saluti Vi benedica il Signore e vi protegga!

Provenzano invia le ultime istruzioni a uno dei suoi favoreggiatori, indicato con il codice «5», per organizzare un incontro con il codice «60», che avrebbe dovuto visitarlo, a fine aprile. Il pizzino è stato ritrovato nel covo di Montagna dei Cavalli, al momento del blitz dell'11 aprile 2006.

Uno dei rari appunti manoscritti di Provenzano, ritrovato nel covo di Montagna dei Cavalli. «ARGOMENTO. 1° Scaliddi. Cognato, Argomento promessi non mantenuti (I soldi li anno trovati 10. lià il 5. E 15. il 12 N MANTENUTI. 2° Tagliavia Lavori RIMPOSCHIMENTO Chiesto come siamo compinati risposta fu Detta Una parola. 3° Chiedere come è compinato è».

Indici

Indice dei nomi

Abbate, Mario, 295.
Adelfio, Francesco, 249, 295.
Agliastro, Mirella, 296.
Aglieri, Pietro, 112, 129, 134-139.
Agosta, Lorenzo, 73-74.
Aiello, Michele, XI, 16, 113, 153-154, 229, 280, 296.
Alfano, Francesco, 71, 241.
Alfano, Vito, 71, 74, 81.
Alfieri, Carmine, 245.
Allegro, Carmelo, 205-207.
Alma, Salvatore, 296.
Aloisio, imprenditori, 168-169.
Amato, Carmelo, 67-69, 74, 78, 117, 218.
Amato, Riccardo, XV.
Amato, Vittorio, 68.
Antiochia, Roberto, 287.
Anzelmo, Francesco Paolo, 247, 285.
Aragona, Salvatore, 289.
Aricò, Giovanni, 62.
Arnaldi, Roberto, 297.
Artale, Giuseppe, 295.

Badalamenti, Gaetano, 243-245.
Badami, Ciro, *detto* Franco, 93.
Badami, Pasquale, 93-100, 118-119, 154.
Badami, Salvatore, 93.
Bagarella, Calogero, 11-13.
Bagarella, Leoluca, 27, 62, 67, 138, 150, 168, 237, 274.
Balsamo, Santi, 221, 294.
Baratta, Pietro, 294.

Barbagallo, Salvatore, 101.
Bardellino, clan, 245.
Bartolone, Carmelo, 233, 296.
Benigno, Salvatore, 294.
Bertone, Amedeo, 296.
Bevilacqua, Raffaele, 183, 296.
Bevilacqua, Salvatore, 11-12.
Binenti, Roberto, 293.
Biondino, Salvatore, 247.
Biondo, Salvatore, 247.
Bonanno, Giuseppe, 269.
Bontade, famiglia, XII.
Bontade, Stefano, VIII-IX, 11, 13-14.
Borsellino, Paolo, IX, 7, 15, 17-19, 22, 48, 62, 70, 132, 134, 156, 247, 249, 259, 284-285, 287, 290.
Bova, Raul, 104.
Brusca, Bernardo, 245.
Brusca, Giovanni, 7, 17, 67, 71, 80, 112, 139, 168, 204, 236, 245, 272, 274, 278, 284, 293.
Buscetta, Tommaso, 38-39, 245-246, 286.
Buzzolani, Roberta, XV, 295-297.

Caffrì, Giovanni, 67.
Calamaio, produttore di calcestruzzo, 163, 166.
Caldarozzi, Gilberto, XV.
Calderone, Antonino, 12, 259.
Cammarata, Giuseppe, *detto* Peppe, 196, 204, 206-209.
Campanella, Francesco, 103-104, 214.
Cancemi, Salvatore, 47.

Canetti, Elias, 37.
Cannella, Tommaso, *detto* Masino, 19, 24-25, 78-80, 102, 117, 123, 167, 214, 262, 274.
Cannella, Tullio, 289.
Capizzi, famiglia, 189-191.
Capizzi, Giuseppe, 188, 256, 296.
Caputo, Antonio, 294, 296.
Caruso, Damiano, 11, 13.
Caruso, Giuseppe, XV.
Casella, Rosario, 295.
Cassarà, Ninni, 285-288.
Castello, Simone, 61-66, 104, 110, 196, 200.
Castronovo, Carlo, 209-210.
Catalano, Onofrio, 88.
Cavaliere, Nicola, XV.
Cavallotti, imprenditori, 175.
Cavataio, Michele, 10-13.
Chinnici, Rocco, 278, 284.
Ciancimino, Massimo, 271, 289, 297.
Ciancimino, Vito, 18, 248, 269-270, 274-278, 288.
Cinà, Antonino, 32-33, 35, 54, 56, 147.
Cipriani, Giuseppe, 283.
Cirillo, Francesco, XV.
Ciuro, Giuseppe, 280.
Colletti, Carmelo, 267-268.
Comparetto, Giuseppe, 115.
Consiglio, Antonella, 294, 297.
Contorno, Salvatore, 136, 138, 286.
Corradini, Pietro Marcello, 130.
Corso, Ino, 136-139.
Cortese, Renato, XV.
Cottone, Andrea, 103.
Cristodaro, Florestano, 294.
Cusimano, Mario, 104, 245.
Cutolo, Raffaele, 245.

D'Alessandro, Salvatore, *detto* Totò, 207-209.
Dalla Chiesa, Carlo Alberto, 289-290.
Damiano, Antonio, XV.

D'Arrigo, Francesco, 296.
De Gennaro, Gianni, XV.
De Giglio, Umberto, 295.
De Giorgi, Salvatore, 130.
Del Bene, Francesco, 297.
de Lucia, Maurizio, XV, 295-297.
De Robbio, Costantino, 295.
Di Carlo, Angelo, 269.
Di Caro, Antonio, 196, 204, 206-208.
Di Cristina, Giuseppe, 244.
Di Filippo, Pasquale, 109, 150.
Di Fiore, Giuseppe, 232-233.
Di Gati, Maurizio, 187, 189-190, 192.
Di Matteo, Nino, XV, 295-297.
Di Miceli, Leoluca, 261.
Di Natale, Renato, 296.
Di Noto, Vincenzo, 10, 23, 82.
Di Peri, famiglia, 102-104.
Di Piazza, produttore di calcestruzzo, 163.
Di Pisa, Giuseppe, 167-168.
D'Ippolito, Roberto, 100-101.
Domè, Giovanni, 11.

Episcopo, Antonino, *detto* Nino, 88-93, 99, 107, 114, 118, 258.
Episcopo, Francesco, *detto* Ciccio, 87.
Episcopo, Rosa, 90.
Eucaliptus, Nicolò, 64, 112-114, 233.
Eucaliptus, Salvatore, 114.

Facella, Salvatore, 13-14.
Falcone, Giovanni, IX, 7, 12, 15, 18-19, 22, 38-39, 48, 62, 68, 70, 82, 124, 132, 134, 156, 242, 247-249, 259, 284-285, 287-288, 290.
Faldetta, Raffaele, 192-193.
Falsone, Giuseppe, 122, 187, 194, 256.
Fava, Giuseppe, 109, 269.
Ferrante, Giovanbattista, 247.
Ferrara, Giovanni, 276.

Ferro, famiglia, 109.
Ferro, Gioacchino, 296.
Ferro, Giuseppe, 109-110.
Ferro, Salvatore, 23.
Fileccia, Salvatore, 187, 192.
Finocchio, Gaspare, 221, 295.
Fontana, Ignazio, *detto* Ezio, 104-107, 114, 120, 170.
Fontana, Nino, 104.
Forti, Maria, 295.
Fragapane, Salvatore, *detto* Totò, 204, 206, 208-209.
Franchetti, Leopoldo, 177.

Gaeta, Giuseppe, *detto* Pino, 160, 222.
Galasso, Pasquale, 245.
Galliano, Antonino, 247.
Gamberini, Maria Elena, 295.
Gambino, Giulio, 87, 148, 227, 230, 248-250.
Ganci, Calogero, 72, 235, 240-241, 248.
Gargano, Nino, 69, 150, 233.
Gariffo, Carmelo, 54-56, 58, 124-125, 212, 242, 285, 297.
Genovese, Salvatore, 272.
Geraci, Salvatore, *detto* Totò, 52-53, 295.
Ghiron, Giorgio, 275, 289, 297.
Giambrone, Francesco, 219-220.
Giammanco, Enzo, 19.
Giglia, Giuseppe, 91.
Giovanni Paolo II (Karol Wojtyla), papa, 134, 146.
Giudice, Gaspare, 102.
Giuffrè, Antonino, *detto* Nino, 7-10, 15, 17-19, 22, 24-26, 28, 30-31, 38, 41, 43, 48-53, 56, 59-60, 69, 76, 80, 82-88, 90-92, 112, 114, 116-117, 123, 141, 148-149, 155-160, 162-169, 173-174, 183-184, 188-193, 210, 213-216, 220-231, 244, 247-248, 250-253, 258, 267, 274, 288, 294, 304-306, 308-309.
Giulio Cesare, VII.

Gotti, John, 75.
Gozzo, Domenico, 297.
Grado, Gaetano, 10-11, 13.
Grasso, Piero, XV, 17, 117.
Graviano, Filippo, 27.
Graviano, Giuseppe, 27.
Graviano, Nunzia, 27.
Greco, Carlo, 112.
Greco, Leonardo, *detto* Nardo, 64, 150, 194, 202, 233, 267-268.
Greco, Michele, 285.
Greco, Nicolò, 202, 233.
Greco, Pino, *detto* Scarpuzzedda, 289, 290.
Greco, Sabina, 150.
Greco, Salvatore, *detto* «l'ingegnere», IX.
Greco, Salvatore, *detto* «il senatore», IX.
Grillo, Renato, 293.
Grizzaffi, Francesco, 58, 212, 297.
Grizzaffi, Mario, 29.
Gualtieri, Giuseppe, XV.
Guazzelli, Giuliano, 243.
Guttadauro, Filippo, 55, 172, 297.
Guttadauro, Giuseppe, 146, 172, 249, 289.

Iamonte, cosca, 66.
Iamonte, Natale, 66.
Ilardo, Luigi, 7, 20-23, 26, 36, 40, 43-44, 46, 57, 61-65, 81-82, 132-133, 140-141, 152-153, 175, 182, 194-202, 204-208, 213, 242-243, 257, 280, 293, 302.
Immordino, Vincenzo, 276-277.
Impastato, Andrea, 293.
Impastato, Marianna, 72, 77, 131, 238.
Impastato, Peppino, 243.
Incalza, Guglielmo, 278.
Inzerillo, famiglia, XII, 32-35, 49-50, 286.
Inzerillo, Salvatore, 286.
Iuculano, Carmela, 176-181.

La Barbera, Cosimo, 162-166, 229.
La Barbera, Nicolò, *detto* Cola, VII, 3, 23, 81-82, 88, 117, 257, 262, 264, 294.
La Franca, Vincenzo, 214, 226-228.
Lampiasi, Giuseppe, 72-74.
Lapis, Gianni, 289.
Lari, Sergio, 294-295, 297.
Libreri, Giuseppe, *detto* Pino, 157-161.
Licata, Fabio, 297.
Liggio, Luciano, 15, 19, 268-269, 280, 282.
Lima, Salvo, 16, 19-20, 273.
Lipari, Arturo, 44, 69-70, 73-74, 235, 238-239.
Lipari, Cinzia, 74, 76-78.
Lipari, Giuseppe, *detto* Pino, 19, 24-26, 28, 44-45, 67, 69-77, 80-81, 117, 123, 130-132, 151-152, 156, 173, 214, 219, 234-237, 239, 241-242, 245, 260-261, 264, 267, 274, 289, 293.
Lipari, Rossana, 72-73.
Lo Bello, Salvatore, 85, 222.
Lo Bue, Calogero, 125-126, 211.
Lo Bue, Giuseppe, 125, 297.
Lo Bue, Rosario, 125.
Lo Forte, Guido, 295.
Lo Iacono, Paolo, 297.
Lo Iacono, Pietro, 112, 233, 295.
Lombardo, Filippo, 239, 293.
Lo Medico, Francesco, 221-222.
Lo Piccolo, Salvatore, XII, 26, 32-33, 35, 55, 58, 226-228, 286.
Lo Piccolo, Sandro, X, XII, 56, 58.
Lo Presti, Tommaso, 151.
Lo Verso, Stefano, 115.
Lunetto, Gaetano, 297.

Madonia, famiglia, 64.
Madonia, Giuseppe, 21, 66, 150, 194, 202.
Mancarella, Gioacchina, 221.
Mancarella, Giovanni, 221.
Mandalà, Antonino, 66, 103.

Mandalà, Nicola, 93, 101-107, 111-115, 118, 121-122, 170, 214.
Mandalari Giuseppe, *detto* Pino, 285.
Manganelli, Antonio, XV.
Maniscalco, Giuseppe, 7, 293.
Maranto, Antonino, 168-169, 296.
Maranto, Saverio, 168-169.
Marchese, Filippo, 259.
Marchese, Giuseppe, 20.
Marcianò, famiglia, 35, 50.
Marcianò, Vincenzo, 32-36, 50.
Marino, fratelli, 282.
Marino, Giosuè, 104.
Marino, Giovanni, 126, 240.
Marino, Guido, XV.
Martorana, Salvatore, 108-110.
Massa, Vincenzina, 295.
Mattarella, Piersanti, 275-278, 287.
Mazzeo, Marco, 294.
Mercadante, Giovanni, 262.
Messina Denaro, Matteo, *alias* Alessio, IX, XII, 55, 57, 74, 123, 152, 171-173, 185, 266, 270-271, 280.
Messineo, Francesco, 296.
Miceli, Salvatore, 25.
Mimmo, Giuseppe, 296.
Mineo, Francesco, 233.
Mirabile, famiglia, 241
Mirabile, Giuseppe, 234, 241, 245.
Miulli, Michele, XV.
Moncada, Angelo, 11.
Moncada, Filippo, 11.
Moncada, Girolamo, 11.
Montalbano, Andrea, 192-193.
Montalbano, Giacomo, 295-296.
Montalto, famiglia, 102-103.
Montalto, Alfredo, 294.
Montalto, Francesco, 103.
Montana, Beppe, 287.
Morreale, Onofrio, 106, 112-115, 118, 170-171, 173, 232-233.
Morvillo, Alfredo, 297.
Musso, Guglielmo, 118, 121.
Musso, Marcello, 293.
Mutolo, Gaspare, 20.

Napoli, Giovanni, 23, 242, 293.
Natale, Tommaso, X.
Navarra, clan, 280.
Navarra, Michele, 269.
Negri, Carlo, 296.

Paci, Gaetano, 295.
Padovanì, Marcelle, 38.
Palazzolo, Nicoletta, 71, 241.
Palazzolo, Paolo, 74.
Palazzolo, Saveria Benedetta, 19-20, 71, 124, 145, 241-43, 261.
Palma, Annamaria, 296.
Panno, Andrea, 109.
Panzeca, avvocato, 13.
Panzeca, Peppino, 13.
Pappalardo, Antonella, 295.
Pappalardo, Salvatore, 130.
Pastoia, Francesco, *detto* Ciccio, 55, 68, 79, 105, 107, 111, 115-123, 170, 183, 185, 244, 247.
Pastorelli, Carmelo, 234.
Pastorelli, Concetta, 241.
Patti, Antonino, 259.
Pellegrini, Angiolo, 242.
Pennino, Gioacchino, 47-48, 248.
Pignatone, Giuseppe, XV-XVI, 277, 296-297.
Pinello, Giuseppe, *detto* Pino, 109-110, 114, 150, 223-225.
Pino, Maria, 297.
Pipitone, Antonino, 241.
Piras, Adriana, 296.
Piscitello, Roberto, 297.
Pitarrese, Serafino, 51.
Pitarresi, Onofrio, 281.
Porcaro, Agostino, 223-224.
Pravatà, Francesco, 84.
Pravatà, Gaetano, 84.
Pravatà, Michelangelo, 84.
Pravatà, Placido, 84-85.
Provenzano, famiglia, XII.
Provenzano, Angelo, VII, 19, 125, 143-144, 261-263.
Provenzano, Francesco Paolo, 19, 143-144, 262-263.

Provenzano, Giovanni, 281.
Provenzano, Rosa, 124, 128.
Provenzano, Salvatore, 124, 144, 242, 264, 281.
Provenzano, Simone, 124, 128, 264.
Puglisi, don Pino, 27, 134.

Ribaudo, Giacomo, 134-135.
Riboldi, Antonio, 135.
Riccio, Michele, 7, 20-23, 26, 61-63, 65, 81-82, 132, 134, 153, 194, 196, 243, 302.
Riggi, Giuseppe, 81.
Riina, famiglia, XII.
Riina, Bernardo, *detto* Binnu, 126, 263, 281, 283.
Riina, Giuseppe Salvatore, 261.
Riina, Salvatore, *detto* Totò, 14-18, 20-22, 26-29, 38, 47, 62, 82, 104, 108, 133-135, 138-139, 150, 154, 182-183, 185, 237, 242, 244-245, 247-248, 259, 261, 268-269, 272-275, 278, 287.
Rinella, fratelli, 221-222.
Rinella, Diego, 222.
Rinella, Pietro, 179.
Rinella, Salvatore, 222, 294.
Rizzo, famiglia, 210.
Rizzo, Damiano, 104-105.
Rizzo, Giuseppe (cugino di Pino), 85.
Rizzo, Giuseppe (padre di Pino), 295.
Rizzo, Nicola, 93, 100-101, 104, 106, 114.
Rizzo, Pino, 177-181.
Rizzo, Rosolino, 179.
Rognoni, Virginio, 277.
Rotolo, Antonino, 28-29, 32-36, 50, 54, 56, 122, 142, 147, 177, 211, 297.
Rubino, Michele, 104, 106, 115, 121, 170.
Russo, Massimo, 297.
Russo, Stefano, XV.
Russotto, Giuseppe, 257.

Sabella, Marzia, XV, 293, 295-297.
Salvo, Antonino, *detto* Nino, IX, 284-285.
Salvo, Domenico, *detto* Memi, 27.
Salvo, Ignazio, IX, 16, 284-285.
Sannasardo, Domenico, 90.
Santacolomba, Anna, 282.
Santapaola, Nitto, 202.
Santonocito, Agata, 296.
Sava, Lia, 294-297.
Scaduti, Salvatore, 62.
Scaduto, Gioacchino, 293-294, 297.
Scardino, Epifania Silvia, 269, 288.
Scarfò, Gianfranco, 296.
Schimmenti, Santo, 81, 234, 236, 239.
Schittino, famiglia, 168.
Scianna, Giacinto, *detto* Gino, 19, 64.
Sciarabba, Salvatore, *detto* Totino, 87, 119.
Siino, Angelo, VIII-IX, 65-66, 71, 80, 88, 109, 237, 240, 268.
Sinatra, Agostino, 163-164, 166.
Sonnino, Sidney, 177.
Sorci, Antonino, 269.
Sottili, Giammarco, XV.
Sozzo, Giovanni, XV.
Spadaro, Francolino, 150.
Spadaro, Masino, 214.
Spatafora, Liborio, 297.
Spatola, Rosario, VIII.
Spera, Benedetto, VII, 9, 23-25, 31, 82, 87-88, 90, 117, 123, 143, 162, 183-185, 262, 294, 305.
Spera, Giovanni, 121, 184-185.
Spera, Ignazio, 118, 120-121.
Spera, Salvatore, 184.
Svetonio, VII.

Tolentino, Angelo, *detto* Angelino, 87, 89-94, 99-100, 107, 114, 118, 258, 296.
Tomasone, Vittorio, XV.
Tosto, Salvatore, 219, 234.
Traina, Salvatore, 46, 62.
Tricoli, Antonio, 294.
Trizzino, Giancarlo, 178.
Trizzino, Maria, 277.
Troia, Gaspare, 103, 246.
Troia, Madeleine, 106.
Troia, Salvatore, 104, 106, 121.
Tumminello, Francesco, 11-12.
Tusa, Francesco, 150, 153, 194-197, 199-201.

Umina, Carmelo, 84, 87, 224.
Umina, Gioacchino, 84-87.
Umina, Salvatore, *detto* Turi, 83, 90, 294.

Vaccaro, Domenico, *detto* Mimmo, 194-195, 197, 204, 206.
Vaccaro, Lorenzo, 23.
Vaglica, Giuseppe, 68, 74, 79, 117.
Vara, Ciro, 150.
Vazzana, Francesco, *detto* Ciccio, 223.
Vazzana, Sebastiano, *detto* Vastiano, 223.
Vega, Agostino, 221.
Verro, Bernardino, 283.
Viola, Marcello, 295.
Virga, Domenico, 85-86, 187-192, 226-228, 295.
Virruso, Giuseppe, 109-110.
Vitale, Giacomo, IX.

Indice del volume

Introduzione   VII

Ringraziamenti   XV

1. «Ti prego di essere calmo e retto, corretto e coerente».
   La comunicazione dei nuovi padrini   3
   1. Il mistero nei pizzini, p. 3 - 2. Lo statuto di Cosa Nostra, p. 10 - 3. Il linguaggio delle bombe, p. 15 - 4. La strategia della sommersione, p. 18 - 5. Le voci dal carcere, p. 26 - 6. Il segno del comando, p. 29

2. «Inviandovi i più cari Aff. Saluti».
   Il pizzino, indagine su uno stile   40
   1. Il «ragioniere» scrive a macchina, p. 40 - 2. L'arte della «sgrammaticatura», p. 44 - 3. «Ti allego e ti copio», p. 48 - 4. Il cifrario del destinatario, p. 53 - 5. L'emulazione del padrino, p. 56

3. «Seguiremo la nuova strada dell'infermiere».
   I messaggeri della riforma (1994-2002)   61
   1. Il manager rosso, p. 61 - 2. Il titolare dell'autoscuola, p. 67 - 3. La galassia Lipari, p. 69 - 4. Il falso pentito, p. 74 - 5. Lo sportello ricorsi, p. 78 - 6. L'impiegato del macello, p. 81 - 7. A cavallo tra le sponde del San Leonardo, p. 82 - 8. «Il cuore come mi batte sempre», p. 87

4. «x5 x123 firmato n. 1».
   Messaggi e messaggeri nell'ultima era (2002-2006)   93
   1. «Caro amico ti scrivo», p. 93 - 2. Pizzini e ricotta, ricotta

e pizzini, p. 99 - 3. Un aereo per il Venezuela, p. 101 - 4. Il cavaliere della repubblica mafiosa, p. 108 - 5. «Dieci anni di carcere non ce li leva nessuno», p. 110 - 6. Ciccio e Binnu, la stessa cosa, p. 115 - 7. Il giallo del numero 5, p. 118 - 8. Nel covo di Corleone, p. 123

5. «Con il volere del Signore».
   Il Dio del padrino   128
   1. Il libro delle preghiere, p. 128 - 2. La via della «dissociazione», p. 132 - 3. I ripensamenti del killer, p. 136 - 4. Le buone opere del padrino, p. 139 - 5. «Il peccato di mafia non esiste», p. 143

6. «Ho bisogno di chiederle una cortesia...».
   I diritti piegati   148
   1. Per la serenità della famiglia, p. 148 - 2. Per il buon nome, p. 151 - 3. Per un posto di lavoro, p. 154 - 4. Per l'iniziativa d'impresa, p. 157 - 5. Per il controllo del mercato, p. 162 - 6. Per la sicurezza quotidiana, p. 173 - 7. La speranza, Carmela Iuculano, p. 176

7. «Sono nato per servire».
   L'organizzazione del potere, la mediazione   182
   1. Il segno del garante, p. 182 - 2. Il candidato del «tradimento», p. 187 - 3. «La questione del Ferro», p. 194 - 4. Le tangenti contese, p. 205

8. «Argomento lavori».
   Gli affari al tempo della sommersione   211
   1. Un capo in piena attività, p. 211 - 2. Il sistema del 2 per cento, p. 215 - 3. «Dice: 'Mi mette a posto'...», p. 218 - 4. Parola di «Pilato», p. 221 - 5. «Raccomandato da PCC», p. 226 - 6. «Ho ricevuto x Te 22ml che ti mando», p. 229 - 7. Bilancio di famiglia, p. 231 - 8. L'amministrazione Lipari, p. 234

9. «D'accordo per vederci nei giorni di caccia».
   Quarantatré anni da latitante   240
   1. Una reggia a Bagheria, p. 240 - 2. Appuntamento al sicuro, p. 246 - 3. La strada di «121», p. 253 - 4. La dieta del padrino, p. 257 - 5. Famiglia nostra, p. 259

10. «Ringraziamenti a Nostro Signore Gesù Cristo».
I misteri di Montagna dei Cavalli   265
   1. L'altra via dei pizzini, p. 265 - 2. Il potere contrattuale
   dei politici, p. 270 - 3. La teoria del depistaggio, p. 275 -
   4. L'ombra delle talpe, p. 278 - 5. L'antimafia dimentica-
   ta, p. 280 - 6. Le indagini che restano, p. 284

Fonti   293

I pizzini del padrino   299

Indice dei nomi   315